Mehring · Thomas Mann

Reinhard Mehring

Thomas Mann
Künstler und Philosoph

Wilhelm Fink Verlag

Als Habilitationsschrift auf Empfehlung der Philosophischen Fakultät 1
der Humboldt-Universität Berlin gedruckt mit Unterstützung der
Deutschen Forschungsgemeinschaft.

Umschlagabbildung mit der freundlichen Genehmigung
der Fotosammlung der »Thomas-Mann-Sammlung Dr. Hans-Otto Mayer«
der Universitätsbiliothek Düsseldorf

Die Deutsche Bibliothek – CIP-Einheitsaufnahme

Mehring, Reinhard:
Thomas Mann : Künstler und Philosoph / Reinhard Mehring. – München : Fink, 2001
Zugl.: Berlin, Humboldt-Univ., Habil.-Schr., 2000
ISBN 3-7705-3589-8

Gedruckt auf alterungsbeständigem Papier.
Alle Rechte, auch die des auszugsweisen Nachdrucks, der fotomechanischen Wiedergabe und der Übersetzung, vorbehalten. Dies betrifft auch die Vervielfältigung und Übertragung einzelner Textabschnitte, Zeichnungen oder Bilder durch alle Verfahren wie Speicherung und Übertragung auf Papier, Transparente, Filme, Bänder, Platten und andere Medien, soweit es nicht §§ 53 und 54 URG ausdrücklich gestatten.

ISBN 3-7705-3589-8
© 2001 Wilhelm Fink Verlag, München
Herstellung: Ferdinand Schöningh GmbH, Paderborn

Inhalt

Teil A: Künstlertum und Lebenskunst 17
I. Dasein und Lebensführung 20
II. Repräsentation und Identität 34
III. Der Familienroman des Künstlers 48
IV. Die Soziabilität des Eros 56

Teil B: Historisch-politische Bedingungen der Möglichkeit
gelingenden Lebens 69
I. Buddenbrooks: Tradition und Individuation 71
II. Die pädagogische Provinz des Zauberbergs 83
III. Doktor Faustus: die »grosse Konfusion« als »Klage« 100
IV. Roman der Antwort: Joseph und seine Brüder 126

Teil C: Politisches Engagement 153
I. Das politische Grundrecht der Selbstbehauptung 155
II. »Persönliches Ethos« als »nationales Ethos« 162
III. Offene Staatsformenfrage 181
IV. Die Republik als Form der Verständigung 186
V. Krieg und Frieden als »humanes Problem« 195
VI. Chronik der Enttäuschung nach 1945 217
VII. Ein »unwissender Magier«? 221

Schluss: Künstlerphilosoph und Philosophenkönig 224

Ausführliches Inhaltsverzeichnis

Einleitung	11
Teil A: Künstlertum und Lebenskunst	17
I. Dasein und Lebensführung	20
1. Die Reflexivität der Gattung	20
2. Der kritische Weg der Kunst	21
3. *Der kleine Herr Friedemann*: das Problem der Daseinsstabilisierung	23
4. *Tristan*: Künstlertum als Antwort	26
5. *Das Wunderkind*: Typen der Humanität	30
II. Repräsentation und Identität	34
1. Künstlerische Selbstzweifel und Umorientierung	34
2. Theatralizität und Repräsentation	36
3. Zwischenbemerkung	39
4. Repräsentation der *Hoheit*	39
5. Der *Hochstapler* als Paradigma glückenden Lebens	42
6. Zwischenbemerkung	45
7. Die Endlichkeit der Identitätserfahrung	45
8. Rekapitulation	47
III. Der Familienroman des Künstlers	48
1. Das Familienidyll der Weimarer Zeit	48
2. *Lotte in Weimar*: die Spannung von Grösse und Güte	51
IV. Die Soziabilität des Eros	56
1. Tragische Legenden: die »Verkehrtheit« des Eros	56
2. Die Lebenskunst des Hochstaplers	58
a. Wiederaufnahme des *Krull*	58
b. Soziale Konvenienz des Identitätsspiels	62
c. Lebenskunst als Identitätsvollzug	65

TEIL B: HISTORISCH-POLITISCHE BEDINGUNGEN DER MÖGLICHKEIT
GELINGENDEN LEBENS 69

I. *BUDDENBROOKS*: TRADITION UND INDIVIDUATION 71
   1. ZUR EINTEILUNG DES ROMANWERKS 71
   2. DIE VERFALLSGESCHICHTE DER *BUDDENBROOKS* 72
   3. DER FAMILIENSINN ALS HEMMNIS DER INDIVIDUATION 76
   4. WIRTSCHAFTSGESCHICHTLICHE HINTERGRÜNDE 78
   5. GRENZEN DES POLITISCHEN PERZEPTIONSHORIZONTES 80
   6. AUF DEM WEG ZUM ZEITHERMENEUTISCHEN ROMAN 81

II. DIE PÄDAGOGISCHE PROVINZ DES *ZAUBERBERGS*:
    BILDUNG GEGEN DIE »GROSSE KONFUSION« DER ZEIT 83
    1. ZUR KONZEPTION DES ROMANS 83
    2. DIE PÄDAGOGISCHE PROVINZ DES ZAUBERBERGS 87
    3. CASTORP ALS PHILOSOPH 90
    4. LIEBE, ERINNERUNG, IDENTITÄT 92
    5. DIE »GROSSE KONFUSION« IM ZAUBERBERG 94
    6. BILDUNG IN KONFUSER ZEIT 96

III. *DOKTOR FAUSTUS*: DIE »GROSSE KONFUSION« ALS »KLAGE« 100
     1. *DOKTOR FAUSTUS* ALS WERKABSCHLUSS 100
     2. DURCHBRUCH ZUR FAUST-THEMATIK:
        DER NATIONALSOZIALISMUS ALS DIABOLISCHES PHÄNOMEN 101
     3. ANNÄHERUNG AN DIE DISPOSITION DES ROMANS:
        ZUR »IDENTITÄT« DER PROTAGONISTEN 104
     4. ARTIKULATION DER KRISE 105
        a. Der nationalpsychologische Ansatz bei der »Seelengeschichte« . 105
        b. Adrians musikalische Sozialisation 106
        c. Leverkühn als »Konservativer Revolutionär« 108
        d. Radikalisierungen und Ausflüchte 110
        e. »Durchbruch« aus der »Welteinsamkeit«
           durch Retheologisierung der Musik? 111
     5. DIE SELBSTAUFLÖSUNG DER KUNST IN LEVERKÜHNS WERKSCHAFFEN . 113
     6. »ROMAN EINES ROMANS« ZUR UNTERSCHEIDUNG VON
        KUNST UND LEBEN 117
     7. MANNS VERZICHT AUF POLITISCHE NACHKRIEGSDICHTUNG 118
     8. ZWISCHENBETRACHTUNG: DIE POLITISCHE HERMENEUTIK
        DER NATIONALGESCHICHTE, DAS BÖSE UND DIE BILDUNGSFORM .. 122

IV. ROMAN DER ANTWORT: *JOSEPH UND SEINE BRÜDER* 126
    1. HUMANISIERUNG DES MYTHOS 126

  2. Der religionsphänomenologische Ansatz bei
    der »Anthropogonie« 131
  3. Das politisch-theologische Thema 135
  4. Die episodische Bedeutung der Nebenfiguren 137
  5. Vom Trug der Gotteshermeneutik zum Bewusstsein
    des eigenen Traums 138
  6. Josephs Umkehrung der Herrschaftsordnung 139
  7. Verwirklichung des Lebenstraums als Staatsmann 140
  8. Ägypten als Kryptowilhelminismus? 145
  9. Erinnerung an die Gründungsgewalt 147
 10. Der *Joseph*-Roman als politisch-theologische Antwort? 150

Teil C: Politisches Engagement 153

I. Das politische Grundrecht der Selbstbehauptung 155
  1. Bedeutungsschichten der Friedrich-Parallele 155
  2. Begründungsstrategien der Begleittexte 157
  3. Der Friedrich-Essay als politische Identitätserklärung 159

II. »Persönliches Ethos« als »nationales Ethos«:
 die politische Ethik der *Betrachtungen eines Unpolitischen* 162
  1. Konfession eines Pathos 162
  2. Protest, Protestantismus, Humanismus 163
  3. Die Frage nach den »Wortführern des Geistes« 164
  4. Der ethische Anspruch der Opposition 165
  5. Erinnerung an das erlebnisästhetische Programm 168
  6. Absage an einen staatsbezogenen Politikbegriff? 169
  7. Antidemokratisches Bekenntnis zur »Persönlichkeit«
    des Staates 171
  8. Rekapitulierende Kritik: die *Betrachtungen*
    eines Unpolitischen als politische Philosophie 174
  9. »Ästhetizismus« als Programm 177
 10. Moralische Geltungsansprüche und Politik 179

III. Offene Staatsformenfrage 181

IV. Die Republik als Form der Verständigung 186
  1. Die »Einheit von Kultur und Staat« 186
  2. Die »aufgeklärte Diktatur« der »guten Europäer« 190
  3. Die »soziale Republik« als Integrationsform 193

V.	Krieg und Frieden als »humanes Problem«	195
	1. Zweideutiges Schweigen?	195
	2. Die »Idee« der nationalsozialistischen »Revolution«	196
	a. Die »Krüppel-Philosophie« des Nationalsozialismus	196
	b. »Meerfahrt« als dilatorische Antwort	200
	c. Zwischenbemerkung	202
	3. Staatsphilosophische Vertiefung bis 1939	202
	4. »Politische Philosophie« als »Sonntagspredigt«?	208
	5. Politik als »Symbol« der Sorge um sich	209
	6. Chronist des Kriegsgeschehens	210
	7. Die dramatische Summe der Rundfunkansprachen	214
VI.	Chronik der Enttäuschung nach 1945	217
VII.	Ein »unwissender Magier«? Zum Ertrag der politischen Essayistik	221
Schluss: Künstlerphilosoph und Philosophenkönig		224
Zitierweise		231
Zitierte Texte Thomas Manns		231
Nachwort		233

Einleitung

Die Thomas-Mann-Forschung hat es nicht leicht. Marcel Reich-Ranicki benennt lapidar das Problem: »Der das größte Romanwerk in deutscher Sprache geschaffen, war auch der beste Kenner des Werkes.«[1] Was läßt sich sagen, das nicht vom Autor längst besser gesagt wäre? Die neuere Forschung weicht typischerweise in zwei Extreme aus: Einerseits betreibt sie Quellenforschung, andererseits unterläuft sie Manns erlebnisästhetische Selbstauffassung psychoanalytisch und bestätigt dabei im Ergebnis doch oft genug nur Reich-Ranickis Diktum, »daß man Thomas Mann nicht übertreffen kann«.[2] An Gelehrsamkeit mangelt es ihr nicht. Ihre gängigen Deutungsmuster aber bleiben hinter dem Anspruch des Werkes zurück. Mann wollte nicht nur unterhalten, sondern auch belehren. Seine Selbstdeutung geht aus dem Essay-Band *Adel des Geistes* von 1945 bündig hervor, der *Sechzehn Versuche zum Problem der Humanität* versammelt. Mit dieser Problemfrage hat die Forschung ihre Schwierigkeiten.

Die Gesamtdeutung von Manns Werk als eines dichterischen Erkundungsversuchs des »Problems der Humanität« ist dennoch keineswegs originell. Schon die frühe Forschung folgte Manns Selbstverständnis. So nahm Käte Hamburger[3] Manns »romantische Idee des Lebens« philosophisch ernst und führte ihren Deutungsansatz nach Abschluß der *Joseph*-Tetralogie[4] weiter aus. Siegfried Marck[5] erhoffte sich von Manns »Philosophie der Zukunft« gar eine Sammlungsbewegung »humanistischer Konzentration«. Er beschränkte sich dabei auf die in *Goethe und Tolstoi* entfaltete »Botschaft« vom Menschen als »Herrn der Gegensätze« und skizzierte später nur die Aufgabe, Mann als »Künstlerphilosophen« nach Nietzsche eingehender zu erörtern.[6] Georg Lukács[7] sah Mann »auf der Suche« nach der Ge-

---

1 Marcel Reich-Ranicki, Thomas Mann und die Seinen, Frankfurt 1990, 28.
2 Ebd., 32.
3 Käte Hamburger, Thomas Mann und die Romantik. Eine problemgeschichtliche Studie, Berlin 1932; dazu vgl. Hubert Brunträger (Hrsg.), Käte Hamburger-Thomas Mann. Briefwechsel 1932 bis 1955, Frankfurt 1999.
4 Dies., Thomas Manns Roman Joseph und seine Brüder. Eine Einführung, Stockholm 1945.
5 Siegfried Marck, Der Neuhumanismus als politische Philosophie, Zürich 1938. Mann steht damals im regelmäßigen Kontakt mit Marck, den er 1933 in Lugano kennenlernt (TB 26.4.1933), nimmt aber dessen Monographie nicht zustimmend auf. Das Tagebuch notiert: »Lektüre: Zeitschrift für Sozialforschung. Horkheimer gegen den allerdings schwachen Marck, nimmt mit Recht an, daß ich mich bei der mir zugesprochenen philosophisch-politischen Botschaft nicht wohl fühle.« (TB 16.2.1939).
6 Ders., Thomas Mann als Denker, in: Kant-Studien 47 (1955), 225-233.
7 Georg Lukács, Thomas Mann, Berlin 1949; dazu Verf., Georg Lukács, Thomas Mann und der philosophische Roman, erscheint in: Berliner Debatte Initial (2001).

stalt des Citoyen. Solche philosophische Fürsprecher finden sich heute kaum mehr, obwohl gerade die – Mann mit Lukács verbindende – Annäherung von Ethik und Ästhetik wieder verstärkt diskutiert wird. Die neuere literaturwissenschaftliche Forschung ignoriert Manns humanistisches Anliegen weitgehend und legt seinen »Ästhetizismus« in eine Richtung aus, die den Zugang zu einer angemessenen Auffassung verstellt.

Der folgende Versuch einer politisch-philosophischen Gesamtdeutung erinnert Manns metaliterarischen Geltungsanspruch durch die Rekonstruktion seiner Konsequenz und Kohärenz. Mann geht von seiner individuellen Problematik aus, sich überhaupt im Dasein zu halten und sinnvoll zu orientieren. Er antwortet in zwei Richtungen: Einerseits führt ihn die Selbstverantwortung seiner Lebensführung zu philosophischen Begründungsfragen. Andererseits fragt er nach historisch-politischen Bedingungen und ergreift Partei. Damit läßt sich Manns Werk insgesamt als *politische Philosophie* im Sinne der Frage nach den humanen Möglichkeiten und den historisch-politischen Bedingungen eines moralisch verantwortlichen und gemeinschaftlich guten Lebens lesen. Mann fragt nach den Chancen für ein gelingendes Leben in Deutschland. Zwar sieht er sich primär als Künstler an. Andererseits aber begreift er sein literarisches Werk insgesamt als Antwort auf das »Problem der Humanität«. Dabei versteht er sich vor allem als Schüler und Erbe Nietzsches. In den *Betrachtungen eines Unpolitischen* heißt es:

> Nietzsche hat seinen Künstler nicht, oder noch nicht, wie Schopenhauer, gefunden. Wenn aber ich auf eine Formel, ein Wort bringen sollte, was ich ihm geistig zu danken habe, – ich fände kein anderes als eben dies: die Idee des Lebens, – welche man, wie gesagt, von Goethe empfangen mag, wenn man sie nicht von Nietzsche empfängt (XII, 84).

Wenn Mann hier von einer »Idee des Lebens« spricht, formuliert er sein Ausgangsproblem schon in den weitesten Bezügen. Eine ethische Antwort kann, seiner Auffassung nach, nur im Horizont einer Metaphysik erfolgen, wie sie die *Betrachtungen* als »Ästhetizismus« skizzieren. Mann rückt seinen Ästhetizismus nicht in einen Gegensatz zu Politik und Moral. Früh sieht er den »Ethiker« (XII, 146) in Nietzsche. Mit Nietzsche erkundet er die ethische Problematik im weiten Horizont einer praktisch engagierten, metaphysisch profilierten politischen Philosophie.

Künstlerische Gestaltungsversuche philosophischer Ansprüche müssen keiner Sprachnot oder »Ohnmacht des Gedankens« (so Hegel über Platons Mythen) resultieren. Ein Schriftsteller kann philosophische Aussagen im Rahmen seiner Kunst deutlich formulieren. Das ist durch die – vom Mythos emanzipierte, säkulare – Form der Kunst als solche nicht performativ unmöglich. Mann sah sich deshalb nicht in einer Entscheidungsalternative zwischen Philosophie und Literatur. Biographisch schwankte er wohl nur einmal zwischen der Wissenschaft und der Kunst als Beruf: Nach einigen Semestern als Gasthörer an der Münchner Universität und seiner frühen Begegnung mit Nietzsches Philosophie erwog er für das Wintersemester 1895/96 einen Wechsel an die Berliner Universität.[8] Sein Leben hätte eine andere Wendung genommen, wäre er dort etwa in den Kreis Wilhelm Diltheys geraten. Alle seine philosophischen Intuitionen hätte er im Rahmen von Diltheys Philosophie entwickeln können. Aber vielleicht hätte ihn die akademische Methodik auch von seiner Aussageabsicht abgezogen. Denn die sokratische Frage nach dem »guten Leben« wurde im neueren akademischen Diskurs oft für unmöglich und sinnlos erklärt. Auch deshalb wurde sie von der Kunst übernommen.[9]

Selbstverständlich wollte Mann als Künstler nicht nur belehren. Er unterstellte seine Unterhaltungsabsicht aber einer umfassenden Konzeption »ästhetischer Erziehung«. Wie Schiller war er der Ansicht, daß der Weg zum Guten über das Schöne führt und nur die ästhetische Erfahrung eine Idee von Harmonie und Versöhnung vermitteln kann. In dieser Verbindung von Ethik und Ästhetik traf er sich mit der Antike. Zahlreiche antike Philosophenschulen[10] verstanden die Philosophie praktisch als Weg zur Erfahrung einer umfassenden Harmonie und Ordnung.[11] So spiegelte Platon die Ordnungen von Mensch, Staat und Kosmos ineinander, weil er der Überzeugung war, daß das Ordnungsproblem nur im Rahmen einer metaphysischen Gesamtdeutung beantwortet werden könne. Im christlichen Rahmen wurde das Ganze dann in den Relationen von Gott, Mensch und Welt gedacht. Der postidealistischen Philosophie sind die ontologischen Voraussetzungen dieser Überlieferungen weithin zerfallen.[12] Im Paradigma der Lebensphilosophie, der Mann zugehört, ist die Erfahrung harmonischer Ordnung im Medium des Begriffs allein nicht mehr möglich.

---

8 Dazu vgl. Peter de Mendelssohn, Der Zauberer. Das Leben des deutschen Schriftstellers Thomas Mann. Erster Teil 1875-1918, Frankfurt 1975, 204: »Er hatte bestimmt vor, das kommende Wintersemester in Berlin zu verbringen.« Dazu vgl. Volker Gerhardt, Reinhard Mehring, Jana Rindert, Berliner Geist. Eine Geschichte der Berliner Universitätsphilosophie bis 1946, Berlin 1999.
9 Dazu vgl. Ursula Wolf, Kunst, Philosophie und die Frage nach dem guten Leben, in: Franz Koppe (Hrsg.), Perspektiven der Kunstphilosophie, Frankfurt 1991, 109-132; dies., Die Philosophie und die Frage nach dem guten Leben, Reinbek 1999.
10 Übersicht bei Christoph Horn, Antike Lebenskunst. Glück und Moral von Sokrates bis zu den Neuplatonikern, München 1998; vgl. Wilhelm Kamlah, Philosophische Anthropologie. Sprachliche Grundlegung und Ethik, Mannheim 1973.
11 Dazu vgl. Ernst Cassirer, Logos, Dike, Kosmos in der Entwicklung der griechischen Philosophie, Göteborg 1941.
12 Dazu vgl. Herbert Schnädelbach, Philosophie in Deutschland 1931-1933, Frankfurt 1983; ders., Philosophie, in: ders./ Ekkehard Martens (Hrsg.), Philosophie. Ein Grundkurs, 3. Aufl., Reinbek 1994, 37ff; zu den geschichtlichen Verschiebungen vgl. Karl Löwith, Gott, Mensch und Welt in der Metaphysik von Descartes bis zu Nietzsche, Göttingen 1967.

Wenn Mann sein Werk als künstlerische Umsetzung der Lebensphilosophie Nietzsches auffaßt, liegt eine pädagogisch-strategische Deutung nahe: Als Fürsprecher Nietzsches bediente er sich demnach der Kunst, um ein breites Publikum zu erreichen. Philosophisch rechtfertigt sich der didaktische Einsatz von Dichtung in sokratischer Tradition aber als Hinführung zu einer Lebensform und Praxis, die diskursiv nicht gänzlich durchsichtig ist. Deshalb nahm Platon eine Schriftkritik vor, beschränkte sich auf einführende Dialoge und prätendierte eine »ungeschriebene Lehre«. Sie folgt der Einsicht, daß eine Lehre sich durch ihre Bewährung im Leben praktisch bewahrheiten muß. Philosophie dient dem Vollzug einer Lebensführung. Platons ständiger Hinweis auf Sokrates ist deshalb von größter Bedeutung. Mit der Figur des Sokrates verweist Platon auf den praktischen Sinn seines Philosophierens.[13] In dieser Tradition macht Nietzsche seine Lehre durch die Gestaltung eines Lehrers exemplarisch anschaulich. Ähnliches unternimmt Thomas Mann. Er beantwortet Nietzsches Frage nach der Entwicklung des Menschen philosophisch bewußt mit künstlerischen Paradigmen möglicher Humanität.[14] Sein Werk ist insgesamt ein »Traumgedicht vom Menschen« (III, 686).[15]

Von seiner Lebensführungsproblematik ausgehend erkundet Mann Möglichkeiten und Bedingungen gelingenden Lebens. Eine überzeugende Antwort auf die Frage, wie man leben soll, kann seiner Auffassung nach nur durch das Exempel einer Lebensführung erfolgen, die sich philosophisch verantwortet und Vorbildlichkeit ansinnt. Sie beantwortet das Problem praktischer Normbegründung durch die Integrität einer Lebensführung, die sich selbst als Exempel begreift. Kunst kann diesen praktischen Sinn von Philosophie durch die Gestaltung des Verhältnisses von Leben und Lehre exemplarisch einsichtig machen. Von Nietzsche ausgehend, entdeckt Mann diesen sokratisch-praktischen Ansatz zur Philosophie in originärer Weise neu. Wie sein Protagonist Castorp gibt er sich von den Möglichkeiten und Bedingungen seines Lebens gründlich Rechenschaft. Er befragt seine Möglichkeiten im Kontext ihrer historisch-politischen Bedingungen und sucht seine Lebenschancen zu erkunden. Im Rückblick *Meine Zeit* listet er seine Umwälzungserfahrungen auf:

---

13 Dazu vgl. Heinrich Scholz, Der platonische Philosoph auf der Höhe des Lebens und im Anblick des Todes, Tübingen 1931, 11; ders., Begegnung mit Nietzsche, Tübingen 1948.
14 Milan Kundera (Die Kunst des Romans, Frankfurt 1989) vertritt heute unter Berufung auf Heidegger dieselbe Ansicht, daß der Romancier die Aufgabe hat, das »Feld der menschlichen Möglichkeiten« zu entdecken.
15 Als kurze Darstellungen meines Ansatzes vgl. Thomas Manns Bekenntnis zur Demokratie. Skizze einer philosophischen Gesamtbetrachtung, in: Christoph Gusy (Hrsg.), Demokratisches Denken in der Weimarer Republik, Baden-Baden 2000, 134-154; Thomas Manns »Traumgedicht vom Menschen«, in: Neue Rundschau (2001)

Wenn es allerhand ist, gleich nach dem Deutsch-Französischen Kriege und dem Ende des zweiten französischen Kaiserreichs zur Welt gekommen zu sein, die kontinentale Hegemonie Deutschlands unter Bismarck und die Hochblüte des britischen Imperiums unter Viktoria noch miterlebt zu haben, fast in einem damit, schon mit persönlichem Bewußtsein, die intellektuelle Unterminierung der bürgerlichen Lebensnormen überall in Europa; die Katastrophe von 1914 mit dem Eintritt Amerikas in die Weltpolitik und dem Fall des deutschen Kaiserreichs; die vollständige Veränderung der moralischen Atmosphäre durch die vier Blutjahre des ersten Weltkrieges; die Russische Revolution; das Heraufkommen des Faschismus in Italien und des Nationalsozialismus in Deutschland, den Hitlerschrecken, das Bündnis von Ost und West gegen ihn, den gewonnenen Krieg und den abermals verlorenen Frieden; – wenn, sage ich, dies an äußerer Dramatik recht reichlich ist für ein Menschenleben und quantitativ den Erfahrungen Goethe's wohl gleichkommt, so stehe ich doch nicht dafür, daß nicht die Wiegenkinder von heute, wenn eine amoklaufende Technik sie überhaupt noch zum Zuge kommen läßt, im Alter mit dem Erlebnis noch ganz anderer Umwälzungen und spektakulöser Weltveränderungen werden renommieren können als einer, der jetzt fünfundsiebzig wird. (XI, 304f)

Manns politische Erfahrungen berühren noch die jüngste Gegenwart. Seine Antworten sind deshalb nicht ohne Aktualität. Dennoch ist sein Werk heute in seinem metaliterarischen Geltungsanspruch vor allem ein Exempel politisch-philosophischer Selbstverantwortung einer Lebensführung. Es wird hier weitgehend unter Verzicht auf literatur- oder philosophiegeschichtliche Bezüge problemgeschichtlich immanent rekonstruiert und nicht weiter in die Geschichte politischer Intellektueller eingeordnet.[16] Manns Werk soll für sich sprechen. Die Abfolge der drei interpretativen Hauptteile entspricht ungefähr dem Entwicklungsgang des Werkes: Erst schreibt Mann Novellen, dann Romane, dann politische Essays. Erst entdeckt er das Problem der Lebensführung, dann situiert er es historisch-politisch, dann ergreift er Partei. Dieses Konsequenz vor allem wird aufgezeigt. Unter der Grundfrage nach den Möglichkeiten und Bedingungen gemeinschaftlich guten Lebens kann Manns Werk, so die These, als Bildungsgeschichte philosophischer Selbstverantwortung eines sich problematischen Individuums zum politischen Menschen gelesen werden. Es zeigt beispielhaft, wie ein Individuum, das sich ernst und wichtig (vgl. XII, 15f) nimmt, zu einem engagierten politischen Philosophen wird.

---

16 Dazu vgl. Wolfgang J. Mommsen, Bürgerliche Ordnung und politische Kultur. Künstler, Schriftsteller und Intellektuelle in der deutschen Geschichte 1830-1933, Frankfurt 2000; allgemeiner Paul Nolte, Die Ordnung der deutschen Gesellschaft. Selbstentwurf und Selbstbeschreibung im 20. Jahrhundert, München 2000

TEIL A

KÜNSTLERTUM UND LEBENSKUNST

>Durch das ästhetische Spiel erstrebe ich
eine Ethik«[1]

Die Deutung des literarischen Werks erfolgt unter der These, daß Mann seine Lebensführungsproblematik in seinen Novellen und kleineren Romanen mit der ethisch-anthropologischen Frage nach den Möglichkeiten gelingenden Lebens schrittweise erkundet, diese Problemperspektive in seinen großen Romanen in die Frage nach historisch-politischen Rahmenbedingungen zurückstellt und dann in seiner politischen Essayistik engagierte Konsequenzen zieht. Diese drei Problemkreise werden in drei Interpretationsteilen je für sich werkbiographisch immanent rekonstruiert. Dabei wird zwischen dichterischen Erkundungen und essayistischen Erwägungen unterschieden. Von »gelingendem« Leben wird gesprochen, wenn ein Individuum seine Lebensführung selbst bestimmt.[2] Von »glückendem« Leben wird gesprochen, wenn sich Wünsche und Hoffnungen »episodisch« (M. Seel) erfüllen. Von »gutem« Leben wird gesprochen, wenn ein gelingendes Leben Vorbildlichkeit beansprucht und anerkannt findet. Es wird gezeigt, daß Mann zu der Auffassung gelangt, daß ein Leben glücken muß, um zu gelingen, und sich als gut anerkannt wissen will, wenn es gelingt. Diese Zielrichtung der Erkundung von Lebenschancen wird insgesamt als die politisch-philosophische Frage nach dem »guten Leben« bezeichnet. Das gute Leben in diesem vollen Sinne meint ein moralisch-politisch verantwortliches Leben, das subjektiv als glückend erfahren wird. Der Teil *Künstlertum und Lebenskunst* erörtert nur das Verhältnis von gelingendem und glückendem Leben. Von einer positiven Antwort auf das Lebensführungsproblem – Wie ist mir gelingendes Leben im heutigen Deutschland möglich? – ist das Frühwerk anfänglich weit entfernt. Es formuliert die Frage nach dem »guten Leben« als Frage nach dem Glück und antwortet mit Gestalten des Scheiterns.

---

1 Thomas Mann im Interview v. 23.1.1926 mit Les Nouvelles Littéraires, Paris, in: Frage und Antwort. Interviews mit Thomas Mann 1909-1955, 87, vgl. 80.
2 Zur Selbstbestimmung als »Form des Glücks« vgl. Martin Seel, Versuch über die Form des Glücks, Frankfurt 1995, der auch ähnliche terminologische Unterscheidungen einführt. Zum systematischen Ansatz vgl. Volker Gerhardt, Selbstbestimmung. Das Prinzip der Individualität, Stuttgart 1999; ders., Individualität. Das Element der Welt, München 2000.

I. Dasein und Lebensführung

1. Die Reflexivität der Gattung

Mann schreibt vor allem Prosa. Nur wenige Gedichte veröffentlicht er vor 1900 unter seinem Namen. Mit dem *Tod in Venedig* gelangt die frühe Novellistik zu einem Abschluß.[3] Die Novelle entsteht als juridische Gattung (der Novellierung von Gesetzen) und geht im späten Mittelalter in eine literarische Form über,[4] die sich als kurze realistische Erzählung einer »sich ereigneten unerhörten Begebenheit« (Goethe) vom höfischen Epos absetzt. Mit Boccaccio entwickelt sie ihr Gattungsbewußtsein durch die Selbstthematisierung ihrer Erzählfunktionen in einer Rahmenerzählung. Bei Boccaccio ist es die Flucht vor der Pest, die eine Gruppe Personen zusammenbringt und erzählen läßt. In Goethes *Unterhaltungen deutscher Ausgewanderten*, dem ersten großen Novellenzyklus der deutschen Literatur, ist es die Flucht vor der Französischen Revolution, die einen Personenkreis sich als Gruppe gemeinsamen Schicksals durch wechselseitige Erzählungen identifizieren läßt. Durch solche Rahmenerzählungen entwickelt die Gattung eine Reflexionskultur der Selbstthematisierung von Erzählbedingungen und -funktionen.

Mann greift dies in seiner ersten Novelle *Gefallen* 1894 auf. In der Rahmenerzählung diskutieren vier Männer miteinander und illustrieren ihre Anschauungen durch Geschichten. Nach Art des Novellenzyklus geht das Erzählen reihum. Es geht um die narrative Beglaubigung von Lehren durch persönliche Erfahrungen. Doktor med. Selten erzählt seine Geschichte von einer gefallenen Künstlerin, um Kritik an der »schmachvollen sozialen Stellung des Weibes« zurückzuweisen. Der Doktor faßt die Lehre zusammen: »Wenn eine Frau heute aus Liebe fällt, so fällt sie morgen um Geld.« (VIII, 42) Die Liebe erscheint als jener erste Fall, der in die Prostitution führt und ein sublimer Fall von Prostitution ist. Diese These von der Verwandtschaft von Liebe, Ehe und Prostitution wird damals vom Naturalismus[5] auf die Bühne gebracht. Manns Interesse gilt damals schon der psychologischen Vertiefung und Decouvrierung der Decadence.[6] Er schätzt seinen literarischen Erstling künstlerisch nicht be-

---

3 Zur Übersicht vgl. Hans Rudolf Vaget, Thomas Mann. Kommentar zu sämtlichen Erzählungen, München 1984.
4 Dazu vgl. Cornelia Vismann, Akten. Medientechnik und Recht, Frankfurt 2000, 111ff.
5 Dazu rückblickend vgl. August Strindberg (1948), X, 371-374, sowie die zahlreichen Reden auf Hauptmann: Gerhart Hauptmann (1952), IX, 804-815 u. a.
6 So Hans Rudolf Vaget, Die literarischen Anfänge Thomas Manns in ›Gefallen‹, in: Zeitschrift für deutsche Philologie 94 (1975), 235-256. Zu den Einflüssen der Wiener Moderne etwa: Holger Rudloff, Pelzdamen. Weiblichkeitsbilder bei Thomas Mann und Leopold von Sacher-Masoch, Frankfurt 1994; Hubert Ohl, Ethos und Spiel. Thomas Manns Frühwerk in der Wiener Moderne, Freiburg 1995; beim Frühwerk ansetzende Darstellung der literarische Wirklichkeitsbewältigung bei Franz Orlik, Das Sein

sonders und nimmt ihn bei Lebzeiten in keinen seiner Novellenbände auf. Seine enge Verknüpfung von Leben und Lehre aber hält er fest. Und seine Novellenbände beerben die – in *Gefallen* angesprochene – Reflexionskultur der Gattung, indem sie eine Aussage durch die thematische Sammlung der Texte exponieren.

2. Der kritische Weg der Kunst

Schon *Gefallen* findet literarische Anerkennung. Richard Dehmel fordert Mann auf, für die neu gegründete Kunstzeitschrift *Pan* zu schreiben.[7] Mann schickt seine folgenden Novellen – *Der kleine Professor* und *Walter Weiler* (die Erstfassung des *Bajazzo*) – daraufhin an Dehmel. Es gelingt ihm jedoch erst Ende 1895 wieder, eine Novelle – *Der Wille zum Glück* – unterzubringen. In diese Jahre fallen ein kurzes Gastspiel als Volontär bei der Süddeutschen Feuer-Versicherungsbank, der Besuch einiger Vorlesungen als Gasthörer an der Münchner Universität sowie die erste, über Heinrich Mann vermittelte Begegnung mit Nietzsches Philosophie. Für das Wintersemester 1895/96 plant Mann den erwähnten Wechsel an die Universität Berlin. Den Sommer 1895 verbringt er in Italien und schreibt dort weitere, verloren gegangene oder vernichtete Novellen. Am 17.12.1895 beantwortet er einen Fragebogen *Erkenne dich selbst!* im Gästebuch einer Freundin:

> Deine Lieblingsbeschäftigung? Zu dichten ohne zu schreiben. Deine Idee von Glück? Unabhängig und mit mir selbst im Einverständnis zu leben. Welcher Beruf scheint Dir der beste? Der künstlerische. Wer möchtest Du wohl sein, wenn nicht Du? Törichte Frage! (TME I, 16)

Bemerkenswert ist hier nicht nur das Selbstbewußtsein der eigenen künstlerischen Berufung, sondern auch der geradezu sokratische Begriff vom Glück des Einverständnisses mit sich selbst. Später spricht Mann dafür auch vom Glück des Friedens der »Eindeutigkeit« (IX, 114). Wenn er den künstlerischen Beruf als einen Weg zum Einverständnis bezeichnet, unterstellt er ihn einem philosophischen Anspruch und Sinn. Demnach ist es die Aufgabe des Künstlers, eine eigene Idee vom Glück zu entwickeln. Wenn Mann ein solches Einverständnis mit dem »Frieden der Eindeutig-

---

im Text. Analysen zu Thomas Manns Wirklichkeitsverständnis und seinem Wandel, Würzburg 1997.

7 Angaben nach Peter de Mendelssohn, Der Zauberer, Frankfurt 1975, 154ff; vgl. Hans Bürgin u. Hans-Otto Mayer (Hrsg.), Thomas Mann. Eine Chronik seines Lebens, Frankfurt 1965; Hans Wysling u. Yvonne Schmidlin (Hrsg.) Thomas Mann. Ein Leben in Bildern, Zürich 1994; Klaus Harpprecht, Thomas Mann. Eine Biographie, 1995; Donald A. Prater, Thomas Mann. Deutscher und Weltbürger, München 1995; Hermann Kurzke, Thomas Mann. Das Leben als Kunstwerk, München 1999; Jürgen Kolbe, Heller Zauber. Thomas Mann in München 1894-1933, Berlin 1987.

keit« verbindet, betont er Rationalitätsansprüche. Der Künstler findet sein Glück dann nur durch ein kohärentes philosophisches Orientierungssystem. Die Rationalität seiner Glückskonzeption bezieht sich auf die Ermöglichung einer gewissen Unabhängigkeit gemäß dem vorgängigen Identitätsentwurf. Glücklich machen demnach nur die vertretbaren Ideen und Deutungsmuster, die es erlauben, einem eigenen Identitätsentwurf gemäß unabhängig zu leben.

Daß Mann zunächst eher alltagssprachlich nach dem Glück fragt, hat alte Wurzeln. Die griechische Philosophie setzte das Streben nach dem »Glück« als Sinn des Lebens selbstverständlich voraus und identifizierte die Frage nach dem »guten Leben« deshalb mit der Frage nach dem »Glück«. Sokrates band die Menschen mögliche Glückseligkeit (der Führung eines im ganzen sinnhaften und erfolgreichen Lebens) dabei an hohe Rationalitätsanforderungen. Dem Sophisten Kallikles entgegnet er:

> Und ich wenigstens, du Bester, bin der Meinung, daß besser meine Lyra verstimmt sein und mißtönen möge oder ein Chor, den ich anzuführen hätte, und daß eher die Menschen nicht mit mir übereinstimmen, sondern mir widersprechen mögen, als daß ich allein mit mir selbst nicht zusammenstimmen, sondern mir widersprechen müßte. (Gorg. 482c)[8]

Philosophiegeschichtlich bleibt ein Primat der praktischen Vernunft und ein »Bedürfnis der Vernunft« nach Eindeutigkeit gängig. Ein Verweis auf Kants »Maximen des gemeinen Menschenverstandes« muß hier genügen: Kant[9] nennt als Maximen: »1. Selbstdenken; 2. An der Stelle jedes andern denken; 3. Jederzeit mit sich einstimmig denken. Die erste ist die Maxime der vorurteilsfreien, die zweite der erweiterten, die dritte der konsequenten Denkungsart.« Zur Maxime des vorurteilsfreien und konsequenten Denkens tritt die Maxime einer Erweiterung der Denkungsart durch universelle Perspektivenübernahme hinzu. Kant fordert sie schon mit seinem Kategorischen Imperativ. Diese Universalität postuliert er nun für die philosophische Denkungsart insgesamt. Und noch Thomas Mann tut es, wenn er seine dichterischen Erkundungen als Antworten auf das *Problem des Menschen* auffaßt. Wenn die philosophische Denkungsart eine universale Perspektivenübernahme erfordert, läßt sich die Literatur als ein philosophisches Medium auffassen, das die Totalität aller möglichen Standpunkte exploriert. Schon die Romantik kehrte mit ihrer Konzeption vom »absoluten Roman« deshalb die überlieferte Trennung und Rangordnung von Kunst und Philosophie um. Mann teilt mit dieser Tradition die Auffassung, daß die Literatur, insbesondere der Roman, eine Form ist, Erfahrungsgehalte philosophischer Leh-

---

8 Dazu vgl. Hannah Arendt, Vom Leben des Geistes. Band I: Das Denken, München 1979, 180ff; Volker Gerhardt, Das individuelle Gesetz. Über eine sokratisch-platonische Bedingung der Ethik, in: Allgemeine Zeitschrift für Philosophie 22 (1997), 3-21.
9 Immanuel Kant, Kritik der Urteilskraft § 40, Werke, Bd. VIII, 390.

ren zu kommunizieren, die Totalität aller sinnvoll möglichen Standpunkte darzustellen und so den umfassenden Rationalitätsanspruch der Frage nach dem Glück annähernd zu erfüllen. Er entscheidet sich deshalb gegen die akademische Wissenschaft für die Kunst als Reflexionsform des eigenen Glücksentwurfs.

3. »Der kleine Herr Friedemann«: das Problem der Daseinsstabilisierung

Ende 1895 wird *Der Wille zum Glück* von der neu gegründeten Zeitschrift *Simplicissimus* angenommen. Im Februar 1896 vernichtet Mann seine sämtlichen Tagebücher und »einige uralte Novellen zweifelhafter Art« (17.2.1896 an Grautoff). Im Sommer 1896 schreibt er *Der kleine Herr Friedemann*. Zusammen mit seinem Bruder Heinrich geht er vom Herbst 1896 bis zum Frühjahr 1898 abermals nach Italien. Dort verfaßt er *Luischen* und arbeitet *Walter Weiler* zum *Bajazzo* um. Am 29.5.1897 erhält er vom Fischer-Verlag die Nachricht der Annahme eines Novellenbands, verbunden mit der Aufforderung, einen Roman zu schreiben. Nachdem Mann den Novellenband daraufhin im Juli 1897 mit *Tobias Mindernickel* komplettiert, teilt er einem Jugendfreund, Otto Grautoff, am 20.8.1897 mit, daß er »einen Roman vorbereite«. Binnen drei Jahren schreibt er *Buddenbrooks* nieder. Als erste Buchpublikation aber erscheint 1898 die Novellensammlung *Der kleine Herr Friedemann*.

Liest man die Novellen in der Abfolge ihres Zusammenhangs, so beschreiben sie »das Leben« in der Alltäglichkeit scheiternden Daseins[10] und lehren die Notwendigkeit bewußter Lebensführung. Die philosophische Aussage ist einfach; Mann hätte sie als solche mühelos formulieren können. Bei der Suche nach Antworten ist er aber nicht so sehr an den philosophischen Lehren denn an der Erkundung ihrer praktischen Konsequenzen interessiert. Es geht ihm um die Prüfung philosophischer Thesen durch die literarische Gestaltung ihrer praktischen Konsequenzen. Sein Wahrheitskriterium ist die pragmatische Bewährung einer Lehre im Leben.

Die titelgebende eröffnende Novelle, Manns »Durchbruch in die Literatur« (XIII, 135), erzählt von dem kleinen Herrn Friedemann, der sich, durch einen Leibschaden behindert, in seinem Alltag einrichtet und darin sein Genügen findet. Sein Habitus bricht aber zusammen, als er sich in die vitale Schönheit Gerda von Rindlingen verliebt, die sein verborgenes Unglück durchschaut und ihn in den Freitod treibt.

---

10 Nach Heidegger liegt es nahe, terminologisch zwischen der Faktizität des »Daseins« und einer sinnhaft sorgenden, willentlichen Lebensführung zu unterscheiden. Mann spricht nur vom »Leben«. Er betont damit den Zusammenhang allen Lebens in naturphilosophischer Perspektive. In der philosophischen Anthropologie stünde er deshalb näher zu Plessner als zu Heidegger. Mann bezieht sich im Horizont des Joseph-Romans und in religionsphilosophischer Perspektive explizit auf Max Scheler. Seinen Zugang zur philosophischen Anthropologie findet er durch Nietzsche.

Der Tod dokumentiert das Tagebuch eines Vaters, der zwanzig Jahre lang unter einer »Prophezeiung« lebte: »Ich wußte mit neunzehn oder zwanzig Jahren, daß ich mit vierzig sterben müßte« (VIII, 73). Eine Stunde vor dem erwarteten Ende stirbt die geliebte Tochter am »Herzschlag«. Die Erwartung des eigenen Todes erfüllt sich an der Tochter und zeigt sich so als Macht über die Mitwelt. Der Schluß läßt offen, ob sich die Prophezeiung auch für den Grafen erfüllt, oder ob es sich nur um ein magisches »Märchen« handelt.

Der Wille zum Glück erzählt von einem hoffnungslos herzkranken Paolo, den seine bewußte und entschiedene Liebe zu einer Frau bis zum Moment der Erfüllung seines Liebesglückes die Haltung bewahren läßt; er stirbt »am Morgen nach der Hochzeitsnacht, – beinahe in der Hochzeitsnacht« (61). Anders als Friedemann lebt dieser Paolo nicht in der Illusion der Erträglichkeit seines Daseins, sondern weiß um die Außeralltäglichkeit des Glücks (der Liebeserfüllung) und kann sein Leben in diesem Wissen willentlich ertragen und führen. Paolo begreift sein Leben insgesamt als »Wille zum Glück« und führt in der Gewißheit seiner Liebe ein gelingendes Leben.

In der Novelle *Enttäuschung* begegnet ein Ich-Erzähler in Venedig einem Unbekannten, der plötzlich von seiner Enttäuschung vom »Leben im ganzen« (67) zu erzählen beginnt:

> Wissen Sie, mein Herr, was das ist: [...] die große, die allgemeine Enttäuschung, die Enttäuschung, die alles, das ganze Leben einem bereitet? (64)

Im elterlichen Pastorhaus erfuhr der Unbekannte die Kanzelrhetorik »von diesen großen Wörtern für Gut und Böse, Schön und Häßlich, die ich so bitterlich hasse, weil sie vielleicht, sie allein, an meinem Leiden die Schuld tragen« (64). An den großen Wörtern gemessen, können alle noch so großen Erlebnisse, wie »Feuersbrunst« und Liebe, nur enttäuschen. Für alles Erleben stellen sich Wörter ein. Es sind die Worte selbst, die Enttäuschung bereiten, indem sie Wirklichkeit kategorisieren. Die Frage nach dem Eigentlichen (67: »Ich habe vom Leben das Unendliche erwartet«.) läßt sich nicht jenseits der Worte stellen. Auch die allgemeine Enttäuschung vom ganzen Leben gehört zu den Wörtern, die von einem »befreiten Leben« (68) träumen lassen. Auch sie ist ein Wille zum Glück und orientiert Dasein.

Die Novelle *Der Bajazzo* handelt von einem sozial deklassierten, ortlosen »Paria«, Privatier und Tagedieb.[11] Wie Friedemann täuscht er sich lange über das »Unglück« seines sozial unverantwortlichen und forderungslosen Daseins, gesteht sich dann aber seinen »Ekel« am Dasein ein und entschließt sich besonnen zur Selbsttötung. Der Bajazzo ist weder Bürger noch Künstler. Durch eine komforta-

---

11 Dazu vgl. Hans Rudolf Vaget, Der Dilettant. Eine Skizze der Wort- und Bedeutungsgeschichte, in: Jahrbuch der deutschen Schiller-Gesellschaft 14 (1970), 131-158; Hans Wysling, Narzißmus und illusionäre Existenzform, Bern 1982, 34ff.

ble Rente sozial dazu verführt, seine passable Tätigkeit als Kaufmann aufzugeben, seines leerlaufenden Lebens überdrüssig, erwägt er die Möglichkeit einer Rückkehr ins bürgerliche Leben nicht mehr ernstlich und sieht nur noch die Alternative des Freitodes.

Was die bisher erörterten Novellen miteinander verbindet, ist die These von der Unmöglichkeit bloßen Dahinlebens und der Notwendigkeit einer willentlich bestimmten Lebensführung unter einer Idee vom Glück; sie erzählen von der Notwendigkeit einer Idee gelingenden Lebens für die Daseinsstabilisierung überhaupt. Mann führt die »allgemeine Enttäuschung« am Leben, von Nietzsches Fiktionalismus[12] beeinflußt, auf die Diskrepanz der »großen Wörter« zum Erleben zurück. Das eigene Leben bleibt zwar hinter den großen Worten, Verheißungen und Träumen zurück; die Wörter aber ermöglichen einen Willen zum Glück, der ein Leben orientiert. Ohne Willen zum Glück kann der Mensch nicht leben. Auch der Pessimismus der Enttäuschung über das Leben im ganzen könnte ein Leben sinnhaft orientieren. Auch er ist eine mögliche Idee gelingenden Daseins. Als sinnvolle Idee vom Glück bevorzugt Mann aber offenbar die Liebe. Liebe ist ihm jene außeralltägliche Macht, die die Unmöglichkeit gelingenden Daseins in der Alltäglichkeit epiphanisch einsichtig macht und dadurch die Notwendigkeit einer sinnhaften Orientierung der ganzen Lebensführung an einer nie voll zu realisierenden Idee von Glück repräsentiert. Damit deutet sich eine Differenzierung zwischen gelingendem und glückendem Leben an: Der Wille zum Glück allein genügt nicht. Das Leben muß wenigstens episodisch auch wirklich glücken, um zu gelingen. Ein Ausweg ist der Tod. Schon die Novelle *Der Wille zum Glück* verbindet Liebe und Tod miteinander: Nur in der Gewißheit der Endlichkeit des Lebens ist Liebe wirklich möglich. Auch wenn Mann die Liebe als mögliche Idee vom Glück privilegiert, ist es doch primär die – durch das außeralltägliche Glück der Liebe repräsentierte – Notwendigkeit einer Idee der Lebensführung überhaupt, die er als Voraussetzung für gelingendes Leben auszeichnet. Dem Bajazzo wird hierfür zwar die Lebensform des Künstlertums als Möglichkeit (von seiner Mutter) gewiesen. Doch sie bleibt noch gestaltlos. Mann erdichtet sie erst später.[13] So zeigt die Novellensammlung *Der kleine Herr Friedemann* noch keine Lösung der Daseinsproblematik auf. Ihr Fazit lautet nur: Wer nicht die Gesundheit mitbringt, sich in der Alltäglichkeit einzurichten, findet kaum aus der Enttäuschung heraus zu einem gelingenden Leben.

---

12 Zeitgenössisch vgl. Hans Vaihinger, Nietzsche als Philosoph, Berlin 1902; Abschluß der frühen Diskussion bei Erich Heintel, Nietzsches »System« in seinen Grundbegriffen, Leipzig 1939.
13 Dazu vgl. die frühen, ausführlichen Briefe an Otto Grautoff; diese Schul- und Jugendfreundschaft zweier angehender Schriftsteller endet mit einer Rezensionsanweisung Manns an Grautoff (Brief v. 26.11.1901). Der Künstler distanziert den Bajazzo (vgl. nur Brief v. 6.9.1900).

Die katastrophalen Folgen unglücklichen Dahinlebens in der Alltäglichkeit führt die Novelle *Tobias Mindernickel* abschließend drastisch vor. Mindernickel verharrt in der Alltäglichkeit seines unauffälligen Daseins. Keine Liebe bricht in seinen Alltag ein und macht ihm sein Unglück einsichtig. Er flüchtet deshalb auch nicht in den Freitod, sondern kauft in stumpfem Unglück einen Hund, mordet ihn neidisch dahin und flüchtet in Selbstmitleid. In dieser meisterhaften kleinen Erzählung beschreibt Mann die ganze Pathologie stumpfen Selbsthasses im Unglücklichsein. Negativ bestätigt *Tobias Mindernickel* die zentrale Aussage der ersten Sammlung: Gelingendes Leben ist nicht anders als unter einer Idee der Lebensführung möglich, die die Alltäglichkeit orientiert. Das Leben will geführt sein, um zu gelingen.[14]

Als die Kritik Manns Erstling respektvoll würdigt, publiziert der junge Dichter 1899 ein Gedicht *Monolog*:

> Ich bin ein kindischer und schwacher Fant,
> Und irrend schweift mein Geist in alle Runde,
> Und schwankend fass' ich jede starke Hand.
>
> Und dennoch regt die Hoffnung sich im Grunde,
> Daß etwas, was ich dachte und empfand,
> Mit Ruhm einst gehen wird von Mund zu Munde.
>
> Schon klingt mein Name leise in das Land,
> Schon nennt ihn mancher in des Beifalls Tone:
> Und Leute sind's von Urteil und Verstand.
>
> Ein Traum von einer schmalen Lorbeerkrone
> Scheucht oft den Schlaf mir unruhvoll zur Nacht,
> Die meine Stirn einst zieren wird zum Lohne
>
> Für dies und jenes, was ich hübsch gemacht. (1106)

4. »Tristan«: Künstlertum als Antwort

Die zweite, 1903 erschienene Sammlung *Tristan* knüpft mit *Der Weg zum Friedhof* an die Novelle vom Mindernickel an. Ein vereinsamter, cholerischer Trinker empört sich auf seinem Weg zum Friedhof über einen Radfahrer:

> Wer ihn sah, konnte im Zweifel sein, ob er aus Bosheit beabsichtigte, den jungen Mann am Weiterfahren zu hindern, oder ob er von dem Wunsche gepackt worden war, sich ins Schlepptau nehmen zu lassen, sich hinten aufzuschwingen und mitzufahren (193).

---

14 Schon im Frühwerk ist die medizinisch-pathologische Gestaltung früher Protagonisten wie Mindernickel eine Metapher der ethischen »Sorge um das Selbst«: so Manfred Dierks, Krankheit und Tod im frühen Werk Thomas Manns, in: Auf dem Weg zum »Zauberberg«, hrsg. Thomas Sprecher, Frankfurt 1997, 11-32.

Der Wutausbruch Lobgott Piepsams endet mit einem tödlichen »Fall«, einem Herzanfall vermutlich: Erneut handelt es sich also um eine Geschichte der Konversion von Unglück in Aggression und der Todessehnsucht gescheiterten Daseins.

Die titelgebende Sanatoriums-Novelle *Tristan* erzählt von der Neigung eines unfähigen Bajazzos und »Romanciers« zu der bedrohlich kranken, fragilen Gattin des Großkaufmanns Klöterjahn. Der Kaufmann schreitet gegen den Verführer ein und stellt den »Hanswurst« (257) zur Rede, um seine Gattin zu schützen.[15]

Der Kleiderschrank erzählt vom Erzählen als Lebenshalt und Aufschub des Todes. Dem ermüdeten Reisenden, dem »von mehreren Ärzten nicht mehr viele Monate zugestanden« (161) werden, begegnet im Kleiderschrank eines Hotelzimmers die Erscheinung eines nackten Mädchens, das ihm allabendlich Geschichten gegen den Tod erzählt. Raffiniert anverwandelt Mann den Scheherazade-Mythos vom Aufschub des Todes durch Erzählen der romantischen Auffassung von den zwei Welten der prosaischen Wirklichkeit und des Märchens.

Luischen variiert die Friedemann-Novelle von der Zerstörung des Liebenden durch weibliche Verachtung: Es ist nun die Ehefrau, die den betrogenen Gatten auf einem häuslichen Fest der Lächerlichkeit preisgibt. Auch hier stirbt der Mann im Moment der »Erkenntnis« (186) des Betrugs, der Demütigung und Verachtung.

Die Novelle *Gladius Dei* stellt die Spannung von Kunst und Religion am Beispiel des fanatischen Jünglings Hieronymus vor, der die Entfernung eines aufreizenden Madonnenbildes aus dem Schaufenster einer Kunsthandlung fordert.

Die abschließende Novelle *Tonio Kröger* erörtert die Unterscheidung einer sozial unverantwortlichen von einer gewissenhaften Kunst im Gegensatz der Malerin Lisaweta zum Schriftsteller Tonio Kröger. Autobiographisch geht sie auf eine Reise nach Dänemark im Herbst 1899 zurück, die Mann über Lübeck führt. Nachdem der Verleger auf einen zweiten Novellenband drängt, beschleunigt Mann im Sommer 1902 die Abfassung. Er will »dem Band unter allen Umständen noch eine neue, etwas umfangreiche Erzählung hinzufügen«.[16] Um zu verstehen, warum Mann gerade diese Novelle stets als sein erstes und gültiges künstlerisches Selbstbekenntnis betrachtete, muß man über den Gegensatz von Bürger und Künstler hinaus auch die Differenzierung im Künstlertum bedenken. Denn der Schriftsteller Tonio Kröger unterscheidet sich nicht nur vom Bürger Hans Hansen, sondern auch von der Ma-

---

15 Zum Wagner-Bezug vgl. Peter Wapnewski, Tristan, keine Burleske. Zu Thomas Manns Novelle, in: ders., Tristan der Held Richard Wagners, Berlin 1981, 150-170; Dieter Borchmeyer, Das Theater Richard Wagners. Idee-Dichtung-Wirkung, Stuttgart 1982, 324ff, der Manns »Wälsungen«-Novelle gegen den Antisemitismus-Vorwurf verwahrt. Manns Distanz zu Wagner betont auch Gerhard Kaiser, Thomas Manns Wälsungenblut und Richard Wagners Ring. Erzählen als kritische Interpretation, in: Thomas-Mann-Jahrbuch 12 (1999), 239-258.
16 Mendelssohn, Zauberer, 491.

lerin Lisaweta. Und diese Abgrenzung ist für Manns moralische Affirmation des Künstlertums entscheidend.

Die Novelle ist in neun Szenen gegliedert. Das Mittelstück bildet ein großes Kunstgespräch mit der Malerin Lisaweta, in dem Tonio seinen »*Verdacht*« (298) gegen das Künstlertum bekennt: »Die Literatur ist überhaupt kein Beruf, sondern ein Fluch« (297), meint Tonio. Denn sie isoliere vom gewöhnlichen Leben. Weil er daran leide, sei er, Tonio, »kein Nihilist«:

> Ich bin es nicht, sage ich Ihnen, in bezug auf das lebendige Gefühl. Sehen Sie, der Literat begreift im Grunde nicht, daß das Leben noch fortfahren mag, zu leben, daß es sich dessen nicht schämt, nachdem es doch ausgesprochen und ›erledigt‹ ist. Aber siehe da, es sündigt trotz aller Erlösung durch die Literatur unentwegt darauf los; denn alles Handeln ist Sünde in den Augen des Geistes... (302)

Weil Tonio sich zu den »Wonnen der Gewöhnlichkeit« (303) bekennt und die »Erlösung« durch die Kunst als Entfremdung vom »Leben« verflucht, nennt Lisaweta ihn einen »Bürger auf Irrwegen« (305). Als Künstler scheint Tonio damit »*erledigt*«. Bald reist er »gen Norden« nach Dänemark, »wo der ›Geist‹ zu Hamlet kam« (306).[17] In Dänemark begegnet er in träumerischer Reinszenierung einer peinlichen Jugenderfahrung seinen Jugendlieben wieder und erkennt sich vollends als Ausgeschlossener. Als Fazit der Reise begreift Tonio seine Zwischenstellung zwischen Bürgerlichkeit und Bohème ästhetisch als Chance:

> Denn wenn irgend etwas imstande ist, aus einem Literaten einen Dichter zu machen, so ist es diese meine Bürgerliebe zum Menschlichen, Lebendigen und Gewöhnlichen [...] Schelten Sie diese Liebe nicht, Lisaweta; sie ist gut und fruchtbar. (338)

Dies läßt sich zunächst als literatursoziologische These lesen: Nur der »Bürger auf Irrwegen« scheint befähigt, Bürgerlichkeit überzeugend zu gestalten. Tonio spricht aber nicht von diesen Erfolgsbedingungen seiner Kunst, sondern von einer moralischen Qualifizierung der »Bürgerliebe zum Menschlichen, Lebendigen und Gewöhnlichen«. Diese Auszeichnung der Bürgerlichkeit ist eine programmatische Aussage des Verfassers.

Auch diese Novellensammlung *Tristan* ist ein Thesenbuch. War es im *kleinen Herrn Friedemann* die These von der Notwendigkeit einer Lebensführungsidee, so fragt die *Tristan*-Sammlung auf das Künstlertum als mögliche Lösung und Lebensform hinaus. *Der Weg zum Friedhof* erinnert die Möglichkeit scheiternden Lebens; *Tristan* erörtert die moralisch fragwürdige Verführungskraft der Kunst; der *Kleiderschrank* zeigt dagegen die Lebensdienlichkeit des Träumens und Erzählens auf;

---

17 Die programmatische Novelle ist eine erste Belegstelle für Manns Geistbegriff. Es ist deshalb bemerkenswert, daß Mann den »Geist« in Anführungszeichen setzt und damit die Frage nach Herkunft und Trägern des »Geistes« gegenüber dem phänomenologischen Befund, daß Menschen Geist haben, ironisiert.

Luischen stellt das Risiko der Alternative der Ehe vor; *Gladius Dei* verteidigt die Kunst gegen ihre fanatische Verdammung; *Tonio Kröger* bekennt sich programmatisch zu einem spezifisch bürgerlichen Künstlertum.

1909 erweitert Mann die Sammlung *Der kleine Herr Friedemann*; er nimmt *Der Tod* heraus und fügt drei *andere Novellen* hinzu. Davon erschien *Luischen* zuvor schon in der *Tristan*-Sammlung;[18] sie paßt aber auch gut in die erweiterte *Friedemann*-Sammlung, weil sie die titelgebende Geschichte von der Zerstörung des Liebenden variiert.

Die Hungernden deutet den Ausweg der Kunst an: Wieder erfährt ein betrogener Liebender sein Unglück in der Öffentlichkeit eines Festes; er ist nun aber ein Künstler (267), der sich in seiner Einsamkeit mit einem sozial deklassierten Hungernden als Bruder im »Lande der Betrogenen, der Hungernden« (270) identifiziert: »Eine andere Liebe tut not, eine andere ...«. Das Künstlertum ermöglicht die Überwindung seiner Einsamkeit durch Mitleid und Solidarität. Die Lösung aber glückt nur im Medium der Kunst. Der Künstler solidarisiert sich einseitig mit dem Hungernden. Die »andere Liebe« bleibt faktisch unerwidert.

Mann beläßt es nicht bei diesem zweideutigen Schluß, sondern beschließt die erweiterte Sammlung mit der autobiographischen Novelle *Das Eisenbahnunglück*. Als Erzähler tritt ein erfolgreicher Künstler auf, der mit seinem Leben im ganzen zufrieden ist. Dieser Ich-Erzähler verunglückt auf einer »Kunst- und Virtuosenfahrt« (416) nach Dresden. Es ist aber noch einmal gut gegangen. Der Zugführer hat die Notbremse gezogen. Der Zug ist nicht einmal wirklich entgleist. Der »große[] Ausgleich vor der Majestät des Unglücks« (425) hat den Unterschied der Existenzen verschliffen und Egalität im Unglück geschaffen. Im Verlauf der – einen ganzen Le-

---

18 Der Wiederabdruck überrascht, zumal Mann zwei weitere Texte, »Gerächt« (1899) und »Anekdote«, in keine Sammlung aufnimmt. »Gerächt« erzählt von der Freundschaft zu einer emanzipierten Frau. Mit vorletzter Offenheit meint der Ich-Erzähler: »Es ist die intime Vertrautheit unserer Geister, die mir unentbehrlich geworden ist, im Gegensatz zu der pronuncierten Abneigung, die ich körperlich dir gegenüber empfinde.« (165) Die Frau rächt sich, indem sie den Erzähler eifersüchtig macht, seine »Gier« erfahren läßt und ihm dann einen »Korb« gibt. Es gibt kein sexuell neutrales Verhältnis zwischen Mann und Frau, besagt die Novelle. Aller »Idealismus« beruht auf Verdrängung, aller Abneigung liegt Attraktion zugrunde. 1908 publiziert Mann eine »Anekdote«, die die Lehre vom Schleier der »Maja« exemplifiziert. Sie handelt von einer Frau, Angela, die allen als »Ideal der Möglichkeit« (413) des Glücks erscheint, von ihrem Gatten aber als »Schlund« (415) der Verderbtheit öffentlich denunziert wird. Die Anekdote hat eine Reihe thematischer Bezüge. Die Rahmenerzählung erinnert an »Gefallen«. Die »Hölle von einer Ehe« konterkariert das Eheglück von »Königliche Hoheit«, die Lehre vom Schleier der Maja steht in bezug zu einem Romanprojekt, die Differenzierung zwischen privater und öffentlicher Erscheinung weist auf den »Krull« voraus. Die »Anekdote« bündelt alle diese Motive, bietet aber nicht den Ausweg des Künstlertums an.

benslauf repräsentierenden – Reise gleicht sich der Unterschied zwischen der »glücklichen Selbstgefälligkeit« und der Einsamkeit des Künstlers aus und verteilt das Maß des Unglücks gerechter. Die »Schuld einer defekten Weiche« (422) liegt auf dem Wege jeder Reise:

> Einmal mußte es ja wohl sein. Und obgleich die Logiker Einwände machen, glaube ich nun doch gute Chancen zu haben, daß mir sobald nicht wieder dergleichen begegnet. (426)

Die unterschiedliche Aussage ist deutlich: Endet die Ausgabe von 1898 mit der entsetzlichen Existenz des Mindernickel, so schließt die erweiterte Ausgabe von 1909 mit der autobiographischen Novelle vom erfolgreichen Künstler, der sein Leben im großen und ganzen als gerecht und glückend erfährt. Nach seinem Bekenntnis zum Künstlertum als möglicher Lebensform korrigiert Mann nun die Aussage seiner ersten Novellensammlung. Er bekennt sich zur Lebensform des Künstlers. Der neue Schluß wirkt allerdings etwas dissonant. Der Kontrast der Friedemanns und Mindernickels zu der versöhnlichen Haltung des erfolgreichen Schriftstellers bleibt krass. So schreibt Mann später in einem Brief an Philipp Witkop (Brief v. 12.5.1919):

> Die jetzt gängige Ausgabe dieses Erstlingsbuchs enthält zwei Stücke (›Die Hungernden‹ und ›Das Eisenbahnunglück‹), die später liegen und eigentlich in den Wunderkind-Band gehören.

5. »Das Wunderkind«: Typen der Humanität

Die 1914 erschienene Novellensammlung *Das Wunderkind* führt die Selbstreflexion des Künstlertums weiter. Unterschied Mann mit der *Tristan*-Sammlung noch zwischen dem echten Künstler und dem moralisch fragwürdigen Bajazzo, so nimmt er nun ein Moment Bajazzotum in sein Konzept vom Künstler hinein. Scharlatanerie gehört zum Künstler, meint er nun; der Künstler ist immer auch Wunderkind und Hochstapler.

Diese Aussage geht schon aus der eröffnenden Titelgeschichte *Das Wunderkind* deutlich hervor. Mutter und Impresario vermarkten einen kleinen Pianisten als Wunderkind. Ein anwesender Konzertkritiker durchschaut ihn als Hochstapler:

> Man sehe ihn an, diesen Bibi, diesen Fratz! Als Einzelwesen hat er noch ein Ende zu wachsen, aber als Typus ist er ganz fertig, als Typus des Künstlers. Er hat in sich des Künstlers Hoheit und seine Würdelosigkeit, seine Scharlatanerie und seinen heiligen Funken, seine Verachtung und seinen heimlichen Rausch. Aber das darf ich nicht schreiben; es ist zu gut. Ach, glaubt mir, ich wäre selbst ein Künstler geworden, wenn ich nicht das alles so klar durchschaute ...(346)

Es ist eine Berufskrankheit des Kritikers, die Kunst in Kritik aufheben zu wollen. Weil es dem Kritiker in seiner professionellen Einstellung verwehrt ist, sich wie das

Publikum an der Aufführung zu berauschen, kritisiert er voller Ressentiment: »Was ist der Künstler? Ein Hanswurst. Die Kritik ist das Höchste.« (347) Hier irrt der Kritiker, deutet Mann mit Nietzsche an. Bei Nietzsche[19] ist gerade der Kritiker der Hanswurst.

Schwere Stunde zeigt Friedrich Schiller nächtens am Werk leidend, getrieben von der Sehnsucht nach »Unsterblichkeit des Namens« und der »Leidenschaft für sein Ich« (376). Sein »Künstleregoismus« artikuliert sich in der Konkurrenz zu Goethe als Drang, »das eigene Wesen und Künstlertum gegen das des anderen zu behaupten und abzugrenzen« (377).[20]

Eine solche Abgrenzung nimmt auch die Novelle *Beim Propheten* vor. Unschwer ist sie autobiographisch als Abgrenzung von der Münchner Bohème deutbar. Mann fiktionalisiert eine Begegnung mit Ludwig Derleth und meint wohl auch den George-Kreis insgesamt. Die Abgrenzung des »Novellisten« vom Propheten fällt letztlich deutlich aus:

> Ja, was ist das Genie?‹ sagte er nachdenklich. ›Bei diesem Daniel sind alle Vorbedingungen vorhanden: die Einsamkeit, die Freiheit, die geistige Leidenschaft, die großartige Optik, der Glaube an sich selbst, sogar die Nähe von Verbrechen und Wahnsinn. Was fehlt? Vielleicht das Menschliche? Ein wenig Gefühl, Sehnsucht, Liebe? Aber das ist eine vollständig improvisierte Hypothese ... (370)

Ein Glück variiert das *Tonio Kröger*-Motiv von den »zwei Welten« (361). Baronin Anna ist mit einem treulosen Husaren verheiratet und »liebte ihn feig und elend, obgleich er sie betrog und täglich ihr Herz mißhandelte« (356). Beim Fest im Offizierskasino sitzt sie am Rand, während ihr schneidiger Gatte eine Tänzerin verführen will. Enden *Die Hungernden* mit der Hoffnung des Künstlers auf eine »andere Liebe«, so erlebt die Baronin am Ende das unverhoffte »Glück« mitleidiger Solidarität der Tänzerin mit der Gattin.

Die abschließende Novelle *Wie Jappe und Do Escobar sich prügelten* hat einen Streit mit dem Kritiker Theodor Lessing zum biographischen Hintergrund.[21] Wie in *Ein Glück* geht es um die »Ritterlichkeit«: diesmal aber um die Männlichkeitsriten und Ehrbegriffe von Heranwachsenden. Die Erzählung deutet an, daß die Satisfaktionsregeln des Zweikampfes dem moralischen Niveau der Zeit nicht mehr entsprechen. Denn »schließlich waren sie gesittete Jungen und keine Gladiatoren des Altertums« (438). Einen »Augenblick« ersehnen die Zuschauer in der »Arena«

---

19 Friedrich Nietzsche, Götzen-Dämmerung. Das Problem des Sokrates, KSA VI, 70; Ecce homo. Warum ich ei Schicksal bin, KSA VI, 365.
20 Vgl. Versuch über Schiller (1955), IX, 913ff, 933.
21 Die Februar 1911 in den »Süddeutschen Monatsheften« erschienene Novelle steht zeitlich und thematisch im unmittelbaren Zusammenhang der Lessing-Polemik. Den Streit mit Lessing und Kerr plante Mann auch in einer Novelle »Der Elende« zu verarbeiten.

zwar eine Orgie der Gewalt. Doch ein – schon in *Tonio Kröger* auftretender – Benimmlehrer verhindert die Eskalation. Der Ausgang ist auch eine politische Parabel: Der Deutsche verhaut den Spanier (d. h. Romanen, Franzosen), der Engländer schaut sportlich interessiert zu. Am Vorabend des Weltkrieges, 1911 erstmals publiziert und 1914 in die Wunderkind-Sammlung aufgenommen, sagt Mann kindischer Gewalt ab. Das ist auch seine letzte Antwort auf Theodor Lessing: »In mir hat er keinen Gegner.« (XI, 730)

Die Novellensammlung *Das Wunderkind* spielt also die Selbstverständigung über das Künstlertum weiter durch. Die Antworten sind immer noch divers. Von Künstleregoismus und Scharlatanerie ist die Rede, aber auch von der »anderen Liebe« einfühlenden Mitleids und Solidarität mit der Lage und Perspektive des Anderen. Der Band versammelt einige ältere, meist zwischen 1903 und 1904 entstandene Novellen. Liest man ihn nach den Romanen *Königliche Hoheit* und *Felix Krull*, so ließe sich von einem Rückschritt sprechen. Denn diese Romane vollziehen einen Übergang zur paradigmatischen Auffassung des Künstlertums. Die *Wunderkind*-Sammlung geht aber in zwei Aspekten über die früheren Novellenbände hinaus: Sie überwindet die moralische Dichotomisierung des Künstlers und des Bajazzos, und sie beschreibt das Künstlertum nicht mehr nur als gelingendes Leben, sondern qualifiziert es durch seine Fähigkeit zur Perspektivenübernahme auch moralisch. Diese moralische Auszeichnung des Künstlertums ist allerdings ihrerseits problematisch. Denn Manns Ausgangsopposition von naiv-»starkem« und reflexiv-»schwachem« Leben, im *Tonio Kröger* programmatisch gestaltet, konterkariert die eigene These von der moralischen Prädisposition des Künstlertums. Mann profiliert Nietzsches »blonde Bestie« (XI, 110) als Gegentypus zum hamletisierten Künstler. Diese vulgärnietzscheanische Ausgangsopposition, im Gegensatz von Hans Hansen und Tonio Kröger ausformuliert, ist keine anthropologische These. Die neuere philosophische Anthropologie begreift den Menschen allgemein als polykompetentes »Mängelwesen«. Manns Ausgangsopposition ist aber auch keine psychologische These, sondern eine ästhetische Fiktion, die das Stabilisierungsproblem labilen Daseins kontrastiv profiliert. Diese Fiktion ist psychologisch zweifelhaft. Denn in die Lage und Perspektive des Anderen versetzt, ist niemand vorreflexiv naiv. Jedes Individuum muß sein Leben bewußt führen. Deshalb ist die Ausgangsopposition aber auch ästhetisch problematisch. Denn der Künstler wurde als derjenige bestimmt, der sich in die Lage und Perspektive des Anderen zu versetzen vermag. Und gerade dies gelingt Manns Protagonisten nicht. Damit verletzt der Autor aber ein ästhetisches Gesetz dichterischer Standortwahl, das die »begrenzte Perspektive als Bezugssystem der Darstellung«[22] konsequent anzuwenden fordert. Mit der Gestaltung

---

22 Dazu Eduard Spranger, Der psychologische Perspektivismus im Roman (1930), in: Volker Klotz (Hrsg.), Zur Poetik des Romans, Darmstadt 1965, 217-238, hier: 227.

des Künstlertums wird die ästhetische und anthropologische Unhaltbarkeit der Ausgangsopposition deutlich. Obwohl Mann den Künstler deshalb bald als Prototyp und Paradigma humaner Existenz auffaßt, bleibt ihm sein Künstlertum problematisch. 1907 entdeckt er in der autobiographischen Skizze *Im Spiegel*:

> Diejenigen, die meine Schriften durchblättert haben, werden sich erinnern, daß ich der Lebensform des Künstlers, des Dichters stets mit dem äußersten Mißtrauen gegenüberstand. In der Tat wird mein Erstaunen über die Ehren, welche die Gesellschaft dieser Spezies erweist, niemals enden. Ich weiß, was ein Dichter ist, denn bestätigtermaßen bin ich selber einer. Ein Dichter ist, kurz gesagt, ein auf allen Gebieten ernsthafter Tätigkeit unbedingt unbrauchbarer, einzig auf Allotria bedachter, dem Staate nicht nur nicht nützlicher, sondern sogar aufsässig gesinnter Kumpan, der nicht einmal sonderliche Verstandesgaben zu besitzen braucht, sondern so langsamen und unscharfen Geistes sein mag, wie ich es immer gewesen bin, – übrigens ein innerlich kindischer, zur Ausschweifung geneigter und in jedem Betrachte anrüchiger Scharlatan, der von der Gesellschaft nichts anderes sollte zu gewärtigen haben – und im Grunde auch nichts anderes gewärtigt – als stille Verachtung. Tatsache aber ist, daß die Gesellschaft diesem Menschenschlage die Möglichkeit gewährt, es in ihrer Mitte zu Ansehn und höchstem Wohlleben zu bringen. Mir kann es recht sein; ich habe den Nutzen davon. Aber es ist nicht in der Ordnung. Es muß das Laster ermutigen und der Tugend ein Ärger sein. (XI, 332f)

Manns novellistische Selbstkritik bestätigt also den vorgängigen Identitätsentwurf vom Künstlertum als einem Willen und Weg zum Glück nicht einfach. Sie nimmt aber eine ethische Auszeichnung des Künstlertums (als einer moralischen Disposition zur Perspektivenübernahme, Empathie und Solidarität) vor, die die künstlerische Selbstkritik allererst ermöglicht. Weil der Künstler moralisch disponiert ist, vermag er seine soziale Fragwürdigkeit zu erkennen. Mann vertritt diese Auffassung mit künstlerischer Ironie, indem er die Perspektive sozialer Verdächtigung durch die Gesellschaft mit dem Künstlertum konfrontiert. Nach seinen frühen Novellen faßt er den Künstler zunehmend positiv als Prototyp und Paradigma von Humanität auf.

II. Repräsentation und Identität

1. Künstlerische Selbstzweifel und Umorientierung

Während sich der Problemgehalt der frühen Novellen mit der Reflexion des Künstlertums erschöpft, scheitern in der einen oder anderen Weise alle größeren Projekte, die an den Erfolg der *Buddenbrooks* anzuschließen suchen. »Es gibt ein trauriges Künstlerschicksal, vor dem jeder sich fürchten muß, dem es auch nur von weitem droht: nämlich bis zum Tode und in die Unsterblichkeit hinein der Autor eines erfolgreichen Erstlingswerkes zu bleiben« (XIII, 388, vgl. XII, 191f), schreibt Mann 1904 auch auf die eigene Sorge gemünzt. Er quält sich seit dem Mai 1903 mit dem *Fiorenza*-Drama, plant einen Münchner Gesellschaftsroman *Die Geliebten* oder *Maja*, beginnt mit Überlegungen zu einer »Fürsten-Novelle«. 1904 lernt er Katia Pringsheim kennen[1] und heiratet sie am 11. Februar 1905. Damals schließt er *Fiorenza* ab. Poetologisch rechtfertigt er seine Kunst mit *Bilse und ich* und dem *Versuch über das Theater*.[2] Das erste Prosastück, das er nach seiner Hochzeit schreibt, ist *Schwere Stunde*. Sodann plant er die kompromittierende »Tiergarten-Novelle« *Wälsungenblut*. Er will sie zusammen mit *Königliche Hoheit*, zunächst als Novelle gedacht, »zu einem Band vereinigt«[3] erscheinen lassen, muß diese antisemitisch mißdeutbare Inzestgeschichte aber auf Drängen des Schwiegervaters zurückziehen. Als nächstes »Meisterstück« plant er einen Friedrich-Roman vom »menschlich-allzumenschlichen« Helden (5.12.1905, vgl. 17.1.1906 an Heinrich), realisiert jedoch später nur den Essay *Friedrich und die große Koalition*. Vom Frühjahr 1906 datieren erste Notizen zum *Felix Krull*. Im Sommer 1906 nimmt Mann die Arbeit an *Königliche Hoheit* wieder auf. Im Oktober 1909 erscheint der Roman. Er ist zwar ein Erfolg, wird aber »von der Kritik entschieden nicht recht für voll, nicht recht ernst genommen« (26.1.1910 an Heinrich, vgl. XII, 96). Selbst der Autor findet namentlich den Schluß »ein bischen populär verlogen«.[4] Nach Abschluß des Romans arbeitet Mann am Essay *Geist und Kunst*, der das Herzstück eines ersten Essay-Bandes werden soll, jedoch als »amorphe Notizenmasse« liegenbleibt. Im Januar 1910 beginnt er mit dem *Hochstapler*-Roman. Doch auch dieser Plan stockt, und Mann flüchtet in die Polemik mit Theodor Lessing:

---

1 Biographische Angaben nach Peter de Mendelssohn, Der Zauberer, Frankfurt 1975, 582ff, 632ff.
2 Dazu vgl. Mitteilungen an die literaturhistorische Gesellschaft in Bonn (1906), XI, 713-717.
3 Mendelssohn, Zauberer, 658; dazu vgl. Brief an Heinrich v. 17.10.1905.
4 Brief v. 26.1.1910 an Heinrich; vgl. auch Brief v. 28.1.1910 an Bertram.

> Das Geheimnis ist, daß ich mit dem ›Hochstapler‹ nichts anfangen konnte; aus gequälter Unthätigkeit schlug ich los, dessen bin ich mir innerlich wohl bewußt, und habe damit meine Kräfte natürlich nur weiter heruntergebracht (20.3.1910 an Heinrich).

Die Familienverhältnisse sind damals bewegt. Seit Jahren schwelt der Konflikt mit Heinrich. Im Sommer 1910 nimmt sich Schwester Carla das Leben. Gleichzeitig wächst die Familie. Binnen weniger Jahre werden die vier ältesten Kinder geboren. Mann trennt sich von alten Freunden und findet neue. Er schreibt erste größere literaturkritische Essays über Fontane und Chamisso und plant eine Novelle über Goethes letzte Liebe. Im Frühjahr 1911 fährt er zusammen mit Katia nach Venedig. Die Reiseerlebnisse gehen in den *Tod in Venedig* ein. Nach Abschluß der Novelle, die die Kritik begeistert, nimmt Mann die Arbeit am *Krull* kurzfristig wieder auf. Anfang 1912 geht Katia in ein Hochgebirgs-Sanatorium. Thomas besucht sie, findet dort die Idee zum *Zauberberg* und beginnt mit der Niederschrift. Obwohl er mit dem *Tod in Venedig* wieder Erfolg und mit dem *Krull* und dem *Zauberberg* vielversprechende Projekte in Arbeit hat, sieht er sein Werk an einen Endpunkt gelangt und schreibt am 8.11.1913 resignierend an Heinrich:

> Ich bin ausgedient, glaube ich, und hätte wahrscheinlich nie Schriftsteller werden dürfen. ›Buddenbrooks‹ waren ein Bürgerbuch und sind nichts mehr fürs 20. Jahrhundert. ›Tonio Kröger‹ war bloß larmoyant, ›Königliche Hoheit‹ eitel, der ›Tod in Venedig‹ halbgebildet und falsch. Das sind so die letzten Erkenntnisse und der Trost fürs Sterbestündlein.

Es ist symptomatisch, daß statt des »Märchens« vom Eheglück und des Schelmenromans vom Hochstapler nur die Novelle vom untergehenden, in Schönheit sterbenden Künstler gelingt. Der Erste Weltkrieg ist nicht der Grund einer künstlerischen Krise, sondern eher der Katalysator eines Neuanfangs. Lähmt er die Kunst, so stellt er doch den »Gedanken im Kriege« neue Aufgaben und eröffnet den Ausweg in die Essayistik, von der her Mann seinen Anspruch auf nationale Repräsentanz neu begründet und allmählich in die Rolle des Nationalschriftstellers rückt. Der Krieg ist ihm mit dem Anlaß zur Selbstvergewisserung auch ein Weg aus der künstlerischen Krise. Im *Zauberberg*, der damals im Ansatz steckenbleibt, ist der Krieg am Ende die Lösung.[5] Erst mit dem abgeschlossenen Roman kann Mann nach über zwanzig Jahren wieder an die große Epik und den Erfolg der *Buddenbrooks* anknüpfen. Lange jedoch kann seine Arbeit seinen erfolgsgewohnten und hochgespannten Ehrgeiz nicht zufriedenstellen. Im Moment der Entscheidung für das Künstlertum drohen die künstlerischen Selbstzweifel das Werk zu lähmen. Diese künstlerische Krise scheint mit der – in *Tonio Kröger* aufgeworfenen – Frage nach dem bürgerlichen Ort des Künstlers verbunden

---

5 Dazu vgl. Brief an Samuel Fischer v. 22.8.1914 und an Paul Amann v. 3.8.1915.

zu sein. Hinter der Frage nach der Möglichkeit bürgerlicher Existenz des Künstlers steht aber die philosophische Frage nach der »künstlerischen« Existenz des Bürgers als »Repräsentant« seiner sozialen Rollen. Nachdem Mann den Typus des Künstlers erkundet hat, fragt er nach dessen Vorbildlichkeit für den Bürger überhaupt. Der Künstler, ursprünglich Inbegriff problematischen Daseins, wird zum Prototyp und Paradigma gelingenden Lebens.

2. Theatralizität und Repräsentation

Ein Übergang zur paradigmatischen Auffassung des Künstlers findet sich im Drama *Fiorenza* von 1905. Die Thematik knüpft an *Gladius Dei* an und scheint die Spannung von Kunst und Religion im Gegensatz des Savonarola zu Lorenzo de' Medici zu verkörpern. Indem dieser Streit um das Verhältnis von Kunst und Religion aber in das historische Florenz der Renaissancezeit zurückverlegt ist, wird mit der Stadt »Fiorenza« auch die politische Dimension angesprochen. Das Drama handelt von der Frage, ob die Kunst oder die Religion das öffentliche Leben beherrschen sollte.

Es spielt am Nachmittag des 8. April 1492. Papst Innocenz ist krank, Lorenzo de' Medici ebenfalls. In das Machtvakuum hinein tritt der Bettelmönch und Prior Girolamo Savonarola als Unheilsprediger auf,[6] der die Kunst und Karneval hingegebene Stadt Florenz zur Unterwerfung unter das Kreuz Christi mahnt. Das Drama hat drei Akte. Im ersten diskutieren ein Sohn Lorenzos, Giovanni de' Medici, und der Platoniker Angelo Poliziano über den Mönch. Pico von Mirandola tritt hinzu und berichtet vom jüngsten Skandal: Der Mönch hat die schöne Fiore, die Kurtisane des Lorenzo, in seiner Predigt als apokalyptisches Weib öffentlich verdammt (VIII, 979). Der zweite Akt dramatisiert die Wirkung aufs Volk. Schon sind die Künstler verunsichert. Einerseits sehen sie neue ästhetische Möglichkeiten, andererseits fürchten sie um ihre Freiheit. Das schöne Weib Fiore, Symbol der Stadt, erscheint. Piero de' Medici, der Sohn Lorenzos und Bruder Giovannis, tritt hinzu. Er will Herr sein und seinem Vater die Geliebte entreißen. Aber Fiore läßt Piero abblitzen:

> FIORE: Du bist kein Held; du bist nur stark. Und du langweilst mich.
> PIERO: Nur stark? Nur stark? Ist denn, wer stark ist, kein Held?!
> FIORE: Nein. Sondern wer schwach ist, aber so glühenden Geistes, daß er sich dennoch den Kranz gewinnt, – der ist ein Held.
> PIERO: Du gabst dich meinem Vater – ist er ein Held?
> FIORE: Er ist einer. Aber es ist ein anderer aufgestanden, ihm den Kranz zu entreißen. (1018)

---
6 Dazu Herfried u. Marina Münkler, Lexikon der Renaissance, München 2000, 350ff.

Der Kampf um Florenz findet also als Kampf um Fiore statt. Die Personifikation der Stadt durch eine Frau ermöglicht die dramatische Konzentration der Entscheidungsfrage.

Im dritten Akt ist Lorenzo aus der Krankheit erwacht. »Herr der Schönheit«, Lebemann und Herr über Florenz, weiß er um den Einfluß des Predigers und sieht die Notwendigkeit einer »Entscheidung« (1033). Fiore führt sie herbei, indem sie Savonarola einbestellt. Lorenzo spricht Savonarola als Bruder und Künstler an. Doch der Mönch geht auf Konfrontation, indem er »Geist und Schönheit« entgegensetzt. Der Glaube, die »Wahrheit« zu sagen, ist es, durch den sich Savonarola von Lorenzo unterscheidet. Beide verbindet die Verachtung des gefügigen Volkes. Lorenzo vertraut dem Prediger deshalb sogar seine politische Vision an:

> Zeugende Schönheit, triebgewaltige Kunst! Venus Fiorenza! Weißt du, was ich wollte? Das ewige Fest – das war mein Herrscherwille! (1065)

Und dann fragt er nach den »Bedingungen der Gnade«:

> DER PRIOR furchtbar flüsternd, mit befehlshaberischer Geste: Zum dritten dies: Daß du Florenz freigibst ... sogleich ... auf immer ... frei von der Herrschaft deines Hauses!
> LORENZO ebenso leise. Es ist eine geheime und leidenschaftliche Unterhaltung der beiden Gegner: Frei für dich!-
> DER PRIOR: Frei für den König, der am Kreuze starb.
> LORENZO: Für dich! Für dich! Was lügst du? Wir erkannten einander! .... Fiorenza, meine Stadt! Liebst du sie denn? Sprich rasch! Du liebst sie?
> DER PRIOR: Tor! Kind! Leg dich zu Grabe mit deinem Spielzeug von Begriffen! Reißende Lieb‹, umschlingungssüßer Haß – ich bin dies Wirrsal, und dies Wirrsal will, daß ich Herr werde in Florenz!
> LORENZO: Unseliger – wozu?! Was kannst du wollen?!
> DER PRIOR: Den ewigen Frieden. Den Triumph des Geistes. Ich will sie brechen, diese großen Flügel ...
> LORENZO in Schmerz und Verzweiflung: Du sollst das nicht!... Elender! Du sollst das nicht! ... Ich verbiete es dir, ich, der Magnifico! ... Oh, ich erkenne dich, du verrietest dich mir! Es sind des Lebens Flügel, die du meinst! Der Tod ist es, den du als Geist verkündigst, und alles Lebens Leben ist die Kunst! ... Ich will dir wehren! Noch bin ich der Herr! ...
> DER PRIOR: Ich spotte deiner. Du stirbst, und ich bin aufrecht. Meine Kunst gewann das Volk! Florenz ist mein. (1066)

Darüber bricht Lorenzo tödlich zusammen. Das Stück handelt somit von der Entscheidung zwischen Kunst und Religion als alternativen Gestaltungsformen des – unter dem Gesichtspunkt seines Wertes für das Leben gedachten – Willens zur Macht. Hier zeichnet sich erstmals ein Politikbegriff ab: Politik ist eine Kunst, ein herrschaftliches Gestalten. Das Faktum der Herrschaft, des Zwanges und Selbstzwanges, ist unvermeidlich. Mit der Option für das Künstlertum als des »Lebens Leben« hält Mann aber die Idee einer guten Politik im Dienst des Lebens bei Einsicht in die Notwendigkeit von Herrschaft fest. Er thematisiert Politik als Entscheidung über Lebensformen, hinterfragt diese Entscheidung mit Nietzsches Philosophie vom »Willen zur Macht« und gelangt zu einem Kriterium der Güte: Mann ergreift mit Lorenzo für die Kunst als des »Lebens Leben« Partei. Gut ist die Politik, die sich als herrschaftliches Gestalten weiß und deshalb die Offenheit für politische Dynamik anerkennt. Die politische Kunst, die herrschaftliche Gestaltung von Lebensmöglichkeiten, besteht demnach darin, eine Form von Herrschaft zu installieren, die einen Spielraum koexistenter Entfaltung diverser Lebensformen eröffnet und bewahrt. Eine politische Kunst, die des »Lebens Leben« befördert, bejaht die Freiheit zur individuellen Daseinsgestaltung. Das Drama *Fiorenza* handelt also, näher betrachtet, nicht nur von der Politik als Entscheidung zwischen Lebensformen, sondern auch von der Aufgabe politischer Ermöglichung koexistierender Lebensformen. Diese Aufgabe thematisiert Mann aus der Perspektive ihrer Gefährdung durch politischen Totalitarismus im Namen religiöser Moral und »Wahrheit«.

Immer wieder verteidigt Mann die dramatische Substanz des *Fiorenza*-Stückes gegen den geringen Bühnenerfolg. 1908 publiziert er einen rechtfertigenden *Versuch über das Theater*, der bei einer Unterscheidung des Dramatischen vom Theatralischen ansetzt und die überlieferte Gattungsästhetik zurückweist. Der »Vorrang des Dramas« sei eine »Anmaßung« (X, 27). Epik, Lyrik und Dramatik seien nur unterschiedliche Stilmittel. Jeder Roman könne dramatische Momente enthalten. Die Eigenart des Theaters liege nicht in bestimmten Stilmitteln wie dem Dramatischen oder Epischen, sondern in der »absoluten Daseinsfähigkeit« der Aufführung für eine anwesende Öffentlichkeit. Die theatralische Kunst sei »nicht sowohl ein Dichten für die Bühne, als ein Dichten auf der Bühne« (42). Mann kritisiert den »Terrorismus der Literatur über das Theater« (45) und unterscheidet das Lesedrama vom theatralisch wirksamen Bühnenstück. Der *Versuch über das Theater* begreift *Fiorenza* primär als Lesedrama und bestätigt abgrenzend die persönliche Entscheidung für den Roman. Die Klärung der Eigenart des Theatralischen macht aber nicht nur die Anforderungen der Bühne deutlich, sondern gilt auch der Repräsentation als Form der Lebensführung. Mann nimmt dabei Schillers Konzept von der »Schaubühne als moralischer Anstalt« auf, gibt der deutschen »Ehrfurcht vor dem Theater« als »Bildungsfaktor« aber die Wendung, daß die Bühne keine bestimmte (bürgerliche) Morallehre darstelle, sondern den Existenzmodus des sozialen Rollenspiels überhaupt. Wie der Schauspieler seine Rolle spielt, so spielt jeder Bürger alltäglich soziale Rollen. Mann spricht deshalb nicht vom Theater als »moralischer Anstalt«, sondern fundamentaler vom »Theater als symbolische[r] Anstalt« (51). Er begreift den Schauspieler nun als Prototyp reflektierter Lebensführung.

3. Zwischenbemerkung

Wieder zum Roman zurückkehrend, generalisiert Mann die künstlerische Repräsentation. Scheint die Repräsentation in *Königliche Hoheit* dabei zunächst nur eine bestimmte soziale Klasse zu betreffen, so faßt das *Hochstapler*-Projekt sie als allgemeinen Existenzmodus. Erörtert *Königliche Hoheit* sie unter der Frage nach dem Verhältnis der öffentlichen Rolle zur privaten Existenz, so gibt der *Hochstapler*-Roman mit der Unterscheidung privater und öffentlicher Existenz auch eine ethisch-anthropologische These und Antwort. Vorab läßt sich dies knapp so formulieren, daß Mann den Identitätsvollzug nun als permanente Aufgabe »hochstaplerischer« Selbstüberwindung privativer Trägheit zur Selbstdarstellung einer öffentlichen Rolle begreift. Der *Hochstapler* nennt die Vollzugsform, die *Hoheit* formuliert Aufgabe und Ziel der Selbstdarstellung.

4. Repräsentation der »Hoheit«

1903 beginnt Mann mit Überlegungen zu einer »Fürsten-Novelle«, die anfangs als Gegenstück zu *Tonio Kröger* und Versuch einer paradigmatischen Auffassung des Künstlertums geplant ist. Die Durchführung als Eheroman, vom Sommer 1905 bis Februar 1909 abgefaßt, ergibt sich erst mit der eigenen Heirat. Der Zusammenhang mit der Selbstreflexion des Künstlers geht aus einem frühen Brief an Walter Opitz vom 5.12.1903 hervor:

> Sie beklagen, daß Sie zu mir ›in kein näheres Verhältnis gekommen‹ seien; aber gesetzt, daß es hier etwas zu klagen gäbe, – sollte Ihre Klage nicht so etwas wie Undank bedeuten? Näher, als Jemand, der, wie Sie, ein Leser des ›Tonio Kröger‹ ist, kann mir niemand kommen, und wenn Sie mich persönlich verschlossen fanden, so mag es daran liegen, daß man den Geschmack an persönlicher Mittheilsamkeit verliert, wenn man gewohnt ist, sich symbolisch, das heißt: in Kunstwerken zu äußern. Man führt, möchte ich sagen, ein symbolisches, ein repräsentatives Dasein, ähnlich einem Fürsten, – und, sehen Sie: in diesem Pathos liegt der Keim zu einer ganz wunderlichen Sache, die ich einmal zu schreiben gedenke, einer Fürsten-Novelle, einem Gegenstück zu ›Tonio Kröger‹, das den Titel führen soll: ›Königliche Hoheit‹.[7]

Die Anknüpfung an *Tonio Kröger* ist im Roman innerhalb des Kapitels »Der hohe Beruf« in der Begegnung des Prinzen Klaus Heinrich mit dem »Dichter der Lebenslust« Axel Martini, der über sein »Hundeleben« aufklärt, deutlich (II, 173ff). Dem Exempel der »Unfähigkeit« des Künstlers zur »Lebenslust« und seiner »Ent-

---

[7] Briefe I, 40; vgl. Brief v. 27.2.1904 an Heinrich Mann (»Ich habe im Grunde ein gewisses fürstliches Talent zum Repräsentieren«) u. v. Anfang Juni 1904 an Katia Pringsheim (Briefe I, 45f).

behrung« aller Wirklichkeit kontrastiert die »formale Existenz« der Hoheit. Einen »Unterschied zwischen conventioneller und wirklicher Hoheit« läßt Mann nicht gelten; er gibt seinem Bruder Heinrich aber brieflich (Brief v. 3.6.1909) zu, daß der Auftritt des Dichters die Idee hoheitlicher Existenz delegitimiert:

> Die Gefahr, die darin liegt, auf den Unterschied zwischen conventioneller und wirklicher Hoheit aufmerksam zu machen, fürchte ich weniger. Dieser Unterschied wird in dem Buch überhaupt nicht gemacht, und ich glaube nicht, daß ein Leser die Hoheit Axel Martinis wirklicher finden kann, als die Klaus Heinrichs. Es ist nur eine andere Form. Aber das Schlimme ist, daß es die Form ist, die durch all die anderen Hoheitsformen symbolisiert wird und nun auf einmal selber auftritt.[8]

Mann fürchtet den Rückschluß des Lesers vom »Hundeleben« des Dichters auf die »formale Existenz« der Hoheit. Damit wäre die Aussageabsicht des Romans konterkariert. Denn diese besteht in der paradigmatischen Auffassung der »formalen Existenz« als Möglichkeit gelingenden Daseins.

Der Roman spielt in einem fiktiven Kleinstaat und erörtert Strukturprobleme einer konstitutionellen Monarchie. Der Kleinstaat ist politisch und wirtschaftlich rückständig. Der führende Staatsmann Knobelsdorff räsonniert:

> Das Volk will sein Bestes, sein Höheres, seinen Traum, will irgend etwas wie seine Seele in seinen Fürsten dargestellt sehen, nicht seinen Geldbeutel. Den zu repräsentieren sind andere Leute da (23).

Immer wieder variiert der Roman den Gedanken, daß ein Volk sich im Repräsentanten »stolz und herrlich dargestellt« wünscht. So erläutert der Prinzenerzieher Doktor Überbein die »formale Existenz« folgendermaßen:

> Repräsentieren, für viele stehen, indem man sich darstellt, der erhöhte und zuchtvolle Ausdruck einer Menge sein, – Repräsentieren ist selbstverständlich mehr und höher als einfach Sein, Klaus Heinrich, – darum nennt man Sie Hoheit ... (88)

Die Großherzoge Johann Albrecht und Albrecht II. repräsentieren die ältere, absolutistische Form der Herrschaft, in der sich die Selbstherrschaft des absoluten Monarchen durch die absolute Macht Gottes rechtfertigt.[9] In konstitutionellen Zeiten ist dieser Anspruch politische Romantik; Knobelsdorff nennt ihn einen kostspieligen, für die Integration des Gemeinwesens unnützen »Luxus« (19). Solange die Wirtschaftsmisere des Landes noch einigermaßen verdeckt bleibt, hält das Volk zur Dynastie. Noch in der Mißwirtschaft vermag es sich wiederzuerkennen. Um die Zukunft der Dynastie muß der – die Verfallspsychologie der *Buddenbrooks* kennende – Leser aber fürchten.

---

8 Dazu vgl. Brief v. 25.7.1909 an Hugo von Hofmannsthal (Briefe I, 76f).
9 Dazu vgl. Otto Brunner, Vom Gottesgnadentum zum monarchischen Prinzip, in: ders., Neue Wege der Sozialgeschichte, 2. Aufl., Göttingen 1968, 160-186.

Albrecht II. hält den »Hokuspokus der Hoheit« (147) für unnütz. Er begreift seine königliche Funktion als diejenige eines Narren (144f), dessen Wille für den Staat letztlich belanglos ist. Sein jüngerer Bruder Klaus Heinrich empfindet die solitäre Hoheit seines Bruders zwar als wahre Repräsentation der Selbstherrschaft. Seine Volkstümlichkeit ist aber den konstitutionellen Zeiten besser angemessen. Er repräsentiert nicht die Selbstherrschaft, sondern das Volk. Jenseits der Kampfpositionen des Vormärz zeichnet sich eine nationale Legitimität der konstitutionellen Monarchie ab.

Albrecht entsagt seiner Rolle durch Einsetzung seines Bruders in die »Stellvertretung in allen repräsentativen Funktionen« (157). Doch auch Heinrich erschöpft sich im »hohen Beruf«. Im Moment der Krise tritt Imma Spoelmann, die Tochter des Milliardärs, in sein Leben ein. Als »Sonderfall« zur »Gefährtin« auserkoren, kann sie ihrer privaten Menschlichkeit leben. Mit Klaus Heinrich und Imma begegnen sich die Extreme öffentlicher und privater Existenz in den Sonderformen der Milliardärin und der Königlichen Hoheit. Durch die Liebe zu Imma erfährt Klaus Heinrich das Ungenügen seiner »formalen Existenz«: »Nicht das liederliche und verbotene Glück«, sondern das »glückselige Glück« (274) nimmt er fortan für sich in Anspruch.

Die Erfüllung dieses Glücks bedarf nicht nur des Kampfes um Immas »Glauben« und »Vertrauen«, sondern auch der öffentlichen Zustimmung. Knobelsdorff versteht unter dem »glückseligen Glück«, daß »Eurer Königlichen Hoheit Glück durch Schicksalsfügung Bedingung der öffentlichen Wohlfahrt« (323) sei. Das streben Klaus Heinrich und Imma an. Sie finden zu Verlobung und Ehe über das gemeinsame Studium der Finanzprobleme des Landes in der Sorge um das öffentliche Wohl. Das »glückselige Glück« realisiert sich als »strenges Glück« (363) relativer Einheit von Hoheit und Liebe. Die Liebe kommt dabei etwas kurz. Klaus Heinrich desexualisiert Imma schon in der Anrede als »kleine Schwester«. Die Intimität der Annahme der Leiblichkeit (des Leibschadens von Heinrich) droht hinter dem märchenhaften Schluß der Vermählung des privaten und öffentlichen Interesses zu verschwinden und bleibt funktional auf die Stabilisierung der sozialen Verantwortung der Hoheit bezogen. Fragwürdig erscheint nicht nur das Verhältnis der ehelichen Liebe zur »anderen Liebe« sozialer Verantwortung, sondern auch die politische Utopie der Vermählung einer antiquierten Monarchie mit dem Kapital. Nicht nur die Monarchie ist antiquiert: Der Kleinstaat ist es insgesamt; er ist wirtschaftlich nicht lebensfähig. Seine Stabilisierung durch auswärtiges Kapital löst die Strukturprobleme nicht. Diese politische Utopie ist eher eine Satire auf Modernisierungsdefizite. In diesem Sinne spricht Mann nicht unzutreffend von einem »Fanal der neuen Demokratie« (XII, 97).

5. Der »Hochstapler« als Paradigma glückenden Lebens

Nach Abschluß von *Königliche Hoheit* arbeitet Mann seit dem Januar 1910 am Hochstapler-Roman, der sich an einer Vorlage orientiert.[10] Nach einigen Einschaltungen bricht er ihn – zunächst zugunsten des *Tod in Venedig*, dann des *Zauberbergs* – ab und veröffentlicht 1922 nur das *Buch der Kindheit*. Zwei Jahre vor Hans Castorp, dem »Sorgenkind des Lebens«, erscheint das »Sonntagskind« und »Vorzugskind« (VII, 271) *Felix Krull*. Die in *Königliche Hoheit* erörterte Frage nach der Vereinbarkeit von privater und öffentlicher Existenz, Hoheit und Liebe, findet im *Buch der Kindheit* eine Antwort. Es setzt Kindheit und Jugend in ein Verhältnis und erdichtet die Lebensführung als Identitätsvollzug.

Krull ist der Sohn eines Schaumweinfabrikanten, der sich die Lebenslust auf seine Fahnen schreibt und im Ruin endet. Aber er hat ein anderes Lebenskonzept als seine Eltern und weiß sich »aus dem feinsten Holze« (273) geschnitzt. In frühen Kinderspielen sieht er sich als Kaiser und wird in diesem »Dünkel« von Kind auf bestärkt. Er ist kein gemeiner Betrüger. Früh sondert er sich von seiner Familie ab und schließt sich seinem Paten Schimmelpreester an. Schimmelpreester gibt seinem Namen eine »hypochondrische Deutung«:

› Die Natur‹, sagte er, ›ist nichts als Fäulnis und Schimmel, und ich bin zu ihrem Priester bestellt, darum heiße ich Schimmelpreester. Warum ich aber Felix heiße, das weiß Gott allein‹. (283, vgl. 634)

Was es damit auf sich hat, erfährt Felix am Schauspieler Müller-Rosé:[11] Dieser öffentliche »Herzensdieb« und »Glühwurm« entpuppt sich hinter der Bühne als »unappetitliche[r] Erdenwurm« (294). Doch während die Königliche Hoheit der Diskrepanz von privater und öffentlicher Erscheinung noch unverständig gegenübersteht, weil sie ihr »Hundeleben« nicht wahrhaben will, sieht Krull die Rechtfertigung durch den öffentlichen Auftritt:

Die erwachsenen und im üblichen Maße lebenskundigen Leute aber, die sich so willig, ja gierig von ihm betören ließen, mußten sie nicht wissen, daß sie betrogen wurden? Oder achteten sie in stillschweigendem Einverständnis den Betrug nicht für Betrug? Letzteres wäre möglich; denn genau überdacht: wann zeigt der Glühwurm sich in seiner wahren Gestalt, – wenn er als poetischer Funke durch die Sommernacht schwebt, oder wenn er als niedriges, unansehnliches Lebewesen sich auf unserem Handteller krümmt? Hüte dich, darüber zu entscheiden! Rufe dir vielmehr das Bild zurück, das du vorhin zu sehen glaubtest: diesen Riesen-

---

10 Georges Manolescu, Ein Fürst der Diebe. Memoiren, 5. Aufl., Berlin 1905; Gescheitert. Aus dem Seelenleben eines Verbrechers, Berlin 1905.
11 Dieses zentrale Kapitel erschien auch als erster und einziger Vorabdruck im Almanach des Fischer-Verlags 25 (1911), 273-281.

schwarm von armen Motten und Mücken, der sich still und toll in die lockende Flamme stürzte! Welche Einmütigkeit in dem guten Willen, sich verführen zu lassen! (294)

In der »Selbstüberwindung« (299) zur Selbstdarstellung führt Krull sein Leben kraft der Idealität eines in Kinderspiel und Traum entworfenen Selbstbildes.[12] Krulls selbstgesetzliche Lebensführung gerät zwar mit den Agenten der bürgerlichen Ordnung, wie Schule und Polizei, in Konflikt, schädigt die Umwelt jedoch kaum und wird von den Beteiligten stets salviert. Bei den frühen Diebstählen wurde »wohl niemals auch nur etwas vermißt« (310). Später findet Krulls Hochstapelei allgemeine Wertschätzung. Insbesondere seine wunderbare »Begabung zur Liebeslust« (312) stößt auf Gegenliebe. Schon als »Kind und Träumer« führt er ein »schwieriges und gefährliches Leben«. Gegen Ende des *Buchs der Kindheit* bekennt er:

> Oft bin ich ausgeschweift, denn mein Fleisch war schwach, und ich fand die Welt nur allzu bereit, mir buhlerisch entgegenzukommen. Letzten Endes jedoch und im Ganzen genommen war meine Sinnesart ernst und männlich, und aus erschlaffender Wollust verlangte mich baldigst in eine strenge und angespannte Führung zurück. (315)

Das *Buch der Kindheit* betont erstmals die Bedeutung frühkindlicher Selbstidentifikation im Traum und Kinderspiel für die Auffassung des Existenzvollzugs als Identitätsvollzug. Der sozialphilosophische Befund der Rollenhaftigkeit des Daseins führt zur moralphilosophischen Frage nach der Identität eines Individuums in seinen Rollen. Moralphilosophisch wird sie aus der Perspektive des Individuums gestellt, das nach seiner personalen Identität fragt. Ein Individuum erinnert seine Identität lebensgeschichtlich als Kontinuität eines Selbstbildes. Es bedarf also eines bestimmten Selbstkonzeptes, damit es sich lebensgeschichtlich als mit sich identisch erfährt. Ein Selbstkonzept wird situativ als solches erinnert. Das rekonstruktive und fiktive Moment eines solchen Selbstkonzepts formuliert Mann mit dem *Krull* erstmals deutlich, indem er von einem eigenen »Traum« (302) spricht. Ein Individuum inszeniert diesen rekonstruktiv als »Traum« begriffenen Identitätsentwurf in der Spannung privater und öffentlicher Existenz. Der Roman spricht hier von der Anstrengung der Selbstdarstellung eines »Erdenwurms« als »Glühwurm«. Versteht Mann zunächst jedes willentlich geführte als gelingendes und glückendes Leben, so entwickelt er im *Krull* nun die Auffassung, daß ein Leben erst dann eigentlich gelingt, wenn ein Individuum den Vollzug seiner Lebensführung (in der Spannung von

---

12 Gerade der von Hans Wysling (Narzißmus und illusionäre Existenzform, Bern 1982, 67ff) hervorgehobene Ansatz bei Schopenhauer führt Mann dazu, den eigenen Traum als Selbstentwurf und Sinn der individuellen Lebensführung aufzufassen. Wysling schreibt: »Krulls Märchendasein ist ein trügerisches Dasein in einer trügerischen Welt« (117). Diese Rede von der »illusionären Existenzform« ist irreführend.

privater und öffentlicher Existenz) als Inszenierung eines »eigenen Traumes« auffaßt und sein Leben dadurch als sinnhafte Einheit erfährt. Identitätsvollzug meint demnach die lebensgeschichtliche Selbstaffirmation des repräsentativen Existenzvollzugs als Lebenstraum. Das *Krull*-Projekt faßt das Künstlertum als Hochstapelei der privaten in die öffentliche Existenz und Rolle auf.

1895 nannte Mann es seine Idee von Glück, »unabhängig und mit mir selbst im Einverständnis zu leben«. Das Kriterium der Unabhängigkeit läßt sich zunächst sozialökonomisch als Forderung bürgerlicher Selbständigkeit verstehen. Es meint darüber hinaus moralphilosophisch auch die Freiheit im Denken und Handeln. Mit dem Begriff der »Repräsentation« entwickelt Mann hier das Kriterium der Selbstherrschaft, das aus der antiken Tugendlehre bekannt ist. Noch bei Kant heißt es: »Zur Tugend wird zuerst erfordert die Herrschaft über sich selbst.«[13] Dieses Vermögen zur Selbstbestimmung über eine Lebensführung ist aber noch kein hinreichendes Kriterium für gelingendes Leben. Es bedarf der stetigen sinnhaften Rekonstruktion und Identifikation des Existenzvollzugs als Identitätsvollzug. Vielleicht spricht Mann dies 1895 schon dunkel an, wenn er die erlangte Unabhängigkeit als »Einverständnis« mit sich selbst bezeichnet und auf den Vollzug des Lebens bezieht. Das Ziel der Unabhängigkeit erhielte dann durch die Rede vom »Einverständnis mit sich selbst« eine Erläuterung. Ein solches Einverständnis verlangt die narrative Annahme der Einheit eines ganzen Lebens.[14] Mit dem *Krull* gestaltet Mann dazu erstmals seine Antwort. Dafür führt er das Interpretament eines frühkindlichen »Lebenstraums« ein. Weil Kindheit aktual nur fragmentarisch erinnert wird, läßt sich Gegenwart narrativ auf frühkindliche »Träume« beziehen. »Wir träumen schon aus der Deutung« (V, 1351), heißt dafür später Manns gültige Formel. Auch in seiner Autobiographie spricht Mann als Dichter. Seine hermeneutischen Rekurse auf die Kindheit sind narrative Konstrukte, die mit geläufigen Anschauungen und Vorurteilen von der Bedeutung der Kindheit spielen.

Das *Buch der Kindheit* gelangt mit der Auffassung des Existenzvollzugs als Identitätsvollzug zu einem Abschluß. Offen bleibt das Verhältnis zur Mitwelt. Ist ein gelingendes Leben auf die Mitwelt angewiesen? Wie kann ein Leben glücken, das sich zur Mitwelt betrügerisch verhält? Die satirische Anlage des Romans basiert auf der Diskrepanz zwischen der Selbstgesetzlichkeit Krulls und den Regeln der bürgerlichen Ordnung. Dabei deutet sich eine gesellschaftssatirische Spannung zwischen der persönlichen Wertschätzung Krulls durch seine Mitwelt und seinem kriminellen Ver-

---

13 Immanuel Kant, Metaphysik der Sitten, Einleitung zur Tugendlehre, Werke, Bd. VII, 539.

14 Dazu vgl. Norbert Meuter, Narrative Identität. Das Problem der personalen Identität im Anschluß an Ernst Tugendhat, Niklas Luhmann und Paul Ricoeur, Stuttgart 1995; Dieter Thomä, Erzähle dich selbst. Lebensgeschichte als philosophisches Problem, München 1998.

halten an. Die Möglichkeit einer Vereinbarung des individuellen Glücks mit dem moralisch Guten klingt aber in der Spannung von Sitte und Recht an: Die Mitwelt urteilt anders über Krull als die Agenten der bürgerlichen Ordnung. Diese satirische Anlage gelangt im *Buch der Kindheit* noch zu keiner Lösung. Als Reflexion der Lebensmöglichkeit des Künstlertums gelesen, bleibt die Spannung von Bürger und Künstler bestehen und die Frage nach dem bürgerlichen Ort des Künstlers offen.

6. Zwischenbemerkung

Manns philosophische Thesen zum Verhältnis von Anthropologie und Ethik sind mit der Figur des Krull weitgehend gestaltet. Indem Mann seine anthropologische Generalisierung aus der Selbstreflexion der eigenen Lebensführungsproblematik entwickelt, hat er einen ethischen Zugang und eine philosophische Perspektive auf anthropologische Befunde; er nimmt eine ethisch-pragmatische Hinsicht ein, die sich nur philosophisch explizieren läßt.[15] Die Anthropologie bezeichnet dabei die Beschreibung des Menschen als Lebewesen, die Ethik die Selbstwahrnehmung des Menschen als frei handelndes Wesen.[16] Manns erste ethisch-anthropologische Aussage ist die These von der Repräsentation als Vollzugsform der Lebensführung. Mann entdeckt damit so etwas wie die Exzentrizität und »exzentrische Positionalität« (H. Plessner) des Menschen und beschreibt sie in Polaritäten wie Intimität und Öffentlichkeit, Wachheit und Schlaf, Jugend und Alter. In seinem weiteren Werk hält er diese Thesen zum Identitätsvollzug fest.

7. Die Endlichkeit der Identitätserfahrung

Der Tod in Venedig geht auf Reiseerlebnisse vom Frühsommer 1911 zurück. Mann arbeitet ein ganzes Jahr, vom Juli 1911 bis zum Juli 1912, an diesem Abschluß des ersten Durchgangs novellistischer Erkundung der Lebensführungsproblematik. Er identifiziert sich mit seinem Dichter Aschenbach, tritt ihm seine abgebrochenen

---

15 Dazu vgl. Herbert Schnädelbach, Die Philosophie und die Wissenschaften vom Menschen, in: ders., Zur Rehabilitierung des animal rationale, Frankfurt 1992, 116-136.
16 Dazu vgl. schon Immanuel Kant, Anthropologie in pragmatischer Hinsicht, Werke, Bd. X, 399: »Die physiologische Menschenkenntnis geht auf die Erforschung dessen, was die Natur aus dem Menschen macht, die pragmatische auf das, was er, als freihandelndes Wesen, aus sich selber macht, oder machen kann und soll.« Thomas Rentsch (Negativität und praktische Vernunft, Frankfurt 2000) nimmt eine Verhältnisbestimmung von Anthropologie und Ethik vor und zeigt dabei eindrucksvoll, wie der anthropologische Diskurs der »Faktizität« den religiösen Diskurs beerbte.

Projekte ab[17] und erklärt ihn in seiner »Haltungsethik« zum wahren »Helden des Zeitalters« (VIII, 454). Aschenbachs Ehe wurde »nach kurzer Glücksfrist durch den Tod getrennt«. Dem alternden, nach »Endbürdung« sehnenden Künstler begegnet im Jüngling Tadzio noch einmal die Liebe. Diese »Heimsuchung« inspiriert ihn zwar erneut zu hoher Kunst, lockt ihn aber endlich auch in den Tod. Aschenbach scheitert an der mythologischen Interpretation seiner erotischen Erfahrung. Indem er seine Verliebtheit als Übermächtigung deutet, erlebt er die grassierende Cholera ekstatisch als allgemeine Auflösung bürgerlicher Ordnung. Aschenbach stirbt nicht an der Liebe, sondern an der Cholera. Es ist seine Interpretation der Verliebtheit, die ihn die tödliche Ansteckung suchen läßt.

Mann korrigiert das Märchen der *Königlichen Hoheit* durch das Eingeständnis, daß dem »strengen Glück« der Ehe die Leidenschaft fehlt. Aus Platons *Phaidros*-Dialog zitiert er, »daß wir Dichter den Weg der Schönheit nicht gehen können, ohne daß Eros sich zugesellt und sich zum Führer aufwirft« (521f). Von altphilologischer Seite wurde dies als »antiplatonische Wende in der Entfaltung des päderastischen Themas« gedeutet.[18] Dies muß nicht gleich als eine Verabschiedung des bürgerlichen Eheideals zugunsten homophiler Neigungen verstanden werden. Das Aschenbach bezaubernde »Lächeln des Narziß« (498) ist auch eine narzißtische Identifikation. Der alternde Dichter erkennt sich im Jüngling wieder. Schon im *Krull* thematisiert Mann die Identitätsbedeutung des Eros: Wenn Individuen die Einheit ihres Lebens als Geschichte ihrer erotischen Erfahrungen erzählen, ist die Liebe ein Zugang zur Selbsterfahrung eines ganzen Lebens. Sie verweist dann mit der Identitätserfahrung auch auf Endlichkeit und Sterblichkeit. Diese identitätstheoretische Sicht des Verhältnisses von Liebe und Tod bedenkt Mann im entstehungsgeschichtlich auf das Jahr 1912 zurückgehenden *Zauberberg* weiter. Den romantischen Gedanke, daß die Erfahrung der Liebe als Heimsuchung auch die eigene Endlichkeit anzeigt – ein Gegengedanke zu dem im *Tod in Venedig* ausführlich zitierten *Phaidros*-Dialog –, variiert Mann später in seiner letzten Novelle *Die Betrogene* für die Liebeserfahrung einer alternden Frau.

---

17 Vgl. Hans Wysling, Aschenbachs Werke, in: Euphorion 59 (1966), 272-314.
18 So Bernd Effe, Sokrates in Venedig. Thomas Mann und die »platonische Liebe«, in: Antike und Abendland 31 (1985), 153-166, hier: 165; zu Manns »Paganisierung des Platonismus« unter dem Eindruck von Georg Lukács und der Übersetzung des Platonismus in den »Horizont konventionell-poetischer griechischer Erosvorstellung« eingehend Ernst A. Schmidt, »Platonismus« und »Heidentum« in Thomas Manns »Tod in Venedig«, in: Antike und Abendland 20 (1974), 151-178.

8. Rekapitulation

Nach seinem programmatischen Bekenntnis zum Künstlertum und seiner Erkundung diverser Formen faßt Mann den Künstler als Prototyp und Paradigma humaner Existenz auf. Er gelangt dabei zunächst – mit *Fiorenza* – zur Einsicht in den herrschaftlichen Entscheidungs- und Gestaltungsprozeß der Selbstbestimmung über eine Lebensform und führt dafür mit der Reflexion auf die Theatralität als Existenzmodus einen Begriff von Repräsentation ein, der in *Königliche Hoheit* und im *Felix Krull* für das Verhältnis von privater und öffentlicher Existenz weiter bedacht ist. Die Thematisierung der Erotik führt Mann im *Tod in Venedig* dann zur Endlichkeitserfahrung des Lebens. Damit stellt sich die Frage nach dem Verhältnis zur Mitwelt neu: Wenn Erotik eine Identitätsbedeutung hat, ist die Selbstbestimmung über eine gelingende Lebensführung auf das Verhältnis zur Mitwelt angewiesen. Dann ist es nicht beliebig, wie ein Individuum lebt. Dann gelingt ein Leben nur, wenn es zugleich glückt. Die frühe Idee vom Glück der Unabhängigkeit und des »Einverständnisses« mit sich selbst ist damit nicht obsolet. Es ist aber anerkannt, daß die Suche nach dem guten Leben auf das Einverständnis mit der Mitwelt verwiesen und angewiesen ist. Deshalb beginnt Mann in einem zweiten Durchgang mit der Erkundung der Bedeutung der Mitwelt für den Identitätsvollzug.

III. Der Familienroman des Künstlers

1. Das Familienidyll der Weimarer Zeit

Nach 1912 verfaßt Mann nur noch wenige Novellen, die nun Pausenspiel zu den großen Romanen sind und als »Erzählungen«, d.i. »Novellen mit Romanbreite« (TB 30.4.1919), den Umfang der frühen Novellen überschreiten. Eine Novellensammlung, die verschiedene Studien zu einem Problem durchspielte, veröffentlicht Mann nach dem *Wunderkind* nicht mehr. In der Zwischenkriegszeit verfaßt er neben dem *Gesang vom Kindchen* insgesamt nur drei Erzählungen: *Herr und Hund* (1919), *Unordnung und frühes Leid* (1925) sowie *Mario und der Zauberer* (1930). Sie alle haben einen autobiographischen Kern und zeigen den Künstler im Kreise seiner Familie.[1] Die Wandlung des problematischen Künstlers zum Familienvater bedenkt Mann auch essayistisch. *Über die Ehe* erörtert Wandlungen im Familien- und Generationsverhältnis und verabschiedet eine Apologie der Homosexualität zugunsten der »gründenden Liebe« der Ehe. Die Tagebücher der Jahre 1918 bis 1921 dokumentieren das Familienleben des Künstlers als Subtext des Familienromans:

> Jemand wie ich ›sollte‹ selbstverständlich keine Kinder in die Welt setzen. Aber dies Sollte verdient seine Anführungsstriche. Was lebt, will nicht nur sich selbst, weil es lebt, sondern hat auch sich selbst gewollt, denn es lebt. (TB 20.9.1918)

In diesen Jahren wächst Manns jüngste Tochter heran, wird der jüngste Sohn geboren. Wenige Wochen vor Kriegsende, am 14.10.1918, beendet Mann *Herr und Hund* und beginnt dann den *Gesang vom Kindchen*, den er am 25.3.1919 abschließt. Beide Idyllen nennt Mann auch ein »Dokument dieser Zeit« (TB 11.2.1919).[2] Anläßlich einer Kritik verteidigt er seinen Autobiographismus grundsätzlich:

> Ein gewisser Cultus seines Schicksals muß dem Künstler erlaubt sein u. es ist eine recht objektive, d. h. männliche Art von Subjektivität, dies Schicksal zu distanzieren, indem man es als Kunstwerk darstellt, – es ist das auch eine Form, und nicht die schlechteste, seines Schicksals geistiger Herr zu sein. Es liegt darin sogar ein ge-

---

1 1921 veröffentlicht Mann die 1906 schon gedruckte, aus familiären Rücksichten jedoch zurückgezogene Novelle »Wälsungenblut«. Diese – auf den »Erwählten« vorausweisende – Inzestgeschichte konterkariert den Familienroman des Künstlers, wie sie 1906 das »strenge Glück« des Eheromans konterkariert hätte.

2 Diese Zusammengehörigkeit in der »idyllisch-menschliche[n] Reaktion auf die Zeit« fällt Mann erst im Werkprozeß auf (vgl. TB 27.10.1918, 31.1.1919, 11.2.1919, 25.11.1919). Harmonisierende Verzeichnung bei Joachim Müller, Thomas Manns Sinfonia Domestica, in: Zeitschrift für deutsche Philologie 83 (1984), 142-170; zur Biographie vgl. Hermann Kurzke, Thomas Mann. Das Leben als Kunstwerk, München 1999, 298ff, 472ff, hier: 310: »Es ist eine Künstlerfamilie, in der alles Autoritäre im Alkahest der Ironie zerging.«

wisser Wille zum Abenteuer, u. ist nicht der Abenteurer etwas sehr männliches? Ihm ist jedes Schicksal im Grunde recht, wenn es nur eines ist. Sein Schicksal zu wählen, zu kultivieren und mit Hingebung zu gestalten wäre Weibesart, wäre ödes u. bloß leidendes Frauenleben? Ich habe aus meinem Schicksal, ›älteren Jahrgängen des Denkens u. Empfindens anzugehören‹, einen Roman gemacht, dessen Stoff zum guten Teil meiner Phantasie angehört u. dessen geistiger Herr ich bin. (TB 5.11.1918)

Gelegentlich erwägt Mann ein Familienepos seines Lebens (TB 3.4.1920, vgl. Brief an Heinrich v. 11.11.1913):

In Feldafing hatte ich Stunden, wo ich die beiden Romane als spielerisch empfand im Vergleich mit dem wahren, dem Lebensstoff der großen Geschichte von Heinrich, mir, Lula und Carla. Vikko wäre heitere Figur. [...] Es könnte, mit Ernst und Wahrheit durchgeführt, ein Epos à la Tolstoi werden. Mein Traum ist, später, in dem Jahrzehnt zwischen 50 und 60 die Kraft zu haben, es zu schreiben.

Dieses Epos schreibt Mann nie. Er verteilt das Material gewissermaßen auf verschiedene Werke. Während er seine zentralen Liebeserfahrungen in den großen Romanen konfiguriert, spiegelt er seine Elternschaft vor allem im Familienroman der Weimarer Zeit und in *Lotte in Weimar*.

Herr und Hund wenden sich von den städtischen und bürgerlichen Verhältnissen ab, durchqueren die Randzonen der Urbanisierung und gehen ins Revier. Dort passieren sie Schaf und Schäferin, um dann in wilder Natur zum alten Glück der Jagd zurückzufinden. Jagd ist die gemeinsame Leidenschaft, ein »*Bissen*« Beute in »mageren Zeiten« (VIII, 586) – so die einzige Anspielung auf die Kriegszeit – willkommen. Der Herr beschwichtigt sich mehrfach (589f, 603), daß die Jagd in der »natürlichen Ordnung« ist. Als Sozialmodell gedeutet, fordert der Hund den Herrn und legitimiert dadurch patriachalische Herrschaft. Doch die Gemeinschaft von Herr und Hund ist trügerisch. Ein Jäger tritt auf, der den Hund durch einen Gewehrschuß irritiert. Weil Gewalt dem Hund das Zeichen des Herrn ist, muß der Herr um den Gehorsam seines Hundes fürchten. Der Einbruch der Gewalt gefährdet die Integrität der Herrschaftsordnung und des Reviers. Vor dem Hintergrund der Gewalt hebt sich die Idylle ab.

Flieht *Herr und Hund* aus der Gegenwart in die patriarchalische Eintracht, so ist der scheinbar so familiäre *Gesang* von den ersten Tagen der jüngsten Tochter (Elisabeth) bis zur Taufe ein eminent politischer Hymnus. Ausführlich »singt« Mann von der Korrespondenz der Geburt des Kindes zu den Zeiten: Das Kindchen wurde in »ungeheuren Zeiten« (1078) als »Kind dieser Zeiten« empfangen und trägt das »Stigma des Krieges« (1079) an der Stirn. Der Sänger läßt es von einem jungen Pastor taufen, der Poet ist und für Deutschland kämpfte. Die Taufe deutet er mit keinem Vers als Aufnahme in die Gemeinschaft der Christen, sondern als Initiation in die Nation. Deshalb durchziehen Erinnerungen an die Herkunft den Gesang. Der Pastor erscheint als »Kämpfer« für den Glauben an die Nation:

Trog ihn der Glaube?«, fragt Mann: »Da ja das dunkel waltende Schicksal / Gegen Liebe und Glauben entschied und zerbrochenen Rechtes / Deutschland liegt, wehrlos, und die Brust sich schlägt in zerknirschter / Selbstanklage, – während die Übermacht schelmischer Tugend / Sich berät, wie weit die Strafe wohl klüglich zu treiben, / Ohne daß sie gegen den Nutzen der Sieger sich kehre. (1096)

Mann findet den Glauben an die Zukunft bezeugt durch die Zeugung des Kindchens. Dessen Geburt ist »Sinnbild« der Zukunft der Nation. Der Gesang ist ein Bekenntnis zum »wahren«, der Zukunft aufgegebenen Deutschland.[3] Mehr noch als in Goethes *Hermann und Dorothea*, dem »hohe[n] Muster« (XI, 588), sind Krieg und Völkersturm aus dem »Hintergrund« hervorgetreten und haben den »Glaube an die heutige Möglichkeit des Idylls« (589) erschüttert. Wenn die »Liebe zu einem Kunstgeist, an dessen Möglichkeit man nicht mehr glaubt, die Parodie zeitigt« (589), so parodiert Mann mit seinen holprigen Versen doch nur die Form der Idylle, nicht deren humanen Sinn, und sublimiert die Sehnsucht nach Idylle in die politische Utopie und Vision.

Unordnung und frühes Leid entdeckt 1925, in der Inflationszeit spielend,[4] die Unordnung der neuen Zeit in den neuen Moden und Sitten der Jugend[5] wieder, die dem »Professor der Geschichte« (lies: der gelehrte Schriftsteller) bei einem Fest der ältesten Kinder (Ingrid und Bert, d. i. Erika und Klaus) ins Haus kommen. Wie umwälzend die Veränderungen sind, entdeckt der Geschichtsprofessor, der konservative Fürsprecher des Gewesenen, vor allem am frühen Leid des Kindchens, das sich beim kindlichen Tanz in einen weitaus älteren Freund der weitaus älteren Geschwister schmerzlich verliebt. Er identifiziert die Unordnung als Verwirrung der Geschlechterordnung und Umsturz des – im *Gesang vom Kindchen* hymnisch gefeierten – ordentlichen Generationsverhältnisses.

In *Mario und der Zauberer* erscheint dieser Einbruch 1930 derart bedrohlich, daß die Kinder die Gefahr gar nicht bemerken. Für sie ist der Zauberer ein lustiger Künstler. Nur die sorgenden Eltern erkennen in ihm den dämonischen Magier, der mit dem Publikum böses Spiel treibt. Der Bucklige hypnotisiert Mario und gaukelt sich ihm als Geliebte vor. Erwachend erschießt Mario ihn sofort: »Ein Ende mit Schrecken, ein höchst fatales Ende. Und ein befreiendes Ende dennoch« (VIII, 711), läßt Mann den Ich-Erzähler die Parabel auf den italienischen Faschismus schließen.

Mann setzt seine novellistische Reflexion des Künstlertums also in einem autobiographisch stilisierten Familienroman fort und reflektiert dabei auf den Einbruch der Politik als fundamentale Gefährdung der bürgerlichen Verhältnisse und Ge-

---

3 Dazu vgl. Zuspruch (1919), in: TME II, 14-17.
4 Dazu vgl. Erinnerungen aus der deutschen Inflation (1942), XIII, 181-190.
5 Vgl. Ansprache an die Jugend (1931), X, 316ff.

schlechterordnung. Er unterscheidet zwischen der familiären Ordnung und der gesellschaftlichen Unordnung, um den Einbruch der Gewalt kontrastiv zu verdeutlichen. Die Konstruktion einer familiären Idylle dient der Erkundung einer Gefährdungslage. Dabei erzählt Mann 1919 von der Gewalt und der Hoffnung auf eine politische Zukunft Deutschlands, 1925 von der Bedrohung durch die Inflationszeit und 1930 von der Gefahr politischer Verführung durch einen Magier. Opfer dieser Gefährdungen sind vor allem die Kinder, während die Eltern die Unordnung sorgenvoll beobachten. Daß die Bedrohung aber nicht nur von den Umbrüchen der Zwischenkriegszeit ausgeht, sondern auch von den Beziehungen und Leidenschaften innerhalb der Familie, gestaltet Mann dann in *Lotte in Weimar*.

2. »Lotte in Weimar«: die Spannung von Größe und Güte

Früh schon erwägt Mann, künstlerische Größe an einzelnen Nationalschriftstellern zu studieren. 1905 stellt er in *Schwere Stunde* Schillers leidenschaftliches Ringen[6] dar, »das eigene Wesen und Künstlertum gegen das des anderen zu behaupten und abzugrenzen« (377). Nach dem ersten Abbruch des Hochstapler-Romans plant er eine Novelle über »Goethe's Spätliebe zu Ulrike von Levetzow«, die die »Entwürdigung eines hochgestiegenen Geistes durch die Leidenschaft für ein reizendes, unschuldiges Stück Leben« (XIII, 148)[7] zum Inhalt haben sollte. Der *Lotte*-Roman stellt die Entwürdigung dann auf die Seite der Frau. Er knüpft auch an die Schiller-Novelle an, wenn er die künstlerische Produktion als agonale Abgrenzung deutet. Der erste Gedanke des erwachenden Goethe gilt im Roman – im siebten Kapitel – der Zurückweisung von Schillers Anspruch auf »Ebenbürtigkeit« (II, 621). Während Schillers Ehrgeiz nur auf die Vollendung einzelner Werke zielt, richtet sich Goethes Werkwille auf die Stilisierung seines Lebens im ganzen:

> Wer sagt euch, daß nicht die Poesie die Liebhaberei ist und der Ernst bei ganz was anderem, nämlich beim Ganzen? Dummes Gequak, dummes Gequak! Wisse nicht, die Dusselköppe, daß ein großer Dichter vor allem groß ist und dann erst ein

---

[6] Zu Manns Weg zu Goethe über die »Identifizierung mit Schiller« vgl. Hans Mayer, Thomas Mann, Frankfurt 1980, 234ff; zum Zusammenhang mit der Abwendung von Wagner vgl. Hans R. Vaget, Goethe oder Wagner. Studien zu Thomas Manns Goethe-Rezeption 1903-1912, in: ders. u. Dagmar Barnouw, Thomas Mann. Studien zu Fragen der Rezeption, Bern 1975, 1-81; Gesamtübersicht bei Hinrich Siefken, Thomas Mann. Goethe – ›Ideal der Deutschheit‹. Wiederholte Spiegelungen 1893-1949, München 1981; Betonung der Differenz zu Goethe bei Hans Wysling, Thomas Manns Goethe-Nachfolge, in: Jahrbuch des Freien Deutschen Hochschulstifts 1978, 498-551, bes. 542ff.

[7] Vgl. Briefe v. 6.9.1915 an Elisabeth Zimmer, v. 4.7.1920 an Carl Maria Weber und v. 13.11.1936 an Anna Jacobson.

Dichter, und daß es ganz gleich ist, ob er Gedichte macht oder die Schlachten schlägt dessen, der mich in Erfurt ansah, mit lächelndem Munde und finstern Augen, und hinter mir her sagte, absichtlich laut, daß ichs hören sollte: ›Das ist ein Mann‹ – und nicht ›Das ist ein Dichter‹. (624)

Mann vertritt diese Auffassung schon in den *Betrachtungen eines Unpolitischen* (XII, 105) und führt sie in seinen Goethe-Essays der Weimarer Zeit aus. Der wichtigste, *Goethe und Tolstoi*, orientiert sich dabei in der Anlage stark an Schillers Abhandlung *Über naive und sentimentalische Dichtung*. Mann akzeptiert insbesondere Schillers geschichtsphilosophische Problematisierung der möglichen Dichtungs- und Denkungsarten. Anders als viele Zeitgenossen[8] sieht er sich aber nicht in einer Alternative zwischen Goethe und Hölderlin, weil er Goethes Naturbegriff mit Nietzsche liest und eine Revision sentimentalischer Verklärung der »Naivität« vornimmt. Manns Auffassung von Goethes Bildungsbegriff ist in *Goethe und Tolstoi* schon den Fragmenten »Bekenntnis und Erziehung« und »Erziehung und Bekenntnis« deutlich ablesbar. Dort ist eingehender ausgeführt, daß der autobiographische und literarische »Objektivierungsprozeß« eine »Wendung ins Erzieherische« bedeutet. Die Selbstverantwortung eines Lebens erfolgt im Zirkel von »Bekenntnis und Erziehung«, den der Dichter bezeugt.

Weil Mann sein Goethe-Bild schon in der Weimarer Zeit entwickelt, kann er den *Lotte*-Roman relativ schnell vom November 1936 bis Oktober 1939 als »Zwischenspiel«[9] zur »Erholung« (XIII, 167) vom dritten Band der *Joseph*-Tetralogie schreiben. Er stellt nicht das große Thema der Essays, die Maßgabe des Humanitätsanspruchs der deutschen Klassik, ins Zentrum. Zwar erzählt er auch von Goethes Verhältnis zur Nation. Die spezifische Fragestellung betrifft aber Goethes Verhältnis zu seiner Mitwelt. Mann fragt nun, ob das Glück des Lebenskünstlers mit dem Unglück der Mitwelt erkauft wird.

Der Roman basiert auf einer historischen Anekdote: 1816 besuchte Charlotte Kestner, Werthers Lotte, Weimar und sah dabei Goethe wieder.

> Die ersten sechs Kapitel zeigen Spiegelungen Goethes in Bewunderern (der Kellner Mager, Rose Cuzzle), Handlangern (Riemer), Kritikern (Adele Schopenhauer) und Kreaturen (August von Goethe). Alle leben sie von seinem Ruhm, alle sind sie von ihm abhängig und möchten doch gern selbständig sein [...] Das siebte Kapitel stellt Goethe selbst in einem langen inneren Monolog, sowie im Gespräch mit Die-

---

8 Dazu vgl. Carl Schmitt, Glossarium. Aufzeichnungen der der Jahre 1947-51, Berlin 1991, 151f:»›Jugend ohne Goethe‹ (Max Kommerell), das war für uns seit 1910 in concreto Jugend mit Hölderlin, d. h. der Übergang vom optimistisch-ironisch-neutralisierenden Genialismus zum pessimistisch-aktiv-tragischen Genialismus.« (Aufzeichnung vom 18.5.1948); Verf., Hölderlein oder Goethe? Martin Heidegger und Thomas Mann als ideenpolitische Antipoden, erscheint in: Politisches Denken. Jahrbuch 2002.
9 Brief v. 15.12.1936 an Käte Hamburger.

ner, Sekretär und Sohn vor. Das achte enthält das formelle Mittagessen, das neunte die versöhnliche Begegnung in der Kutsche.[10]

Neben der Sicht der Weimarer Mitwelt gibt es also die Perspektive Goethes und nicht zuletzt diejenige Lottes, der verstehenden und verzeihenden Frau. Mann arbeitet bei seinen »Spiegelungen« mit dem Kontrast des Helden zu seiner Mitwelt. Diese »intellektuelle Komödie«[11] ist nicht nur ein Goethe-Portrait,[12] sondern vor allem auch ein Roman von der Wirkung Goethes auf seine Mitwelt aus der Perspektive Lottes. Vordergründig geht es Lotte bei ihrem Besuch in Weimar um ein Wiedersehen der Schwester und ein Erwirken von Protektion. Lotte will aber auch etwas Ruhm ernten (II, 694), um das Leid zu kompensieren, im Schatten einer literarischen Figur gelebt zu haben. Sie aspiriert darüber hinaus auf Heirat: Die längst verwitwete Lotte fährt nach dem Tode der Vulpius nach Weimar. Ihr Wille zum Wiedersehen zielt über die Wiedergutmachung des Leides und die Wiederholung gewesenen Glücks hinaus auf die Ehe. Lotte mißt sich dabei nur an ihren Vorgängerinnen, nicht aber an ihren Nachfolgerinnen. Das »Urbild« (374, 377) fürchtet nur, dem allgemeinen Gedächtnis nicht »die Eigentliche« (761) zu sein. Manns Goethe hingegen weiß um eine andere Möglichkeit der Wiederholung von Glück. Erst im abschließenden »Geistergespräch« mit Lotte fällt dafür der Begriff der »Metamorphose« (763). Er meint die schöpferische Fähigkeit des Künstlers, erlebtes Glück zu reinszenieren. Goethe feiert die »Lebenswiederholung« (648) der Buff in Marianne von Willemer, bevor er die Nachricht von Lottes Ankunft erhält:

> Die Existenz aufgeben, um zu existieren, das Kunststück will freilich gekonnt sein; gehört mehr dazu als ›Charakter‹, gehört Geist dazu und die Gabe der Lebenserneuerung aus dem Geist. Das Tier ist von kurzer Existenz; der Mensch kennt die Wiederholung seiner Zustände, die Jugend im Alten, das Alte als Jugend (644).

Goethe sucht nicht das »strenge Glück« der Ehe. Sein Konzept der Wiederholung führt zur »Ehebruchsdichtung« (554). Weil die »Wahlverwandtschaften« das Modell sind,[13] bildet Adele Schopenhauers »Novelle« wahlverwandtschaftlicher Liebe die Mitte des Romans. Damit ist die tragische Gesamtaussage auch formal exponiert. Der Roman interpretiert sich selbst als eine Wahlverwandtschafts-Novelle.

Mann gestaltet nicht mehr das Leiden des Meisters an seiner Größe,[14] sondern das Leiden der Mitwelt an der Größe des – von Riemer so genannten – »Meisters«.

---

10 Hermann Kurzke, Thomas Mann. Epoche-Werk-Wirkung, 2. Aufl., München 1991, 263.
11 Brief v. 21.1.1940 an Hermann Kesten, v. 2.2.1940 an Ernst Benedikt.
12 Dazu vgl. Ernst Cassirer, Thomas Manns Goethe-Bild. Eine Studie über »Lotte in Weimar«, in: ders., Geist und Leben, hrsg. Ernst-Wolfgang Orth, Leipzig 1993, 123-165.
13 Zu Goethes »Wahlverwandtschaften« (1925), IX, 174ff.
14 Dazu vgl. den Essayband »Leiden und Größe der Meister« von 1935.

Lotte wies die »Liebe zu einer Braut« einst ab, weil sie das »›Schmarutzertum‹« (465) des Dichters mißbilligte. In Weimar begegnet sie nun dem Leiden am Leben im Schatten der Größe. Nach dem Kellner Mager und der Portraitistin Rose Cuzzle, die Lotte als der leibhaften Romangestalt huldigen, trifft sie in Riemer[15] den »Handlanger«, der sein Leben dem Meister aufopfert und dafür nur »Gleichgültigkeit« und »Geringschätzung« gewärtigt. Riemer formuliert deutlich:

> Große Männer haben an anderes zu denken als an das Eigenleben und -glück der Handlanger, mögen diese sich noch so verdient um sie und ihr Werk gemacht haben. Sie haben offenbar vor allem an sich zu denken [...] Nicht jeder, verehrteste Frau, ist dazu geboren, seinen eigenen Weg zu gehen, sein eigenes Leben zu leben, seines eigenen Glückes Schmied zu sein, oder vielmehr: manch einer, der es im voraus nicht wußte und eigene Pläne und Hoffnungen glaubte hegen und pflegen zu sollen, macht die Erfahrung, daß sein eigenstes Leben und sein persönlichstes Glück eben darin bestehen, daß er auf beides Verzicht leistet, – sie bestehen für ihn paradoxaler Weise in der Selbstentäußerung, im Dienste an einer Sache, die nicht die seine und nicht er selbst ist (414ff).

Adele Schopenhauer spricht freimütig von der »tyrannischen« Wirkung Goethes auf seine Umwelt und fürchtet nur eine Mesalliance ihrer Freundin Ottilie mit Goethes Sohn August. Riemer sagt es, Adele wiederholt es, und Lotte entdeckt es an der körperlichen Erscheinung:

> August ist sein Sohn – in dieser Eigenschaft vollendete sich für ihn von jeher so ziemlich die Existenz des Knaben, des jungen Menschen, dessen Bestimmung eben keine andere war, als sein Sohn zu sein und ihn mit der Zeit von beschwerlichen Tagesgeschäften zu entlasten. (423, vgl. 504ff, 552)

Das achte Kapitel schildert das kurze Wiedersehen beim formellen Mittagessen in »leicht erweiterter Intimität«. Die Stimmung am Tisch bezeichnet Goethes Ausspruch: »Der große Mann ist ein öffentliches Unglück.« (734)[16] Wie Lotte ahnt, verdeckt »das überlaute Gelächter der Tafelrunde«, daß Goethe jedem der Anwesenden ein Unglück bedeutet. Bei der Rückfahrt vom Mittagessen wird resümiert:

> ›Er ist ein großer und guter Mensch‹, sagte Amalie Riedel, und ihr Mann bestätigte:
> ›Das ist er.‹
> Charlotte dachte oder träumte:
> ›Er ist groß, und ihr seid gut. Aber ich bin auch gut, so recht von Herzen gut und will es sein. Denn nur gute Menschen wissen die Größe zu schätzen. (748)

---

15 Zu Riemer als Sprecher Manns vgl. Hubert Ohl, Riemers Goethe. Zu Thomas Manns Goethe-Bild, in: Jahrbuch der deutschen Schillergesellschaft 27 (1983), 381-395; vgl. auch die späten Essays: Über Goethe's ›Faust‹ (1939), IX, 581ff; Goethe's ›Werther‹ (1941), IX, 640ff; Phantasie über Goethe (1948), IX, 713ff; Goethe und die Demokratie (1949), IX, 755ff; Ansprache im Goethejahr 1949 (1949), XI, 481ff.

16 Mann zitiert dieses chinesische Sprichwort schon in den »Betrachtungen eines Unpolitischen« (XII, 365).

Lotte gibt ihrem »Gefühle völligen Fehlschlags« (757) im neunten Kapitel beim »Geistergespräch«[17] der Wiederbegegnung freien Lauf. Goethe antwortet mit seiner elegischen Lehre von der »Metamorphose«, die allen personalen Ansprüchen ausweicht. Es bleibt bei der Entsagung, die der Kellner Mager »buchenswert« findet.

Mann schließt seinen Familienroman mit dem Roman vom Leiden der Umwelt an der Größe des Meisters ab. Er endet mit dem Begriff vom Künstler als inkommensurabler Größe und »öffentlichem Unglück«. Der tragische Tenor dieser »intellektuellen Komödie« ist kaum zu überhören. Das Konzept der »Wiederholung«, der »Lebenserneuerung aus dem Geist«, verleugnet die Unwiederbringlichkeit des Gewesenen interpretativ und depotenziert die Gegenwart zum bloßen Anlaß der Erinnerung. Lotte wird enttäuscht, weil Goethe um die Unmöglichkeit einer Wiederholung der Jugendliebe weiß und dennoch auf Wiederholung besteht. Marianne von Willemer wird enttäuscht, weil Goethe in ihr seine Jugend liebt. Mit diesem Konzept von »Wiederholung« formuliert Mann das Identitätskonzept des *Krull* aus der Perspektive des Alters neu. Das »Kunststück« zu existieren verbindet er zwar weiterhin mit dem Deutungsgeschick lebensgeschichtlicher Identifikationen. Er nennt aber nun die Konsequenz, das Leben als Kette von »Wiederholungen« zu interpretieren. Erträglich ist dies nur durch die philosophische Einsicht in die Endlichkeit des Lebens und seine Rechtfertigung durch Kunst. *Lotte in Weimar* formuliert damit auch einen moralischen Vorbehalt gegenüber dem Lebenskunst-Paradigma des *Krull*. Er ist in Lottes Zweifel an dem konventionellen Urteil deutlich, daß Goethe Größe und Güte in sich vereint. Die moralische Perspektive steht dabei zunächst auf der Seite des Ressentiments: Die guten Menschen, die die Größe zu schätzen wissen, sind selbst nicht groß. Der große, vornehme Mensch kümmert sich nicht um konventionelle Rücksichten. Aber indem Lotte ihm verzeiht, bestätigt sie die eigene Moralität seiner Größe. Der moralische Standpunkt wird deshalb nicht gänzlich von der Artisten-Metaphysik unterschieden. Das individuelle Gesetz der Größe ist anerkannt, die »Güte« Goethes unbestritten.

---

17 Zum fiktiven Charakter des Gesprächs (eine Vorausweisung auf das Teufelsgespräch im »Faustus«) vgl. die Briefe v. 9.8.1945 an Carla Belmore, v. 20.2.1947 an Felix Grünbaum, v. 13.9.1948 an Hans Eichner, v. 4.1.1953 an René Schickele u.a.

IV. Die Soziabilität des Eros

1. Tragische Legenden: die »Verkehrtheit« des Eros

Die beiden Legenden *Die vertauschten Köpfe* und *Der Erwählte* radikalisieren den im Goethe-Roman erörterten Konflikt von Selbstsein und Mitsein; sie erörtern ihn nicht mehr als Spannung von Güte und Größe, sondern als Konflikt von Liebe und Moral. Sie beantworten die tragische Sicht des Beziehungslebens dabei nicht vordergründig mit der moralischen Rechtfertigung der Liebe gegenüber der Ehe. Eine solche Deutung vereinfachte das philosophische Motiv der Wahlverwandtschaft allen Lebens und seiner Indifferenz gegenüber jedem Versuch ziviler Hegung und bürgerlicher Ordnung. Sie thematisieren erneut die »Heimsuchung« durch die Liebe, die Mann schon im dritten Band des *Joseph*-Romans gestaltete, und überführen die »Lebenserneuerung aus dem Geist« dabei ihres Epikureismus. Die »Lebenserneuerung aus dem Geist« ist moralisch fragwürdig, weil sie die aktualen Beziehungen als »Wiederholungen« auffaßt und depotenziert. Wenn aktuale Beziehungen aber frühere reinszenieren, verweisen sie auf eine Fixierung ans »Urbild«. Diese Fixierung stellt Mann in seinen Legenden offen dar. Er löst die Spannung von Selbstsein und Mitsein dahin auf, daß Eros die Liebenden tragisch ineinander verstrickt.

Nach Abschluß von *Lotte in Weimar* schreibt Mann *Die vertauschten Köpfe* zur Wiederannäherung an den biblischen Roman und literarischen Verarbeitung seiner langen Beschäftigung mit Schopenhauer. Der edle Schridaman und der einfache Nanda, einander in wechselseitiger Ergänzung befreundet, erschauen die schöne Sita beim Bade. Schridaman verliebt sich. Nanda erwirbt ihm als »Stellvertreter des Freienden und als Brautwerber« (VIII, 741) die Braut. Sita aber verliebt sich in Nanda. Daraufhin suchen Nanda und Schridaman im Opfer eine Lösung und schlagen sich selbst die Köpfe ab. Als Sita sich deshalb erhängen will, nimmt die große Mutter, die Göttin, das Opfer nicht an und heißt Sita die Wiederherstellung der Gestalten. In neuerlicher Verwirrung vertauscht Sita Haupt und Körper der Männer. Diese Verwirrung soll der Schiedsspruch eines Asketen lösen. Sita erhält »das Beste von beiden« (786): Schridamans Kopf mit Nandas begehrtem Leib. Der »welterhaltende Zauber der Maya, das Lebens-Grundgesetz des Wahns« (789), ist jedoch intrikat. Eine »Wechselwirkung zwischen Haupt und Gliedern« (792) tritt ein. Der Traum vom Traummann zerstäubt und erneuert sich in der Alltäglichkeit der Ehe. Sita verläßt ihren zweiten Schridaman und begibt sich auf die Suche nach dem zweiten Nanda. Wieder vereinigt, finden alle drei die erneute Lösung der Wirrnis im Liebestod. Schridaman und Nanda töten sich gegenseitig mit dem Schwert, und Sita verbrennt sich als Witwe, wobei ihr gemeinsames »Früchtchen«, ein kleiner Sohn, den Scheiterhaufen entfacht.

Diese Legende von der Wirrnis der Liebe ist auch eine Geschichte von der Erlösung durch Erkenntnis. Zwischen zwei Opfern erkennen die Verstrickten ihre Individuation als Täuschung: Ein einseitiges Opfer zerstört die Liebe insgesamt. Nur die einseitige, individuierte Realisierung der Liebe ist trügerisch. Die Liebenden gewinnen Einsicht in die »Unterschiedlosigkeit von Ich und Du« (IX, 552). Manns Lösung erfolgt in Auseinandersetzung mit Schopenhauers[1] Erlösungslehre »von des Willens Selbstverneinung und Selbstaufhebung kraft der Einsicht in die schreckliche Irrtümlichkeit und Nichtswürdigkeit der Leidenswelt« (547). Die späte Legende *Die vertauschten Köpfe* thematisiert Liebe erstmals eingehender als episodische Erfüllung. Sie unterscheidet Sexualität und Erotik, in der Vertauschung von Haupt und Gliedern deutlich, und begründet die wahlverwandtschaftliche Verstrickung der Tristan-Liebe mit der Spannung von Sexualität und Erotik: Die Erotik fixiert sich nicht auf eine Gestalt. Die Sehnsucht gilt immer dem Anderen. Das Ganze aber ist nicht zu haben. Mann verneint mit der Möglichkeit einer Vereinbarung von Sexualität, Eros und Moral nun die Möglichkeit einer Orientierung der Lebensführung am Eros.

1951 entwirft *Der Erwählte* eine etwas andere Lösung. Der reizende kleine Gregorius-Roman, ein Nachspiel zum *Doktor Faustus*, schildert die Wirrnis der Liebe in der äußersten Verletzung des Inzest-Tabus. Wigilis und Sibilla sind »schlimme Kinder«, wie Sigmund und Siglind in *Wälsungenblut* es waren. Sie leben von Kind auf nur für einander in Verachtung der Mitwelt. Nach dem Tod des Vaters »wohnte in dieser selbigen Nacht der Bruder der Schwester bei, als Mann dem Weibe« (VII, 35). Wie in den *Vertauschten Köpfen* ist bald ein Kind unterwegs. Auch hier gibt ein Schiedsspruch den Versuch einer Lösung. Während der Schiedsspruch des Asketen jedoch den Prozeß der Erkenntnis befördert, treibt der Schiedsspruch des Vasallen nur tiefer in die Sünde hinein. Endet die indische Legende mit einem Ausblick auf das Schicksal des »Früchtchens« Samati, so liefert *Der Erwählte* die tragische Geschichte des Kindes der Sünde nach.

Als Findelkind an die Küsten Irlands gespült, wächst Grigorß unter der Patenschaft eines Abtes auf. Seine unordentliche Herkunft aber prägt und nährt seinen Willen zur Ritterschaft. Grigorß zieht in die Welt, befreit eine Stadt und gewinnt die Mutter zur Frau. Eine Magd entdeckt das Geheimnis der Herkunft. Erst das Schuldbekenntnis der Betroffenen und ihre Bereitschaft zur Buße führen eine Lösung herbei. Die Mutter erkennt sich als die »Hauptschuldige« (178). Grigorß flieht ans Ende der Welt und läßt sich auf einem Stein im Meere festketten. Über »volle siebzehn Jahre« aber nährt ihn dort der »mütterliche Organismus« der »großen Mutter« durch »Nährsaftquellen der Urzeit«. Grigorß äußerste Buße findet die Gnade der Natur und die »Offenbarung« der Erwählung zum Papst. Der »größte

---

1 Schopenhauer (1938), IX, 528ff.

Sünder« wird die Hoffnung einer sündigen Zeit. Grigorß wird der »sehr große Papst«. Es bewahrheitet sich am Ende, daß »aus der Unordnung etwas sehr Ordentliches« (113) werden kann. Am Ende steht nicht die Negierung des Trugs der Individuation durch das Opfer des Lebens, sondern der caritative Dienst. Die Buße der Liebesschuld erscheint nun als eine Bedingung der Möglichkeit höherer Liebe und Moral. Die erotische Sehnsucht läutert sich zu einem Liebesuniversalismus, der sich in der Liebesordnung der Kirche als Gnade institutionalisiert. Diese Lösung ist genauer durchdacht und gestaltet als die 1903 schon in *Die Hungernden* eingeforderte »andere Liebe« der Solidarität des Künstlers mit dem Leidenden. Freilich verlangt auch sie Entsagung und verlegt die Möglichkeit einer caritativen Existenz in den legendarischen Raum des christlichen Mittelalters. Erst die Fortsetzung des *Felix Krull* gestaltet die Möglichkeit gelingenden Lebens im bürgerlichen Raum.

2. Die Lebenskunst des Hochstaplers

a. Wiederaufnahme des »Krull«

Mann unterbricht die Arbeit am *Krull* zwar zugunsten des *Tod in Venedig* und dann des *Zauberbergs*, hält den *Krull* aber im Programm seiner Lesungen. Zwei Jahre vor dem *Zauberberg*, 1922, veröffentlicht er das *Buch der Kindheit*. Während er mit dem *Zauberberg* die Gattung des Bildungsromans erneuern will, intendiert er mit dem *Krull* dessen parodistische Zersetzung. Gattungsgeschichtlich betrachtet er ihn als Schelmenroman nach dem Vorbild des *Simplicius Simplicissimus*. Anfang der zwanziger Jahre stellt er seine Möglichkeiten noch über den *Zauberberg*.[2] Die weitere Vertagung erfolgt mit der Konzeption der Joseph-Gestalt als einer »Art von mythischem Hochstapler«.[3] Allerdings kündigt Krull seine Bekenntnisse mit dem ersten Satz schon ob seiner Müdigkeit »nur in kleinen Etappen und unter häufigem Ausruhen« an (VII, 265). Der Aufschub gehört demnach zum Konzept.

Nach Abschluß des *Joseph*-Romans erwägt Mann die Fortsetzung des Romans unter dem »Gesichtspunkt der Einheit des Lebens und des Werkes«. Im Tagebuch heißt es am 21.3.1943:

> - K. erwähnte gelegentlich die Fortführung des ›Hochstaplers‹, nach der immer viele verlangt haben. Ganz fremd war mir der Gedanke nicht, aber ich erachtete die Idee, die aus der ›Künstler‹-Zeit stammt, für überaltet und überholt durch den Joseph. Gestern Abend beim Lesen u. Musikhören merkwürdig bewegte Annäherung an diese Vorstellung, hauptsächlich unter dem Gesichtspunkt der Einheit des Lebens und des Werks. Gefühl der Großartigkeit, nach 32 Jahren dort wieder an-

---

2 Vgl. etwa die Briefe v. 8.4.1919 an Carl Seelig, v. 9.7.1921 an Adele Gerhard und v. 1.3.1923 an Felix Bertaux (Briefe I, 159, 190, 208).
3 Brief v. 23.12.1926 an Erika Mann und v. 28.12.1926 an Ernst Bertram.

zuknüpfen, wo ich vor dem ›Tod in Venedig‹ aufgehört, zu dessen Gunsten ich den Krull unterbrach. Das Lebenswerk seit damals, die ›Betrachtungen‹, der ›Zauberberg‹, ›Unordnung‹, ›Mario‹, der ganze Joseph mit der großen Einlage von ›Lotte in Weimar‹ nebst allem Beiwerk, erwiese sich selbst als ungeheure Einschaltung, ein Menschenalter beanspruchend, in das Unternehmen des 36jährigen [...] Die Wiedervertiefung in das Vorhandene muß zeigen, ob der sachliche Reiz genug ist, mich zu den nötigen Studien zu bewegen. Vorläufig wird der Gedanke der Wiederaufnahme hauptsächlich durch die Idee erstaunlich geduldiger Kontinuität, der Lebenseinheit, des großen Bogens gestützt. Das Hämmern am ›T. i. V.‹, der Krieg von 1914-18, das Ringen mit den ›Betrachtungen‹, dann ›Herr u. Hund‹, die Wiederaufnahme und Durchführung des Zbg., unterbrochen von den großen Essays, dann ›Unordnung‹, ›Mario‹, das Produkt von Rauschen, hiernach, teils in Nidden, die studierte Riesenarbeit an den ersten Joseph-Bänden; in die Anfänge von ›J. in Aegypten‹ fällt 1933, die Abreise, die Nicht-Wiederkehr, Arosa, Lugano, Sanary, der Wiederbeginn der Arbeit dort u. schon in Bandol, dann die 5 Jahre Zürich, Beendigung von J.i.Aeg., die Kontaktnahme mit Amerika, der Eintritt in ›Lotte in Weimar‹, die Beendigung in Princeton, nach Ausbruch des Krieges 1939, gefolgt von den ›Vertauschten Köpfen‹, die Inangriffnahme von ›Joseph der Ernährer‹, seine Beendigung hier, das Nachspiel des ›Moses‹: Revolution und Exil, die Erschütterungen und Geduldsproben zweier großer Kriege, in immer neuer Arbeit durchgehalten, – und nun reizt mich der Trotz, die Unberührbarkeit, Unbeirrbarkeit, zurückzugreifen auf das, worüber soviel Sturm und Mühe, Zeit und Leben hinweggegangen, und ein Beispiel innerlich heiterer Treue zu sich selbst, spöttisch überlegener Ausdauer zu geben mit der Durchführung des vor Alters abgebrochenen epischen Capriccio. – Vorteil, auf einer alten Grundlage weiterzubauen.

Der Bericht über *Die Entstehung des Doktor Faustus* merkt an: »Das alles heißt nur: ›Lieber erst noch etwas anderes!‹« (XI, 158) Diese Alternative ist der *Doktor Faustus*. Nach dessen Abschluß schiebt Mann noch kurz entschlossen den Entstehungsbericht und den *Erwählten* nach, hält aber am *Krull* fest. Vor der Wiederaufnahme liegt das Westermeier-Erlebnis letzter homoerotischer Verliebtheit. Am 3.7.1950 verliebt Mann sich während des Sommerurlaubs in der Schweiz spontan in einen Kellner. Die Tagebuchaufzeichnungen der folgenden Wochen sind von diesem Erlebnis ekstatisch erfüllt. Denn die Liebe zu einem Kellner kommt Mann für die dichterische Inspiration des »Krull« gerade recht:

> Noch einmal also dies, noch einmal die Liebe, das Ergriffensein von einem Menschen, das tiefe Trachten nach ihm – seit 25 Jahren war es nicht da und sollte mir noch einmal geschehen. (TB 9.7.1950)

Die Trennung verarbeitet Mann umgehend in einem Essay über Michelangelos Erotik: »Der Liebesaufsatz scheint ganz unnütz« (TB 2.8.1950). Die Enttäuschung gilt schon weniger der Inkongruenz des Essays zum Erlebnis als der Inkongruenz des Essays zur Idee der Verewigung des Geliebten. Sogleich verliebt Mann sich in einen »Tennisgott« (TB 6.8.1950). Die Tagebucheintragungen steigern sich nun zum offenen Bekenntnis homoerotischer Verehrung des »göttlichen Jünglings« im allgemeinen:

> Auf dem Tennisplatz unten, während einer bestimmten Vormittagsstunde, junger Argentinier, schon ausgezeichneter Spieler, mit dem Trainer sich vervollkommnend. Dunkles Haar, Gesicht ungenau kenntlich, schlanker, bewundernswerter Wuchs, Hermesbeine. Das ausholende Schlagen, der spielende Umgang mit den Bällen, das Gehen, Laufen, Hinspringen, gelegentliche übermütige Tänzeln. Federnde Ruhelosigkeit des Körpers bei Inaktivität auf der Bank. Wechsel der Beinkreuzung, Schlenkern, Zusammenschlagen der weißbeschuhten Füße, Aufstehen, Weggehen, Wiederkommen, Ergreifen der Barriere mit den Händen. Weißes Spielkostüm, kurze Hose, nach der Übung Sweater über den Schultern. – Tiefes erotisches Interesse. Aufstehen von der Arbeit, um zu schauen. Schmerz, Lust, Kummer, zielloses Verlangen. Die Kniee. Er streichelt sein Bein, – was jeder möchte. – Der Schmerz um den auf dem Dolder hat sich in diesen Tagen, unter dem Einfluß der Luft, der herrlichen Landschaft, der Mischung von Begeisterung und Unpäßlichkeit, die der Ort mir zufügt, zu einer allgemeinen Trauer um mein Leben und seine Liebe vertieft und verstärkt, dieser allem zum Grunde Liegenden, wahnhaften und leidenschaftlich behaupteten Enthusiasmus für den unvergleichlichen, von nichts in der Welt übertroffenen Reiz männlicher Jugend, die von jeher mein Glück und Elend, nicht auszusagen, enthusiastisch und stumm [...] Krankhafter Enthusiasmus für den ›göttlichen Jüngling‹ (TB 6.8.1950).

Damit hat Mann sich an den Krull-Stoff wieder angenähert. Seine Erlebnisse und Überlegungen gehen teilweise wörtlich in die *Krull*-«Memoiren» ein.[4] Die Tennis-Szene findet sich dort verwandelt wieder. Und das Bekenntnis zum »göttlichen Jüngling« (vgl. schon TB 4.2.1934) schreibt er im Roman einer Dichterin zu. Seine Wiederaufnahme des Romans klingt dennoch kühl. Am 25.11.1950 notiert er:

> Der ›Erwählte‹ ist endgültig fertig. Der Augenblick wäre wieder gekommen, wo ich, wie schon Mai 43 die Felix Krull-Papiere wieder hervorzog, nur um mich, nach flüchtiger Berührung damit, dann doch dem ›Faustus‹ zuzuwenden. Der Versuch der Wiederanknüpfung muß, rein um Beschäftigung, eine vorhaltende Aufgabe zu gewinnen, gemacht werden. Ich habe sonst nichts [...]. Für den ›Hochstapler‹ spricht der Reiz des Ausfüllens eines weit offen Gelassen(en) im Werk; des Bogen-schlagens über 4 mit soviel anderem erfüllte Jahrzehnte hinweg. Das Jugend-Buch ist originell, komisch und mit Recht berühmt. Aber ich blieb stecken, war überdrüssig, auch wohl ratlos, als es weitergehen sollte und ich mich statt dessen zum ›T. i. V.‹ wandte. Wird es möglich sein, neu anzugreifen? Ist genug Welt und Personal, sind genug Kenntnisse vorhanden. Der homosexuelle Roman interessiert mich nicht zuletzt wegen der Welt- und Reise-Erfahrungen, die er bietet. Hat meine Isoliertheit genug Menschen-Erlebnis aufgefangen, daß es zu einem gesellschaftssatirischen Schelmenroman reicht? Alles, was ich weiß, ist, daß ich unbedingt etwas zu tun, eine Arbeitsbindung und Lebensaufgabe haben muß. Ich kann nicht nichts tun.

---

4 Detailliertere Nachweise bei Jens Rieckmann, ›In deinem Atem bildet sich mein Wort‹: Thomas Mann, Franz Westermeier und »Die Bekenntnisse des Hochstaplers Felix Krull«, in: Thomas-Mann-Jahrbuch 10 (1997), 149-165.

Am 26.12.1950 nimmt Mann den Roman wieder auf. Er liest die Tagebücher seines Liebeserlebnisses und schreibt Mme. Houpflés »Apotheose des Jünglings« (TB 2.4.1951). »Aber was noch? Der Roman kann es kaum weiter bringen. Mir hat er eigentlich damit Genüge getan.« (TB 2.4.1951). Bald plagen Mann erneut »Zweifel, ob es ›Sinn‹ hat, den *Krull*-Roman fortzusetzen« (TB 1.7.1951). Dennoch arbeitet er seit dem Herbst 1951 wieder an diesem Roman der »Liebe in ihrer sinnlichen Übersinnlichkeit« (TB 12.12.1951). Er ringt um die Form als Schelmenroman, sorgt sich um die Ausdehnung »ins Faustische« und zweifelt immer wieder, »ob er das Meer noch austrinken kann«.⁵ Nach dem Museums-Kapitel quälen ihn »[e]rnste Sorgen wegen der Zukunft des Unternehmens. Verlangen nach würdigeren Gegenständen« (TB 31.3.1952). Am 3.4.1952 heißt es: »Umgang mit dem Gedanken, es als erweitertes Fragment liegen zu lassen. *Vielleicht* noch die Lissaboner und argentinischen Abenteuer auszuführen«. Einen Tag später entschließt sich Mann zum Abbruch:

> Die Memoiren sind kein ›Faust‹, an den man die letzten Kräfte seines Alters [wendet]. Die ganze Zeit verlangt mich nach einem würdigen Gegenstande, dessen Bewältigung abzusehen. Der Entschluß zum Abbrechen wahrscheinlich achtbarer, als die zwangvolle Vollendung.⁶

Und zwei Tage später, am 6.4.1952, notiert Mann die Fabel von der Betrogenen, die Tochter Erika ihm erzählt. Einen Monat später beginnt er mit der Niederschrift. Auch diese Arbeit gerät bald ins Stocken. Dennoch schließt Mann sie im März 1953 mit einiger Befriedigung ab (TB 18.3.1953). Daß *Die Betrogene* ihm als würdiger Gegenstand erscheint, mag verwundern, da die Novelle von der älteren Dame, die sich in einen jungen Amerikaner verliebt, grausam tödlich endet. Der älteren Liebenden erscheint die Rückkehr ihrer Regel zunächst als »Gnade« der Rückerstattung ihrer Jugend. Es zeigt sich aber, daß sie nur das Symptom eines Krebsleidens war. Die Sterbende erachtet dies jedoch keinesfalls als Betrug:

> ›Anna, sprich nicht von Betrug und höhnischer Grausamkeit der Natur. Schmäle nicht mit ihr, wie ich es nicht tue. Ungern geh' ich dahin – von euch, vom Leben mit seinem Frühling. Aber wie wäre denn Frühling ohne den Tod? Ist ja doch der Tod ein großes Mittel des Lebens, und wenn er für mich die Gestalt lieh von Auferstehung und Liebeslust, so war das nicht Lug, sondern Güte und Gnade.‹
> Ein kleines Rücken noch, näher zur Tochter, und ein vergehendes Flüstern:
> ›Die Natur – ich habe sie immer geliebt, und Liebe – hat sie ihrem Kinde erwiesen.‹
> (VIII, 950)

Dieser Novelle von der »Natur-Dämonie« (XI, 529) kann Mann seine Lebenserfahrung zuschreiben, daß die letzte Liebe der Sehnsucht des Alters nach der Jugend gilt und einem durch Liebe verklärten Tod: »Das letzte Vergessen und Verschmerzen von allem ist der Tod.« (TB 8.8.1950)

---
5 So Brief vom 20.3.1952 an Karl Kerényi.
6 Dazu vgl. Brief v. 9.4.1952 an Albrecht Goes, v. 28.4.1952 an Ferdinand Lion.

Nach Abschluß der *Betrogenen* plagen Mann erneut die Zweifel. Am 6.7.1953 notiert er:

> So ist es, wenn man sich überlebt. Wagner schrieb mit annähernd 70 sein Schlußwerk, den Parsifal, und starb nicht lange danach. Ich habe ungefähr im selben Alter mein Werk letzter Konsequenz, den Faustus, Endwerk in jedem Sinn, geschrieben, lebte aber weiter. Der Erwählte, noch reizvoll, und Die Betrogene sind bereits überhängende Nachträge, schon unnotwendig. Was ich jetzt führe, ist ein Nachleben, das vergebens nach produktiver Stütze ringt. Den Krull als einen Faust aufzufassen, den es zu beenden gilt, ist schwer möglich. Noch zu leben, ist fehlerhaft, besonders da ich fehlerhaft lebe. (TB 6.7.1953, vgl. TB 4. u. 19.6.1954)

Es sind nicht die Formprobleme des Romans allein, die Mann zum Abbruch bewegen. Er will die Haltung der Jugend nicht mehr einnehmen. »Pan-Erotik und Juwelendiebstahl«[7] erscheinen ihm unwürdig. Er weiß aber auch, daß der epische Ansatz des Schelmenromans die Form des Bildungsromans sprengt. Die Expansion der Abenteuer scheint kaum als Bildungsprozeß gestaltbar. So will Mann wenigstens einen vorläufigen Abschluß. »Bis zum 80. Geburtstag, vor ihm, müßte der ›Krull‹ fertig sein«, notiert er am 20.6.1953 ins Tagebuch:

> Idee der vorläufigen Herausgabe eines Bandes der Krull-Memoiren, wie einst der Geschichten Jaakobs. [...] Bermann von dem Gedanken höchst angetan. Aber Einverständnis, daß es ein handfester Band sein müßte, wozu wahrscheinlich der Einschluß des argentinischen Teils gehörte. (TB 15.11.1953)

Weihnachten 1953 schließt Mann den *Ersten Teil* ohne die argentinischen Abenteuer ab. »Der Schluß ist beschämend schwach« (TB 19.6.1954), notiert er über die Korrektur der Fahnen.[8] 1954 schreibt er in einem Text *Rückkehr*:

> Fragment immer noch, aber Fragment wird das wunderliche Buch wohl bleiben, auch wenn mir Zeit und Laune gegeben sein sollten, es noch um vierhundertvierzig Seiten weiterzuführen. Es ist gar nicht auf ein Je-damit-Fertigwerden angelegt, man kann daran immer weiterschreiben, weiterfabulieren, es ist ein Gerüst, woran man alles mögliche aufhängen kann, ein epischer Raum zur Unterbringung von allem, was einem einfällt und was das Leben einem zuträgt. Das ist wohl das Charakteristischste, was ich darüber sagen kann: Daß es wohl einmal abbrechen und aufhören, aber nie fertig werden wird. (XI, 530)

b. Soziale Konvenienz des Identitätsspiels

Das *Buch der Kindheit* war ein erster Abschluß der Auffassung des Künstlers als Paradigma humaner Existenz. Es gestaltete die These von der frühkindlichen Selbstidentifikation im Traum und Kinderspiel und begriff den Existenzvollzug als »Selbstüberwindung« des »Erdenwurm« zur Selbstdarstellung als öffentlicher

---

7 Brief v. 18.4.1952 an Hans Reisiger.
8 Dazu Brief v. 7.6.1954 an Erika Mann.

»Glühwurm«. Mann behält dieses Konzept von Lebensführung bei und gelangt mit dem *Joseph*-Roman und *Lotte in Weimar* zu einer eingehenderen Konzeption vom Identitätsvollzug erinnernder Wiederholung gewesenen Glücks. Darauf kann er bei seiner Weiterführung der Hochstapler-Memoiren zurückgreifen.

Nach dem *Buch der Kindheit* schildern die 1954 erschienenen weiteren zwei Bücher der *Memoiren erster Teil* die Lehr- und Wanderjahre des Hochstaplers in Frankfurt, Paris und Lissabon als Angleichung der Erscheinung an die »Natur«. Die Weiterführung der Bekenntnisse erinnert eingangs an die »freie Moral« des Lebens als »selbst gewählte schwere und strenge Aufgabe« (VII, 324) und an die »natürlichen Gaben« und »eingeborenen Vorzüge« Krulls. Krull vertritt – wie sein Autor – eine Art »psychische Physiologie« (Hegel), wonach sich der Geist den Körper baut. So bemerkt er:

> Sollte ich wirklich an der Ausbildung dieser Vorzüge innerlich so ganz unbeteiligt gewesen sein? Oder versichert mich nicht vielmehr ein untrügliches Gefühl, daß sie bis zu einem bedeutenden Grade mein eigen Werk sind und daß ganz leicht meine Stimme gemein, mein Auge stumpf, meine Beine krumm hätten ausfallen können, wenn meine Seele nachlässiger gewesen wäre? Wer die Welt recht liebt, der bildet sich ihr gefällig. (330)

Krull erfüllt sich langsam seinen Kindertraum. Das Ende der Kindheit, der Bankrott und Tod des Vaters, der erzwungene Wechsel des sozialen Milieus erscheint nun als Chance. Der Pate Schimmelpreester hält es ihm eingangs vor:

> Denn die bunten und lustigen Möglichkeiten des Lebens beginnen so recht erst jenseits jener gründlich aufräumenden Katastrophe, die man treffend als den bürgerlichen Tod bezeichnet, und eine der hoffnungsreichsten Lebenslagen ist die, wenn es uns so schlecht geht, daß es uns nicht mehr schlechter gehen kann. (331)

Schimmelpreester eröffnet Krull die Pariser Kellnerlaufbahn. Diese »günstigen Aussichten« geben der früh geübten Willenskraft ihr Ziel. Konsequent betreibt Krull seine Ausbildung: vom Studium des Luxus über erste Erfahrungen als »Lakai« (347) und die betrügerische Erschleichung der Ausmusterung vom Militär bis zur Perfektionierung seiner Liebesbegabung in »Rosza's schlimmer Liebesschule«. Ein Diebstahl auf der Reise nach Paris versetzt Krull in die Lage, sich ordnungsgemäß auszustatten und sein »Doppelleben« (498) als Kellner und Weltmann aufzunehmen. Die betroffene Dichterin salviert den Diebstahl als erotisches Spiel. Im Pariser Luxushotel sticht Krull bald seine Vorgesetzten aus. Gäste wie Eleanor Twentyman und Lord Killmarnock verfallen seinem »Magnetismus« (476). In der Liebe möchte Krull jedoch nicht nur »kühner Knecht« (438) und »Domestikenjunge« (441) sein. Auch den falschen Adel der »Adoption« weist er zurück »zugunsten des freien Traumes und Spieles, selbstgeschaffen und von eigenen Gnaden« (489). Statt dessen läßt er sich auf das Wagnis des Rollentausches mit dem Marquis de Venosta ein. Felix wagt den Identitätswechsel nach dem Vorbild der Artisten.

Krull, der »Engel der Liebe«, liebt die Seiltänzerin Andromache, einen »Engel der Tollkühnheit« (460).⁹ Das dritte Buch beginnt mit Krulls Besuch im Zirkus:

> Herrliche Tierleiber, und zwischen Tier und Engel, so sann ich, stehet der Mensch. Näher zum Tiere stehet er, das wollen wir einräumen. Sie aber, meine Angebetete, obgleich Leib ganz und gar, aber keuscher, vom Menschlichen ausgeschlossener Leib, stand viel weiter hin zu den Engeln. (461)

Dieses Zarathustra-Motiv durchzieht als »Traumgedicht vom Menschen« Manns ganzes Romanwerk. Ihm kontrastieren die Lehren des Paläoanthropologen Professor Kuckuck. Für Kuckuck ist der Mensch, naturgeschichtlich betrachtet, die letzte »Urzeugung« (542) gegen das Tier, das Leben insgesamt aber, kosmologisch betrachtet, eine »sehr flüchtige Episode« (538, vgl. 577ff). Mit den Artisten weiß Krull aber darum, daß der Mensch nicht nur eine »Urzeugung« der Natur ist, sondern sich durch die Gabe der Liebe und »Menschenbeglückung« (463) auch zu den Engeln erhebt. Wie im *Zauberberg* ist der dilettierende Schüler seinem Lehrer im Wissen um die Entwicklungsmöglichkeiten des Menschen überlegen.¹⁰

Im Roman ist es für alle Seiten von Gewinn, daß Krull im Namen des Marquis reist. Krull ist der wahre »Weltmann«, der im Namen des Marquis ein »höheres Leben« (498) führt. Der Leser könnte meinen, Krull habe damit seinen Kindertraum vom natürlichen Adel endlich realisiert. Der »Ausgleich von Sein und Schein« (522) scheint erfolgt. Abgesehen von den kriminellen Seiten des Rollentausches ist für den Hochstapler aber entscheidend, daß er sein Spiel als Spiel führt. Sein Identitätsspiel ist mit Titel und Kreditbrief nicht beendet. Es besteht auch nicht im Ablauf der vorgesehenen Stationen seiner »Bildungsreise«. Krull lebt seine neue Identität und greift in den Plan der Reise ein. Auf eigene Initiative erwirkt er in Lissabon eine Audienz beim König und verdient der Familie einen Orden. Sein Lob der Verhältnisse steigert sich dabei zum royalistischen Bekenntnis. Vor allem aber spielt Krull die Identität des Marquis im Verhältnis zu Kuckucks Tochter Zouzou. Zouzou ist ihm eine

---

9 In Homers Ilias ist Andromache die Frau des Hektor, also die Frau eines Tollkühnen.
10 Zu dieser Differenz zwischen der humanistischen Perspektive und der kosmologischen Optik vgl. Manns Brief an Claus Unruh v. 13.1.1952 sowie den Essay »Lob der Vergänglichkeit« (1952), X, 383ff. Dort fordert Mann genau die anthropozentrische Perspektive in praktischer Absicht, die Leverkühn an Zeitblom verspottet (VI, 361ff). Hans Wysling (Wer ist Professor Kuckuck? Zu einem letzten »großen Gespräch« Thomas Manns, in: Hermann Kurzke (Hrsg.), Stationen der Thomas-Mann-Forschung, Würzburg 1985, 276-295; vgl. ders., Narzißmus und illusionäre Existenzform, Basel 1982, 302ff) hat die vielfältigen Identifikationen Kuckucks mit Schopenhauer, Freud, Goethe, Wagner und Mann genau erforscht. Er unterscheidet dabei aber nicht zwischen Kuckucks naturphilosophischen Einsichten und Krulls praktischem Humanismus, sondern identifiziert beide als ein »narzißtisches Vexierspiel« von Vater und Sohn.

»andere Zaza« (559, 584), eine andere Geliebte des Marquis. Er überbietet die Passion des Marquis dabei durch die »Doppelbegeisterung« für Mutter und Tochter. Zouzou gegenüber übernimmt er die Rolle des Bildners und Lehrers der Liebe. Er weist nun die pessimistische Naturphilosophie seines Patens Schimmelpreester zurück (633f) und vermittelt mit der Liebe auch ein idealisches Bild von der Schönheit und Würdigkeit des Menschen. Die Liebe bildet Krull in die Rolle des Lehrers hinauf. Er findet nun Antwort auf seine frühe Erfahrung mit dem Schauspieler Müller-Rosé. Krulls Annäherung an Zouzou endet jäh, als im Moment der Verführung die Mutter dazwischen tritt. Doch er weiß auch mit der Mutter sein Spiel zu treiben. Die Wahl der Mutter ist deshalb nicht nur ein Arrangement mit dem Möglichen, sondern auch eine Probe seiner Reife.

Schon im *Lebensabriß* nennt Mann den *Krull* eine »Wendung des Kunst- und Künstlermotivs« zur »Psychologie der unwirklich-illusionären Existenzform« (XI, 122). Später spricht er von einer »wechselseitigen Illusionierung von Welt und Betrüger«.[11] Dies ist leicht mißverständlich. Es kann eigentlich nur wechselseitige Idealisierung und Erhöhung im Umgang heißen, nicht aber Täuschung und Selbsttäuschung. Krull spielt sein Spiel bewußt; als Hochstapler ist er »Menschenbeglücker«. Betont Mann in *Lotte in Weimar* das Leiden der Umwelt an der Größe des Meisters, so führt er nun das Glück des Identitätsspiels vor. Wer mitspielen mag im Spiel der Identitäten und Rollen, wer seine Identität sozialen Erwartungen anzupassen vermag, dem gelingt sein Leben nicht nur, dem glückt es auch. Dafür steht Krulls Vorname. Gegen seine Herkunft, gegen das heimische Lied von der Lebensfreude und des Paten pessimistische Lehre vom morbiden Grund dieser Freude, führt Krull sein Leben in Konvenienz mit der Mitwelt. Daß Lebensführung nicht nur »schwere und strenge Aufgabe« ist, sondern dabei auch spielerische Erfüllung eines Identitätstraums sein kann, ist eine letzte dichterische Aussage Thomas Manns.

c. Lebenskunst als Identitätsvollzug

Obwohl der *Memoiren erster Teil* sofort erfolgreich ist, verzichtet Mann auf die Weiterführung. Am 15.4.1955 schreibt er an Harald Kohtz:

> Was den zweiten Teil der Krull-Memoiren betrifft, von denen offen gestanden noch kein Wort auf dem Papier steht, so ist der Roman ja seit mehr als vierzig Jahren zu Ende geplant, und wie er ausgeht, ist im ersten Teil mehrfach angedeutet. Das fernere Leben Krulls wird eine Ehe- und eine Zuchthaus-Episode bringen und ein Leben der beständigen Täuschung darstellen, das sehr anstrengend ist und seinen Mann schon früh abnutzt. Er setzt sich zur Ruhe schon mit vierzig Jahren mit einer kleinen Erbschaft, die er von seinem Paten macht, und schreibt in London seine Memoiren. Denn, wie Napoleon sagte, man taugt nur wenige Jahre für den Krieg.[12]

---

11 Brief v. 2.1.1951 an Hermann Kesten.
12 In seinen Plänen zur Fortsetzung des »Krull« hielt Mann am Grundplan von 1910

Wie erörtert, stellt Mann den *Krull* als Werkabschluß lange zurück und ist der Konzeption am Ende überdrüssig. »Pan-Erotik und Juwelendiebstahl« erscheinen seinem Alter unwürdig. Positiv sind damit die Probleme angesprochen, die er als Bildungsprozeß darstellen will: Erotik und Soziabilität. Diese stellen sich ihm seit seiner paradigmatischen Auffassung des Künstlers. Es wurde gezeigt, wie Mann diese Probleme nach dem *Tod in Venedig* im Familienroman des Künstlers wieder aufnimmt. Idyllisiert er das Verhältnis des Künstlers zu seiner Mitwelt dabei zunächst, so problematisiert er es in *Lotte in Weimar* wieder: Die egozentrische Insistenz des Künstlers auf seinen Glücksansprüchen kollidiert mit den Erwartungen und Wünschen der dienenden Mitwelt. Glückendes und gutes Leben treten in Spannung. Die zwei Legenden gestalten den Konflikt als erotische Verstrickung: Liebestod oder asketische Entsagung im caritativen Dienst heißen die alternativen Lösungen. Weil die Lebensansprüche in modernen Zeiten aber individualisiert sind, sind diese Antworten heute nicht mehr akzeptabel. Jeder muß selbst urteilen. *Felix Krull* ist so ein Lebenskünstler, der die Mitwelt beglückt, indem er seinen »Traum« realisiert. Trifft dies zu, so hat Mann die Lebensführungsproblematik in einem zweiten Durchgang als Verhältnis zur Mitwelt erkundet.

Ist damit aber die ganze Relation von glückendem und guten Leben gestaltet? Manns Unzufriedenheit über das Ende und sein Unwille zur Vollendung des Romans lassen daran zweifeln. Immerhin ist ein Ansatz zum Bildungsroman erkennbar. Denn Mann bezeichnet den deutschen Bildungsroman als »die Verinnerlichung und Sublimierung des Abenteurer-Romans« (X, 357). In diesem Sinn ist *Felix Krull* ein Bildungsroman. Krull erinnert nicht nur alle Gespräche und Lehren, sondern sublimiert seine Erotik und sein soziales Verhalten auch. Seine »Pan-Erotik« läutert sich im Verlauf. Zwar ist er von Natur eher der Typ, »der mehr geliebt wird, als daß er selber liebt« (505); Krull erfährt aber nicht nur eine »Verfeinerung *in* der Liebe«, sondern auch »*durch* die Liebe« (384): vom Kindermädchen und der Prostituierten über die Dichterin zu Mutter und Tochter. Er ist kein Don Juan, der lediglich Affairen sammelt, sondern ordnet seine Erlebnisse einem Selbstkonzept unter und sucht sie als Verwirklichung eines Lebenstraumes zu begreifen. Krull ist vom »Fach der Wirkung, der Menschenbeglückung und -bezauberung« (463). Er begreift den »Magnetismus« seiner Wirkung durch die Lehre von der »Allsympathie« (548, 573) der Liebe in den »Urzeugungen« der Natur. Statt des bloßen Liebesaktes heißt er diese naturphilosophische Einsicht »Die große Freude« (312, 547). Krull liebt in der Gespielin den Menschen; er träumt »Liebesträume« vom Menschen als »Doppelwesen« (346) und verwirklicht sie in der »Doppelbegeisterung« für Mutter und

---

und der Orientierung an Manolescus Memoiren fest. Es muß offen bleiben, wie Mann seine Einsicht in die Soziabilität des Hochstaplers mit dessen krimineller Karriere vereinbart hätte: vgl. Hans Wysling, Thomas Manns Pläne zur Fortsetzung des »Krull«, in: ders., Dokumente und Untersuchungen, Bern 1974, 149-166.

Tochter. Lehrt ihn die Dichterin die »Verkehrtheit« der Liebe (445f), so entwickelt Krull eigene Vorstellungen von der Entgrenzung und Aufhebung der »Sonderung« (640) zwischen Ich und Du. Liebeserfahrungen bilden ihn zu einem Lehrer der Liebe und Humanität hinauf, der den paläoanthropologischen Ansichten des Professors das »Traumgedicht vom Menschen« entgegenzuhalten vermag. Die kriminelle Seite von Betrug und »Juwelendiebstahl« ist nicht als ernstlicher Konflikt gestaltet. Insgesamt zeichnet sich die Perspektive des Bildungsromans in der Verfeinerung der Liebesbeziehungen ab. Der weitere Verlauf hätte die Diskrepanz zwischen Krulls positivem Verhältnis zu seiner Mitwelt und dessen negativer Einschätzung durch die Agenten rechtlicher Ordnung komisch und gesellschaftssatirisch vertieft. Er hätte die Spannung von Sitte und Recht, nicht aber Krulls Bildung zum »Menschenbeglücker« parodiert. Mann gestaltet somit die Möglichkeit »glückenden« Daseins. Seinen eigenen moralischen Standpunkt erörtert er aber ernsthaft erst in den großen Romanen, die von den historisch-politischen Bedingungen gelingenden Lebens eingehender erzählen. Schon ein flüchtiger Ausblick auf Joseph, den »Ernährer«, zeigt, daß das Glückskonzept des *Krull* nicht die letzte Antwort auf das Problem gelingenden Lebens ist. Mann ist nicht der Auffassung, daß ein Leben schon im vollen Sinne gelingt, wenn es subjektiv glückt, sondern er gestaltet auch moralische Ansprüche. Manns erstes Paradigma der Lebenskunst, Felix Krull, lebt zwar im glücklichen Einvernehmen mit seiner Mitwelt. Die Affirmation der Verhältnisse durch einen Hochstapler ist aber nicht verallgemeinerungsfähig und deshalb keine moralisch mögliche Option. Gestaltet Mann im *Krull* das gelingende als glückendes Leben, so konzipiert er es im *Joseph*-Roman zugleich als gutes Leben. Joseph ist ein Lebenskünstler wie Krull. Auch er hat einen »eigenen Traum« vom Glück und weiß sich der Welt gefällig zu zeigen. Er ist aber ein echter Philosophenkönig: ein »Herr des Überblicks« und »Politiker des Guten«, der der ganzen »Welt« verantwortlich ist. Demnach thematisiert Mann erst mit der Joseph-Gestalt die ganze Relation von gelingendem, glückendem und gutem Leben.

TEIL B

HISTORISCH-POLITISCHE BEDINGUNGEN DER MÖGLICHKEIT GELINGENDEN LEBENS

I. *Buddenbrooks*: Tradition und Individuation

1. Zur Einteilung des Romanwerks

Am Modell des Künstlertums entwickelt Mann diverse Kategorien gelingenden Lebens und gelangt zur Auffassung des Existenzvollzugs als Identitätsvollzug. Dies führt ihn zu einer Problematisierung des Selbstseins im Mitsein. Dabei hat er zunächst noch keine klare moralphilosophische Position. Zwar ist auch der individuelle Selbstentwurf gelingenden Lebens eine moralische Leistung. Die intersubjektivistische Perspektive der Sittlichkeit ist aber unverzichtbar. Denn moralische Urteile beziehen sich primär auf Handlungen und haben deshalb einen Gesinnungs- und einen Folgeverantwortungsaspekt. Der verantwortungsethische Aspekt der moralischen Beurteilung einer Handlung aus ihren Folgen hat dabei wegen dem Bezug auf Handlungen den Vorrang. Von den Folgen der Handlungen her werden die Intentionen der Akteure (und deren Erklärungen) beurteilt. Moralische Selbstkonzepte verdanken sich insgesamt einer sozialen Praxis. Deshalb ist es auch nicht verwunderlich, daß Mann das Verhältnis von glückendem und gutem Leben erst in jenen großen Romanen eingehender erörtert, die die historisch-politischen Bedingungen der Möglichkeit gelingenden Lebens eingehender gestalten.

Wenn bisher nur die Novellen und kleineren Romane unter der ethisch-anthropologischen Frage nach der Möglichkeit gelingenden Lebens erörtert wurden, so geschah dies unter der organisierenden These, daß die vier großen Romane – laut Tagebuch (19.6.1954) die »kleinen Vollbringer« – *Buddenbrooks, Der Zauberberg, Joseph und seine Brüder* und *Doktor Faustus* – diese Frage in die Problemanalyse der historisch-politischen Rahmenbedingungen zurückstellen.[1] Indem sie dabei aber die philosophische Frage nach den humanen Möglichkeiten festhalten, verwandeln sie die Fragestellung auch. Hieß die ethisch-anthropologische Frage bisher: Ist gelingendes Leben als Identitätsvollzug überhaupt möglich?, so heißt sie unter den konkreten historisch-politischen Bedingungen jetzt: Welche Chancen für Individuation[2] gibt es im gegenwärtigen Deutschland? Mit der Verzeitigung der Iden-

---

1 Zur Nationalgeschichte Manns jetzt Yahya Elsaghe, Die imaginäre Nation. Thomas Mann und das ›Deutsche‹, München 2000; Jochen Strobel, Entzauberung der Nation. Deutschland im Werk Thomas Manns, Dresden 2000.
2 Terminologisch wurde bisher zwischen Individualität und Identität unterschieden. Identität meint dabei ein kontinuierlich erinnertes Selbstkonzept eines Individuums. Individualität meint eine philosophische Beschreibung des Menschen als eines genetisch singularen und lebensgeschichtlich sich individuierenden Wesens. Die Rede von Individualisierung unterscheidet nicht zwischen Identität und Individualität, weshalb hier eher von Individuation (als Zwang zur Individualisierung von Selbstkonzepten eines Individuums) gesprochen wird.

titätsfrage zur Individuationsfrage tritt die Frage nach den Bildungsformen hinzu, in denen sich Identität geschichtlich konstituiert. Mann fragt jetzt nach der Form von Bildung, die unter den deutschen Bedingungen Selbständigkeit ermöglicht.

Diese Einteilung ist etwas künstlich. Denn auch die kleineren Romane erörtern historisch-politische Bedingungen. So spielt *Königliche Hoheit* in einer kleinstaatlichen konstitutionellen Monarchie, *Felix Krull* in der Hautevolée vor 1914, *Lotte in Weimar* in der Aufbruchs- und Restaurationszeit nach 1815. Diese Romane erheben jedoch keinen politischen Anspruch. So verlegt *Königliche Hoheit* die konstitutionelle Monarchie in die Ort- und Zeitlosigkeit des Märchenhaften. Die Welt der Aristokratie und des Großbürgertums ist im *Krull* nur die selbstverständliche Voraussetzung des Werdens des Hochstaplers zu seiner ihm naturgemäß zukommenden sozialen Rolle. *Lotte in Weimar* thematisiert zwar auch die Distanz des nationalliberalen Aufbruchs nach 1815 zu Goethe und fragt damit nach der Geschichtlichkeit von Goethes Humanitätsanspruch, rückt die – für die kunstkritischen Studien zum *Problem der Humanität* zentrale – Frage nach der Klassizität von Goethes Maßgabe aber nicht ins Zentrum. *Buddenbrooks, Der Zauberberg* und *Doktor Faustus* dagegen erzählen die Nationalgeschichte Deutschlands seit 1813 – als Johann Buddenbrook als Heereslieferant für Preußen »vierspännig« übers Land fuhr – mit eigenem politischem Deutungsanspruch im chronologischen Anschluß bis zum Ende des Zweiten Weltkrieges und problematisieren sie unter der leitenden ethisch-anthropologischen Problemfrage nach den Möglichkeiten gelingenden Lebens. Mann korreliert die Nationalgeschichte dabei mit der Geschichte des Protestantismus, führt die Genealogie der abendländischen Moral auf ihre geschichtlichen Anfänge zurück und gibt im *Joseph*-Roman auch eine politische Antwort.

2. Die Verfallsgeschichte der »Buddenbrooks«

In zahlreichen Selbstdeutungen spricht Mann von einem »naturalistischen Roman«, der ohne vorgängigen Gesamtplan aus dem »Eigenwillen« des Werkes heraus zunächst zur Unterhaltung der Familie (XI, 106f) entstand und sich dann in der Rezeption als »ein Stück der Seelengeschichte« (383) des deutschen und europäischen Bürgertums erwies. Mit der Rede vom »naturalistischen Roman« akzeptiert er eine literaturwissenschaftliche Epochenbezeichnung, mit der Rede vom Familienroman bezieht er sich auf literarische Vorbilder (insbesondere der skandinavischen und russischen Epik), auf seine Arbeitsweise und die eigene Familie als ersten Adressaten. Wenn Mann von »Seelengeschichte« spricht, scheint er die Verständlichkeit des Familiensujets zu meinen. Die Leser können demnach den »Verfall einer Familie« verstehen, weil sie Familien kennen. Mann beschreibt die Psychologie der Protagonisten aber von seiner frühen Bildung durch das »Dreigestirn« Schopenhauer, Nietzsche und Wagner her. Diese Psychologie ist nicht ohne weiteres verständlich.

Mann erzählt die Familiengeschichte in ihrem sozialgeschichtlichen Bedingungsgefüge und bezieht Familiengeschichte, Wirtschaftsgeschichte und politische Geschichte eng aufeinander. Dadurch gibt er der »Seelengeschichte« eine politische Deutung. Der ereignisgeschichtliche Gehalt[3] ist aber nicht besonders hoch. Die Nationalgeschichte erscheint nur im engen Perzeptionshorizont des Familieninteresses. Der Verfallsanalyse korrespondiert zwar ein Gegenbild vom Aufstieg der Familie Hagenström, so daß sich insgesamt – auch durch die Parallelgeschichten der Familien Ratenkamp und Kröger – ein zyklisches Geschichtsbild vom Aufstieg und Verfall von Familien ergibt. Dies basiert aber auf einer eher unhistorischen elitistischen Theorie der Herrschaft und des Herrschaftswandels. Die »Kreise von herrschenden Familien« (I, 140) sind gegenüber Adel und niederen Ständen weitgehend geschlossen. Der Aufstieg der »Firma« bringt Herrschaft ein – vom Konsul zum Senator –, und der soziale Niedergang bedeutet einen allmählichen Ausschluß aus diesen Kreisen. Mann gestaltet am Beispiel der Familie Buddenbrook einen Konflikt von Modernisierungsdruck, Tradition und Individuation: Die Familie verfällt, weil sie den Zwang zur Individuation und Flexibilisierung des Verhaltens mit einer Fixierung auf familiäre Kodizes und Traditionen beantwortet.

Die Romanhandlung beginnt im Jahre 1835 mit der Einweihung des neu erworbenen Hauses auf einem Höhepunkt des wirtschaftlichen Erfolgs der Familie. Der alte Johann Buddenbrook (1765-1842) spottet auf den Katechismus des Gründers und hält sich nur ans Geschäft. Er ist francophil, bewundert Napoleon und feiert den Modernisierungsschub des Bürgerkönigtums der Juli-Monarchie.[4] Weil er seinem erstgeborenen Sohn Gotthold (1796-1856) den »Mord der Mutter« bei der Geburt nie verziehen hat, schließt er ihn anläßlich einer Mesalliance skrupellos aus. Zwar heiratete auch der alten Buddenbrook nach dem Willen seines Vaters nur die »Mitgift« (56), doch sah er »in seinem ältesten Sohne nie etwas anderes als den ruchlosen Zerstörer seines Glückes« (57). Der alte Buddenbrook geht noch selbstverständlich von der Übereinstimmung seines Willens mit dem Familiensinn und Geschäftsinteresse aus, ohne sich von seiner Verantwortung gegenüber dem Grün-

---

3 Besonnene, vom sozial- und wirtschaftsgeschichtlichen Gehalt ausgehende Darstellung bei Jochen Vogt, Thomas Manns »Buddenbrooks«, München 1983; zu den autobiographischen Hintergründen vgl. Hans Wysling, »Buddenbrooks«, in: Thomas-Mann-Handbuch, hrsg. Helmut Koopmann, Stuttgart 1990, 363-384.
4 Den prinzipiellen Unterschied zwischen dem Bürgerkönigtum der französischen Juli-Monarchie und der deutschen konstitutionellen Monarchie mit monarchischer Souveränität betont Ernst Rudolf Huber, Legitimität, Legalität und Juste Milieu. Frankreich unter der Restauration und dem Bürgertum, in: ders., Nationalstaat und Verfassungsstaat, Stuttgart 1965, 70-106.

der und den Folgen seines Familienzwistes für die Firma näher Rechenschaft abzulegen. Der zweitgeborene Sohn Johann (1798-1855), aus zweiter Ehe, empfindet die Ungerechtigkeit des Vaters und sucht sie religiös zu kompensieren. Anders als sein Vater studiert er die Familiengenealogie und hält sich an die Ermahnung des Gründers, daß Gott und Geld im gottgefälligen Geschäft zusammenkommen. Über den Aufstieg der Hagenströms gerät er ins Zweifeln, daß Leute »ohne solche Prinzipien scheinbar besser fahren« (176).

Seine Kinder Thomas (1826-1875), Tony (*1827), Christian (*1828) und Clara (1838-1864) geben wenig Anlaß zur Hoffnung. Auf Thomas ruhen bald alle Erwartungen. Die Frauen sind ohnehin nur für die Mitgift da. Tony wird gegen ihren Willen mit dem intriganten Parvenü und Erbschleicher Bendix Grünlich verheiratet; sie beugt sich dem Vaterwillen, weil sie die Ehe als »Lebensstellung« (104), »Beruf« und »Pflicht« (107) gegenüber der Familie und dem »Geschäft« (118) ansieht. Nur dem religiös motivierten »Schuldbewußtsein« des Vaters ist es zu danken, daß sie ihrem Gatten nicht »bedingungslos auch ins Unglück folgt[]« (215). Nach dem Tod des Vaters heiratet sie erneut und wählt mit Permaneder einen Gegentyp zu Grünlich – eine Wahl, die ebenfalls scheitert. Auch Clara fällt auf einen »Erbschleicher« (434) herein. Thomas opfert seine Liebe zu einem Blumenmädchen auf (157: »Dergleichen muß durchgemacht werden.«) und heiratet mit Gerda Arnoldsen später die »Mitgift« (290):

> Allein von Liebe wiederum, von dem, was man unter Liebe verstand, war zwischen den beiden von Anbeginn höchst wenig zu spüren gewesen. Von Anbeginn vielmehr hatte man nichts als Höflichkeit in ihrem Umgang konstatiert, eine zwischen Gatten ganz außerordentliche, korrekte und respektvolle Höflichkeit, die aber unverständlicherweise nicht aus innerer Fernheit und Fremdheit, sondern aus einer sehr eigenartigen, stummen und tiefen gegenseitigen Vertrautheit und Kenntnis, einer beständigen gegenseitigen Rücksicht und Nachsicht hervorzugehen schien. (643)

Entsagung fordert Thomas auch von seinem geschäftsuntüchtigen Bruder Christian. Dessen lange gehegten Ehewunsch verhindert er unter Androhung bürgerlicher Vernichtung (581). Die brutale Heiratspolitik, die alle Liebe der Mitgift unterordnet, erweist sich als Fehler. Denn die von Generation zu Generation progredierende Nervenschwäche hat in der Unterordnung dieser Glücksansprüche unter das Familieninteresse (der »Mitgift«) ihre Ursache.

Mit Thomas tritt die Idee der »Persönlichkeit« (269) auf. Er stilisiert seine Haltung im Geschäft und pflegt seine »Eitelkeit« in der Politik. 1862 setzt er sich bei den Senatswahlen gegen den liberalen Hagenström durch und wird als »Träger eines hundertjährigen Bürgerruhmes« (410) gewählt. Zum Bürgermeister bringt er es nie. Auf dem Höhepunkt seines geschäftlichen Erfolges und öffentlichen Ruhmes erbaut er der Familie ein prachtvolles Haus. Vier Wochen nach dem Einzug meint er gegenüber der Schwester aber:

> Ich weiß, daß oft die äußeren, sichtlichen und greifbaren Zeichen und Symbole des Glückes und Aufstieges erst erscheinen, wenn in Wahrheit alles schon wieder abwärts geht. Diese äußeren Zeichen brauchen Zeit, anzukommen, wie das Licht eines solchen Sternes dort oben, von dem wir nicht wissen, ob er nicht schon im Erlöschen begriffen, nicht schon erloschen ist, wenn er am hellsten strahlt... (431).

Das neue Haus baut Thomas vis-à-vis seiner alten Liebe. Während die einstige Geliebte zahlreiche Kinder zur Welt bringt, will Thomas' einziger Stammhalter Hanno (1861-1877) die Familienchronik nicht fortsetzen. Es folgen geschäftliche Katastrophen. Nach dem Tode der Mutter eskaliert der Konflikt mit dem Bruder. Ein Ehebruch der musizierenden Gattin wirft Thomas vollends aus der Bahn; er resigniert nur noch in »Angst vor dem Ganzen« (648). Über die Lektüre Schopenhauers erlebt er »Erhellungen seines Inneren«, die auf Hans Castorps »Traumgedicht vom Menschen« vorausweisen:[5]

> In meinem Sohne habe ich fortzuleben gehofft? In einer noch ängstlicheren, schwächeren, schwankenderen Persönlichkeit? Kindische, irregeführte Torheit! Was soll mir ein Sohn? Ich brauche keinen Sohn! ... Wo ich sein werde, wenn ich tot bin? Aber es ist so leuchtend klar, so überwältigend einfach! In allen denen werde ich sein, die je und je Ich gesagt haben, sagen und sagen werden: besonders aber in denen, die es voller, kräftiger, fröhlicher sagen ...
> Irgendwo in der Welt wächst ein Knabe auf, gut ausgerüstet und wohlgelungen, begabt, seine Fähigkeiten zu entwickeln, gerade gewachsen und ungetrübt, rein, grausam und munter, einer von diesen Menschen, deren Anblick das Glück der Glücklichen erhöht und die Unglücklichen zur Verzweiflung treibt: – Das ist mein Sohn. Das bin ich, bald ... bald ... sobald der Tod mich von dem armseligen Wahne befreit, ich sei nicht sowohl er wie ich ... (657f).

Anders als sein Autor kann Thomas Buddenbrook diese »geistigen Extravaganzen« (659), diesen Traum von gelingender Individuation, nicht festhalten, sondern sinkt auf den alten Glauben an den »einigen und persönlichen Gott« zurück. Immerhin wirken die Erhellungen derart nach, daß er seine verzagte Hoffnung auf seinen Sohn endlich aufgibt und ein Testament macht, in dem er die Firma ungünstig liquidiert. Bald darauf stirbt er nach einer Zahnoperation. Sein Lebensnerv ist gewissermaßen dahin.

Hanno und dessen Freund Kai Graf Mölln gelten in der Schule als »outlaws und fremdartige Sonderlinge«. Während Kai jedoch – wie seine Tante – schriftstellerisch begabt ist, verliert sich Hanno ins musikalische Phantasieren. Er verfällt dem »mystischen und lähmenden Fatalismus« (672) der »Meeresandacht« (636) und stirbt jung todessüchtig (743: »Ich möchte sterben, Kai! ...«) an Typhus. Er zuckt zusam-

---

5 Dazu: Über die Ehe (1925), X, 199f; dann aber: Schopenhauer (1938), IX, 559ff (561: »Hier dachte freilich einer, der außer Schopenhauer auch schon Nietzsche gelesen hatte und das eine Erlebnis ins andere hineintrug«). Dazu eingehender Verf., Thomas Manns »Traumgedicht vom Menschen«, in: Neue Rundschau (2001)

men »vor Furcht und Abneigung bei der Stimme des Lebens« (754) und gehorcht nicht dem später im *Zauberberg* formulierten »Traumgedicht vom Menschen«: *»Der Mensch soll um der Güte und Liebe willen dem Tode keine Herrschaft einräumen über seine Gedanken.«* (III, 686)

Nach Hannos Tod kehrt die Mutter in ihre Heimat zurück, so daß am Ende Tony mit ihrer geschiedenen Tochter Erika und der Enkelin Elisabeth allein in einer simplen Mietswohnung zurückbleibt. Niemand trägt mehr den Namen Buddenbrook weiter. Der Verfall der Familie ist perfekt.

3. Der Familiensinn als Hemmnis der Individuation

Der Roman führt den Verfall der Familie auf die Unfähigkeit ihrer Mitglieder zur Verwirklichung individueller Glücksansprüche zurück. Der junge Autor hat bei Abfassung des Romans zwar schon einen eigenen Begriff vom Glück, aber noch kein entwickeltes Konzept vom Identitätsvollzug. Zwar deutet sich eine kategoriale Differenz von scheiterndem und gelingendem Leben im Gegensatz der Buddenbrooks zu den Hagenströms an. Aber auch die Hagenströms sind kein Vorbild. Wie in den frühen Novellen gestaltet Mann zunächst verschiedene Formen scheiternden Daseins. Ausbruchsversuche zur Selbständigkeit mißlingen in der zweiten und dritten Generation bei Gotthold und Christian. Daß der Erzähler ausgerechnet Tony, die ihr Leben für unnütz und »verfehlt« hält, für glücklich (I, 670f) erklärt, ist eher sarkastisch gemeint. Nur Hannos Freund Kai scheint sich als Schriftsteller behaupten zu können. Mit Hanno und Kai ist somit die Unterscheidung des Bajazzos vom Künstler angedeutet, die Mann nach 1898 konturiert.

Peter Pütz[6] spricht für die vier Generationen von »vier Bewußtseinsstufen im Verfall und Aufstieg der Familie«: Naivität, Religion, Philosophie, Kunst. Demnach entwirft Mann ein Verfallsmodell, das sich mit der Zuspitzung auf das Problem der Kunst und der mit Hanno und Kai Graf Mölln bezeichneten Alternative zwischen Musik und Literatur einem Verlaufsmodell vom Verlust und der Regeneration der verlorenen Naivität aus dem Geist der Dichtung nähert. Eine progressistische Qualifizierung der Bewußtseinsstufen findet sich nicht. Der Roman deutet aber einen Zusammenhang zwischen psychophysischer und sozialer Differenzierung an. So heißt es nach dem Tode des Vaters:

> War der verstorbene Konsul, mit seiner schwärmerischen Liebe zu Gott und dem Gekreuzigten, der erste seines Geschlechtes gewesen, der unalltägliche, unbürger-

---

6 Peter Pütz, Die vier Stufen des Bewußtseins bei Schopenhauer und den »Buddenbrooks«, in: Hermann Kurzke (Hrsg.), Stationen der Thomas-Mann-Forschung, Würzburg 1985, 15-24.

liche und differenzierte Gefühle gekannt und gepflegt hatte, so schienen seine beiden Söhne die ersten Buddenbrooks zu sein, die vor dem freien und naiven Hervortreten solcher Gefühle empfindlich zurückschreckten. (259f)

Zu Thomas Buddenbrooks Habitus heißt es:

> Unsere Wünsche und Unternehmungen gehen aus gewissen Bedürfnissen unserer Nerven hervor, die mit Worten schwer zu bestimmen sind. Das, was man Thomas Buddenbrooks ›Eitelkeit‹ nannte, die Sorgfalt, die er seinem Äußeren zuwandte, der Luxus, den er mit seiner Toilette trieb, war in Wirklichkeit etwas gründlich anderes. Es war ursprünglich um nichts mehr, als das Bestreben eines Menschen der Aktion, sich vom Kopf bis zur Zehe stets jener Korrektheit und Intaktheit bewußt zu sein, die Haltung gibt. (418)

Thomas ästhetisiert elementare Kulturtechniken bis zur zwanghaften »Pedanterie«, weil sie ihm fragil geworden sind. Nicht die Reflexivität[7] steigt also, sondern die Unfähigkeit zur Vereinfachung und Organisation der Affekte unter einem Deutungsmuster und Habitus. Der Roman beschreibt verschiedene Formen der Selbststabilisierung: nach der romantischen Religiösität des Vaters und der religiösen Einfalt Claras die ästhetisierende Arbeitsaskese und Haltungsethik Thomas Buddenbrooks, die bis zum Wahnsinn perfektionierte Hypochondrie Christians und die peinliche Aufrechterhaltung des Familiensinns und -dünkels durch Tony. Alle diese Stabilisierungsversuche führen aber nicht zu einer glückenden Individuierung. Für alle gilt, was der Erzähler beim Scheitern von Tonys erster Ehe feststellt:

> Ihr ausgeprägter Familiensinn entfremdete sie nahezu den Begriffen des freien Willens und der Selbstbestimmung[8] und machte, daß sie mit einem beinahe fatalistischen Gleichmut ihre Eigenschaften feststellte und anerkannte ... ohne Unterschied und ohne den Versuch, sie zu korrigieren. Sie war, ohne es selbst zu wissen, der Meinung, daß jede Eigenschaft, gleichviel welcher Art, ein Erbstück, eine Familientradition bedeute und folglich etwas Ehrwürdiges sei, wovor man in jedem Falle Respekt haben müsse. (204f)

Der Verfall der Familie hat demnach seinen Grund in der Unterordnung aller individuellen Glücksansprüche unter die Konventionen und Erwartungen der Familie. Mann kritisiert dies, indem er die fatalen Folgen für das Glück der Individuen und das Geschäft der Familie darstellt. Obwohl die Buddenbrooks die Last der Tradition zunehmend erkennen, erzwingt die erbrechtlich festgestellte Familienordnung den Familienzusammenhang. Die Kritik der Tyrannei der Tradition setzt zwar von einzelnen Mitgliedern her ein, gelangt aber nicht zu alternativen Lösungen.

---

7 Auswertung bei Hermann Kurzke, Thomas Mann. Epoche, Werk, Wirkung, 2. Aufl., München 1991, 70ff.
8 Dies gehört zu den ältesten Notizen über Tony: »Der ausgeprägte Familiensinn hebt den freien Willen und die Selbstbestimmung beinahe auf und macht fatalistisch.« (Zitiert nach: Peter de Mendelssohn, Der Zauberer, Frankfurt 1975, 314).

4. Wirtschaftsgeschichtliche Hintergründe

Durch den Bezug der Familiengeschichte auf die Firma stellt Mann die Verfallsgeschichte in einen wirtschafts- und sozialgeschichtlichen Rahmen. Wirtschaftsgeschichtlich ist die traditionale Herrschaft, Max Weber zufolge, eng mit der agrarisch dominierten Hausgemeinschaft, dem »ganzen Haus«[9], verbunden und durch den Siegeszug des modernen, bürokratisch-rechenschaftlichen Kapitalismus bedroht:

> Eine [...] dem Okzident eigentümliche Umformung der Hausgewalt und Hausgemeinschaft aber hatte sich deutlich schon in diesen Florentiner und den ihnen gleichartigen kapitalistisch erwerbenden Hausgemeinschaften des Mittelalters vollzogen. Die Ordnungen für das gesamte ökonomische Leben der großen Hausgemeinschaft werden periodisch durch Kontrakte geregelt. Und während ursprünglich dabei die Regelung des ›Taschengeldes‹ mit der Regelung der Geschäftsorganisation in Eins geht, änderte sich dies allmählich. Der kontinuierlich gewordene kapitalistische Erwerb wurde ein gesonderter ›Beruf‹, ausgeübt innerhalb eines ›Betriebes‹, der sich im Wege einer Sondervergesellschaftung aus dem hausgemeinschaftlichen Handeln zunehmend in der Art aussonderte, daß die alte Identität von Haushalt, Werkstatt und Kontor, wie sie der ungebrochenen Hausgemeinschaft und auch dem [...] ›Oikos‹ des Altertums selbstverständlich war, zerfiel. Zunächst schwand die reale Hausgemeinschaft als notwendige Basis der Vergesellschaftung im gemeinsamen Geschäft. Der Kompagnon ist nicht mehr notwendig (oder doch nicht normalerweise) Hausgenosse. Damit mußte man zwangsläufig das Geschäftsvermögen vom Privatbesitz des einzelnen Teilhabers trennen. Ebenso schied sich nun der Angestellte des Geschäfts vom persönlichen Hausdiener. Vor allem mußten die Schulden des Handlungshauses als solche von den privaten Haushaltsschulden der einzelnen Teilhaber unterschieden und die Solidarhaft der Teilhaber auf die ersteren beschränkt werden, welche man nun daran erkannte, daß sie unter der ›Firma‹, dem Gesellschaftsnamen des Geschäftsbetriebes, abgeschlossen waren.[10]

Dieser Prozeß der Auflösung der Hausgemeinschaft durch Ausdifferenzierung von »Firma« und »Familie« ließe sich für die Buddenbrooks detailliert kommentieren. Rechtlich besteht die Trennung von Firma und Familie im Roman von Beginn an. Mit dem Fernbleiben von Christian im Kontor und der Aufnahme von Herrn Marcus als Kompagnon der Firma sind Stadien der Auflösung des alten Verbundes geschildert. Andere Differenzierungen, wie die strikte Trennung der Haftungspflichten, sind nicht klar vollzogen: Geschäftsvermögen und Familienvermögen bleiben den Buddenbrooks (sittlich, nicht rechtlich) eins; das Privatvermögen der Familienmit-

---

9 Dazu vgl. Otto Brunner, Das »ganze Haus« und die alteuropäische »Ökonomik«; ders., »Feudalismus«. Ein Beitrag zur Begriffsgeschichte, in: ders., Neue Wege der Sozialgeschichte, Göttingen 1968, 103ff, 128ff; Anwendung bei Jochen Vogt, Thomas Manns »Buddenbrooks«, München 1983, 29ff.
10 Max Weber, Wirtschaft und Gesellschaft, 3. Aufl., Tübingen 1947, 211.

glieder, insbesondere die Mitgift, wird bis zuletzt dem Geschäftsvermögen zugerechnet. Dies gebietet nicht nur die Pietät, sondern auch das Krisenbewußtsein eines gemeinsamen Schicksals im Verfall. In den Familienverhältnissen zeigt sich die von Weber beschriebene »Auflösung der Hausgemeinschaft«:

> Die inneren und äußeren Motive, welche das Schrumpfen der straffen Hausgewalt bedingen, steigern sich im Verlauf der Kulturentwicklung. Von innen her wirkt die Entfaltung und Differenzierung der Fähigkeiten und Bedürfnisse in Verbindung mit der quantitativen Zunahme der ökonomischen Mittel. Denn mit Vervielfältigung der Lebensmöglichkeiten erträgt schon an sich der Einzelne die Bindung an feste undifferenzierte Lebensformen, welche die Gemeinschaft vorschreibt, immer schwerer und begehrt zunehmend, sein Leben individuell zu gestalten und den Ertrag seiner individuellen Fähigkeiten nach Belieben zu genießen. Von außen her wird die Zersetzung gefordert durch Eingriffe konkurrierender sozialer Gebilde.[11]

Das Gemeinschaftshandeln der Familie bestimmt sich über den Zweckverbund der Firma. Dessen Kodizes stammen von den wirtschaftsethischen Grundsätzen des Gründers ab. Im gleichen Maße, wie sie praktisch fragwürdig werden, versuchen die Buddenbrooks ihre Herkunft und Tradition zu bewahren. Kümmerte sich der alte Buddenbrook wenig um die Familientradition und handelte er in der Verstoßung des erstgeborenen Sohnes offenbar ungerecht, so kommen den Nachfolgern über den Aufstieg der Konkurrenz und den Niedergang der Firma Zweifel an den Familienprinzipien bis hin zum offenbaren Bruch mit der Tradition. Der jüngere Johann hält noch an den Grundsätzen des Gründers fest, obgleich er schon nicht mehr an deren Erfolg glaubt:

> Diesen Grundsatz gedenke ich heiligzuhalten bis an mein Lebensende, obgleich man ja hie und da in Zweifel geraten kann angesichts von Leuten, die ohne solche Prinzipien scheinbar besser fahren. (I, 176)

Für den Bruder Christian ist dann bereits »jeder Geschäftsmann ein Gauner« (318). Thomas empört sich zwar über diese Äußerung des Bruders, weil er sie als geschäftsschädigende Äußerung abbucht, gibt dem Bruder aber insgeheim weitgehend recht und billigt die Äußerung später für das eigene Handeln (473). An der Gedenktafel zum 100jährigen Jubiläum der Firma liest er den Gründerspruch nur noch mit »ziemlich spöttischem Akzent« (482). Er weiß um die Spannung zwischen ökonomischer Selbstbehauptung und moralischen Grundsätzen. Testamentarisch liquidiert er mit der Firma auch den Grundsatz des Gründers und negiert so die Konstruktion der Familienbande über das Geschäft.

---

11 Ebd., 208. Zum Zwang zur Individualisierung vgl. Volker Gerhardt, Moderne Zeiten. Zur philosophischen Ortsbestimmung der Gegenwart, in: Deutsche Zeitschrift für Philosophie 40 (1992), 597-609.

5. Grenzen des politischen Perzeptionshorizontes

Die Buddenbrooks sind traditional republikanisch gesonnen. Als selbstbewußte Bürger eines hanseatischen Stadtstaates gehören sie dessen Elite an. Hamburg und Rostock sind die Bezugspole, Mecklenburg ist das Hinterland des Getreidegroßhandels. Nationales Pathos ist ebensowenig ausgeprägt wie ein besonderes Bewußtsein der Antiquiertheit der stadtstaatlichen Autonomie. Lediglich in der Verkehrspolitik haben die Buddenbrooks Modernisierungsoptionen; sie sind Anhänger des Zollverbandes, von dem sie wider Erwarten doch nicht profitieren. Sie stehen gegen Österreich zu Preußen, werden aber zu Verlierern des Einigungsprozesses. Thomas ist als rechte Hand des Bürgermeisters ein Finanzexperte. Zum Bürgermeister bringt er es nicht, obwohl sein Ehrgeiz dahin geht. Es liegt vermutlich nicht nur am »Fehlen der ordnungsmäßigen Qualifikationen« (611). Die Buddenbrooks haben kein Gespür für die großen Zukunftsfragen. Vom Aufstieg Preußens im nationalen Einigungsprozeß nehmen sie kaum etwas wahr.

Politisch am aufgeschlossensten ist noch der alte Buddenbrook. Seine republikanische Gesinnung verbietet ihm eine monarchistische Option. Sein Sohn schlichtet 1848 die Revolution im Stadtstaat zwar durch eine öffentliche Rede; doch patriarchalisch schätzt er die Stimmung nur deshalb richtig ein, weil er das Problem entpolitisiert und banalisiert: weil er nur ein paar junge »Leute« ausmacht, die »vorm Rathaus oder auf dem Markt ein bißchen spektakeln« (181). Weil er die Verfassungsfragen für irrelevant hält, kann er die Revolte als »Farce« (196) abtun. In patriarchischer Herrschaftlichkeit spricht er mit den Leuten:

> ›Smolt, wat wull Ji nu eentlich! Nu seggen Sei dat mal!‹ ›Je, Herr Kunsel, ick seg man bloß: wie wull nu 'ne Republike, seg ick man bloß ...« »Öwer du Döskopp ... Ji heww ja schon een!‹ ›Je, Herr Kunsel, denn wull wi noch een.‹ (193)

Diese groteske Forderung, die die Revolte in »Feststimmung« (195) verwandelt, läßt sich als schiefe Formel eines Verfassungskompromisses deuten: Indem die Leute 1848 vor das Rathaus gehen und mit sich reden lassen, bestätigen sie die Institutionen der Bürgerschaft als ihren Adressaten. Es gibt dabei keinen entschlossenen Nationalliberalen mehr, wie ihn Tony einst in Schwarzkopf kennenlernte. Die Ständeversammlung reagiert ähnlich hilflos und ungeschickt wie das Volk. Kaum jemand nimmt das Geschehen als politisches Ereignis wahr. Nur der alte Lebrecht Kröger empfindet die wechselseitige Bestätigung als einen Verfassungskompromiß,[12] als

---

12 Zur Verteidigung des Verfassungskompromisses im Konstitutionalismus vgl. Ernst Rudolf Huber, Bismarck und der Verfassungsstaat, in: ders., Nationalstaat und Verfassungsstaat, Stuttgart 1965, 188-223; ders., Das Bismarcksche Reich im Zusammenhang der deutschen Verfassungsgeschichte, in: ders., Bewahrung und Wandlung, Stuttgart 1975, 62-105.

Umsturz durch Anerkennung plebiszitärer Legitimität, und stirbt als einziges Opfer dieser Revolte aus Empörung über die »Canaille« (197).

Politischen Ehrgeiz zeigt erst Thomas, der vom Konsul zum Senator arriviert. Seine politische Karriere kompensiert den geschäftlichen Niedergang und macht sich für die Firma nicht bezahlt. Thomas strebt in öffentliche Ämter, weil er in der politischen Repräsentation seine Haltung findet. Sein Sieg über Herrmann Hagenström ist ein Triumph in der falschen Konkurrenz. Die großen Fragen der nationalen Einigung nimmt auch er kaum wahr. Nur das Resultat der Einigung, die Verpreußung des Stadtstaates, begegnet Hanno in der Umformung der Schule zum »Staat im Staate« (722) durch den »Herrgott« Direktor Wulicke (vgl. XI, 555f). Daß der Status der Republik am Ende grundstürzend gewandelt ist, sorgt die Familie in ihrem Verfall kaum noch. Die Buddenbrooks realisieren die großen Zukunftsfragen des Gemeinwesens nicht. Die Selbständigkeit der Republik ist ihnen unproblematisch. Die eigene Herrschaftsstellung ist ihnen nur ein wirtschaftliches Problem. Auch im Senat soll die Macht den alteingesessenen, reichen Familien gehören. Einer Aufweichung dieser Vormacht begegnen sie ablehnend:

> ›Aber das Niveau sinkt, ja, das gesellschaftliche Niveau des Senates ist im Sinken begriffen, der Senat wird demokratisiert, lieber Gieseke, und das ist nicht gut. [...] Es ist gegen alles Stilgefühl, kurzum, eine Geschmacklosigkeit‹. (I, 667)

6. Auf dem Weg zum zeithermeneutischen Roman

Mann distanziert die Sicht der Familie kaum. Deshalb sind Familiengeschichte und politische Geschichte nicht klar geschieden. So repräsentiert die Familie nicht erzählerintentional die Probleme des hanseatischen Stadtstaats im nationalen Einigungsprozeß. Das familiengeschichtliche Problem der Spannung von Tradition und Individuation kann aber als Repräsentation politischer Modernisierungsprobleme gelesen werden. Sozialphilosophisch wird Modernität häufig als Zwang zur Individualisierung beschrieben. Indem Mann die Individuationsproblematik am Beispiel der Buddenbrooks in den geschichtlichen Potenzen von Familie, bürgerlicher Gesellschaft und Staat beschreibt, situiert er sie in gesellschaftsgeschichtlichen Bezügen. Er führt den Individualisierungszwang dabei auf einen ökonomischen Modernisierungsdruck zurück. Die Familie Buddenbrooks gibt darauf die falsche Antwort. Sie zieht sich auf ihre Traditionen zurück und versäumt es, durch Individuation ihrer Mitglieder zu einer Flexibilisierung im Geschäftsverhalten zu gelangen. Mann entwickelt das Verfahren allegorischer Repräsentation politischer Probleme nach den *Buddenbrooks* virtuos weiter. *Königliche Hoheit* zieht erstmals die Konsequenz, eine Geschichte intentional als politische Allegorie und Utopie (der Versöhnung von Volk und Herrschaft) anzulegen. Über die Auseinandersetzung mit

Wagner gehen Mann solche Möglichkeiten leitmotivischer Kompositionstechnik auf, die er dann im *Zauberberg* ausschöpft. Den *Zauberberg* nennt er einen

> Zeitroman in doppeltem Sinn: einmal historisch, indem er das innere Bild einer Epoche, der europäischen Vorkriegszeit, zu entwerfen versucht, dann aber, weil die reine Zeit selbst sein Gegenstand ist, den er nicht nur als die Erfahrung seines Helden, sondern auch in und durch sich selbst behandelt. Das Buch ist selbst das, wovon es erzählt; denn indem es die hermetische Verzauberung seines jungen Helden ins Zeitlose schildert, strebt es selbst durch seine künstlerischen Mittel die Aufhebung der Zeit an (XI, 611f).

Vom »Zeitroman« spricht er also zunächst im rezeptionsästhetischen Sinne einer ekstatischen Entrückung des Lesers aus seiner alltäglichen Zeitökonomie in die »hermetische Verzauberung« durch die Lektüre. Gleichzeitig beansprucht er aber auch, ein pädagogisch-politisches Epochenbild zu vermitteln. Sein »inneres Bild« deutet die »Vorkriegszeit« in einer Dynamik, deren Telos der Krieg ist. Er gibt eine moralisch-politische Epochendeutung und bewegt sich mit der »hermetischen Welt« des Zauberbergs von Anbeginn auf der Ebene der Allegorisierung der Ereignisgeschichte. Dafür ist die Rede vom »Zeitroman« mißverständlich. Spätestens seit dem *Zauberberg* läßt sich sagen: Mann schreibt keine naturalistischen Romane oder Gesellschaftsromane, die bestimmte Klassenlagen und Konflikte exemplifizierten; und er schreibt keine historischen Romane, die Geschichte aus der Sicht der Akteure historisierend und politisch intentional deuten. Seinem Selbstverständnis folgend, schreibt Mann »Zeitromane« unter der Perspektive des »Bildungsromans«. Um die politische Auffassung des Bildungsproblems herauszustreichen, wird hier von »zeithermeneutischen« Romanen oder, weniger prätentiös: von politischer Hermeneutik im Roman gesprochen. Damit sind Romane gemeint, die National- und Zeitgeschichte unter der utopischen Perspektive einer Bildungs- bzw. Humanitätsidee auf politische Gründe zurückführen. Von der entwickelten humanistischen Perspektive des späteren Werks ausgehend ist dieser Ansatz schon in den *Buddenbrooks* erkennbar. Mann fragt nach den Chancen gelingender Individuation in Deutschland.

II. Die pädagogische Provinz des *Zauberbergs*: Bildung gegen die »große Konfusion« der Zeit

1. Zur Konzeption des Romans

Der Zauberberg schließt direkt an die Problemanalyse der *Buddenbrooks* an.[1] Ist die erzählte Zeit des Familienromans beinahe das ganze 19. Jahrhundert, so schreibt *Der Zauberberg* die Nationalgeschichte bis zum Kriegsausbruch 1914 fort. Mann betont die Kontinuität seiner nationalgeschichtlichen Deutung und rückt *Buddenbrooks* nachträglich in politisches Licht. Der Anschluß ist schon im Protagonisten Hans Castorp deutlich. Castorp ist ein Bruder Hanno Buddenbrooks, ist dieser selbst. Stirbt Hanno jung an Typhus, weil er weder Talent noch Kraft genug hat, sich in die Kunst zu retten und Künstler zu werden, erkundet Mann im *Zauberberg* die Chancen eines »einfachen jungen Mannes« von traurigem Sozialisationsgeschick, Bildung zur Selbständigkeit in der pädagogischen Provinz der Sanatoriumswelt zu erlangen.

Mann faßt die Idee eines Bildungsromans am Hochstapler-Projekt, stellt den *Krull* aber nach dem *Buch der Kindheit* hinter den *Zauberberg* zurück. Die bürgerliche Existenz des »Glückskindes« Krull ist ihm noch gestaltloser und fragwürdiger[2] als die des »Sorgenkindes« Castorp. Vor allem aber will er den Einfluß der historisch-politischen Bedingungen mittels der Diskurse im Zauberberg explorieren. Zur Bildungsmacht der Liebe, die schon der *Krull* erörtert, tritt die Bildungsmacht der Diskurse hinzu. Mann fragt nach dem Verhältnis dieser Bildungsmächte zueinander und problematisiert die Chancen der Bildung zur Selbständigkeit in der Krisenlage der europäischen Vorkriegszeit.

Entstehungsgeschichtlich geht *Der Zauberberg* auf eben die Vorkriegszeit zurück, deren Ende er deutet. Im Frühjahr 1912 besucht Mann seine Frau Katia in einem Sanatorium in Davos. Das Geschehen dort verlockt ihn, die Arbeit am *Hochstapler* zu unterbrechen und eine »Art Gegenstück zum Tod in Venedig« einzuschalten. Im Juli 1913 beginnt er die Niederschrift. Am 4.11.1913 schreibt er der Lübecker Schriftstellerin Ida Boy-Ed: »Ich mache jetzt etwas aus Davos, eine Art grotesken Gegenstücks zum ›Tod in Venedig‹, auf das ich einige Hoffnungen setze.« Im Sommer 1915 unterbricht er die Arbeit zugunsten der *Betrachtungen eines Unpolitischen*. Im *Lebensabriß* schreibt er dazu:

---

1 Dazu vgl. Lübeck als geistige Lebensform (1926), XI, 393ff.
2 Brief an Félix Bertaux v. 21.11.1923: »Ich weiß nicht, warum ich damals stecken geblieben bin, vielleicht weil ich den extrem individualistischen, unsozialen Charakter des Buches als unzeitgemäß empfand. Vielleicht auch, weil mir schien, daß ich in diesem Teil schon alles Wesentliche gesagt hätte«.

> Es war für die Form des ›Zauberbergs‹ noch ein Glück, daß der Krieg mich zu jener Generalrevision meiner Grundlagen, dem mühsamen Gewissenswerk der ›Betrachtungen eines Unpolitischen‹ zwang, durch welches dem Roman das Schlimmste an grüblerischer Beschwerung abgenommen oder doch zu seinen Gunsten spiel- und kompositionsreif gemacht wurde. (XI, 126)

Nach den *Betrachtungen* und den beiden Idyllen nimmt er den *Zauberberg* während der Münchner Räterepublik im April 1919 zunächst zögerlich wieder auf. Bald vergewissert er sich aber der Aktualität der Konzeption:

> Auch für den Fall des ›weißen‹ Sieges wäre zunächst wohl Schlimmes, Plünderungen durch die zurückströmenden Roten etc. zu befürchten. – Unterdessen bedenke ich den Zbg., den wieder in Angriff zu nehmen jetzt wirklich erst der Zeitpunkt gekommen ist. Im Kriege war es zu früh, ich mußte aufhören. Der Krieg mußte erst als Anfang der Revolution deutlich werden, sein Ausgang nicht nur da sein, sondern auch als Schein-Ausgang erkannt sein. Der Konflikt von Reaktion (Mittelalter-Freundlichkeit) und humanistischer Aufklärung durchaus historisch-vorkriegerisch. Die Synthese scheint in der (kommunistischen) Zukunft zu liegen: Das Neue besteht im Wesentlichen in einer neuen Konzeption des Menschen als einer Geist-Leiblichkeit (Aufhebung des christlichen Dualismus von Seele und Körper, Kirche und Staat, Tod und Leben), einer übrigens auch schon vorkriegerischen Konzeption. Es handelt sich um die Perspektive auf die Erneuerung des christlichen Gottesstaates ins Humanistische gewandt, auf einen irgendwie transcendent erfüllten menschlichen Gottesstaat also, geist-leiblich gerichtet; und Bunge sowohl wie Settembrini haben mit ihren Tendenzen beide so recht wie unrecht. Die Entlassung Hans Castorps in den Krieg also bedeutet seine Entlassung in den Beginn der Kämpfe um das Neue, nachdem er die Komponenten, Christlichkeit und Heidentum, erzieherlich durchkostet. (TB 17.4.1919)

Am 21.4.1919 notiert er von einer Unterhaltung mit seinem damaligen Hauptgesprächspartner und Freund (TB 13.9.1918) Ernst Bertram:

> Unterhaltung über die Ideen des ›Zauberbergs‹, die B. spontan und aus lebhafter Einsicht in die geistigen Reize des Gegenstandes akklamierte. Meine Gedanken über eine zukünftige u. im Werden begriffene Synthese von Christlichkeit und Humanismus, einer geist-leiblichen Menschlichkeit, die irgendwie auch von Nietzsche als das positiv Neue prophezeit.

Mann will also nicht weniger als eine »neue Konzeption des Menschen« als Antwort auf die Gegenwart entwickeln. Die Lage begreift er dabei in weiten historischen Bezügen unter der Frage nach der Entwicklung des Menschen. Die politische Perspektive ist utopisch: Mann bezieht den Staatsbegriff nicht auf die anstehenden Entscheidungsfragen über die Weimarer Verfassung – konstitutionelle Demokratie oder Rätediktatur?[3] –, sondern auf die Sinnfrage nach der Entwicklung des Menschen. Diese Entwicklung imaginiert er als eine geschichtliche »Synthese«,

---

3 So die Formulierung bei Carl Schmitt, Verfassungslehre, München 1928, § 3

die er mit Nietzsche zu begreifen sucht. Der utopische Sinn seines Staatsbegriffs ist in der Rede vom »menschlichen Gottesstaat« deutlich: Mann begreift den Staat nicht nur als institutionelle Organisation, sondern thematisiert ihn zugleich in seinem humanen Sinn und Zweck der Ermöglichung bestimmter gemeinschaftlicher Lebensformen. Deshalb spricht er meist vom Verhältnis zwischen »Mensch« und »Staat« bzw. »Kultur« oder »Nation« und »Staat«. Der Staat als Institutionengefüge bedarf bestimmter humaner Vorgaben und Sinnprinzipien, um sich auf Zukunft einzustellen und das politische Leben als einen Prozeß permanenter Selbstverständigung und Weiterentwicklung einer sozialen Praxis aufzufassen. Mann betont diese Offenheit politischer Sinnentwürfe. Mit der Rede vom »Gottesstaat« redet er keinem Fundamentalismus das Wort; er meint keine doktrinären Staatszielvorgaben, sondern betont die geschichtliche Offenheit der Selbstverständigung politischer Gemeinschaften über ihren Lebenssinn. Dies kommt auch in einer Distanzierung vom »animal laborans« (H. Arendt) zum Ausdruck. Am 19.6.1919 notiert Mann:

> Nahm den Zbg. wieder vor und beschäftigte mich (mit) dem I. Kap., das ich um einige Dinge erweitere, die das Ganze entschieden großartiger machen. Ich bedachte in diesem Zusammenhang, daß der sittliche Unterschied zwischen Kapitalismus und Sozialismus darum geringfügig ist, weil beiden die Arbeit als höchstes Prinzip, als das Absolute gilt. Es geht nicht an, zu thun, als sei der Kapitalismus eine schmarotzerische und unproduktive Lebensform. Im Gegenteil, die bürgerliche Welt kannte keinen höheren Begriff und Wert, als den der Arbeit, u. dies sittliche Prinzip wird im Sozialismus erst offiziell, es wird wirtschaftliches Prinzip, politisches und menschliches Criterium, vor dem man besteht oder nicht, und dies so sehr, daß niemand fragt, warum und wieso eigentlich Arbeit diese unbedingte Würde und Weihe besitzt. Oder bringt der Sozialismus einen neuen Sinn und Zweck der Arbeit? Nicht, daß ich wüßte. Ist Arbeit ein Glaube, ein Absolutum? Nein. Der Sozialismus steht geistig, moralisch, menschlich, religiös nicht höher, als die kapitalistische Bürgerlichkeit, sondern ist nur ihre Verlängerung. Er ist ebenso gottlos, wie sie, denn Arbeit ist nicht göttlich.

Mann verkennt das Ethos der Arbeit nicht. In den *Betrachtungen eines Unpolitischen* thematisiert er es unter ausdrücklicher Berufung auf Max Weber, Sombart und Troeltsch (XII, 145). Aber er ist der Auffassung, daß der Sinn gemeinschaftlicher Praxis nicht in der Arbeit aufgeht. Dieser Sinn besteht nach Mann in der Weiterentwicklung des humanen Selbstverständnisses, das eine politische Einheit geschichtlich formiert. Kapitalismus wie Sozialismus verstellen diese Sinnfrage in gleicher Weise, indem sie mit der Heiligung der Arbeit antworten. Um die Sinnfrage humaner Existenz angemessen stellen zu können, ist Distanznahme vom »System der Bedürfnisse« nötig. Diese Distanzierung der herrschenden politischen Konzeptionen und Sinnentwürfe ist aber überaus schwierig. Es ist nicht leicht, eine originäre politische Humanitätsutopie zu entwickeln. Dazu bedarf es allererst einer Rehabilitierung des Müßiggangs und der Muße. Die pädagogische Provinz des Zauberbergs ist ein solcher Ort der Abstandnahme und Muße zur Selbstverständigung über das eigene Leben. In ihr treten die Protagonisten der herrschenden Doktrinen und Gegensätze zwar auf. Mann steht ihnen aber vorbehaltlich gegenüber und exploriert seinen Vorbehalt im Bildungsexperiment Castorps. Der Vorbehalt gegenüber dem religiösen Sozialismus ist in der Figur des Jesuiten Naphta deutlich. Aber auch zum »Zivilisationsliteraten« Settembrini geht Mann auf Abstand. Am 14.11.1919 notiert er:

> Problematisch in künstlerischer Beziehung die Lehren Settembrini's. Sie sind es aber auch in geistiger Hinsicht, weil sie, obgleich nicht ernst genommen, das sittlich einzig Positive und dem Todeslaster Entgegenstehende sind. Andrerseits beruht die geistige Komik des Romans auf diesem Gegensatz von Fleischesmystik und politischer Tugend. Übrigens gestehe ich mir, daß ich das Buch jetzt auf denselben Punkt gebracht habe, auf dem der ›Hochstapler‹ nicht zufällig stehen geblieben ist. Eigentlich habe ich meinen Sack gelehrt. Die Dichtung hat zu beginnen. Incipit ingenium.

In seinen frühen Selbstdeutungen *Vom Geist der Medizin* und *Die Schule des Zauberbergs* hebt Mann die erzieherische Bedeutung des ärztlichen Themas hervor und deutet den Roman als Bildungsroman. In seinem wichtigsten Selbstkommentar, der Princeton-Vorlesung *Einführung in den ›Zauberberg‹* von 1939, spricht er von einer Initiation Castorps in die »Konzeption einer zukünftigen, durch tiefstes Wissen um Krankheit und Tod hindurchgegangenen Humanität« (XI, 617, vgl. XIII, 157ff). Dies erscheint vom Ende des Romans her unplausibel: Denn Castorp wird nur durch den Ausbruch des Ersten Weltkriegs aus dem Schlummer seines unverantwortlichen Daseins geweckt und flüchtet in einen fragwürdigen Krieg. Wichtiger als solche Ungereimtheiten ist Manns Schweigen über die Bildungsmacht der Liebe. Denn der Tod gilt im Zauberberg – dem Hofrat Behrens – »fast gar nichts« (III, 741, 734). Und die Krankheit erscheint – dem Psychoanalytiker Dr. Krokowski – als »verkappte Liebesbetätigung«, »verwandelte Liebe« (181). Die Liebe aber weckt Castorps Interesse am Menschen, führt ihn zu selbständigen philosophischen Studien und hebt ihn ein Stück weit über die Konfusion seiner Zeitgenossen hinaus. *Der Zauberberg* ist als Bildungsroman ein Zeitroman, weil er hinter die deutsche Tradition des Bildungsromans[4] auf eine platonisch-erotische Konzeption von Pädagogik zurückgeht.

---

4 Dazu vgl. Jürgen Scharfschwerdt, Thomas Mann und der deutsche Bildungsroman, Stuttgart 1967; (ausgehend von Diltheys Begriffsbestimmung) Michael Neumann, Ein Bildungsweg in der Retorte. Hans Castorp auf dem Zauberberg, in: Thomas-Mann-Jahrbuch 10 (1997), 135-148; detaillierte Nachweise des Nietzsche-Einflusses und Deutung als »Bemühen um Überwindung der Dekadenz« bei Erkme Joseph, Nietzsche im ›Zauberberg‹, Frankfurt 1996; vgl. auch Peter Pütz, Krankheit als Stimulans des Lebens. Nietzsche auf dem Zauberberg, in: Zauberberg-Symposion 1994, hrsg. Thomas Sprecher, Frankfurt 1995, 249-264; zur Geschichte des deutschen Bildungsromans als Diagnose fortschreitenden Scheiterns von Individuation Jochen Hörich, Gott, Geld und Glück. Zur Logik der Liebe, Frankfurt 1983, bes. 206ff.

Mann stößt auf Platon im Zusammenhang des *Fiorenza*-Dramas. Für den *Tod in Venedig* zitiert er den *Phaidros*-Dialog ausgiebig. Der Platon-Bezug des *Zauberbergs* ist durch das Verhältnis von erotischen Erfahrungen und Diskursivierungen gegeben.[5] Einsetzend mit dem »Chock« (67) des Türeknallens verliebt sich Castorp in Mde. Chauchat. Diese erotische Erfahrung motiviert ihn zur Teilnahme an den Gesprächen des Freimaurers Settembrini mit dem Jesuiten Naphta und regt ihn zu eigenen Forschungen der »Humaniora« an. Dies öffnet ihn für eine zweite prägende Erfahrung: derjenigen der – Gerhart Hauptmann nachgestalteten (dazu XI, 597ff) – faunischen »Persönlichkeit« Mynheer Peeperkorn. In der »hermetischen« Welt des Zauberbergs erfährt der »einfache junge Mensch« das Wesen der »Persönlichkeit« durch das Erlebnis der Liebe. Vom platonisch-pädagogischen Grundgedanken her ist es deshalb nicht konsequent, daß er nach seinen initialen Erfahrungen im Zauberberg verharrt. In einem wichtigen Interview vom 30.10.1925 sagt Mann deshalb auch:

> Am ehesten möchte ich mich noch mit Hans Castorp identifizieren, insofern er im Kapitel ›Schnee‹ einen positiven Augenblick hat. Ein kompositioneller Fehler meines Buches ist es, daß das Schneekapitel nicht am Ende steht. Die Linie senkt sich, anstatt sich nach oben zu wenden und in jenem positiven Erlebnis zu gipfeln.[6]

2. Die pädagogische Provinz des Zauberbergs

Die Ausgangsbedingungen Castorps sind denjenigen Hanno Buddenbrooks ähnlich. Auch Castorp stammt aus einer hanseatischen Kaufmannsfamilie, deren Firma »empfindliche Verluste erlitt« (III, 32). Mutter und Vater verstarben früh. Der Vollwaise wächst zunächst bei seinem Großvater auf. Nach dessen Tod und dem Verkauf der Firma kommt Castorp zu seinem Vormund Konsul Tienappel. In einem »recht ehrenwerten Sinn« (50) nur mittelmäßig begabt, ist er weder zu Arbeit und Beruf noch zum Kapitalisten und Rentier besonders disponiert. Deshalb schafft er mit der Hauptprüfung zum Ingenieur nur die Voraussetzung für den Eintritt in eine bürgerliche Laufbahn und begibt sich dann zur Erholung ins Hochgebirge. Die Fahrt ist eine Passage in eine andere Welt. Die Alltagswelt des »Flachlands« ist hier vergessen. Jahreszeiten existieren nicht. Das Sanatorium prägt seinen eigenen Alltag und Lebensrhythmus aus; es ist eine »hermetische« Versuchsanordnung und »Lebensform« für sich. Seine unverantwortliche Muße und »Freiheit« schafft den experimentellen Raum einer unkonditionierten Ausgangslange, in der alle Informationen beobachtet und kontrolliert sind. Da alle Beobachter zugleich Teilnehmer des Expe-

---
5 Diese thematischen Bezüge sieht Friederick Alfred Lubich, Die Dialektik von Logos und Eros im Werk von Thomas Mann, Heidelberg 1986.
6 Interview mit dem Berliner Börsen-Courier, 30.10.1925, in: Frage und Antwort. Interviews mit Thomas Mann 1909-1955, 79.

riments sind, gibt es keine privilegierte Position. Alle können alles wissen. So weiß Settembrini über die Patienten nicht weniger Bescheid als die Ärzte. Als Analytiker hat Dr. Krokowski zwar einen privilegierten Zugang zu den Phantasien der Damen; dabei hat er aber im Prinzip auch nur einen Gedanken, und den kennt Settembrini genauso gut:

> Ich, ich weiß es, ich sehe es hier alle Tage. Spätestens nach einem halben Jahr hat der junge Mensch, der heraufkommt (und es sind fast lauter junge Menschen, die heraufkommen), keinen anderen Gedanken mehr im Kopf als Flirt und Temperatur. Und spätestens nach einem Jahr wird er auch nie wieder einen anderen fassen können, sondern jeden anderen als grausam oder, besser gesagt, als fehlerhaft und unwissend empfinden. (278, vgl. XI, 605f).

Nur der Leiter der Versuchsanordnung, Hofrat Behrens, verweigert sich einmal der analytischen Rückführung der Krankheit auf die Liebe, der Temperatur auf den Flirt:

> Ich bin ein Angestellter hier! Ich bin Arzt! Ich bin nur Arzt, verstehen Sie mich?! Ich bin kein Kuppelonkel! (580)

Als leitender Angestellter fügt er sich aber den Geschäftsinteressen des Sanatoriums und hegt die Lebensform der Patienten und deren Interesse am Flirt. Der »kranke Arzt« (187) erzwingt nicht die Abreise des gesunden Patienten, sondern überläßt ihn später nur sich selbst.

Der Erfahrungsraum des Zauberbergs ist auf die Initiation in den Eros beim Übergang des Jugendlichen zum Erwachsenenalter eingerichtet. Die meisten Tuberkulosepatienten stehen an der Schwelle zum Erwachsenendasein.[7] Jenseits dieses Alters herrscht bei den »Lebenslänglichen« der »große Stumpfsinn«, dem nur Figuren wie Settembrini und Naphta durch die Übernahme pädagogischer Funktionen nicht ganz verfallen. Als Castorp aber deren pädagogische Schulung durchlaufen hat und dem neuen Eindruck Peeperkorns folgt, bricht auch bei Settembrini und Naphta die »große Gereiztheit« aus. Ihr Duell hat »nicht nur geistigen Haß, sondern Pädagogen-Rivalität (quasi-erotisch) zum Motiv« (TB 13.2.1920). Kein einziger Teilnehmer am pädagogischen Experiment begreift die erotische Pädagogik des Zauberbergs adäquat – weder Settembrini und Naphta noch Krokowski oder Castorp. Auch Peeperkorn sieht nicht, was sich auf dem Zauberberg eigentlich ereignet. Und weil auch Castorp seine Entwicklung zur Selbständigkeit nicht als solche begreift, verharrt er im Zauberberg, nachdem der Bann seiner Neigung mit Peeperkorns Tod und Mde. Chauchats Abreise gebrochen ist. Die Flucht in den Krieg bezeugt seine Ratlosigkeit gegenüber einer bürgerlichen Zukunft im Flachland. Für eine Persönlichkeit von seinem Schlage gibt es am Ende keinen Bedarf; sie wird im Krieg verheizt und kommt »uns aus den Augen«.

---

7 Zeitgenössisch vgl. Eduard Spranger, Psychologie des Jugendalters, Leipzig 1924; ders., Eros, in: ders., Kultur und Erziehung, 3. Aufl., Leipzig 1925, 217-228.

Der Zauberberg ist ein Ort der Bildung durch Liebe. Wird Castorp durch seine anfängliche (geschäftlich kalkulierte) Erkältung für die »horizontale Lebensweise« empfänglich, so ist seine Temperatur bald Ausdruck seiner »Aufnahmelustigkeit«. Es »fragte sich nur, was für eine Art Infektion« (239) er hatte. Die Patienten unterscheiden sich nur nach den Formen, in denen sie ihr Liebesfieber kultivieren. Da gibt es den frivolen »Verein Halbe Lunge«, der Träger des Pneumothorax unter Führung von Hermine Kleefeld, einfältige Damen wie die Stöhr oder Fräulein Engelhard und den makabren Herrn Alwin. Dutzende von Gestalten und Episoden führt Mann im Roman vor. Auch der kranke Soldat, Castorps Vetter Ziemßen,[8] der seine »Kurdienste« mit militärischer Disziplin als »Ersatzmittel tiefländischer Pflichterfüllung« absolviert, ist verhohlen ein Liebender. Er liebt die heitere Russin Marusja, mit der er jahrelang den Tisch teilt, nur einmal jedoch kurz vor seinem Tode spricht. Castorp deutet Ziemßens Rückkehr, nach »wilder Abreise«, als Heimkehr zu Marusja (691) und hat damit wohl recht. Ziemßens »soldatische Existenz« ist eine Haltung gegenüber seiner Liebe. Mit seinem Roman ergänzt Mann die durch Dr. Krokowski vertretene psychoanalytische Krankheitslehre, daß »alle Krankheit verwandelte Liebe« (181) und das Organische »sekundär« (268) sei, durch die Einsicht in die Krankheit als Bedingung sozialer Unverantwortlichkeit und Muße. Die Krankheit ist nicht nur eine Konversion des Liebesaffektes, sondern auch eine soziale Voraussetzung für die Lebensform der Verliebtheit und des Flirts.

Bei der Abfassung des »Fastnacht«-Kapitels schwankt Mann zunächst über die Lösung: »Von den 3 Möglichkeiten: Vereinigung jetzt, später oder überhaupt nicht, hat jede viel für und gegen sich.« (TB 11.4.1921) Er entscheidet sich für die direkte Variante: In der außerordentlichen Faschingsnacht eines Schaltjahres kommt es zur Liebeserfüllung. Castorp hat sie »erkannt und besessen« und »gekostet«. Mit dieser Liebes- und Handlungsfähigkeit ist Castorp noch relativ gesund, weshalb er von Anfang an »aus seinem Falle das mögliche« (286) machen muß und dennoch vom Hofrat bald für »gesund« (579) erklärt wird. Er bleibt aber um seiner Erfahrungen willen über Jahre im Zauberberg und sinkt dabei in der Sozialskala der Tischordnung bis auf den »schlechten Russentisch« ab.

Der kranke Humanist und Pädagoge Settembrini durchschaut die Krankheit als Maske des »Lotterleben[s]« (308) und rät zur Abreise (124, 345f). Ausgerechnet der Pädagoge hat kein Verständnis für den pädagogischen Sinn der Krankheit; er hält sie nur für eine »Erniedrigung« der »Harmonie der Persönlichkeit« (141) und kann

---

8 Hugo von Ziemssen war ein berühmter Münchner Mediziner, der Mann bei seiner Entlassung aus dem Militärdienst vermutlich geholfen hat (Peter de Mendelssohn, Der Zauberer, Frankfurt 1975, 272). Das Münchner Krankenhaus, in dem Mann seine medizinischen Erkundigungen einholte, lag in der »Ziemßenstraße« (TB 24.2.1920).

deshalb sein Leben nicht redlich verantworten. In diesem Punkt hat Naphta recht: Settembrinis nationalliberale Humanistenideologie verwehrt ihm eine wirklich humane, naturphilosophisch begründete Einsicht in den Sinn der Krankheit. In dieser zentralen Frage bleibt Castorp unabhängig. So korrigiert er Settembrinis Rede von der Krankheit als »Form[] der Liederlichkeit« (310) und gelangt später in seinen Studien der Humaniora zu einer philosophischen Auffassung der Liebe. Settembrinis nie vollendetes Werk einer »Soziologie der Leiden« dagegen baut auf falsche moralistische Auffassungen und führt zu falschen politischen Anschauungen und Strategien.

3. Castorp als Philosoph

In seiner Selbstdeutung *Die Schule des Zauberbergs* betont Mann Castorps Selbständigkeit gegenüber seinen Lehrern. Er »widerstand den Lehren« mit dem »ewigen Widerstand der Jugend gegen die Versuche der Erwachsenen, zu gängeln und zu führen« (XI, 601f). Zum Typus Settembrini meint er in den *Betrachtungen eines Unpolitischen* noch:

> Die Geschichtsforschung wird lehren, welche Rolle das internationale Illuminatentum, die Freimaurer-Weltloge, unter Ausschluß der ahnungslosen Deutschen natürlich, bei der geistigen Vorbereitung und wirklichen Entfesselung des Weltkrieges, des Krieges der ›Zivilisation‹ *gegen Deutschland*, gespielt hat. Was mich betrifft, so hatte ich, bevor irgendwelches Material vorlag, meine genauen und unumstößlichen Überzeugungen in dieser Hinsicht. (XII, 32)[9]

Solche Anschauungen wirken in Castorps oft übersehener Eigenständigkeit nach: Settembrini ist nur ein »Literat«, Castorp dagegen der gründlichere Philosoph.[10]

---

9 Vgl. Brief vom 5.9.1920 an Julius Bab (Briefe I, 183): »Ich bin sehr neugierig, wie mein neuer Roman Ihnen gefallen wird. Der Civilisationsliterat tritt in Gestalt eines italienischen Freimaurers persönlich darin auf«.

10 Dazu vgl. Vom Geist der Medizin (1925), XI, 591ff, bes. 596; vgl. auch den Brief v. 20.5.1948 an Michael Ott. Die Selbständigkeit Castorps gegenüber Settembrini betont Boerge Kristiansen, Thomas Manns »Zauberberg« und Schopenhauers Metaphysik, 2. Aufl., Bonn 1986; er deutet den »Zauberberg« als Roman »alchimistischer Steigerung« der Gegensätze von Formwelt und Chaosmächten. Damit erfaßt er den Roman zutreffend als Experiment, als »Frage nach dem Verhältnis von Sinn und sinnhaften Existenz- und Orientierungsformen«. Der Deutungsbezug auf Schopenhauers Metaphysik erhellt dabei zwar zahlreiche literarische Motive, verdeckt aber die Selbständigkeit Manns gegenüber Schopenhauer in der Frage nach der Bildungsmacht des »dionysischen« Erlebens. Die Alternative »Bildungsroman oder Entbildungsroman?« ist überzogen. Richtiger Einspruch mit Hinweis auf Castorps »Weg der Mitte« bei Maria Manuela Nunes, Die Freimaurerei. Untersuchungen zu einem literarischen Motiv bei Heinrich und Thomas Mann, Bonn

Zwar vertritt auch Settembrini die von Castorp – wie von Mann – vertretene Anschauung, daß die Natur an sich »böse« (141, 348) ist, und entwickelt daraus einen – von Naphta bestrittenen – Monismus im Verhältnis von Natur und Geist (348ff); es fehlt ihm aber der naturphilosophisch zentrale Ansatz beim »Leben«. Castorp ist kein unkritischer Schüler Settembrinis; von seinem eigenen Liebeserlebnis ausgehend, fragt er selbständig nach dem »Leben«. Er übernimmt den moralisch-politischen Zugang Settembrinis nicht einfach, sondern faßt das humanistische »Interesse am Menschen« (362) komplexer auf. So ist er nicht nur den Vorträgen des Psychoanalytikers gegenüber aufgeschlossen, sondern horcht auch den Hofrat Behrens über Physiologie aus. Anders als seine Mitpatienten studiert er medizinische Lehrbücher. Anders als Settembrini setzt er nicht einfach »Geist« voraus, sondern fragt nach dem Wesen des »Lebens« (383ff) und gelangt dabei zu einer Lehre von den »Urzeugungen« des Lebens aus der Materie und des Geistes aus dem Leben.

Den Rekurs auf »Urzeugung« unternahm Ernst Haeckel für die »Erklärung« der Entstehung des Organischen aus dem Anorganischen. Ernst Cassirer bemerkt dazu:

> Aber daß die ›Urzeugung‹ keinen empirischen Erklärungsgrund bildet, sondern daß sie ein bloßes Wort ist, das die Lücke unserer empirischen Erkenntnis verdecken soll, liegt auf der Hand. Hier lag einer der schwächsten Punkte des dogmatischen Darwinismus.[11]

Mann übernimmt die Rede von »Urzeugung« nicht unkritisch. Sein Rekurs auf die »Urzeugung« geht von der Unmöglichkeit einer atomistischen Beschreibung des Lebens aus; er begreift das »Leben« als eine komplexe »Organisation« (394), die sich nicht aus einfachen »Lebenseinheiten«, sondern ihrerseits aus komplexen Lebensorganisationen zusammensetzt. Das »Mysterium« des Lebens besteht in der Rätselhaftigkeit des Übergangs »zwischen Lebensordnung und bloßer Chemie«. Nach Mann bleibt kein anderer Ausweg als der Ansatz bei der Selbsterfahrung: Castorp stellt sich den Übergang als »Urzeugung« im »Fieber der Materie« (384, vgl. 398) vor. Er veranschaulicht sich dies am Modell der Stadt:

1992; auf die Entwicklung der Gesamtkonzeption und des Autors bezogen: Terence J. Reed, ›Der Zauberberg‹. Zeitenwandel und Bedeutungswandel 1912-1924, in: Hermann Kurzke (Hrsg.), Stationen der Thomas-Mann-Forschung, Würzburg 1985, 92-134.

11 Ernst Cassirer, Kant und die moderne Biologie, in: ders., Geist und Leben. Schriften, Leipzig 1993, 61-93, hier: 75; zum damaligen Streit um den Vitalismus vgl. auch Ernst Cassirer, Das Erkenntnisproblem in der Philosophie und Wissenschaft der neueren Zeit. Vierter Band: Von Hegels Tod bis zur Gegenwart (1832-1932), 2. Aufl., Darmstadt 1994, 211ff. Haeckel wird bei Mann kaum erwähnt. Eine Referenz ist aber Professor Kuckuck. Der Haeckel-Schüler Martin Kuckuck publizierte: Die Lösung des Problems der Urzeugung (1907); vgl. insgesamt Christian Virchow, Medizin und Biologie in Thomas Manns Roman »Zauberberg«. Über physiologische und biologische Quellen des Autors, in: Zauberberg-Symposion, 117-171.

Die Stadt, der Staat, die nach dem Prinzip der Arbeitsteilung geordnete soziale Gemeinschaft war dem organischen Leben nicht nur zu vergleichen, sie wiederholte es. (395f).[12]

Läßt sich das Mysterium des Lebens nicht vollständig naturwissenschaftlich erklären, so doch vorstellen nach der Erfahrung komplexer politischer Organisationen. Weil sich der Fragende als selbständiger Teilnehmer einer politischen Gemeinschaft versteht, weiß er sich als Grund und Zweck ihrer Entscheidungen und erfährt deshalb im Staat gleichermaßen seine relative Abhängigkeit wie seine Selbständigkeit. Genau diese Möglichkeit sucht Castorp sich zu verdeutlichen: daß komplexe Lebensorganisationen ihrerseits auf komplexen Lebensorganisationen basieren.

Daß es Mann mit dieser spekulativen Lebensphilosophie Ernst ist, zeigt schon ihre Wiederaufnahme im *Felix Krull* und im Essay *Lob der Vergänglichkeit*. Brieflich betont Mann die Bedeutung von Castorps »lyrischer« Philosophie für das »Traumgedicht vom Menschen«:

Aber wie kommt er überhaupt auf den ›Menschen‹ und darauf, sich um seinen ›Stand und Staat‹ zu kümmern? Primär nicht durch Naptha und Settembrini, sondern auf viel sinnlicherem Wege, der in der lyrischen und *verliebten* Abhandlung über das Organische angedeutet ist.[13]

4. Liebe, Erinnerung, Identität

An »Walpurgisnacht«, der Faschingsnacht eines Schaltjahres, geht Castorp endlich auf Mde. Chauchat zu und gesteht ihr seine Liebe. Castorps Liebe reinszeniert die homophile Beziehung zu dem Mitschüler Hippe, die wiederum eine – im Roman nicht erläuterte – »Deckerinnerung« (S. Freud) sein dürfte.[14] Castorp ist nicht auf

---

12 Zum systematischen Ansatz vgl. Volker Gerhardt, Person und Institution. Über eine elementare Bedingung politischer Organisation, in: Heiner Klemme u.a. (Hrsg.), Aufklärung und Interpretation, Würzburg 1999, 231-248; ders., Vernunft und Leben. Eine Annäherung, in: Deutsche Zeitschrift für Philosophie 43 (1995), 591-609. Der platonische Ansatz bei der Analogie von Mensch und Staat könnte von Kurt Hildebrandt, Norm und Entartung des Menschen, 1920, angeregt sein. Am 1.8.1921 notiert Mann dazu ins Tagebuch: »Beendete abends ›Norm und Entartung‹, ein wichtiges Werk, aus der George-Sphäre, der wahrscheinlich die Wahrheit und das Leben gehört. Ich wüßte nicht, wo das Positiv-Entgegengesetzte zur Hoffnungslosigkeit der Fortschritts-Civilisation und des intellektualistischen Nihilismus gefunden werden sollte, als in dieser Lehre des Leibes und Staates. Dies zu finden kann mich die Thatsache nicht hindern, daß auch ich mich mit verneint fühlen muß.«
13 Brief v. 5.2.1925 an Josef Ponten.
14 In der ersten Arbeitsphase vom Juli 1913 bis August 1915 gelangte Mann bis zum Hippe-Kapitel, das er bei Fortsetzung des Romans für »gut« (TB 15.8.1919) befand, während er den Romananfang gründlich umarbeitete. Die erotische Konzeption der

Hippe fixiert, sondern auf eine Szene, die durch Schlüsselreize wie »Kirgisenaugen« und »Bleistift« codiert ist. Er verbleibt im Zauberberg, weil er die durch Mde. Chauchat geweckte Erinnerung noch nicht identifiziert hat. Seine erotisierende Distanzhaltung dient nicht eigentlich der Erfüllung, sondern der Erinnerung. Ist die Verliebtheit ein Medium der Erinnerung, so ermöglicht sie die rekonstruktive Narration einer ganzen Lebensgeschichte und verweist mit der Zeitlichkeit des Daseins auf dessen Endlichkeit. Wie schon im *Tod in Venedig* sind Eros und Tod, »Walpurgisnacht« und »Totentanz«, in der Identitätserfahrung des Protagonisten miteinander verbunden. Castorps jahrelanges Warten hat einen anamnetischen Sinn: Die Distanz der Geliebten verbürgt mit der Erinnerung auch die eigene Identität.

Diese Haltung ist Castorps Autor vertraut. In seinen Tagebüchern führt Mann eine Registratur der erinnerten Liebe. Beinahe jede seiner Hauptgestalten bringt er in Beziehung zu einem homoerotischen Liebeserlebnis. So heißt es im Tagebuch am 6.5.1934 beispielsweise:

> Vertiefte mich in Aufzeichnungen, die ich damals über meine Beziehungen zu P.E. im Zusammenhang mit der Roman-Idee der ›Geliebten‹ gemacht [...] Das K.H.-Erlebnis war reifer, überlegener, glücklicher [...] Die frühen A.M.- und W.T.-Erlebnisse treten weit dagegen ins Kindliche zurück, und das mit K.H. war ein spätes Glück mit dem Charakter lebensgütiger Erfüllung, aber doch schon ohne die jugendliche Intensität des Gefühls.

Als letzter tritt im Sommer 1950 F. W. in die »Galerie« ein:

> Drei Tage noch, und ich werde den Jungen überhaupt nicht mehr sehen, sein Gesicht vergessen. Aber nicht das Abenteuer meines Herzens. Aufgenommen ist er in die Galerie, von der keine ›Literaturgeschichte‹ melden wird, und die über Klaus H. zurückreicht zu denen im Totenreich, Paul, Willri und Armin. (TB 11.7.1950)

Am 3.6.1953 notiert er noch einmal von einer Reise:

> Auf der Rückfahrt in Lübeck, Holstenstraße, Königsstraße, Katharineum, der Schulhof, verewigt, Willri Timpe und der Bleistift. Der Zweite nach Armin. Ewige Knabenliebe.

W. T. also:[15] Die autobiographische Identifikation verweist auf homoerotische Erfahrung. Dies muß nicht psychoanalytisch als sexuelle Fixierung gedeutet werden. Mann ist nicht der Auffassung, daß Individuen frühkindliche Triebschicksale lebenslang zwanghaft reinszenieren; er meint, daß sich Individuen aktual über lebensgeschichtliche Erzählungen verstehen. Seine homoerotische Selbstidentifikation ist

---

Pädagogik gehört zur ältesten Schicht des Romans, während die Durchführung als Zeitroman lange problematisch blieb.

15 Dazu vgl. Hermann Kurzke, Auf dem Weg zum »Zauberberg«. Timpe und Schrenck. Zwei Studien. in: Auf dem Weg zum »Zauberberg«, hrsg. Thomas Sprecher, Frankfurt 1997, 77-94.

ein Interpretament, eine »Selbstfindung« (D. Thomä), die Mann bewußt einsetzt, um Leben und Werk miteinander zu verknüpfen und das eigene Werk als erotische Kompensation zu legitimieren. Er ahnt schon, daß die Literaturgeschichte es vermelden wird. Erst nach der Publikation des *Zauberbergs* nimmt er die Psychoanalyse näher zur Kenntnis. Die psychoanalytische Kunstentstehungslehre kommt ihm gelegen, um seine Verknüpfung von Leben und Werk zu plausibilisieren. Seine identitätstheoretische Auffassung der Bedeutung der Erotik für eine Lebensgeschichte ist aber originär. Selbständig gelangt Mann auch zu der Auffassung, daß der Ereignisgehalt gegenüber dem Erlebnisgehalt der Erinnerung sekundär ist. Es kommt nicht auf die reale Begegnung, sondern auf die gedeutete Erinnerung an. Die Funktion der Erinnerung ist die Stiftung von Identität. Auch der Traum ist vollgültig:

> Der Traum ist im Grund nicht von schlechterer Substanz, als das wirkliche Erlebnis, das sich auch abschwächt und verfliegt, in die Vergangenheit sinkt u. auch nur noch Traum ist. Auch dieselbe Art von ›Erlebnisstolz‹ kann der Traum erzeugen, wie die Wirklichkeit, und ist ihr durchaus verwandt in der Mischung von Glück und Peinlichkeit. (TB 3.2.1952)

5. Die »große Konfusion« im Zauberberg

Bald nach Mde. Chauchat reist Ziemßen auf eigene Gefahr ab. Settembrini zieht nach Davos-Dorf um. Naphta[16] tritt als Settembrinis Nachbar und Gegenspieler auf. Settembrinis und Naphtas dialektische »Konfusion« (536, 824) reflektiert die »große Konfusion« (646f) der Gegenwart. Damit wird *Der Zauberberg* zum »Zeitroman«, der »*von der Zeit*« (750) erzählt. Mann will aber gar keine bestimmten historischen Ereignisse – wie den Ausbruch des Ersten Weltkriegs – aus dem Handeln der Akteure verstehend erklären, sondern bezieht den Deutungsanspruch seines »Zeitromans« eigentlich nur auf eine Korrelation der »Konfusion« der politischen Diskurse zur »großen Konfusion« der Zeit.[17] Der nationalliberale Freimaurer und Anhänger des Weltstaats sowie der jesuitische Anhänger eines sozialistischen Gottesstaates formulieren im einzelnen zwar geläufige Anschauungen, die in den politischen Diskursen der damaligen Zeit vertreten werden. Mann will aber nicht die politischen »Ideenkreise« (H. Heller) seiner Zeit abbilden. Ein Vergleich der Romandiskurse mit

---

16 Die Figur des Naphta ist bekanntlich in einigen Zügen Georg Lukács nachgestaltet. Dazu vgl. Raimar Zons, Naphta, in: Zeitschrift für deutsche Philologie 112 (1993), 231-250. Über den Namen Lukács' codiert Mann aber auch eine Identität von Settembrini und Naphta. Beide wohnen bei dem Damenschneider Lukacek zur »Aftermiete[]« (517).
17 Golo Mann (Deutsche Geschichte des XX. Jahrhunderts, Frankfurt 1958, 62) schreibt zum Sturz des Kanzlers Bülow: »Nach ihm war nur noch Konfusion«.

den Vorlagen und Quellen ist deshalb nur begrenzt sinnvoll. Mann fragt nicht ernsthaft nach dem analytischen und konstruktiven Gehalt dieser politischen Ideen, sondern deutet sie agonal als »Gedanken im Kriege«. Die engste Verknüpfung zwischen der Ereignisgeschichte und dem allegorischen Geschehen im Zauberberg ist deshalb durch das Duell zwischen Settembrini und Naphta gegeben. So radikal die beiden »Widersacher« ihre Ideen gegeneinander profilieren, kommen sie doch in der Befürwortung des Krieges und der Praxis des Streites überein. Der »Zivilist« Castorp kann dieser Militanz letztlich nicht zustimmen. Sein Versuch zur Schlichtung der großen »Gereiztheit« wird aber zurückgewiesen.

Nach der Begegnung mit Peeperkorn und der Rückkehr von Mde. Chauchat entfremdet sich Castorp den beflissenen Pädagogen Settembrini und Naphta vollends. Es bildet sich zwischen ihm, Peeperkorn und dessen Gefährtin ein wechselseitiges »Bündnis« (830f, 849), das der Zugehörigkeit Settembrinis und Naphtas zu politischen und religiösen Vereinigungen kontrastiert. Peeperkorn lehrt die Verpflichtung auf das eigene Gefühl. Aber hinter seinem Willen zum Gefühl steht die »Angst vor dem Versagen« (829):

> Unser Gefühl, verstehen Sie, ist die Manneskraft, die das Leben weckt. Das Leben schlummert. Es will geweckt sein zur trunkenen Hochzeit mit dem göttlichen Gefühl. Denn das Gefühl, junger Mann, ist göttlich. Der Mensch ist göttlich, sofern er fühlt. Er ist das Gefühl Gottes. Gott schuf ihn, um durch ihn zu fühlen. Der Mensch ist nichts als das Organ, durch das Gott seine Hochzeit mit dem erweckten und berauschten Leben vollzieht. Versagt er im Gefühl, so bricht Gottesschande herein, es ist die Niederlage von Gottes Manneskraft, eine kosmische Katastrophe, ein unausdenkbares Entsetzen (836f).

Als Castorp ihm seine Beziehung zu Mde. Chauchat gesteht, tötet er sich deshalb. Nach Peeperkorns Tod und der erneuten Abreise Mde. Chauchats bricht der »*große Stumpfsinn*« im Zauberberg aus. Die einzige neue Anregung ist die »*Fülle des Wohllauts*« eines Grammophons,[18] dem sich Castorp überläßt wie Hanno Buddenbrook einst der Orgel. Castorp vergißt die »alchimistisch-hermetische Pädagogik« (827) nicht ganz. So hält er Distanz zu den parapsychologischen Experimenten und spiritistischen Séancen mit dem Medium Ellen Brand,[19] die auf die große »*Gereiztheit*« und den »*Donnerschlag*« des Krieges vorausweisen. Aber auch er nimmt am Ende an der »großen Konfusion« teil. Den mörderischen Zug der Zeit zeigt Mann vor allem an Naphtas Willen zum Krieg, zu Duell und Tod auf. Aber auch Settembrini bejaht

---

18 Die Medienreflexion auf Spiritismus und Grammophon hat in den letzten Jahren besondere Aufmerksamkeit gefunden: vgl. Bernhard J. Dotzler, Der Hochstapler. Thomas Mann und die Simulakren der Literatur, München 1991.
19 Dazu vgl. Okkulte Erlebnisse (1924), X, 135ff; Thomas Mann besuchte spiritistische Sitzungen bei Schrenck-Notzing; zu dessen Rolle vgl. Max Dessoir, Buch der Erinnerung, Stuttgart 1946, 130f (»Schrenck glaubte und ich zweifelte«).

nun den Krieg (986) als Lösung. Und selbst der Zivilist Castorp rettet sich aus dem Zauberberg nur in den Krieg. Auch er entrinnt am Ende nicht der großen Konfusion, sondern stürzt sich in sie hinein. Er überwindet die »Sympathie mit dem Tode« letztlich nicht, sondern treibt, das Lindenbaumlied auf den Lippen, dahin. Der Schluß dementiert deshalb Castorps Bildungsexperiment ein Stück weit. Mann hielt ihn, wie zitiert, selbst für problematisch und erwog eine alternative Lösung mit dem Schnee-Kapitel. Dieser doppelte Schluß resultiert der doppelten Anlage als »Zeitroman« und Bildungsroman. Als Geschichtsdeutung endet der Roman mit dem »großen Stumpfsinn«. Castorp hat an ihm Teil, um diese Deutung zu beglaubigen. Als Bildungsroman aber müßte der Roman mit der Humanitätsutopie des Schnee-Kapitels schließen. Worum geht es da?

6. Bildung in konfuser Zeit

In diesem Schlüsselkapitel des Romanwerks begibt sich Castorp im Winter auf eigene Faust ins Gebirge, verirrt sich, gerät in einen Schneesturm, findet endlich eine Hütte und träumt einen eigenartigen Traum von Jünglingen und Mädchen und einem »Blutmahl« von »Greuelweibern«. Er deutet sich diesen Traum erwachend als »Traumgedicht vom Menschen« und formuliert eine Maxime als »Ergebnissatz« (XI, 423) des ganzen Romans, die er sogleich zum praktischen Gebot universalisiert:

> Da habe ich einen Reim gemacht, ein Traumgedicht vom Menschen. Ich will dran denken. Ich will gut sein. Ich will dem Tode keine Herrschaft einräumen über meine Gedanken! Denn darin besteht die Güte und Menschenliebe, und in nichts anderem. [...] *Der Mensch soll um der Güte und Liebe willen dem Tode keine Herrschaft einräumen über seine Gedanken.* (III, 685f).[20]

Dieses Traumgedicht meint Castorp, wenn er gegen Ende des Romans gegenüber Clawdia vom »genialen Weg« spricht:

> Zum Leben gibt es zwei Wege: Der eine ist der gewöhnliche, direkte und brave. Der andere ist schlimm, er führt über den Tod, und das ist der geniale Weg. (827)

Nähen von Manns erotischer Konzeption der Pädagogik zu Platon wurden bereits angedeutet. Vergleichspunkte sind der Bezug von personalen Liebeserfahrungen und

---

20 Dazu vgl. »Tischrede bei der Feier des 50. Geburtstags« (1925): »Wenn ich einen Wunsch für den Nachruhm meines Werkes habe, so ist es der, man möge davon sagen, daß es lebensfreundlich ist, obwohl es vom Tode weiß. Ja, es ist dem Tod verbunden, es weiß von ihm, aber es will dem Leben wohl. Es gibt zweierlei Lebensfreundlichkeit: eine, die vom Tode nichts weiß; die ist recht einfältig und robust, und eine andere, die von ihm weiß, und nur diese, meine ich, hat vollen geistigen Wert.« (XI, 368, vgl. 354; XIII, 569 u. ö.).

Diskursivierungen sowie die anamnetische Konzeption von Identität. Die Unterscheidung zweier Wege zum Leben scheint nun Platons Bildungsphilosophie direkt aufzunehmen: Auch bei Platon führt der Weg zur philosophischen Existenz über die Erfahrung von Liebe und Tod. Liest man die Rede vom »Tod« ontologisch im Sinne Platons, so ist das Tote eine Metapher für alles Endliche und Vergängliche. Platon zeigt – im *Staat* – auf, weshalb man um der »Güte und Liebe« willen – Platon würde sagen: um der Gerechtigkeit im Staat und der philosophischen Existenz des Gerechten willen – dem Tod, d. i. dem Vergänglichen, keine Herrschaft »über seine Gedanken« einräumen soll, und verknüpft diesen »genialen Weg« mit der Bildung durch Wissenschaft und Philosophie. Die platonische Auffassung des Bildungsproblems ist durch die makabre und frivole Fassade des Bildungsromans als Sanatoriums- und Tuberkuloseroman verdeckt. Diese Fassade ist aber auch eine Metapher für eine philosophische Idee von Genesung und Gesundheit. In seinem frühen Selbstkommentar *Vom Geist der Medizin* verteidigt Mann den »ärztlichen« Sinn des Romans folgendermaßen:

> Sein Dienst ist Lebensdienst, sein Wille Gesundheit, sein Ziel die Zukunft. *Damit ist es ärztlich.* Denn diese Spielart humanistischer Wissenschaft, genannt Medizin: wie tief ihr Studium auch der Krankheit und dem Tode gehören möge, – ihr Ziel bleibt Gesundheit und Humanität, ihr Ziel bleibt die Wiederherstellung der menschlichen Idee in ihrer Reinheit.- (XI, 595).

Deutlich klingt hier die sokratisch-platonische Auffassung vom Philosophen als »Arzt« der Kultur und Seele an. Schon Werner Jaeger zeigte, daß die sokratische Wendung von der Naturphilosophie zur praktischen Wissenschaft »ohne das Vorbild der Medizin, auf das Sokrates sich beruft, nicht denkbar gewesen wäre«[21]:

> Der Arzt ist nach Platon der Mann, der auf Grund seines Wissens von dem Wesen des Gesunden auch dessen Gegenteil, das Kranke, erkennt und daher Mittel und Wege finden kann, um es wieder zu dem normalen Stande zurückzuführen. Nach diesem Beispiel ist das platonische Bild des Philosophen geformt, der das Gleiche für die Seele des Menschen und für ihre Gesundheit leisten soll. Das, was den Vergleich der platonischen Wissenschaft, der ›Therapie der Seele‹, mit der Wissenschaft des Arztes ermöglicht und fruchtbar macht, ist ein Doppeltes, das sie miteinander gemeinsam haben: beide Arten des Wissens gründen ihre Sätze auf die objektive Erkenntnis der Natur selbst, der Arzt auf die Einsicht in die Natur des Leibes, der Philosoph auf das Verständnis der Natur der Psyche; aber beide erforschen den Bereich der Natur, dem sie zugewandt sind, nicht nur als einen Haufen von Tatsachen, sondern in der Zuversicht, in der natürlichen Struktur, sei es des Körpers, sei es der Seele, das Normprinzip zu finden, das beiden, dem Arzt wie dem Philosophen-Erzieher, ihr Handeln vorschreibt.[22]

Mann kennt das platonische Bild vom Philosophen als Arzt der Kultur und Seele durch Nietzsche. Er sucht Nietzsches humanistische Vision für seine Zeit dichte-

---

21 Werner Jaeger, Paideia, Bd. II, Berlin 1944, 11.
22 Ebd., 32f, vgl. 37f.

risch zu gestalten und übersetzt dafür Nietzsches Frage nach dem »Übermenschen« in das – sich in Senator Buddenbrooks momentanen »Erhellungen« ankündigende – »Traumgedicht vom Menschen«. Dieses »Traumgedicht« bleibt die humanistische Gesamtperspektive seines Romanwerks. Mann nimmt es als Mythos von der Entwicklung des Menschen im »Vorspiel« des *Joseph*-Romans und dann als Faust-Stoff vom Teufelspakt wieder auf und enthüllt seine nietzscheanische Herkunft zuletzt im *Felix Krull*, indem er Nietzsches Gleichnis vom Seiltänzer[23] in Krulls Liebe zur Seiltänzerin Andromache, dem »Engel der Tollkühnheit«, übersetzt.

Mann banalisiert die Frage nach dem »Übermenschen« nicht, sondern problematisiert sie für die Gegenwart. Sein Kandidat ist deshalb ein »einfacher junger Mensch«. In dieser Wahl liegt dichterische Ironie, aber auch ein pädagogisches Identifikationsangebot an den Leser. Castorp ist gewiß nicht die Erfüllung von Nietzsches Sehnsucht und keine platonische Idealgestalt vom Philosophen. So durchläuft er nicht den Bildungsgang, den Platon im *Staat* aus der Perspektive des Gesetzgebers entwirft. Doch dieses Bildungssystem ist von antiken Voraussetzungen geprägt, die für Mann nicht mehr gültig sein konnten. Seit seiner Schulzeit hat Mann starke Vorbehalte[24] gegen die Verschulung von Lernen und Wissen. Der Glaube an die Möglichkeit einer enzyklopädischen und systematischen Ordnung des Wissens ist ihm fremd. Schon deshalb führt Castorps »genialer Weg« nicht auf den »dialektischen Weg« Platons. Castorp findet auch nicht konsequent von der liebenden Verehrung der schönen Gestalten zur Erörterung des Schönen, Guten und Wahren; und er gewinnt letztlich nicht die Unabhängigkeit, die ihm eine verantwortliche Tätigkeit im »Flachland« ermöglichte; er reift nicht zu einer selbständigen Persönlichkeit, die eine tätige Rolle innerhalb der bürgerlichen Ordnung einnehmen kann, löst sich aber immerhin aus der Agonie des Müßiggangs. Er bleibt ein »geopferter Vorläufer«[25] einer neuen Humanität. Das Bildungsexperiment endet offen.

Ähnlich wie Platon faßt Mann das Bildungsproblem politisch auf. Gegen die große Konfusion der Zeit stellt er die Bildung zur Persönlichkeit. Während Platon sein Modell der Staatserziehung aber aus der Perspektive des Nomotheten entwirft, thematisiert Mann die staatliche Verantwortung aus der Sicht des Adressaten negativ als Sorge um die Gefährdung des Bildungsprozesses durch politische Konfusion. Nach den *Buddenbrooks* und dem *Gesang vom Kindchen* setzt er nicht mehr auf

---

23 Dazu Annemarie Pieper, ›Ein Seil geknüpft zwischen Mensch und Übermensch‹. Nietzsches erster ›Zarathustra‹, Stuttgart 1990, 63ff.
24 Dazu nur: Im Spiegel (1907), XI, 329-333; Zu einem Kapitel aus ›Buddenbrooks‹ (1949), XI, 552-556, hier 555: »Die öffentliche Schule, in der ich selbst mich wohl befunden und es zu etwas gebracht hätte, müßte, ich will es gestehen, noch erfunden werden; es gibt sie nicht und kann sie nicht geben«.
25 Interview v. 30.10.1925 mit dem Berliner Börsen-Courier, in: Frage und Antwort. Interviews mit Thomas Mann 1909-1955, 76; Brief v. 25.11.1925 an Robert Faesi.

die Erziehungsfunktion der Familie. Statt dessen erkundet er die Möglichkeit von Bildung unter den experimentellen Bedingungen der pädagogischen Provinz. Selbst unter den außeralltäglichen Bedingungen des Zauberbergs nehmen die Individuen an der Konfusion der Zeit teil. Dies zeigt sich nicht nur in der Konfusion ihrer Diskurse, sondern auch in der »Verkehrtheit« ihrer Liebesexperimente. Auch der Zauberberg ist kein »unpolitischer Bereich«.[26] Das pädagogische Experiment zeigt vielmehr die Verstrickung der Bildungsmächte Einsicht und Leidenschaft in die große Konfusion auf. Alle intellektuelle Diskurse sind »Gedanken im Kriege«. Alles kann in die große Konfusion geraten, und niemand vermag Vernunft und Liebe gegen die Zeit zu behaupten.

Die politische Auffassung des Bildungsproblems ist in Manns Rede vom »Regieren« deutlich. Castorp bezeichnet seine »Gedankenbeschäftigung«, sein pädagogisches Sinnen nach dem Menschen, als ein »Regieren« (541).[27] »Regieren« meint ihm der Versuch der Selbstbildung gegen die »Konfusion« der Zeit. Leitmotivisch durchzieht seine politische Auffassung des »Traumgedichts vom Menschen« als »Regierungsproblem« den Roman. Hinter dieser Unterscheidung von Regierung und Konfusion steht die klassische Unterscheidung von Politik und Gewalt. Katastrophische Politik bezeichnet Mann durch den Gegenbegriff der Gewalt. Nur jene Politik, die die Bildung des Menschen zur Selbständigkeit befördert, erscheint ihm als wahre Regierungskunst. Damit beantwortet er seine Frage nach der Möglichkeit von Bildung durch eine Utopie vom Regieren. In dieser ironischen Perspektive zeichnet sich ein positiver Politikbegriff ab: Gute Politik wäre eine Gegenmacht zur Konfusion der Zeit. Die Chancen einer solchen Politik beurteilt Mann aber skeptisch: Die Bildung des Einzelnen vermag sich gegen die »große Konfusion« nicht durchzusetzen; die Lösung erfolgt letztlich nur durch den außeralltäglichen Einbruch der Gewalt. So schildert der *Zauberberg* die Vormacht der großen Konfusion im Bildungsprozeß.

---

26 Zur »Totalität« des Politischen vgl. Carl Schmitt, Der Begriff des Politischen, München 1932.
27 Zur Bedeutung der Rede vom Regieren vgl. Briefe v. 8.6.1922 an Josef Ponten, v. 29.11.1922 an Philipp Witkop, v. 25.12.1922 an Ernst Bertram, v. 9.8.1926 an Helen Lower-Porter. »Wir regieren uns nicht selbst, sondern werden von den Ententekommissären regiert«, meinte Mann 1922 im Interview (v. 10.1.1922 mit Neues 8-Uhr-Blatt, Wien, in: Frage und Antwort. Interviews mit Thomas Mann 1909-1955, 50). Die ironische Transformation der politischen in die ethisch-pädagogische Semantik findet sich schon bei Platons Sokrates: »Ich glaube, daß ich, mit einigen anderen wenigen Athenern, damit ich nicht sage ganz allein, mich der wahren Staatskunst befleißige und die Staatssachen betreibe ganz allein heutzutage.« (Gorg. 521d).

III. *Doktor Faustus*: die »große Konfusion« als »Klage«

1. »Doktor Faustus« als Werkabschluß

Führt *Der Zauberberg* die Nationalgeschichte bis zum Ersten Weltkrieg, so erzählt *Doktor Faustus* von der Zeit bis 1945. Dabei hält Mann seine politisch-philosophische Frage nach den Chancen gelingender Individuation fest. Gelegentlich bezeichnet er den *Faustus* als seinen »›Parsifal‹« (XI, 157). Die Parallele führt aber nicht sehr weit. Mann vollendet vielmehr seine Goethe-Nachfolge, die er mit dem *Zauberberg* aufgenommen und im *Joseph*-Roman sowie in *Lotte in Weimar* fortgesetzt hat. Der Anspruch steigert sich vom Gattungsbezug des Bildungsromans über die Realisierung einer Romanidee Goethes sowie das Goethe-Portrait von *Lotte in Weimar* zum vollen Ernst konzeptueller Neuerfassung der Faust-Thematik. Der Roman ist deshalb von Anfang an nur als Hauptwerk und Werkabschluß durchführbar:

> Dies eine Mal wußte ich, was ich wollte und was ich mir aufgab: nichts Geringeres als den Roman meiner Epoche, verkleidet in die Geschichte eines hochprekären und sündigen Künstlerlebens. Mir war, in aller Neubegier, nicht wohl bei der Sache. Ein Werk groß zu wollen, es gleich als groß zu planen, war wahrscheinlich nicht das Richtige, – für das Werk weder, noch für das Gemüt dessen, der seiner sich unterwand (XI, 169).

Mann rechnet zur Zeit der Abfassung des Romans mit seinem baldigen Tod (XI, 144ff, 1126) und zweifelt an der Frist zur Vollendung. In gewisser Hinsicht bleibt der *Doktor Faustus* ein Abschluß. Der Stoff des *Erwählten* ist im *Doktor Faustus* eingeschaltet. Der *Krull* führt nur einen unendlichen Roman weiter. Andere späte Arbeiten wie der *Schiller*-Essay oder *Die Betrogene* sind eher Nachspiele. Den *Faustus* dagegen plant und vollendet Mann als abschließendes Hauptwerk. Im Roman über *Die Entstehung des Doktor Faustus* nennt er ihn, mit bezug auf Joyce die Modernität und Avanciertheit betonend, »*a novel to end all novels*« (XI, 205). Ästhetisch bedeutet ihm dies, daß er »im Stilistischen eigentlich nur noch die Parodie« (180) kenne – eine Selbstbezeichnung, die Leverkühn im Roman ausführlich erörtert. Im Entstehungsroman berichtet er, daß er direkt nach Abschluß des *Joseph* und des Nachspiels *Das Gesetz* an die »Durchsicht alter Papiere nach Material für Dr. Faust« (155) geht. Am 17. März 1943 macht er »den Drei-Zeilen-Plan des Dr. Faust vom Jahre 1901 ausfindig« – an eben jenem Tag läßt er Zeitblom seine Aufzeichnungen beginnen. Die Tagebücher bestätigen, daß Mann die geplante »Faust-Novelle« längst als sein »letztes Werk‹« (TB 28.12.1933) erwägt, als den »Plan, der hinter dem ›Joseph‹ steht« (TB 6.5.1934, vgl. z. B. 23.2.1941). Sie verraten auch die Spannung, die Mann über das Werk ergreift. Unter dem 17.3.1943 notiert er die initiale homoerotische Erinnerung an den Jugendfreund Paul Ehrenberg, die im Roman gestaltet ist:

Vormittags in alten Notizbüchern. Machte den 3 Zeilen-Plan des Doktor Faust vom Jahre 1901 ausfindig. Berührung mit der P.E.- und Tonio Kr.-Zeit. Pläne ›Die Geliebten‹ und ›Maja‹. Scham und Rührung beim Wiedersehn mit diesen Jugendschmerzen. Man kann die Liebe nicht stärker erleben. Schließlich werde ich mir doch sagen können, daß ich alles ausgebadet habe. Das Kunststück war, es kunstfähig zu machen. Erstaunen über Vieles, die Zumutung, das Entgegenkommen, das nur durch große Achtung zu erklären, das relative Glück – bei *gründlichem* Leiden (TB 17.3.1943).

Die Möglichkeit der Realisierung als Deutschlandroman geht Mann wenige Wochen nach »Einsicht in die innere (Einsamkeits-) Verwandtschaft des Faust-Stoffes« (TB 10.4.1943) mit dem Hochstapler-Projekt auf. Denn das »*Einsamkeitsmotiv*« (XI, 159) erlaubt ihm die Verknüpfung mit seinem alten, in den *Betrachtungen eines Unpolitischen*[1] erörterten Theorem von der deutschen »Welteinsamkeit« als zentraler Frage der deutschen Nationalgeschichte. Zu dieser wichtigen Entscheidung notiert Mann am 16.4.1943 mitten aus der Arbeit nur noch lapidar:

Gedanken zum Zusammenhang des Stoffes mit den deutschen Dingen, der deutschen Welt-Einsamkeit überhaupt. – Hier liegen Symbolwerte.

2. Durchbruch zur Faust-Thematik: der Nationalsozialismus als diabolisches Phänomen

Nicht der Plan eines Faust-Romans, wohl aber die Durchführung als Deutschlandroman geht auf die Erfahrung des Nationalsozialismus zurück. Vor dem Zweiten Weltkrieg betrachtet Mann den Nationalsozialismus dabei noch nicht als diabolisches Phänomen. Von seinen diversen Geschichten der Heraufkunft und Entwicklung des zeitgenössischen Irrationalismus ausgehend, deutet er den Fascismus in seiner Parabel *Mario und der Zauberer* als hypnotisierende Macht der Verzauberung und legt damit ein psychologisches und parapsychologisches Deutungsschema an. In der Emigration hält er sich zunächst mit öffentlichen Äußerungen zurück. In den Tagebüchern findet sich jedoch scharfe Kritik, die auch auf den *Doktor Faustus* vorausweist. So heißt es am 17.4.1935:

Dies gutmütige, brave und schaffenswillige Volk wird durch die ehrempfindliche Roheit der Menschen, an die es glaubt, durch unmögliche Führer, denen die moralischen Grundbegriffe fehlen, zum inimicus generis humani gestempelt und ins Verderben gestürzt worden.

Neujahr 1937 bezieht Mann im *Briefwechsel mit Bonn* erstmals öffentlich Stellung. Von der Gewißheit her, daß der Nationalsozialismus auf Krieg ausgerichtet ist, verfolgt er die weitere Entwicklung. In seinem Essay *Bruder Hitler* charakterisiert er

---

[1] Vgl. auch: Die Bäume im Garten (1930), XI, 861ff.

Hitler als ein »Genie« (XII, 851) der Massensuggestion[2] und deutet noch im psychologischen Paradigma, wenn er Sigmund Freud als Hitlers »wahren und eigentlichen Feinde« (850) bezeichnet. Am 7.7.1938 notiert er ins Tagebuch:» Hitler als Künstler oder Gegen-Künstler. Antichrist wäre gesondert auszuführen«.[3] Mann diabolisiert Hitler und des Nationalsozialismus dann in seinen zwischen 1940 und 1945 gehaltenen Radiosendungen *Deutsche Hörer!*.

Diese Radiosendungen basieren auf der Unterscheidung des Nationalsozialismus vom deutschen Volk und rufen das Volk zur Selbstbefreiung auf: »Ein Volk, das frei sein will, ist es im selben Augenblick.« (XI, 1038) Durchgehend konnotiert Mann das Geschehen religiös: Es gehe um nichts Geringeres als um die »Rettung« der »Seele« gegen die »Verführer«. Mann charakterisiert den Nationalsozialismus über sein Führungspersonal, während er das deutsche Volk im Kollektivsingular als »Volk« anspricht. In der Rolle des Legislateurs und Unheilspropheten fordert er »Sühne« und Rückkehr zu Gesetz und Ordnung. Das Volk bleibt anonym. Das Personal des Nationalsozialismus führt er dagegen einzeln vor und stellt Hitler, Goebbels, Heydrich, von Schirach der Reihe ihrer öffentlichen Auftritte nach als »Menagerie« (XI, 1009) bloß. Das *Reich der niederen Dämonen* (E.Niekisch) und *Gesicht des Dritten Reiches* (J.Fest) spricht für sich, meint Mann, wenn man nur sehen kann.

Daß es der Wiedergewinnung des offenen Blickes bedarf, hängt mit der besonderen Weise der Indoktrinierung durch den Nationalsozialismus zusammen. Schon in der Parabel *Mario und der Zauberer* stellt Mann den Fascismus als bösen Zauber dar. Auch während des Krieges beschreibt er das Verhältnis des Nationalsozialismus zum Volk gelegentlich noch so. So spricht er davon, daß das Volk einer »politischen Religion« (XI, 1001), einem »Rausch-Traum« (1009) und »Wahn« (1086) verfallen sei. Diesen Aspekt pathologischer Wahrnehmungsverzerrung hebt Eric Voegelin[4] damals bei seiner Kritik des modernen Totalitarismus hervor. Die Betrachtung des Nationalsozialismus als Macht pathologischer Verzauberung führt jedoch vom Zen-

---

2 Dazu kritisch Hermann Kurzke, »Bruder Hitler«. Thomas Mann und das Dritte Reich, in: Schopenhauer-Jahrbuch 71 (1990), 125-135.
3 Der Essay entstand in den USA im Zusammenhang mit einem »Plan eines Aufsatzes ›Tagebuchblätter‹ für ›Cosmopolitain‹, sehr hoch bezahlt« (TB 19.3.1938), den Mann im April 1938 ausführt. Am 21.4.1938 beendet er die Aufzeichnung, »die sich für ›Cosmopolitain‹ als zu schwer erweisen« (TB 11.5.1938). Die Studie war dann zunächst als »Schlußstück«, »gleichsam als Satyrspiel« (Brief an Bermann Fischer vom 6.9.1938) des politischen Essaybandes »Achtung, Europa« (Stockholm 1938) vorgesehen und wurde auf Wunsch des Verlegers aus politischer Rücksicht herausgelassen. (Zu dieser »Art von politischer Flugschrift« vgl. die Korrespondenz mit Bermann Fischer vom Juli bis Dezember 1938).
4 Eric Voegelin, Die politischen Religionen, Wien 1938. Voegelin besuchte Mann (TB 12.7.1937). Mann las dann Voegelins Arbeit und schrieb Voegelin darüber (vgl. TB 18.12.1938, 11.7.1939).

trum der diabolischen Deutung ab. Anders als die Verzauberung setzt die Verführung ein verantwortliches Verhalten des Verführten zum Verführer voraus.

Die Personifizierung als Clique von Verführern verengt den Nationalsozialismus auf »Hitlerismus« (XII, 691). Mann vertritt einen weiten Faschismusbegriff, knüpft einen Zusammenhang zwischen Kapitalismus und Faschismus und sieht den Faschismus als globales Phänomen an, demgegenüber er den deutschen Faschismus von seiner politischen Führungsspitze her als »Hitlerismus« bezeichnet. Seine Auffassung von Hitler als »Bosheit der Hölle«, als das »schlechthin Teuflische« (XI, 1056), ermöglicht ihm eine dramatische Personifizierung des Kampfes zwischen Gut und Böse im Gegensatz von Hitler und Roosevelt. Da er allmählich die Hoffnung auf eine Selbstbefreiung Deutschlands verliert, konzentriert er sich auf diesen Kampf. In der Radioansprache zum Tode Roosevelts meint er:

> Die Welt hatte in der Gestalt des faschistischen Diktators den Mann des Willens und der Tat, den modernen Massenbändiger gesehen, dessen ganze Schlauheit und Energie dem Bösen diente. Hier war der geborene und bewußte Gegenspieler des abgründig bösen, aber damit auch abgründig dummen und weltblinden Diabolismus, den Europa hervorgebracht hatte. Daß die Demokratie sich fähig erwies, *auch* den Mann und Täter hervorzubringen, den Starken, Zähen und Schlauen, den Menschenbehandler, den großen *Politiker des Guten*, das war ihre Rettung, die Rettung des Menschen und seiner Freiheit (1120).

Der Glaube an die Existenz des Gegenspielers ist für Manns dämonologische Auffassung des Nationalsozialismus konstitutiv. Wie der Teufel nur durch Gott existiert, so der politische Teufel nur durch den »Politiker des Guten«. Aus dem Glauben an die Möglichkeit des Guten ergibt sich die Diabolisierung Hitlers: »[D]aß Hitler seinen Krieg nicht gewinnen kann«, ist für Mann »weit mehr noch ein metaphysischer und moralischer als ein militärisch begründeter Glaube« (985; vgl. TB 18.4.1941). Er beschreibt den Nationalsozialismus als diabolische Macht, weil er an einen »Endsieg des Bösen« (999) nicht glauben kann. Daraus folgert er politisch, daß es mit einem Hitler keinen Frieden gibt, »weil er des Friedens von Grund aus unfähig« ist. Mann glaubt nicht an den Teufel, sondern an den Triumph des Guten. Von dieser Gewißheit her sieht er sich zur Teufelsrhetorik genötigt. Wer vom Göttlichen spricht, soll vom Teuflischen nicht schweigen, scheint er der damals noch verbreiteten Rede vom Göttlichen ins Stammbuch zu schreiben. So ist es dem Roman weniger mit der Existenz des Teufels Ernst[5] – diese mag nur ein Fieberdelirium sein – als mit der Idee des Guten. Mann betrachtet die Selbstisolierung Deutschlands als die fundamentale politische Problematik der deutschen Geschichte und sieht den »Durchbruch zur Welt« als die vordringliche Aufgabe der deutschen

---

5 Zu den damit verbundenen Problemen der Faust- und Teufelssymbolik vgl. Käte Hamburger, Anachronistische Symbolik. Fragen an Thomas Manns Faustus-Roman, in: Thomas Mann, hrsg. Helmut Koopmann, Darmstadt 1975, 384-413.

Politik an. Weil dies aber nicht in der Macht einzelner steht, spricht Mann in religiöser Semantik von »Gnade«. Die politische Gnade wäre der »Friede«. Die Friedensidee schließt den Roman mit der politischen Publizistik zusammen.

3. Annäherung an die Disposition des Romans: zur »Identität« der Protagonisten

Der Roman spielt in drei Zeiten. Er erzählt das Leben Adrian Leverkühns von 1885 bis zum Zusammenbruch 1930; mit der »Einschaltung des Narrators« Zeitblom erzählt er von der Zeit des Nationalsozialismus bis 1945, die Mann aus geringem zeitlichen Abstand im Wissen um den Kriegsausgang auktorial beschreiben kann. Die dritte Zeitebene des Romans schließlich leitet die deutsche »Welteinsamkeit« von der Reformationszeit her. Adrians Herkunftsort Kaisersaschern repräsentiert die Kontinuität deutscher Geschichte seit der Reformationszeit. Mann betont die »ununterbrochene Verbindung mit der Vergangenheit« (VI, 51) und spricht von einer »seelischen Geheim-Disposition« (52)[6] zur Wiederkunft der protestantischen Haltung im Leben Leverkühns. Der Zwang zur Reinszenierung folgt schon aus dessen leitmotivischer Fixiertheit in »Kälte« und Einsamkeit, die ihm den – von Zeitblom geforderten – »Durchbruch« (408, 428, 643, 662) zur Welt verwehrt. Deshalb bleibt ihm nichts anderes übrig, als seine Herkunft zu stilisieren und künstlerisch zu artikulieren. Genau dies rät ihm sein Teufel im Gespräch:

> Wenn du den Mut hättest, dir zu sagen: ›Wo ich bin, da ist Kaisersaschern‹, gelt, so stimmte die Sache auf einmal, und der Herr Ästheticus braucht nicht mehr über Stillosigkeit zu seufzen. (301f)

Adrian verkörpert die deutsche »Welteinsamkeit« protestantischer Provenienz. Der »deutsche Tonsetzer« ist der deutsche Künstler schlechthin, gilt die Musik doch als die deutscheste Kunst (XI, 1131). Zeitblom begreift sich dagegen als Repräsentant des deutschen Bürgertums (VI, 451). Im – partiell der Beziehung Overbecks zu Nietzsche nachgestalteten[7] – Verhältnis von Zeitblom zu Leverkühn variiert Mann also seine alte – im *Tonio Kröger* programmatisch gestaltete – Thematik des Verhältnisses von Bürger und Künstler. Sie erscheint nun als spezifisch »deutsche« Problematik.

Mann äußert sich vielfach zu den Protagonisten. Ins Tagebuch notiert er am 22.7.1944:

---

[6] In der Rede »Deutschland und die Deutschen« (1945) assoziiert Mann Lübeck durch Selbstzitate (XI, 1130) mit Kaisersaschern und identifiziert sich so mit der Herkunft seiner Protagonisten.

[7] Siehe Andreas Urs Sommer, Thomas Mann und Franz Overbeck, in: Wirkendes Wort 46 (1996), 32-55.

> L. Frank fragte gestern, ob mir bei Adrian ein Modell vorgeschwebt habe. Verneinte und nannte ihn eine Idealgestalt, einen ›Helden unserer Zeit‹. Er ist eigentlich *mein* Ideal, und nie habe ich eine Imagination so geliebt, weder Goethe, noch Castorp, noch Thomas Buddenbrook, noch Joseph oder Aschenbach. Eine bewunderungsvolle und ergriffene Zärtlichkeit erfüllt mich für ihn.

Für Zeitblom und Leverkühn spricht er von einem »Geheimnis ihrer Identität« (XI, 204). Zeitblom[8] kennt das Geheimnis der Humanität, die Liebe, und ist letztlich Adrians einziger Freund. Er ist nicht irgendein verhockter Humanist und subalterner Gymnasialprofessor vom Schlage eines Professor Unrat, sondern der Freund eines Avantgardisten, der sich gegen das Genie und die Kälte des Künstlers nur als Bürger und Humanist begreift. Sein Format wird im Roman vor allem durch seine politischen Einsichten bestimmt, die weitgehend denjenigen Manns entsprechen. Nur der apokalyptische Zweifel trennt Zeitblom von Mann und verbindet ihn mit Leverkühn. Zeitbloms frühe Einsichten in die deutsche »Welteinsamkeit«, seine Idee der Notwendigkeit eines »Durchbruchs« sowie seine integre, konsequente Ablehnung des Nationalsozialismus machen ihn zur moralisch-politischen Leitfigur des Romans. Seine Eifersucht über den »Platz im Hintergrunde« (VI, 470) ist berechtigt: Adrians herablassende Bevorzugung von Schildknapp und Schwertfeger hat etwas Infames, das »Geheimnis ihrer Identität« Verleugnendes. Adrians Spott auf Zeitbloms Humanismus verkennt dessen praktische Bedeutung. Zeitblom weiß um die Liebe, während Adrian nur das »Interesse« kennt. Deshalb kann er Adrian auch ein Freund sein, der dessen Leben und Werk versteht und in anderer Weise zu fördern und zu würdigen vermag als das mütterlich-regressive »Verständnis« der Schweigestill. Näher betrachtet ist durchaus nicht klar, wessen Werk zählt: Adrians Musik oder Zeitbloms Biographie des Freundes. Diese Frage jedoch ist fiktiv: Es gibt nur den Roman.

4. Artikulation der Krise

a. Der nationalpsychologische Ansatz bei der »Seelengeschichte«

Als zentrale politische Problematik der deutschen Geschichte begreift Mann die »Dämonie« der »Welteinsamkeit«. Immer wieder erzählt er Herkunftsgeschichten dieser Problematik. Stereotyp leitet er sie aus den Weichenstellungen von Reformation und Romantik ab. Ein kurzer Abriß findet sich im Vortrag *Deutschland und die*

---

8 Georg Lukács (Thomas Mann, Berlin 1949, 95ff) deutet Zeitblom relativ positiv als Gestalt der »Wehrlosigkeit des Widerstands« des bürgerlichen Humanismus, während Hans Mayer (Thomas Mann, Frankfurt 1980, 315ff) ihn zum »Mitläufer« erklärt und von politischer »Schuld« spricht. Eine Ehrenrettung findet sich bei Dolf Sternberger, Deutschland im »Doktor Faustus« und »Doktor Faustus« in Deutschland (1975), in: ders., Gang zwischen Meistern, Schriften, Bd. VIII, Frankfurt 1987, 417-441.

Deutschen vom Mai 1945, der ersten und wichtigsten Selbstdeutung der Romanidee in ihrer politischen Bedeutung. Mann schildert dort die Entwicklung Deutschlands als »Geschichte der deutschen ›Innerlichkeit‹« (XI, 1146), die er mit Luther beginnen läßt und dann von der Romantik her als Sonderweg darstellt. Er spricht von einer »deutschen romantischen Gegenrevolution«, in deren Verlauf der politische Romantizismus eine gefährliche Verbindung mit »Realismus und Machiavellismus« einging. Beim Gegensatz von Machiavellismus und Romantizismus denkt Mann vermutlich an den Gegensatz zwischen Bismarck und Wilhelm II.[9] und sieht ihn als zwei Seiten der gleichen Fehlentwicklung an. Das »geeinte Machtreich« fand kein »zivilpolitisch« (E. Vollrath)[10] maßvolles Verhältnis zu jenen Ideen der Humanität, von denen her jede Politik ihre Aufgaben, Sinn und Rechtfertigung hat. Es war eine »kulturelle Enttäuschung«. Seine beste Leistung war noch die Niederhaltung des Romantizismus. Doch ein solcher Versuch der Bändigung schlägt wie die Unterdrückung eines Infektes fehl:

> Und, heruntergekommen auf ein klägliches Massenniveau, das Niveau eines Hitler, brach der deutsche Romantismus aus in hysterische Barbarei, in einen Rausch und Krampf von Überheblichkeit und Verbrechen, der nun in der nationalen Katastrophe, einem physischen und psychischen Kollaps ohnegleichen, sein schauerliches Ende findet. (1146)

Diese nationalpsychologische Sicht der deutschen Geschichte führt Mann in zahlreichen Essays aus und stellt die neueren Etappen der Entwicklung auch im Roman dar. Analog Hegels *Phänomenologie des Geistes* fallen dabei die Namen aus. Individuen treten in der Rolle als Repräsentanten auf. Entfallen bei Hegel die Namen der Autoren, um die Geistesgeschichte als Geschichte des »absoluten Geistes« zu schreiben, ist das Subjekt der Geistesgeschichte bei Mann nicht der Geist selbst, sondern die deutsche Nation. Die romanhafte Fiktionalisierung ließe sich schon anhand von Manns Hinweisen entschlüsseln. Doch die Namen wechseln, weil die Dialoge in eine andere Geschichte eintreten. Die intellektuellen Diskurse repräsentieren nun die Nationalgeschichte: Geistesgeschichte wird zur »Seelengeschichte« Deutschlands.

b. Adrians musikalische Sozialisation

Retrospektiv beurteilt Mann die neuere deutsche Nationalgeschichte insgesamt als eine katastrophale Entwicklung. Pauschal spricht er von einem Prozeß der »Irrationalisierung«. Er bezieht dies zunächst auf die Abkehr von der politischen Vernunft. Da bestimmte Teilentwicklungen, wie die der Theologie oder der Musik, diesen Gesamtprozeß repräsentieren, kritisiert Mann sie auch politisch als Etappen in einem

---

9 Zur Auseinandersetzung mit Bismarck vgl. Die drei Gewaltigen (1949), X, 374ff; Meine Zeit (1950), XI, 302ff.
10 Vgl. Ernst Vollrath, Die Kultur des Politischen, in: Volker Gerhardt (Hrsg.), Der Begriff der Politik, Stuttgart 1990, 268-290.

großen Prozeß der Abkehr von vernünftigen Maßen. Diese Teilgeschichten können für sich fruchtbar sein. So betrachtet Mann die neuere Geschichte der protestantischen Theologie und der Musik für sich genommen positiv, wenn er diese Entwicklungen in ihrer politischen Wirkung auch als Beitrag zu einem katastrophalen Prozeß deutet.

Mann sieht Deutschland – schon in den *Betrachtungen eines Unpolitischen* – primär nicht als das »Land der Dichter und Denker«, sondern als »Land der Musik« an. Deshalb repräsentiert Musikgeschichte die »Seelengeschichte« Deutschlands. Auch sie wird auf die Reformation zurückgeführt. Der Roman knüpft die Verbindung über Adrians Onkel Nikolaus Leverkühn, einem Geigenbauer und Musikalienhändler, der in seinem alten Bürgerhaus in Kaisersaschern ein großes »Instrumenten-Magazin« hat und weltweite Geschäftskontakte pflegt – ein den Buddenbrooks vergleichbares Handelspatriziat. Nach der Kindheitserfahrung des Ammengesangs findet Adrian in der Pubertät aus eigenem Antrieb zur Musik. Selbständig entdeckt er seine musikphilosophische Grundeinsicht, daß »Musik die Zweideutigkeit ist als System« (VI, 66). Onkel Leverkühn schickt Adrian zu Wendel Kretzschmar zur musikalischen Ausbildung. Die Vorträge Kretzschmars und die anschließenden Diskussionen prägen Adrians musikästhetische Anschauungen. Sein Verhältnis zur Tradition gewinnt er vor allem in der Auseinandersetzung mit Beethoven. Kretzschmar deutet Beethovens Opus 111 – mit Adorno (vgl. XI, 175f)[11] – als »Abschied von der Sonate« (77). An Kretzschmars Vorträge knüpft Adrian die Erwägung, daß die »Kultur-Idee eine geschichtlich transitorische Erscheinung sei« (82); er betrachtet die »Re-Barbarisierung« der Kultur als eine Voraussetzung für die Wiedergewinnung kultischer Funktionen der Kunst auf der Spitze der Avantgarde. Zeitblom dagegen mißbilligt – wie sein Autor – diese »Nachbarschaft von Ästhetizismus und Barbarei«.

Prägen die Vorträge Kretzschmars Adrians Musikästhetik, so verweist Kretzschmars Geschichte vom religiösen Sektierer Johann Conrad Beißel,[12] der eine neue Musiktheorie und Musik erfand, auf religiöse Motive von Adrians musikalischer Revolution. In der Schule Kretzschmars[13] lernt Adrian die Musik als »metaphysische Tätigkeit« (Nietzsche) betrachten. Ihm fehlt jedoch noch das Zutrauen, einen neuen Glauben nur durch die Musik hindurch finden zu können. Wenn Zeitblom

---

11 Adornos damalige Beethoven-Studien sind aus dem Nachlaß erschienen (Beethoven. Philosophie der Musik. Fragmente und Texte, hrsg. Rolf Tiedemann, Frankfurt 1993); dazu den Ausgang von Wagner betonend: Elvira Seiwert, Beethoven-Szenarien. Thomas Manns ›Doktor-Faustus‹ und Adornos Beethoven-Projekt, Stuttgart 1995.

12 Zur motivischen Verflechtung dieser Nebenfigur mit Leverkühn: Theodor Karr, Johann Conrad Beissel in Thomas Manns Roman ›Doktor Faustus‹, in: Jahrbuch der deutschen Schiller-Gesellschaft 12 (1968), 543-587.

13 Das Verhältnis Adrians zu Kretzschmar ist eine Parallele zu Hanno Buddenbrooks Verhältnis zum Organisten Pfühl. Auch Pfühl lehrt Hanno die Musik als »eigentliche[n] Gottesdienst« (I, 494ff) zu schätzen. Hanno jedoch scheut die gediegene Schulung und flüchtet ins Phantasieren.

deshalb schreibt, Adrian habe die Wahl des Theologiestudiums nur »aus *Hochmut*« (110) getroffen, so verkennt er Adrians Religiosität. Mit dem Theologiestudium weicht Adrian zwar seiner Berufung zur Musik in »Jahren der Verleugnung und Dissimulation« aus. Den überlieferten kirchlichen Dogmen entfremdet, artikuliert er später aber seine Religiosität in Musik.

c. Leverkühn als »Konservativer Revolutionär«

Manns Geschichte des deutschen Irrationalismus setzt im Roman mit einem Abriß der Theologiegeschichte ein. Adrians Studienort Halle repräsentiert die reformatorische Theologie. Zum Raum wird hier die Zeit. Der Abriß beginnt mit der Reformation und dem Hallensischen Pietismus und erörtert dann mit den theologischen Lehrern Ehrenfried Kumpf und Eberhard Schleppfuß die – geistesgeschichtlich mit Overbeck einsetzende – Abwendung von der liberalen Theologie des 19. Jahrhunderts.[14] Der Systematiker Kumpf ist dabei noch ein braver Lutheraner, verglichen mit dem gestandenen Dämonologen Schleppfuß, der die »dialektische Verbundenheit des Bösen mit dem Heiligen und Guten« (138) lehrt. So dogmatisch verdächtig diese Lehre auch ist – weshalb Schleppfuß nur Privatdozent ist und eines Tages wie ein Teufel spurlos verschwindet –, hält sie doch noch an der absoluten Güte Gottes fest. Adrian und Serenus ziehen ihre eigenen Schlüsse, wenn sie meinen:

> Die wahre Rechtfertigung Gottes in Ansehung des Schöpfungsjammers, so fügten wir nach Schleppfußens Diktat hinzu, bestehe in seinem Vermögen, aus dem Bösen das Gute hervorzubringen. (139f)

Als zweites Stadium der Irrationalisierung schildert Mann die Diskurse der jugendbewegten Studentenverbindung »Winfried«. Er knüpft dabei eine Verbindung zwischen der theologiegeschichtlichen Lage um 1900 und der Suche nach neuen Mythen.[15] Die Diskussionskultur der Studentenverbindung ist anspruchsvoll und vielfältig. Mit dem Studenten Deutschlin gibt es aber schon einen Stimmführer. Manns »Wiedergabe dieses Gesprächs – oder eines solchen Gesprächs« (167f) – greift im Bewußtsein der Zusammenhänge auf die Weimarer Zeit voraus. Retrospektiv identifiziert Mann die Zusammenhänge in ihren Anfängen bei der Jugendbewegung. Adrian teilt die zeitgenössischen Krisenerfahrungen, sucht sie aber von den anfänglichen geschichtlichen Weichenstellungen Deutschlands her zu bewältigen. Dies geschieht, mit Heidegger gesprochen, in der Absicht auf »Verwindung« einer Geschichte in einen

---

14 Zur Theologiegeschichte vgl. Karl Barth, Die protestantische Theologie im 19. Jahrhundert, 2. Aufl., Zollikon 1952; Emanuel Hirsch, Geschichte der neueren evangelischen Theologie, 5 Bde., 2. Aufl., Gütersloh 1960; Thomas Nipperdey, Religion im Umbruch, München 1988.
15 Dazu Manfred Frank, Der kommende Gott, Frankfurt 1983; ders., Gott im Exil, Frankfurt 1988.

»anderen Anfang«: um der Gründung eines neuen Typus von Humanität willen. Indem Adrian die Lösung nicht in der politischen Romantik des völkischen Mythos sucht, sondern bis auf die Reformation zurückgeht, will er die religiöse und politische Krisenerfahrung radikal »verwinden«. Damit ist er, im Schlagwort der Zeit gesprochen, ein »aktiver Nihilist« und »Konservativer Revolutionär«. Seine konservative Revolution ist als Methodik des aktiven Nihilismus ein Verfahren radikaler Traditionskritik, das eine Krisenlage im Rückgang auf ältere Anfänge bewältigen möchte.

Mann prägte die zeitgenössische Formel von der »Konservativen Revolution«. In seiner *Russischen Anthologie* heißt es: »Nietzsche selbst war von Anbeginn [...] nichts als konservative Revolution« (X, 598). Noch 1937 erneuert er diese Formel im Vorwort zur Zeitschrift *Maß und Wert* programmatisch gegen ihr Mißbrauch durch den Nationalsozialismus:[16]

> Worauf aber besonders unser Glaube an die beispielgebende Sendung der Kunst in dieser Zeit beruht, ist die Einheit von Überlieferung und Erneuerung, die sie wesensmäßig darstellt, ihr revolutionärer Traditionismus [...]. Denn Künstlertum ist gerade dies: Das Neue, das sich aus den erweiterten Elementen des Vergangenen gestaltet; es ist immer überlieferungsbewußt und zukunftswillig, aristokratisch und revolutionär in einem; es ist seinem Wesen nach das, womit es der Zeit und dem Leben ein Vorbild sein kann: konservative Revolution [...] Die *Wiederherstellung* des Begriffes aus Verdrehung und Verderbnis liegt uns am Herzen. [...] Es wiederherstellen aber heißt nicht, sich nach Vergangenem sehnen, sondern es *neu* herstellen, es aus den Bedingungen, die wir heute vorfinden, frisch erarbeiten und einsetzen. (XII, 800ff)

Mann hält den Traditionsbezug demnach für die Gegenwartsdeutung für unerläßlich. Er beabsichtigt aber nicht die Destruktion, sondern die Weiterentwicklung der Überlieferung. So zieht er, anders als sein Protagonist Leverkühn, auch nicht die Konsequenz eines Neuanfangs im Rückgang auf die Reformation, sondern orientiert sich an Goethes »Idee der Mitte« (XI, 396). Noch 1950 meint er in einem Interview über den *Doktor Faustus*:

> Deutschland hat große, althumanistische Traditionen. Um umzukehren, muß es Stationen wiederfinden, von wo es auf den rechten Weg zurückfinden kann. Luther, Goethe und Bismarck sind die drei Antlitze Deutschlands. Die Deutschen geben immer der ›Lutherform‹ oder der ›Bismarckform‹ den Vorzug. Aber da ist auch die ›Goetheform‹, und dies ist eben die Form, in der Deutschlands Größe besteht; es ist dann eine entscheidende Weltmacht. Wenn Deutschland von selbst zu dieser Form zurückkehrt, kann es eine Brücke zwischen sich und der Welt schlagen.[17]

---

16 Dazu jetzt Stefan Breuer, Wie teuflisch ist die ›konservative Revolution‹? Zur politischen Semantik Thomas Manns, in: Werner Röcke (Hrsg.), Thomas Mann. Doktor Faustus 1947-1997, Bern 2001, 59-71.
17 Interview v. 14.5.1950 mit dem Figaro Littéraire, Paris, in: Frage und Antwort. In-

d. Radikalisierungen und Ausflüchte

Parallel zu Leverkühns Werkschaffen beschreibt der Roman weitere Entwicklungsstadien politischen Unvernunft. Nach der Studentenverbindung »Winfried« schildert er den Bohème-Club vom »Café Central«, in dem Adrian den Übersetzer Rüdiger Schildknapp kennenlernt, später den Salon Rodde mit den Töchtern Ines und Clarissa sowie Rudolf Schwerdtfeger. Im »Säulen-Salon« Schlaginhaufens begegnet Adrian noch vor Ausbruch des Ersten Weltkriegs Gestalten wie dem Kulturkritiker Breisacher, einem Kulturphilosophen »gegen die Kultur«. Die Diskurse der Zwischenkriegszeit lernt er dann in den Herrenabenden bei Sixtus Kridwiß kennen; dort sind Sorels *Réflexions sur la violence* bereits das »Buch der Epoche« (VI, 486). Sorels »intentionelle Re-Barbarisierung« (491) markiert den Übergang von der Diskussion zur Aktion.[18]

Ein Vorbote der »Katastrophe« ist der – autobiographisch dem Schicksal der Schwester Clara nachgestaltete – Selbstmord von Clarissa Institores, die den Weg aus der gescheiterten Bühnenkarriere in die Ehe verwehrt findet. Noch unglücklicher verläuft das Doppelleben der Schwester Ines Institores, die einem »Freundschaftsclub« von Morphinisten anheimfällt und ihren treulosen Geliebten, Schwerdtfeger, verzweifelt ermordet. In den *Buddenbrooks* tangiert der Verfall die Frauen noch nicht; nun agieren sie die Katastrophe.

Adrian bieten sich zwei Auswege, die allerdings beide zum Scheitern verurteilt sind. Ein erster Ausweg ist die »Versuchung der Einsamkeit durch die ›Welt‹« (XI, 279) in Gestalt des jüdischen Konzert-Unternehmers Saul Fitelberg, dessen Management europäischen Ruhm verheißt. Als jüdischer »Unternehmer des Deutschtums«[19] will Fitelberg Leverkühn fördern, weil er in der europäischen Mission eine »Verwandtschaft der Rolle von Deutschtum und Judentum« (VI, 541)[20] sieht. Damit steht Adrian vor der Alternative, in Paris öffentliches Aufsehen zu erregen oder in der Abgeschlossenheit seiner »deutschen Einsamkeit« eine protestantische Kunst von europäischer Bedeutung zu schaffen. Wie sein Autor meint Adrian, daß der »Durch-

---

    terviews mit Thomas Mann 1909-1955, 318; Mann hat diese Überlegungen gleichzeitig in »Die drei Gewaltigen« (X, 374-383) ausgeführt.

18 Dazu vgl. Carl Schmitt, Die geistesgeschichtliche Lage des heutigen Parlamentarismus, 2. Aufl., München und Leipzig 1926, 77ff.

19 Vgl. Egon Schwarz, Die jüdischen Gestalten im »Doktor Faustus«, in: Thomas-Mann-Jahrbuch 2 (1989), 79-101.

20 Thomas Mann läßt seinen Goethe in »Lotte in Weimar« (II, 729ff, bes. 733; vgl. schon XIII, 469, 475) ähnliche Überlegungen treffen. An Ernst Bertram schreibt Mann jedoch am 30.7.1934 über die Deutschen: »Unglückliches, unglückliches Volk! Ich bin längst soweit, den Weltgeist zu bitten, er möge es von der Politik befreien, es auflösen und in eine neue Welt zerstreuen gleich den Juden, mit denen so viel verwandte Tragik es verbindet«. Vgl. insgesamt Thomas Mann, Sieben Manifeste zur jüdischen Frage 1936-1948, hrsg. Walter A. Berendsohn, Darmstadt 1966.

bruch« nicht durch Konzertmanagement erzwungen, sondern nur durch die Kunst allein realisiert werden kann. Deshalb weist er das Erfolgsmanagement zurück.

Sein Durchbruch zur Anerkennung als Avantgardist erfolgt dennoch nicht ohne fremde Hilfe. Wurde er schon im Ersten Weltkrieg von den Jüdinnen Meta Nackedey und Kunigunde Rosenstiel unterstützt, fördert ihn bald »eine dritte, ganz anders geartete« Mäzenatin: Madame de Tolna. Manns amerikanische Mäzenatin Agnes Meyer steht der Frau von Tolna – auch im »Huldigungsgeschenk eines *Ringes*« (521) – Pate. Gegenüber dem Zwang zur populären Kommerzialisierung verweist Mann damit auf das private Mäzenatentum als sozialer Voraussetzung für Avantgardekunst. Für die Aussage des Romans sind solche kunstsoziologischen Bemerkungen jedoch sekundär.

Die zweite Ausflucht vor der Kunst, neben der zurückgewiesenen Entscheidung für den Kunstbetrieb, ist die Ehe. Als Adrian das versprochene Violinkonzert für Schwertfeger schreibt und sich mit ihm auf Konzertreise begibt, lernt er eine Schweizerin kennen und bittet Schwertfeger um die Brautwerbung. Doch der heiratet das Mädchen und wird dafür von seiner einstigen Geliebten erschossen. Zeitblom interpretiert Adrians »Einfall«, Schwertfeger um die Werbung zu bitten, als »Opfer« (586). Dieser Liebesverzicht aus Liebe, der Verzicht auf die Braut um des Freudes willen, ist die letzte Handlung wider den teuflischen Pakt. Adrian ahnt aber nicht nur den Liebesverrat des Freundes, sondern auch die Rache von Ines Institores: Es war »*Mord*« (XI, 167), schreibt Mann in seinem Kommentar. Weil der Kunst ein Opfer gebracht werden muß, weil sie den teuflischen Pakt mit der »Kälte« und Einsamkeit erfordert, sind Adrians Ehepläne zum Scheitern verurteilt.

e. »Durchbruch« aus der »Welteinsamkeit« durch Retheologisierung der Musik?

In seiner Sinndeutung des Ersten Weltkriegs verwechselt Zeitblom den gewaltsamen »Durchbruch [Deutschlands] zur Weltmacht« zunächst mit dem »Durchbruch zur Welt« (VI, 408). Zeitblom hat damals schon die richtige moralische Intuition von der Notwendigkeit eines Durchbruchs, zieht aber noch falsche imperiale und hegemoniale Folgerungen – eine Anspielung gewiß auch auf Manns eigenen politischen Weg. Adrian macht sich Zeitbloms Idee eines Durchbruchs künstlerisch zu eigen und spricht vom Durchbruch zur »Wagniswelt neuen Gefühls« (428, 662). Er unternimmt dieses Wagnis durch eine erneute Verknüpfung von »Theologie und Musik« (176). Musik ist ihm nicht pure Mathematik, sondern die »Zweideutigkeit [...] als System« (66). Was mathematisch streng komponiert ist, wird als »Wagniswelt neuen Gefühls« empfunden. Neben der Musiktheorie sind deshalb auch andere Deutungsschemata rezeptionsästhetisch zulässig. Religiöse Metaphorik durchzieht die populäre Musikliteratur. Gerade die im Roman skizzierte Theologiegeschichte seit dem Pietismus eignet sich durch ihren Ansatz beim religiösen Gefühl und ihrer Auffassung des Dogmas als Symbol des Glaubens dazu.

Die Theologie ist aber für Leverkühn nicht nur eine Sprache der Deutung seiner Kunst, sondern auch die eigentliche künstlerische Aufgabe. Bei seinem Wechsel von der Theologie zur Musik weiß Adrian sehr genau, daß er die Theologie nicht an die Musik verrät. Sein Zweifel bezieht sich eher darauf, ob die Musik noch geschichtliche Möglichkeiten in sich birgt, Glauben zu artikulieren. Hegel bestreitet dies mit seiner These vom Ende der Kunst: von einer Geschichtsphilosophie des Ästhetischen her allerdings, die die Geschichte der Kunst als Form des absoluten Geistes unter der Voraussetzung der Intellektualität des Absoluten faßt und die romantische Poesie in die Philosophie »aufhebt«. Bestreitet man Hegels »Panlogismus« der Identität der göttlichen und menschlichen Natur, des »subjektiven« und des »absoluten« Geistes, und betont statt dessen die Transzendenz des Erlebens gegenüber dem Begreifen, so wird die These vom Ende der Kunst als Medium des Wissens vom Absoluten hinfällig. Die Kunst kann dann erneut religiöse und kultische Funktionen übernehmen, und die Rangordnung der Künste ist wieder offen. Die romantische Konzeption des Gesamtkunstwerks knüpft daran an. Adrian steht – wie sein Autor – in dieser Tradition; er hofft, daß die Kunst in der Glaubenskrise der überlieferten Religion neue religiöse Funktionen formulieren und eine neue Mythologie entwickeln kann. Diese Möglichkeit der Erneuerung religiöser Funktionen sieht Leverkühn aber dadurch gefährdet, daß nicht nur die Theologie, sondern auch die Kunst an ein Ende ihrer Möglichkeiten angelangt scheint. Kann Kunst an sich auch religiöse Funktionen übernehmen, bleibt es doch fraglich, ob sie es gegenwärtig noch kann. In einem Brief an Kretzschmar zur Erläuterung seines Studiumwechsels meint er:

> Warum müssen fast alle Dinge mir als ihre eigene Parodie erscheinen? Warum muß es mir vorkommen, als ob fast alle, nein, alle Mittel und Konvenienzen der Kunst *heute nur noch zur Parodie taugten*? – Das sind wahrhaftig rhetorische Fragen, – es fehlte gerade, daß ich auch noch Antwort auf sie erwartete. (180)

Diese im Roman zwischen Adrian und dem Teufel ausführlich erörterte Auffassung entspricht Manns – am Hochstapler-Projekt entwickeltem (XI, 700ff; XII, 101) – poetologischem Selbstverständnis. Adrians Zweifel ist rhetorisch, weil er nur durch das Wagnis des eigenen Werkes hindurch Antwort finden kann. Ob er eine neue religiöse Kunst schafft, muß die Deutung seines Werkes zeigen. Die wichtigste Repräsentation der Nationalgeschichte, die der Roman erzählt, ist deshalb die Geschichte von Leverkühns Werken. Mit dem Verhältnis zu Leverkühn thematisiert Mann sein Verhältnis zu Tradition und Avantgarde insgesamt. Während Adrian dabei eine expressive Selbstauflösung der Kunst anstrebt, hält Mann am Werkbegriff der Tradition fest. Um diesen Unterschied zu erkennen, ist ein knapper Überblick über Leverkühns Werkschaffen nötig:[21]

---

21 Eingehender vgl. Harald Wehrmann, Thomas Manns ›Doktor Faustus‹. Von den fik-

5. Die Selbstauflösung der Kunst in Leverkühns Werkschaffen

Adrians künstlerisches Schaffen läßt sich mit der Zäsur der Teufelsbegegnung in Lehrjahre und Meisterwerke einteilen. Das inspirierte Werk wiederum gliedert sich, ähnlich demjenigen Manns, in größere und kleinere, eingeschaltete Werke.[22] Adrian gewinnt seine musikphilosophischen Einsichten in die Geschichtlichkeit der Kunst und die Notwendigkeit von Avantgarde unter Anleitung Kretzschmars früh in der Auseinandersetzung mit Beethoven. Nach Wanderjahren der »Verleugnung und Dissimulation« (VI, 103) sowie dem erneuten Kontakt mit Kretzschmar beginnt er mit »Orchestrationsstudien« und tritt als hochbegabter »Fortsetzer der Linie Debussy-Ravel« mit eigenen parodistischen Neigungen hervor. Es folgen Dante-Lieder, die den »Einfluß Gustav Mahlers« mit apokalyptischer Note erkennen lassen. Doch dies ist noch »Vorübung« im Zeichen des Zweifels an der ästhetischen Möglichkeit des Werkes. Es folgen Liedkompositionen, dreizehn Brentano-Gesänge, die die Fragwürdigkeit des Werkes, also die Zweifel an der Möglichkeit künstlerischer Vollendung, durch eine »Travestie der Unschuld« (242) überspielen; Leverkühn bekundet seine syphillistische Infektion durch die anagrammatische Komposition des Hetera-Esmeralda-Motivs als »Schlüsselwort«. Es folgt als erstes größeres »Wort-Ton-Werk« (217) die Shakespeare-Oper »Love's Labour's Lost«, die Adrian weitgehend während seines italienischen Aufenthalts in Palestrina komponiert. An diesem Ort, wo Mann einst die *Buddenbrooks* zu schreiben begann, schließt er den Teufelspakt. Mit einer Klopstock-Vertonung für Bariton, Orgel und Streichorchester erlangt Leverkühn esoterischen Ruhm. Sein erster »Ausbruch religiösen Gefühls« (352) wird durch die kurz vor Kriegsausbruch entstandene Orchester-Phantasie »Die Wunder des Alls« noch übertroffen. Sie travestiert mit der Physikotheologie Klopstocks auch Voraussetzungen von Zeitbloms »religiös tingierte[m] Humanismus« (363). Ihre »luziferische Sardonik« präludiert dem Ersten Weltkrieg. Bei Kriegsbeginn schreibt Adrian eine Suite auf die »Gesta Romanorum«, deren »Kernstück« die Geschichte vom Erwählten bildet. Zeitblom betrachtet diese Suite als »Regression« (425) in der »Läuterung des Komplizierten zum Einfachen«. Mit diesem »Versuch in der Leutseligkeit« nimmt Adrian an der Massenseuphorie bei Kriegsausbruch teil.

---

tiven Werken Adrian Leverkühns zur musikalischen Struktur des Romans, Frankfurt 1988; Matthias Schulze, Die Musik als zeitgeschichtliches Paradigma. Zu Hesses ›Glasperlenspiel‹ und Thomas Manns ›Doktor Faustus‹, Frankfurt 1998; siehe jetzt auch einige Beiträge in: Röcke (Hrsg.), Thomas Mann, 2001.

22 Aus dem Vorrang der Entsprechungen zur Zeitgeschichte resultieren Abweichungen von Leverkühns Biographie gegenüber den sonstigen Stoffschichten des Faust-Stoffes wie der Biographien von Nietzsche und Berg. Detaillierte Nachweise bei Hanspeter Brode, Musik und Zeitgeschichte im Roman, in: Jahrbuch der deutschen Schillergesellschaft 17 (1973), 455-472.

In den folgenden Jahren zieht er sich in sein ländliches Asyl bei den Schweigestills zurück. Seine Krankheitszustände verschlimmern sich. Wie Mann selbst trägt Adrian das »Leid der Epoche« (XI, 203) im künstlerischen Verstummen. Erst im Frühjahr 1919 bessert sich sein Zustand (VI, 468). Nach langer Leidenszeit schreibt er in viereinhalb Monaten »Apocalypsis cum figures« nieder. Adrians Chorwerk ist die inkommensurable »Kreation einer neuen und eigenen Apokalypse«[23] als »Résumeé aller Verkündigungen des Endes« (475) – Adorno hatte in diese Richtung gedrängt (XI, 248). Das apokalyptische Thema korrespondiert den Diskussionen der Nachkriegszeit über die Notwendigkeit einer »Re-Barbarisierung« der Kultur. Künstlerisch hebt Zeitblom Adrians »Klangvertauschung« (VI, 498) von Chor und Orchester und Ineinander von Höllengelächter und Kinderchor hervor. Zeitblom entdeckt im apokalyptischen Pathos ein »Verlangen nach Seele« (501, vgl. XI, 249), spricht aber auch von einer Verrückung der »Grenze zwischen Mensch und Ding« (498). Begriff Wagner die Musik als Sprache,[24] so faßt Leverkühn die Sprache ihrerseits als Musik auf, setzt den Chor instrumental und symphonisch ein und identifiziert Musik und Sprache als Klang.

Nach dem virtuosen Violinkonzert für Schwertfeger komponiert Adrian 1927 drei große kammermusikalische Werke und faßt den Plan zur Klagekantate. Für die Faust-Kantate bedarf es neuer Leiderfahrungen durch die Begegnung mit dem engelsgleichen Kind Echo, Nepomuk Schneidewein. Durch seine altdeutschen, theosophen Gedichte ist Echo gewissermaßen der Nukleus aller Hoffnungen auf Deutschland. Doch Echo stirbt unter fürchterlichem »Hauptweh« an Hirnhautentzündung. Adrian entsagt nun der Idee der Gnade und will mit Beethovens 9. Sinfonie die ganze Humanitätsidee der deutschen Klassik »zurücknehmen«. Die Zurücknahme Beethovens durch die symphonische Kantate »Doktor Fausti Weheklag« erfolgt als »Umkehrung der Versuchungsidee, dergestalt, daß Faust den Gedanken der Rettung als Versuchung zurückweist« (650). Die Kantate radikalisiert den Ansatz des apokalyptischen Oratoriums bei der »Klangvertauschung« von Mensch und Ding. Mit der Differenz von Wort und Ton negiert sie die menschliche Vernunft als Form der Antwort. Leverkühn konzipiert das Faust-Motiv der Rettung als Klage der Natur über den Menschen:

> Das Echo, das Zurückgeben des Menschenlautes als Naturlaut und seine Enthüllung *als* Naturlaut, ist wesentlich Klage, das wehmutsvolle ›Ach, ja!‹ der Natur über den Menschen und die versuchende Kundgebung seiner Einsamkeit (644).

---

23 Dazu allgemein vgl. Klaus Vondung, Die Apokalypse in Deutschland, München 1988.
24 Wagner sah in der »Wortwerdung der Symphonie am Ende« von Beethovens 9. Symphonie eine Selbstaufhebung der absoluten Musik und komponierte das Musikdrama symphonisch (dazu vgl. Dieter Borchmeyer, Das Theater Richard Wagners, Stuttgart 1982, 99ff).

Damit negiert Adrian das spezifische Humanum der Vernunft. Zuletzt inszeniert und agiert er die Klage deshalb als eigenen Untergang. Zeitblom spricht – mit einer Formulierung Adornos (XI, 292ff) – von einer »Transzendenz der Verzweiflung« (VI, 651) und fragt sich, ob diese Klage nicht Adrians »›Durchbruch‹« (643) zur Liebe sei; Adrian fragt sich dies selbst (662). Das Agieren der Klage als Zusammenbruch ist aber nicht der gesuchte rettende »Durchbruch«.[25] Denn der »Durchbruch zur Welt« bedeutet Freiheit. Die dramatische Aktion aber negiert mit der Differenz von Kunst und Leben alle Selbständigkeit. Adrian agiert seine Verzweiflung zuletzt in der öffentlichen Selbstbezichtigung seines Teufelswerks. Wenn er mit einem »Klagelaut« in den Wahnsinn stürzt, legitimiert und dementiert er seine Kunst gleichermaßen. Mit der Selbstaufhebung seiner Kunst in die expressive Klage gelangt Adrians Retheologisierung der Musik an ihr Ende. Das Werk endet im persönlichen Martyrium.

Der Durchgang durch das Werkschaffen zeigt, daß Leverkühn die Tradition travestiert und dabei religiöse Thematiken und Ansprüche zu erneuern sucht. Seine drei großen Werke parodieren die neuzeitliche Metaphysik und drängen im konservativ-revolutionären Rückgang hinter die Physikotheologie und Kosmologie auf eine neue Apokalyptik. Leverkühns parodistische Destruktion der Tradition zielt auf das reine Pathos der Expression. Mit dem Leiden an der Lieblosigkeit seines Daseins geht ihm zwar die Lust an der Parodie verloren. Jenseits dieser Negativität kann er aber keine humane Aussage ins Werk setzen. Er ist einer Kunst der Liebe nicht fähig und bleibt der Destruktivität seiner Zeit verbunden. Er kann nicht an das Gute glauben, sondern nur an den Teufel.

---

25 So auch Jens Rieckmann, Zum Problem des Durchbruchs in Thomas Manns »Doktor Faustus«, in: Wirkendes Wort 29 (1979), 114-128, der allerdings nur die Auffassungen von Zeitblom und Leverkühn unterscheidet und nicht die dritte Position Thomas Manns: die Insistenz auf dem Werkbegriff gegenüber der expressionistischen Destruktion des Werkcharakters der Kunst. Manns Distanz zur Musikphilosophie der Neuen Musik angesichts Weberns »Verstummens« betont Bodo Heimann, Thomas Manns »Doktor Faustus« und die Musikphilosophie Adornos, in: Deutsche Vierteljahresschrift für Literatur- und Geistesgeschichte 38 (1964), 248-266; einen »Widerspruch zwischen Kunstreflexion und künstlerischer Realisierung des Romans« in Richtung eines »bewußten Zurückbleibens des Autors gegenüber dieser progressiven Kunst« konstatierend Wolf-Dietrich Förster, Musikalische Strukturen und Kunstreflexion im »Doktor Faustus«, in: Deutsche Vierteljahresschrift für Literatur- und Geistesgeschichte 49 (1975), 694-720. Der von Förster konstatierte Widerspruch existiert aber nicht: Gegen Wagner hatte Mann die Eigenständigkeit der Dichtung gegenüber der Musik betont. Die Zwölftontechnik reflektiert nach Mann nur die auflösende Tendenz, die die Musik an sich bedeutet. Danach ist Leverkühn (nach Manns Auffassung) als Musiker, durch die Wahl des Mediums Musik schon, an der Aufgabe des »Durchbruchs« gescheitert, den nur die Dichtung (Manns) bringen kann. Die Gleichsetzung der »deutschen« Kunst mit der Musik impliziert eine grundsätzliche Kritik an Deutschland und dessen romantisch-musikalischer »Sympathie mit dem Tode«.

Dies unterscheidet ihn von Mann. Mann teilt zwar Leverkühns Bekenntnis zur Parodie, findet die Möglichkeit des Werkes aber durch seine Vollendung des *Doktor Faustus* bestätigt. Die von Leverkühn intendierte Auflösung der Unterscheidung von Sprache und Musik lehnt er ab. Er beharrt auf der Distanzierungsleistung der Sprache und damit auf der Trennung von Kunst und Leben, die Adrian im Wahnsinn aufhebt. Dadurch weist Mann die Versuchung durch die Idee der Rettung in anderer Weise zurück als Leverkühns Aufhebung der Kunst in die leibhafte Verzweiflung.[26]

Manns ästhetische Konzeption der Gnade setzt beim Werkbegriff an. Wenn Mann von der »Gnade« des Werkes spricht, perspektiviert er die »Autonomie« des Kunstwerks aus der Sicht des Künstlers, der um die Differenz zwischen Schaffensintention und Realisierung weiß. Was produktionsästhetisch defizitär erscheint, als mangelndes Gelingen, erscheint wirkungsästhetisch als eigene Sinnhaftigkeit. Die ästhetische Idee der »Gnade« meint, daß ein Kunstwerk seinen Werkcharakter auch bei einem Verfehlen von Schaffensintentionen durch die Rezeption bestätigt finden kann. Das Urteil des Publikums wirkt auf den Künstler zurück, der seine Einstellung zum Werk ändert und die Differenz zwischen produktions- und rezeptionsästhetischer Einstellung positiv akzeptiert. Weil ein Kunstwerk dem Rezipienten als autonomes Gebilde entgegentritt, bemerkt der Künstler nicht nur ein Zurückbleiben des Werkes hinter seinen Ausgangsintentionen, sondern auch ein Surplus an Bedeutung und Rezeptionsmöglichkeiten. Gegenüber Leverkühns Klage reklamiert Mann deshalb die Heiterkeit im Verhältnis zum Werk.[27] In einem Brief (v. 4.4.1951 an Richard Schweizer; vgl. TB 3.4.1951) schreibt er:

> Ich habe garnichts dagegen, ein Später und Letzter, eine Summa, ein Erfüller zu sein. Das ist noch das Beste, was man heute sein kann. Wo ist denn auch das Frühwerk? Wo das *Werk* überhaupt? Ich bin einer der wenigen, die noch wissen, was das ist, ein Werk.[28]

---

26 Manfred Frank hat seine Kritik der »neuen Mythologie« auch in einer Analyse des »Doktor Faustus« ausgeführt (Die alte und die neue Mythologie in Thomas Manns »Doktor Faustus«, in: Herbert Anton (Hrsg.), Invaliden des Apoll. Motive und Mythen des Dichterleids, Frankfurt 1982, 78ff). Dabei konzentriert er sich auf Leverkühns Werkschaffen. Richtig sieht er den Zusammenhang zwischen Zeitbloms Idee des »Durchbruchs« und Leverkühns Tendenz zum »expressiv gewordenen Seelenlaut der Klage« (90ff). Indem er Leverkühns Kunst als Durchbruch deutet, kritisiert er Zeitbloms Auffassung von Leverkühns Kunst (81f, 93f). Nach Frank dämonisiert Zeitblom Leverkühns Kunst, um vom Bösen reden zu dürfen; er vertritt »ästhetisch die Barbarei, die er politisch verwirft« (93). Dies verkennt Manns Distanz zu Leverkühn.

27 Vgl. Hellmuth Kiesel, Thomas Manns Reklamation der Heiterkeit, in: Deutsche Vierteljahrsschrift für Literatur- und Geistesgeschichte 64 (1990), 726-743; zustimmend Dieter Borchmeyer, Musik im Zeichen Saturns. Melancholie und Heiterkeit in Thomas Manns »Doktor Faustus«, in: Thomas-Mann-Jahrbuch 7 (1994), 123-167

28 Eindrucksvolle Verteidung des Werkbegriffs bei Reinold Schmücker, Was ist Kunst? Eine Grundlegung, München 1998.

6. »Roman eines Romans« zur Unterscheidung von Kunst und Leben

Die Bedeutung der Trennung von Kunst und Leben unterstreicht Mann durch seinen – laut Untertitel – *Roman eines Romans* über *Die Entstehung des Doktor Faustus*. Er setzt sich darin zu dem Geflecht aus Dichtung und Wahrheit, das der *Doktor Faustus* knüpft, kunstvoll in ein Verhältnis. Mit Schriften wie der *Pariser Rechenschaft* und *Leiden an Deutschland* gab er früher schon autobiographische Rechenschaft. Goethe im Sinn, treibt er dies im Entstehungsroman nun auf die Spitze[29] einer gültigen Aussage zum Verhältnis von Ethik und Ästhetik. An Hermann Hesse schreibt Mann am 4.1.1949, daß der Entstehungsroman »nur entstanden ist, weil ich mich nach der Vollendung des Buches nicht so bald davon abzulösen vermochte«. Die Tagebücher dokumentieren, daß es der Streit mit Schönberg[30] und der Anteil Adornos an der Musikphilosophie des Romans ist, der Mann die autobiographische Rechenschaft einschalten läßt. Der 7.2.1948 notiert einen »hysterische[n] Ausbruch« Adornos, »in dessen Brust das Bewußtsein der musikalischen Teilhaberschaft am Faustus gährt. Etwas unheimlich«. »Überlege Maßnahmen zu seiner Beruhigung«, notiert Mann einen Tag später. Am 13.2.1948 heißt es dann: »Mit Adorno über die Absicht, auch über Faustus eines Tages Autobiographisches zu schreiben, – zu seiner Beruhigung.« Und da auch Schönberg auf eine Referenz für die Anleihen bei der Zwölftontechnik drängt, die Arbeit am *Erwählten* zudem stockt, beginnt Mann Ende Juni mit der Niederschrift (TB 28.6.1948), die er »sehr rasch in 4 x 4 Wochen« beendet (TB 20.10.1948).

Der Entstehungsbericht ist eine leicht ironische Rechenschaft vom »Montageprinzip« (XI, 165). Gewiß schreibt Mann Interpretationslinien vor und sucht verkürzten literaturwissenschaftlichen Enthüllungen entgegenzuwirken. Vor allem aber erhellt er sein Werk durch sein Leben und das Leben durchs Werk, indem er seine literarische Einschaltung eines Erzählers in den Werkbericht übersetzt. Obwohl Zeitbloms politische Wahrnehmung derjenigen Manns weitgehend entspricht, beglaubigt Mann dabei Zeitbloms politische Perspektive nicht eingehend. Er setzt die perspektivische Differenz der äußeren zur inneren Emigration nicht auseinander.[31] Zwar erwähnt er seinen Zwist mit den Wortführern der »inneren Emigration«; Zeitbloms Stellung zu dieser Gruppe jedoch bleibt unerörtert. Statt dessen berichtet Mann nicht nur ausführlich von seinem Leben in Amerika, von den zahlreichen gesellschaftlichen Ereignissen und Verpflichtungen, den vielfältigen Forderungen des Tages sowie dem Fortschritt des Romans, sondern insbesondere auch von der eigenen Kranken-

---

29 Dazu vgl. Lieselotte Voss, Die Entstehung von Thomas Manns Roman »Doktor Faustus«. Dargestellt anhand von unveröffentlichten Vorarbeiten, Tübingen 1975, 241ff.
30 Dazu vgl. Der Eigentliche (1948), in: TME VI, 98-103.
31 Dazu aber: Die Aufgabe des Schriftstellers (1947), X, 779-783, hier: 781 (Perspektive Zeitbloms als »Buße für Außensein«).

geschichte und dem Tode der anderen in dieser Zeit. Der Bericht beginnt mit der Mitteilung von Todesahnungen und deren »nicht wortwörtlich[er]« (146) Erfüllung durch eine lebensgefährliche, weitläufig geschilderte Operation. Mann datiert den Ausbruch der Krankheit auf den »Abend des Tages«, an dem er »das Oratorium abgeschlossen« (253) hat. So identifiziert er sich auch mit Leverkühns Leiden und wahrt der Protagonisten »Geheimnis ihrer Identität« (204), ohne sich einseitig zu Zeitbloom zu bekennen. Von Anfang an konstruiert er einen Zusammenhang zwischen seinem Gesundheitszustand und der Thematik des *Doktor Faustus*. Er legt seine »Erkrankung dem Werk zur Last« (147) und führt seine Genesung auf den »Gedanken an das Werk« und den Willen zur Vollendung zurück (265f).

Mit dem *Roman eines Romans* besiegelt Mann aber nicht nur seine Identifikation mit beiden Protagonisten, sondern auch seine Distanz zu Leverkühns Kunstphilosophie. Ihn treibt nicht der apokalyptische Wille zur Aufhebung der Kunst in die expressive Klage. Er besteht auf der Unterscheidung von Leben und Werk als Bedingung der Kunst. Damit widerruft er seine Auffassung von der Orientierungsfunktion der Dichtung nicht. Er bestätigt mit dem Entstehungsbericht vielmehr die autobiographischen Quellen auch dieses Romans, insistiert aber darauf, daß Dichtung ihre Orientierungsfunktionen nur dann erfüllen kann, wenn der Ernst des Lebens nicht mit dem Spiel der Kunst verwechselt wird. Der Versuch, ein Leben durch Kunst zu orientieren, will das eigene Leben nicht als fertiges Kunstwerk auffassen oder zum Kunstwerk stilisieren. Schon am *Krull* zeigt Mann, daß Lebensführung der Selbstunterscheidung privater und öffentlicher Rollen bedarf. Die Selbstdarstellung einer Lebensführung bezieht sich auf öffentliches Verhalten, das ein Versagen gegenüber den eigenen Ansprüchen in die Konsistenz einer bewußten Selbstbeschreibung und Lebensführung einzuholen sucht. In diesem ethischen Sinn will Mann sein Leben insgesamt als Werk verstanden wissen. Demnach bleiben alle einzelnen Werke auf den Versuch bezogen, das eigene Leben mit Hilfe von Dichtung bewußt zu führen. Mann insistiert auf der Unterscheidung von Kunst und Leben um der Orientierungsfunktion seiner Dichtung willen. Damit steht er erneut in der Linie Nietzsches und Platons. In dieser Tradition zielt das Philosophieren auf die Vorbildlichkeit einer Lebensführung.

7. Manns Verzicht auf politische Nachkriegsdichtung

Schon durch den Bericht über *Die Entstehung des Doktor Faustus* ist die besondere Bedeutung des *Doktor Faustus* als Werkabschluß herausgestellt. In gewisser Hinsicht ist er ein Abschluß geblieben.[32] Mann teilt Wagners »Werkinstinkt« (X, 895).

---

32 Brief v. 7.6.1954 an Erika Mann (Briefe III, 345); Erika Mann (Das letzte Jahr. Bericht über meinen Vater, Berlin/Ost 1956) übernimmt im Bericht über das Todesjahr als

Wie Wagner führt er einmal Beschlossenes konsequent durch. So vollendet er den *Zauberberg* nach langer Entstehungszeit ebenso wie den *Joseph*-Roman. Abgebrochene Projekte wie den Friedrich-Roman oder den Maya-Plan realisiert er als Essay oder Novelle. Auch den »Drei-Zeilen-Plan« des *Faustus* hegt er über Jahrzehnte. Die Idee zum *Erwählten* stammt aus der Arbeit am *Faustus*, und zuletzt findet noch der *Krull* – im »*Einsamkeitsmotiv*« dem *Doktor Faustus* verwandt – seine Fortsetzung. In späten Essays blickt Mann zurück. Goethe wird ihm erneut zur Leitfigur. Daneben schließt er mit Essays über Dostojewski, Nietzsche, Fontane, Kleist, Tschechow und Schiller sowie Zeitgenossen wie Shaw und Hauptmann die Rechenschaft von den eigenen Bildungserlebnissen ab. In einer Besprechung über *Briefe Richard Wagners* äußert er sich über die politische Verantwortlichkeit Bayreuths. Auch dies ist Werkabschluß.

Zuletzt erwägt Mann einen Stoff aus der Reformationszeit. Die Vorgeschichte ist recht lang. Parallel zu ersten Überlegungen zum *Joseph*-Roman plant Mann Mitte der zwanziger Jahre schon Novellen über Philipp II. und Erasmus. Am 14.6.1925 schreibt er an Bertram, er wolle »Historien machen: Joseph, Erasmus, Philipp, ein schönes Buch.« In einem Gespräch mit Oskar Maurus Fontana meint er am 11.6.1926, er beabsichtige eine »Reihe historischer Novellen« zu schreiben, die »mehr ins Essayistische, Weltbildnerische« ausgreifen:

> Ich kam zuerst aus Liebhaberei zu diesen drei Stoffen, von denen ich Ihnen einen nannte: ›Joseph und seine Brüder‹. Die anderen beschäftigen sich mit *Philipp II.*, mit *Luther* und *Erasmus*. Liebhaberei, sich in einem Ägypten, Spanien, Deutschland der Vergangenheit festzuhaken. Aber je mehr ich mich mit den Stoffen beschäftige, desto mehr sehe ich, daß die Liebhaberei einen geheimen Sinn, eine geheime Verbindung hatte: Das Religiöse.[33]

Er scheint also zunächst eine Sammlung historischer Novellen über religiöse Weichenstellungen schreiben zu wollen. Mit der Ausweitung des biblischen Stoffes zu einer großen Roman-Tetralogie ist dieses Vorhaben hinfällig. Die Reformationsthematik hält Mann aber fest. In den Tagebüchern von 1933/34, die auch den Faust-Plan immer wieder erwähnen, notiert er: »Hitlers Ähnlichkeit mit Luther wird überhaupt viel empfunden.« (TB 20.3.1934) Am 2.4.1933 fragt er sich: »Ist meine Rolle nur die eines Erasmus im Verhältnis zu einem neuen Luthertum?« Im Sommer 1934 notiert er wenige Tage vor seiner Entscheidung, »über Deutschland zu schreiben« (TB 31.7.1934):

»Gnaden- und Erntejahr«, auch im dokumentatorischen Rückgriff auf ihre Tagebücher, das Verfahren des »Romans eines Romans«; sie berichtet noch vom Sterben als einem »Wunder« (86) der Gnade und deutet den Tod in der Terminologie des »*Faustus*« als »*Durchbruch*« (72f, 81), als Zeichen der Vollendung des eigenen Werkes (vgl. 18, 74).

33 In: Dichter über ihre Dichtungen. Bd. 14/II: Thomas Mann, Frankfurt 1979, 68.

> Ich las in Zweigs Erasmus-Buch. Die historische Anspielung und Parallele ist schon unerträglich, weil sie der Gegenwart zuviel schwächliche Ehre erweist. ›Luther, der Revolutionär, der dämonisch Getriebene dumpfer deutscher Volksgewalten‹. Wer erkennt nicht Hitler? Aber das ist es ja gerade – daß die ekle Travestie, die niedrige, hysterische Äfferei für mythische Wiederkehr genommen wird. Das ist schon die Unterwerfung. (TB 29.7.1934, vgl. 3.-6.8.1934)

Für den *Faustus* liest Mann eine Unmenge Literatur über die Reformationszeit. Stark beeindruckt ihn dabei Huizingas Erasmus-Buch. »Vage produktive Versuche beim Lesen über Erasmus«, bemerkt er dazu (TB 2.9.1947). In der *Phantasie über Goethe* finden sich Andeutungen über Ähnlichkeiten zwischen Erasmus und Goethe (IX, 737f). Nach Abschluß des *Erwählten* heißt es: »Am möglichsten wäre die Luther-Erasmus-Novelle« (TB 25.11.1950).[34] Er spricht auch von einem Erasmus-Stoff (TB 23.2. u. 22.3.1951) und scheint damit den Akzent auf die politische Auffassung des Friedensproblems zu legen. Die Novelle bleibt ihm aber »höchst nebelhaft« (TB 1.7.1951).

Eine Reformations-Novelle hätte ein gewaltiges Werk werden können. Nimmt man die Ausführungen in *Deutschland und die Deutschen* (vgl. XI, 1134f), so hätte sie von der Weichenstellung der Nationalgeschichte durch eine einseitig religiöse Revolution gehandelt und somit von der Verengung der »deutschen Freiheit« (E. Troeltsch) auf die »unpolitische« Bahn des Obrigkeitsstaates; sie hätte die religiösen Auseinandersetzungen der Reformationszeit als Kampf um geschichtliche Möglichkeiten aufgefaßt und in Riemenschneider, Hutten oder Erasmus politische Alternativen aufgezeigt.[35] Ähnlich wie der *Faustus* wäre ein Luther-Werk ein Werk der Epoche in historischer Parallelisierung geworden. Umgekehrt jedoch wären die Auseinandersetzungen der Gegenwart um das Nachkriegsdeutschland nun der Hintergrund der Entscheidungsfragen der Reformationszeit gewesen. Anders als im *Faustus* hätte Mann sie deshalb nicht aus dem geschichtlichen Abstand schreiben können. 1943, bei Beginn der Niederschrift, wußte er mit der kommenden Niederlage des Nationalsozialismus auch um den Ausgang des Romans. Solch auktoriales Wissen fehlte für den Reformations-Plan. Zudem erlaubte Manns Erwartung einer europäischen Einigung kaum den Rückbezug auf die Geschichte der konfessionel-

---

34 Nach dem Faustus-Roman erwägt Mann parallel zur Wiederaufnahme des »Krull«, »Goethes Achilles als Prosa-Roman« zu Ende zu dichten (Brief an Kerényi v. 20.3.1952, vgl. dazu schon IX, 355f). Er hätte damit den Goethe-Bezug seiner letzten großen Romane festgehalten und mit der griechischen Antike auch die neuhumanistisch-klassizistische Distanz zur religiösen Geschichtsdeutung eingenommen, die er persönlich vertrat.

35 Dazu vgl. Gerhard Ritter, Die Weltwirkung der Reformation, Leipzig 1942; ders., Die Neugestaltung Europas im 16. Jahrhundert. Die kirchlichen und staatlichen Wandlungen im Zeitalter der Reformation und der Glaubenskämpfe, Berlin 1950 (von Mann laut TB im Dez./Jan. 1951/52 gelesen).

len Spaltung Deutschlands und Europas. Nach 1945 bekennt Mann entmutigt[36] seine »Ratlosigkeit« (XI, 489) über die Entwicklung. In diese Lage kann er den Reformationsstoff nicht spiegeln. Nach Abschluß des *Krull* nimmt er die Beschäftigung dennoch auf (TB 1.7.1953). Im Juni 1954 (TB 4.6.1954) heißt es:

> Eine Reihe von 7 historischen Charakterszenen aus dem 16. Jahrhundert wäre denkbar, worin die (humoristische) Verschiedenartigkeit der Stand- und Blickpunkte der Akteure dieser Zeit sich malte [...] Die Schicksale Luthers, Huttens, Erasmus', Karl V., Leo X., Zwingli's, Münzers, Tilman Riemenschneiders schweben mir vor, ohne daß das Bild einer Composition und Gestaltung sich zeigen will.

Mann legt sich dann auf ein Schauspiel *Luthers Hochzeit* fest. Zuletzt notiert er (TB 15.6.55): »Scham, weil sich der Luther-Stoff nicht bilden und zuspitzen will. Überhaupt das Gefühl, daß ich nicht mehr zu arbeiten weiß«.[37] Offenbar sucht Mann den Konzeptionsproblemen der »historischen Novelle« zu entgehen, indem er sein Publikum mit einem erneuten dramatischen Versuch überrascht. Dabei rückt er von der historisch-politischen Zielsetzung der Novelle zunehmend ab. Daß aber eine politische Nachkriegsdichtung nötig ist, ist ihm selbstverständlich. Seine ästhetische Wertung fällt geradezu mit der Frage nach dem »Zeitroman« zusammen. So meint er 1949 in Beantwortung einer Rundfrage *Wie steht es um die Nachkriegsdichtung?*:

> Brochs ›Vergil‹, meines Bruders Spät-Roman ›Der Atem‹, Hesse's ›Glasperlenspiel‹, manches von Aldous Huxley, selbst mein eigener ›Faustus‹-Roman sind größer und als Dokumente der Zeit ausgiebiger, als was die Jungen bisher hervorgebracht. (X, 924)

Beim Verzicht auf das Vorhaben einer großen Nachkriegsdichtung mag Mann an den »alten Fontane« gedacht haben, mit dem er sich damals erneut beschäftigt (vgl. IX, 816ff). Von dessen letztem Plan schrieb er 1910 schon:

> Wären die ›Likedeeler‹ geschrieben worden, so besäßen wir heute den historischen Roman von höchstem poetischen Rang [...]. Dies lautlose Versinken einer so neuen und hohen, so klar erschauten Aufgabe, dies stille Absterben einer begeisternden, Unsterblichkeit verheißenden Konzeption gibt zu denken. Müdigkeit allein ist kein Grund zu solchem Verzicht. [...] Ruhig und mit fontanischer Skepsis gesehen: der Likedeeler-Plan war ein Plan des Ehrgeizes, der als solcher erkannt und verworfen wurde. (IX, 25ff)

---

36 Dazu vgl. Kurt Sontheimer, Thomas Mann und die Deutschen, München 1961, 137ff.
37 Zum Material vgl. Kurt Aland, Martin Luther in der modernen Literatur. Ein kritischer Dokumentarbericht, Witten 1973, bes. 369-397; Hans Wysling, Thomas Manns Plan zu einem Schauspiel »Luthers Hochzeit«. Eine Dokumentation und einige Vermutungen, in: Hefte der deutschen Thomas-Mann-Gesellschaft, Lübeck 1984, 3-24; die Heiratsthematik ins Zentrum stellend: Bernd Hamacher, Thomas Manns letzter Werkplan ›Luthers Hochzeit‹, Frankfurt 1996.

Manns Verzicht ist doppelt bedauerlich. Es fehlt dadurch nicht nur die große Nachkriegsdichtung von den Entscheidungen der Nachkriegszeit, sondern auch das essayistische Begleitwerk und die öffentliche Reflexion der Nachkriegslage. Anders als beim *Doktor Faustus* sieht Mann nach 1945 die persönlichen und politischen Bedingungen für eine Vollendung nicht mehr gegeben. Statt dessen rundet und schließt er sein Werk ab.

8. Zwischenbetrachtung: die politische Hermeneutik der Nationalgeschichte, das Böse und die Bildungsform

Einleitend wurde gesagt, daß Mann seine ethisch-anthropologische Frage nach den Möglichkeiten gelingenden Lebens in die historisch-politischen Bedingungen zurückstellt. Dafür wurde vom Typus des »zeithermeneutischen« Romans gesprochen, der National- bzw. Zeitgeschichte unter der utopischen Perspektive einer Bildungs- bzw. Humanitätsidee auf politische Gründe zurückführt. Es muß sich nun beantworten lassen, ob und wie er die Nationalgeschichte politisch deutet. Dabei geht es nur um den elementaren Befund, daß Mann Nationalgeschichte unter der Frage nach den Chancen gelingenden Lebens dichterisch gestaltet. Wie er dies theoretisch reflektiert und in politisches Engagement umsetzt, wird später erläutert.

Für die *Buddenbrooks* wurde herausgestellt: Der Roman gestaltet einen Konflikt von Tradition und Individuation. Die Familie repräsentiert zwar weder die Geschichte Deutschlands noch des Stadtstaats noch des Bürgertums. Und die Folgen der nationalen Einigung bzw. Verpreußung für den hanseatischen Stadtstaat wie die Familie (und deren Geschäft) werden nicht eingehend erörtert. Im Zusammenhang des Romanwerks ist der Roman dennoch als Allegorisierung lesbar: als Verdeutlichung des Verhältnisses von Modernisierungsdruck, Tradition und Individuation im Spiegel einer Familie. Die zentrale Frage des Romanwerks zeichnet sich ab: Wie kann Individuation in Deutschland gelingen?

Der Zauberberg exploriert das Problem in der pädagogischen Provinz des Sanatoriums. Er ist »ärztlich« gemeint im Sinne der von Nietzsche aufgenommenen platonischen Frage nach dem Philosophen als »Arzt« der Kultur und des Individuums. Mann formuliert seine pädagogische Utopie im »Traumgedicht vom Menschen« und stellt Hans Castorp als »Vorkämpfer« einer »neuen Konzeption« vom Menschen vor. Doch auch Castorp kann sich bei seinem Bildungsexperiment nicht aus der »großen Konfusion« der Zeit lösen. Die Diskurse verstricken ihn in Konfusion, weil sie agonal und ideologisch zu gewaltsamen Lösungen tendieren. In dieser Lage begreift Castorp sein »Regierungsgeschäft« ironisch als individuelles Problem. Sein Versuch der Selbstregierung durch Bildung scheitert. Auch er findet letztlich für sich keine andere Lösung als die Flucht in den Krieg.

Doktor Faustus geht von der historischen Erfahrung des Bösen aus und nimmt dabei die frühere Unterscheidung von Politik und Gewalt auf: Der Nationalsozialismus heißt böse, weil er sich nicht verständigungsorientiert auf die »Welt« bezieht, sondern »Sinn« und »Rechtfertigung« im Krieg sucht. Weil Mann den Nationalsozialismus in religiöser Semantik diabolisiert, kann er den Faust-Roman als Deutschland-Roman durchführen. Er fragt danach, wie sich die Krisenlage so deuten läßt, daß ein »Durchbruch zur Welt« möglich wird. Er erörtert diese Frage fundamental als Frage nach der Form von Bildung, die Selbständigkeit ermöglicht. Als Alternative erörtert er Wort und Ton. Mann distanziert sich von der Musik und optiert für das Wort als Form der Gesamtdeutung der »deutschen Katastrophe«.

Schon lange fordert er, unter dem Eindruck Nietzsches,[38] eine Europäisierung Deutschlands. Dabei vertritt er eine nationsbildungsgeschichtliche Sonderwegsthese.[39] In ihrer starken Version einer folgerechten Entwicklung von Luther zu Hitler historisch fragwürdig, ist sie doch appellativ-politisch akzeptabel. Denn der »Durchbruch zur Welt« ist ein Gebot jeder politischen Ethik und Vernunft. Mann macht die deutsche Nation für Hitler verantwortlich, geht auf die Anfänge des deutschen Sonderwegs zurück und allegorisiert die religiös überspannte »Welteinsamkeit« durch Leverkühns Teufelspakt. Im Vortrag *Deutschland und die Deutschen* lautet die bekannte Wendung:

> Eines mag diese Geschichte uns zu Gemüte führen: daß es nicht zwei Deutschland gibt, ein böses und ein gutes, sondern nur eines, dem sein Bestes durch Teufelslist zum Bösen ausschlug. Das böse Deutschland, das ist das fehlgegangene gute, das gute im Unglück, in Schuld und Untergang. (XI, 1146)

Diese Formulierung ist leicht mißverständlich: Mann schreibt eigentlich niemals Verfallsgeschichte vom Guten zum Bösen, sondern setzt eher einen Stand moralischer Indifferenz voraus, der appellativ um der Entwicklung zum Guten willen als Stand des Bösen bezeichnet wird. Wenn Mann von einer anfänglichen Identität von Gut und Böse spricht, so meint er den Entschluß zum Bösen um des bloßen Existierens willen. Die Individuation ist die moralische Grundentscheidung, die als böse Tat der Besonderung zugleich die Bedingung alles Guten ist. Gut und Böse sind in diesem Urakt moralischer Selbstbegründung gewissermaßen identisch. Durch diese Konzeption von Individuation parallelisiert Mann die moralische Problematik des

---

38 Die Entwicklung von Nietzsches politischem Denken als Weg vom Nationalisten zum guten Europäer bei Henning Ottmann, Philosophie und Politik bei Nietzsche, Berlin 1987. Thomas Manns Nietzschebild war von den Diskussionen mit Ernst Bertram beeinflußt. Deshalb vgl. auch Ernst Bertram, Nietzsches Europa, in: ders., Möglichkeiten. Ein Vermächtnis, Pfullingen 1958, 167-200.

39 Ideologiegeschichte der Sonderwegsthese bei Bernd Faulenbach, Ideologie des deutschen Weges. Die deutsche Geschichte in der Historiographie zwischen Kaiserreich und Nationalsozialismus, München 1980.

Künstlertums mit der politischen Besonderung Deutschlands: Der Teufel verheißt dem Künstler ein Werk und fordert dafür den Liebesverzicht; dem (unmenschlichen, das Mitsein negierenden) Liebesverzicht Leverkühns entspricht die protestantische Besonderung Deutschlands. Die deutsche Politik ist böse, weil sie sich um der eigenen Existenz und Größe willen von der Welt isoliert; Adrian ist als teuflisch inspirierter Künstler der Repräsentant von Deutschlands Ringen um seine »Seele«.

Adrian fragt, wie »aus dem Bösen das Gute« (VI, 139f) hervorgehen kann. Er fragt nach der Möglichkeit des künstlerisch gelungenen, guten Werkes. Über sein Verhältnis zur Tradition kommen ihm Zweifel. Es scheint ihm nur noch die Parodie der Tradition möglich. Um auf der Spitze der musikalischen Avantgarde die deutsche Welteinsamkeit zu artikulieren, greift er auf religiöse Themen zurück. In seiner Klagekantate gibt er den »Menschenlaut« als »Naturlaut« zurück und agiert ihn als Klage. Damit scheitert er an seiner avantgardistischen Vertauschung von Wort und Ton und realisiert die »Nachbarschaft von Ästhetizismus und Barbarei« durch seine Verkehrung des Menschenlautes zur Musik. Mann insistiert dagegen auf dem Wort. Nicht Leverkühns Musik, sondern seinen Roman betrachtet er als humane Antwort auf die deutsche Problematik.

Liest man die Repräsentation Deutschlands durch die Biographie Leverkühns (und Zeitbloms) als den Versuch einer Antwort, so lautet sie, zusammengefaßt, allzu abstrakt: Deutschland konnte das moralisch-politische Problem seiner Individuation nicht lösen, weil es als »Land der Musik« nicht über die Sprache verfügte, human zu kommunizieren. Sie hätte nicht singen sollen, diese Seele, sondern hätte sich für andere Formen von Bildung entscheiden sollen, etwa für die Literatur, um zu einer anderen Identität zu gelangen, die weniger isoliert. Weil diese Antwort für sich genommen kein Handeln orientiert, läßt sich bezweifeln, daß der Kunstgriff der Repräsentation Deutschlands durch die fiktive Doppelbiographie von Leverkühn und Zeitblom politische Einsichten verspricht. Schon die Reduktion der Nationalgeschichte auf eine Problematik und der Einsatz des Faust-Mythos als Erkenntnismittel wecken Zweifel. Allerdings war das nationale Deutungsmuster »Faust« zeitgenössisch noch gängig.[40] Es wurde von Max Weber über Friedrich Meinecke bis Gerhard Ritter aufgegriffen, um die Eigenart politischer Ethik zu diskutieren und ein positives Verhältnis der deutschen Politik zur Macht zu fordern. Herfried Münkler folgend, destruiert Mann diese »politisch-kulturelle Selbstauslegung« durch den Faust-Mythos: Der Roman sei der Versuch, »mit den Mitteln mythischer Narration die Macht mythischer Verstrickungen zu lösen«[41]. Mann erneuert den Faust-Mythos

---

40 Nachweise bei Willi Jasper, Faust und die Deutschen. Zur Entwicklungsgeschichte eines literarischen und politischen Mythos, in: Zeitschrift für Religions- und Geistesgeschichte 48 (1996), 215-230.
41 Herfried Münkler, Wo der Teufel seine Hand im Spiel hat. Thomas Manns Deutung der deutschen Geschichte des 20. Jahrhunderts, in Röcke (Hrsg.), Thomas Mann, 2001, 89-107, hier: 106.

als Interpretament und Handlungsmodell der deutschen Politik und Geschichte aber auch. Seiner Auffassung nach bewahrheitet der Nationalsozialismus den Mythos, daß Deutschland sich dem Teufel verschrieben hat und zur Hölle fährt. Er verquickt dabei die politische Geschichtsdeutung mit einem moralischen Verdikt. Mann rekonstuiert handlungsleitende nationale Mythen nicht nur, sondern kritisiert sie auch. Weil der Faust-Mythos damals akteursintentional noch ein nationales Deutungsmuster ist, kann die historisch-politische Aufklärung den Weg einer solchen mythopolitischen Destruktion wählen.[42] Vergleichbare »eschatologischen« Deutungen des Nationalsozialismus als »politische Religion« werden deshalb nach Voegelin und Sternberger gerade in jüngster Zeit wieder vielfach vertreten.

Politisch optiert Mann seit langem für europäische Verständigung und »Solidarität«. Mit Nietzsche versteht er dieses »gute Europäertum« auch ethisch als Aufgabe der Entwicklung gemeinsamer Humanitätsvorstellungen. Wenn er vom »Frieden« spricht, so meint er deshalb, über einen engen politischen Friedensbegriff hinausgehend,[43] die solidarische Einmütigkeit in den Lebenskonzepten. Sie kann nur erlangt werden, wenn alle Beteiligte ihre Geschichte revidieren und kommunizieren wollen. Diese Kommunikation diverser Herkunftsgeschichten und Humanitätsvorstellungen betrachtet Mann als konfliktreichen, agonalen Prozeß. Mit dem *Doktor Faustus* verheißt er deshalb keinen Frieden, sondern fordert nur den »Durchbruch« zur Verständigungsbereitschaft. Er appelliert daran, ein überliefertes Identitätskonzept zu überdenken und die Abstandnahme von der Selbstgerechtigkeit subjektiver Geltungsansprüche als Chance zur gemeinschaftlichen Weiterentwicklung von Humanitätskonzepten anzunehmen. Wenn Manns Arbeit am Mythos deshalb auch als politisches Handlungsmodell vage bleibt, ist sie doch als Auseinandersetzung um das nationale Identitätskonzept wirksam.

---

42 Heinrich August Winkler (Der lange Weg nach Westen, München 2000, Bd. II, 112ff) affirmiert Manns Geschichtsdeutung als zeitgenössisch überzeugendsten Ansatz.
43 Zu den diversen Friedensbegriffen vgl. Dolf Sternberger, Die Politik und der Friede, Frankfurt 1986, 8ff.

IV. Roman der Antwort: *Joseph und seine Brüder*

1. Humanisierung des Mythos

Buddenbrooks, *Der Zauberberg* und *Doktor Faustus* entwickeln eine Nationalgeschichte seit der Reformation und der Französischen Revolution in Hinblick auf die Ausgangsfrage nach den Chancen gelingender Lebensführung. In den *Buddenbrooks* fragt Mann nach Individuation, im *Zauberberg* eruiert er die Chancen der Bildung zur Selbstherrschaft, und im *Doktor Faustus* fragt er weiter nach der Form von Bildung, die Individuation ermöglicht. Die *Joseph*-Tetralogie gibt Antwort im Rückgang auf die abendländische Weichenstellung. Den Verfalls- und Endgeschichten korrespondiert ein Roman der »Anfangsgründe«, in dem »die Verfallslinie zu einer Fortschrittslinie umgebogen« wird und die »Verfeinerungslinie« als »Humanitätsgewinn« erscheint.[1] Mann thematisiert die Religion dabei als das Deutungssystem, das Individualisierung durch religiöse Rationalisierung ermöglicht. Nach dem *Zauberberg* nimmt er die Frage nach der Form von Bildung also erneut auf und erörtert sie elementar an den Anfängen der abendländischen Geschichte.

Die *Joseph*-Tetralogie füllt »siebzigtausend ruhig strömende Zeilen« (XI, 670). Die Fabel basiert auf dem Buch *Genesis* und folgt einer Anregung Goethes, diese Geschichte »in allen Einzelheiten auszuführen« (654). Zwischen 1933 und 1943 publiziert, ist sie doch kein »Judenroman« (663, vgl. XIII, 486f), der die jüdischen Wurzeln abendländischer Humanitätskultur in Opposition gegen die nationalsozialistische Ideologie erinnern wollte.[2] Entstehungsgeschichtlich geht der Roman bis auf das Jahr 1923 zurück.[3] 1926 profiliert Mann seine »Menschheitsdichtung« (659) gegen die Tendenz von Alfred Baeumlers Bachofen-Einleitung,[4] Bachofen gegen Nietzsche und Mythos gegen Psychologie auszuspielen:

> Nicht an Bachofen und seine Grabessymbolik knüpft das wahrhaft Neue an, das jetzt werden will, sondern an das heroisch bewunderungswürdigste Ereignis und Schauspiel der deutschen Geistesgeschichte, an die Selbstüberwindung der Romantik in Nietzsche und durch ihn, und nichts ist gewisser, als daß in die Humanität von morgen, die nicht nur ein Jenseits der Demokratie, sondern auch ein

---

[1] Hermann Kurzke, Mondwanderungen. Wegweiser durch Thomas Manns Joseph-Roman, Frankfurt 1993, 113, anschließend an Mann, Brief v. 23.5.1935 an L. Servicen (Briefe I, 389f); vgl. auch Dieter Borchmeyer, »Zurück zum Anfang aller Dinge«. Mythos und Religion in Thomas Manns *Josephs*romanen, in: Thomas-Mann-Jahrbuch 11 (1998), 9-29.
[2] Dazu bes. Zum Problem des Antisemitismus (1937), XIII, 479-490.
[3] Allerdings korrigiert Mann noch bis in den August 1933 die Fahnen des ersten Bandes (TB 18.8.1933).
[4] Einleitung zu: J. J. Bachofen, Der Mythus von Orient und Occident, München 1926.

Jenseits des Faschismus wird sein müssen, Elemente eines Neu-Idealismus eingehen werden, stark genug, um dem Ingrediens romantischer Nationalität die Waage zu halten. (51)

In seinen diversen Selbstinterpretationen betont Mann sein vorrangiges Interesse an einer Verhältnisbestimmung von »Psychologie und Mythus«:

> Der Mythos wurde in diesem Buch dem Faschismus aus den Händen genommen und bis in den letzten Winkel der Sprache hinein *humanisiert*, – wenn die Nachwelt irgend etwas Bemerkenswertes daran finden wird, so wird es dies sein (658, vgl. 48ff, 651, 653).

Mann humanisiert den Mythos, indem er die mythische Lebensform aus der Teilnehmerperspektive psychologisch beschreibt. Er entdeckt dabei, daß mythische Identifikationen einen Spielraum der Spekulation und Rationalisierung und somit individuellen Verhaltens eröffnen. Der Mythos bietet Modelle zur Bewältigung von Situationen. Er ermöglicht eine pragmatische Hermeneutik der »Haupterhebung« (IV, 140) gerade in schwierigen Situationen. So verarbeitet Jaakob persönliche Niederlagen durch einen Gottestraum; so träumt sich Joseph in der Grube eine Verheißung. Beide orientieren sich mittels des Mythos, indem sie aktuale Handlungslagen in Analogie zur Überlieferung deuten. Die Identifikation mit einem mythischen Ahnen gibt ihnen nicht nur ein Verständnis der Situation, sondern auch das Muster und Vorbild einer Handlung vor. Auch in diesem Sinne meint Mann: »Der Mythos ist die Legitimation des Lebens« (IX, 496). Er spricht von einem »Leben als Nachfolge, als ein In-Spuren-Gehen, als Identifikation« (492). Als »Imitation oder Nachfolge« bezeichnet er eine Lebensauffassung, »die die Aufgabe des individuellen Daseins darin erblickt, gegebene Formen, ein mythisches Schema, das von den Vätern gegründet wurde, mit Gegenwart auszufüllen und wieder Fleisch werden zu lassen« (IV, 127). Immer wieder führt er diese zentrale Idee aus. Für Josephs Dienst in Ägypten bemerkt er:

> Was er erlebte, war Imitation und Nachfolge: in leichter Abwandlung hatte sein Vater es ihm einst vorerlebt. Und geheimnisvoll ist es, zuzusehen, wie im Phänomen der Nachfolge Willentliches sich mit Fügung vermischt, so daß ununterscheidbar wird, wer eigentlich nachahmt und es auf Wiederholung des Vorgelebten anlegt: die Person oder das Schicksal. Inneres spiegelt sich ins Äußere hinaus und versachlicht sich scheinbar ungewollt zum Geschehnis, das in der Person gebunden und mit ihr eins war schon immer. Denn wir wandeln in Spuren, und alles Leben ist Ausfüllung mythischer Formen mit Gegenwart. (V, 824f, vgl. XIII, 164ff).

Am 25.12.1925, Weihnachten, schreibt er an Bertram:

> Sie müssen bedenken, daß es ein rechtes Wagnis für mich ist, mich auf die Welt des Religiösen einzulassen, die ich eigentlich u(nd) persönlich nur in der Form schlichtester Verehrung des Unerforschlichen kenne, die aber zweifellos den einzigen Zugang bietet, der sich uns zu der Mondschein-Welt des alten Orients aufthun *kann*, – dieser Menschen-Frühwelt, die mich jetzt so sonderbar anzieht.

In einer späteren Selbstdeutung heißt es:

> Ich erzählte die Geburt des Ich aus dem mythischen Kollektiv, des abrahamitischen Ich, welches anspruchsvollerweise dafür hält, daß der Mensch nur dem Höchsten dienen dürfe, woraus die Entdeckung Gottes folgt. Der Anspruch des menschlichen Ich auf zentrale Wichtigkeit ist die Voraussetzung für die Entdeckung Gottes, und von Anbeginn ist das Pathos für die Würde des Ich mit dem für die Würde der Menschheit verbunden. (XI, 665f)

Diese Überlegungen läßt Mann im Roman auch seine Protagonisten treffen:

> Urvater hatte die Frage unbedingt wichtig genommen, wem der Mensch dienen solle, und seine merkwürdige Antwort darauf war gewesen: ›Dem Höchsten allein.‹ Merkwürdig in der Tat! Es sprach aus der Antwort ein Selbstgefühl, das man fast hoffärtig und überhitzt hätte nennen können. (IV, 425)

Mann spielt bei solchen Formulierungen mit der Distanz des Lesers zum religiösen Selbstverständnis der Protagonisten. Seine »religiöse« Auffassung der Humanität (XI, 642: »Auf einmal bin ich legitimiert, mich einen religiösen Menschen zu nennen«.) setzt die neuere Religionskritik nach Kant und Nietzsche voraus.[5] So nennt Mann die religiöse Rationalisierung explizit eine »Anthropogonie« (XIII, 489): »Denn gewissermaßen war Abraham Gottes Vater. Er hatte ihn erschaut und hervorgedacht« (IV, 428). Mann ironisiert dies nur in der Perspektive des Mythos, der den Menschen, das »Engeltier« (V, 1276), als Spiegel und »Mittel zur Selbsterkenntnis Gottes« betrachtet (1279). Wenn sein Kenntnisstand der Judaistik und Ägyptologie, wie Experten zeigen,[6] auch auf der Höhe der Zeit ist, übersteigt seine humanistische Interpretation doch den Rahmen der Religionswissenschaft. Mann weist kulturphilosophische Dif-

---

5 Zur Religiosität Manns vgl. Hans Küng, Gefeiert – und auch gerechtfertigt? Thomas Mann und die Frage der Religion, in: Walter Jens u. ders., Anwälte der Humanität, München 1989, 81-157; vgl. auch Dietmar Mieth, Epik und Ethik. Eine theologisch-ethische Interpretation der Josephsromane Thomas Manns, Tübingen 1976.
6 Vgl. die vorzüglichen Beiträge von Erik Hornung, Thomas Mann, Echnatôn und die Ägyptologen, sowie Jan Assmann, Zitathaftes Leben. Thomas Mann und die Phänomenologie der kulturellen Erinnerung, in: Thomas-Mann-Jahrbuch 6 (1993), 59ff, 133ff. Assmann kommt in seinen neueren Arbeiten immer wieder auf Manns »genialen Scharfblick« zu sprechen und bestätigt dessen These vom »zitathaften Leben« im Mythos vor allem für den »Archaismus der Spätzeit« (so in ders., Ägypten. Eine Sinngeschichte, Frankfurt 1999, 382f, 400, 481). Zu Manns Quellen vgl. Herbert Lehnert, Thomas Manns Vorstudien zur Josephstetralogie, in: Schiller-Jahrbuch 7 (1963), 458-520; ders., Thomas Manns Josephstudien, in: Schiller-Jahrbuch 10 (1966), 378-405. – Differenzen andeutend: Gerhard von Rad, Biblische Joseph-Erzählung und Joseph-Roman, in: Neue Rundschau 76 (1965), 546-559; Manfred Dierks, Studien zu Mythos und Psychologie bei Thomas Mann, Bern 1972, 60ff; zur umstrittenen Rezeption Goldbergs eingehend Christian Hülshörster, Thomas Mann und Oskar Goldbergs ›Wirklichkeit der Hebräer‹, Frankfurt 1999.

ferenzbehauptungen mit Spenglers These von der »radikalen Fremdheit« und Eigenlogik der Kulturen Anfang der zwanziger Jahre schon ein für allemal zurück. Dies heißt nicht, daß er kulturelle Differenzen namentlich zwischen der Joseph-Sippe und dem alten Ägypten leugnete. Auf der Darstellungsebene des Selbstverständnisses der Akteure hält er Differenzperspektiven durchaus fest. Es geht ihm aber nicht um eine kulturelle und mythologische Herkunftseinheit. Wenn er bei seiner Darstellung von Jaakobs und Josephs mythopoietischen Spekulationen über die orientalischen Mythen hinausgreift und Affinitäten zur griechischen Mythologie wie zum Christentum herstellt, so indiziert dies eine universalistische Gesamtperspektive und These. Allem Geschehen ist »von Anbeginn ein Element der Verheißung einschlägig« (1552). Die Kunde wird zur Verkündigung. Wenn Manns eklektische Zitierung diverser Mythologeme auch ihrerseits inkonsequent und ironisch ist, so tangiert dies doch nicht die grundsätzliche Annahme, daß alle mythopoietische Phantasie vom futurischen Telos der Entwicklung des Selbstbewußtseins einer Menschheit geleitet ist.

Von diesem Telos her greift Mann auf Archetypenlehren zurück. Wenn er Grundmythen wie das große Fest, den großen Turm, das Paradies einführt, so mythologisiert er das universalistische Telos der Religionsentwicklung in poetischer Lizenz. Das vorprojizierte Telos eines universalen Humanitätsbewußtseins berechtigt ihn zur Rückprojektion auf Archetypen der Erinnerung. Mann nimmt Spekulationen vom archetypischen Bestand der Gesamtheit von Mythen als Wissenschaftsmythen auf und begreift sie als Rückprojektion einer Vorprojektion: als Situierung eines geschichtlichen Telos in einem mythischen Anfang. Diese Menschheitsgeschichte nennt er ein »Symbol« und schreibt Goethe zu, daß das »eigentliche Studium der Menschheit« dem Menschen gälte (XI, 435). In diesem Sinne spricht er ständig von der »Frage« und dem »Problem des Menschen«: Die Humanität, die Menschlichkeit des Menschen, ist diese aufgegebene Frage. Sie stellt sich dem Menschen in seiner Geschichte. Das Studium der Menschheitsgeschichte konfrontiert mit moralischen Entscheidungen. Dadurch ist die Geschichtsforschung ein Zugang zur moralischen Selbsterfahrung des Menschen. Diese moralische Auffassung mythisiert der Roman. Wenn das »Vorspiel« den gnostischen Mythos vom »Urmenschen« neu erzählt, reflektiert Mann auf den moralischen Sinn des Geschichtsstudiums. Auch seine politische Publizistik begreift er ausdrücklich als Allegorie der moralischen Selbsterfahrung. Nicht der Menschheit, sondern »dem Menschen« gilt seine pädagogische Aufmerksamkeit. Dieser Mensch ist er selbst. Sein Werk ist ein Zeugnis der Selbsterziehung.

Manns Humanisierung des Mythos ist im Vorspiel »Höllenfahrt« zur ganzen Tetralogie und im »Vorspiel in oberen Rängen« im vierten Band ausformuliert. Das einleitende Vorspiel bestimmt den Status der mythopoietischen Reflexion. Mann begreift den Menschen als ein »Rätselwesen«,[7] das sich Antworten über die »An-

---

7 Dazu vgl. Helmuth Plessner, Macht und menschliche Natur. Ein Versuch zur Anthropologie der geschichtlichen Weltsicht, Berlin 1931.

fangsgründe des Menschlichen« (IV, 9) im »Sinne praktischen Notbehelfs« (17) geben muß. Solche Herkunftsgeschichten und »Anfänge bedingter Art« offerieren Identifikationsangebote. Mann erzählt vom Stammesgründer, dem »Urmann« und ersten »Mondwanderer«, von dem Joseph seine Identität herleitet. Er verbindet die Erzählung von Josephs Herkunftsmythos mit einer Durchsicht über den zeitgenössischen Kenntnisstand des »mutmaßlichen Anfangs« (I. Kant) der menschlichen Kultur, die auf das Geflecht von wissenschaftlicher Erkenntnis und Spekulation auch in neueren Herkunftsgeschichten hinweist und so den verwandten Status moderner Herkunftsgeschichten ironisiert. Mann bedenkt den Mythos als Begründungsform normativer Erwartungen. »Tief ist der Brunnen der Vergangenheit«, heißt der erste Satz des Romans. »Sollte man ihn nicht unergründlich nennen?« Der Mythos beantwortet »das Unerforschliche«, indem er »im Sinne praktischen Notbehelfs« einen »Anfang« setzt. Mann nimmt eine Umdeutung des Paradiesmythos und der Überlieferung vom »Urmenschen« vor. Die gnostische Lehre dieses »Romans der Seele« heißt, daß Gott der menschlichen »Seele« den »Geist« nachschickte, um sie aus der Welt zu erlösen. Manns Korrektur dieser »Lehre« besagt, daß der Geist zum »Verräter an seiner Sendung« wurde, weil ihn eine »unerlaubte Verliebtheit in die Seele« (44) ergriff. Das »Geheimnis« dieser Lehre ist es, daß das »verratähnliche Verhalten« des Geistes »die stille Hoffnung Gottes« auf die »Teilnahme« am Schicksal des Menschen sei. Gottes Sehnsucht zielt, so der Erzähler, nicht auf die Erlösung des Lebens durch den Geist, sondern auf das »Eingehen des Geistes in die Welt der Seele«:

> Das Geheimnis aber und die stille Hoffnung Gottes liegt vielleicht in ihrer Vereinigung, nämlich in dem echten Eingehen des Geistes in die Welt der Seele, in der wechselseitigen Durchdringung der beiden Prinzipien und der Heiligung des einen durch das andere zur Gegenwart eines Menschentums, das gesegnet wäre mit Segen oben vom Himmel herab und mit Segen von der Tiefe, die unten liegt. Dies also wäre als geheime Möglichkeit und letzte Deutung der Lehre in Betracht zu ziehen (48f).

Mehr noch als Jaakob entspricht Joseph dieser Idee des Jaakobssegens; sie ist sein »Lieblingsgedanke[]« (411, vgl. XIII, 204f, 488f). Und die Formulierung des Jakobssegens ist die initiale Idee, der »produktive Punkt«[8] des Romans, den Mann 1928 erstmals mitteilt (XI, 625). Damit gibt er dem »Traumgedicht vom Menschen« eine neue Fassung, die frühere Ideen vom »*Dritten Reich*« der »*Synthese*« von »*Macht und Geist*« (XIII, 551), »Geist und Fleisch« (X, 598) aufnimmt. Joseph hat den doppelten Segen »von oben herab und von der Tiefe, die unten liegt«; er hat die »Frömmigkeit zum Tode« und die »Freundlichkeit zum Leben«. Deshalb ist er der Politiker der Hoffnung Gottes auf die »Gegenwart eines Menschentums, das ge-

---

[8] So in einem wichtigen Brief v. 28.12.1926 an Bertram.

segnet wäre mit Segen oben vom Himmel herab und mit Segen von der Tiefe, die unten liegt« (IV, 48f). »Doch weltlicher Segen ist es, nicht geistlicher« (V, 1741), meint Jaakob dazu. Mann nennt den Jaakobssegen einen »Künstlersegen« (XIII, 204f) und Joseph den welthistorisch ersten »*Künstler*« (489), faßt den Künstler nun aber explizit als »Paradigma und Vorbild der Menschlichkeit« (205) auf. Die Mythisierung des »Traumgedichts vom Menschen« führt er später im Teufelspakt des *Doktor Faustus* und im *Felix Krull* weiter aus. So präsentiert Mann die mythopoietische Bestimmung des Menschen als Leitmotiv seines ganzen Werkes.[9]

2. Der religionsphänomenologische Ansatz bei der »Anthropogonie«

Bisher wurde einleitend nur Manns Anliegen erörtert, den Mythos so zu humanisieren, daß die »Geburt des Ich« geschichtlich begründet wird. Warum erzählt Mann aber gerade diesen Herkunftsmythos? Ist es nur der ästhetische Anreiz, eine Romanidee Goethes auszubuchstabieren? Ist es epische Neugier zum altväterlichen Sujet? Vergegenwärtigen wir erneut, was Mann als Zielvorgabe des Romans nennt: eine Geschichte von der »Geburt des Ich« (XI, 665), die dem gegenwärtigen Selbstverständnis des Menschen entspricht. Geht Mann in seinen Novellen von der individuellen Lebensführungsproblematik aus, so entdeckt er in seinen Romanen mit den historisch-politischen Bedingungen auch die Geschichtlichkeit des menschlichen Selbstverständnisses. Mann sucht diese Geschichte aus seiner Perspektive zu ergründen. Damit entscheidet er sich für einen Roman der Anfangsgründe der abendländischen Moral. Ähnlich wie Max Weber[10] macht er eine Gegenprobe auf Nietzsches Genealogie der Moral und konzentriert sich auf die abendländische Wendung zum »ethischen Monotheismus« (M. Weber) in ihrem Verhältnis zum Alten Orient. Verfügt er aber über einen eigenen religionsphilosophischen Ansatz, den Herkunftsmythos konsequent umzudeuten? Mann nennt die »Lehre« des »Mythus« ein »Kleid des Geheimnisses«, des »Lebensgeheimnisses Feierkleid« (IV, 54). Läßt sich dieses Kleid zerreißen und das Geheimnis entschleiern? Ist eine philosophische Lehre das esoterische Geheimnis von Manns Korrektur, oder ist das »Rätselwesen« Mensch wegen seiner – damals von Plessner betonten – geschichtlichen »Unergründlichkeit« das »Geheimnis« selbst?

Immer wieder äußert Mann sich in seinen Romanen und Essays zur Religiosität. So publiziert er 1931 ein ›*Fragment über das Religiöse*‹, in dem es heißt:

---

9 Dies zeigt Käte Hamburger (Der Humor bei Thomas Mann. Zum Joseph-Roman, München 1965) in grundsätzlicher Absicht. Diese – 1945 erstmals erschienene – Arbeit wurde allerdings von Mann nicht sonderlich geschätzt (vgl. TB 19.12.1944, 26.1.1946, 10.12.1947).
10 Max Weber, Gesammelte Aufsätze zur Religionssoziologie, 3 Bde., Tübingen 1920/21.

> Die Stellung des Menschen im Kosmos, sein Anfang, seine Herkunft, sein Ziel, das ist das große Geheimnis, und das religiöse Problem ist das humane Problem, die Frage des Menschen nach sich selbst. [...] Wenn ich aber eine Überzeugung, eine religio mein eigen nenne, so ist es die, daß es nie eine Stufe gegeben hat, auf der der Mensch noch nicht Geist, sondern nur Natur war. (XI, 424f)

In seinem programmatischen Vorwort von 1937 zum ersten Jahrgang der Emigrationszeitschrift *Maß und Wert* meint Mann,

> daß keine tiefere Empfindung für das Problem des Menschentums eines religiösen Einschlages je entraten wird. Nicht, daß Humanität sich als Religion aufzutun prätendierte durch die Vergottung des Menschen. Wie wenig Anlaß besteht zu dieser! Aber Humanität ist religiös in der Verehrung des Geheimnisses, das sich im Menschen verkörpert. Denn der Mensch ist ein Geheimnis. In ihm transzendiert die Natur und mündet ins Geistige (XII, 806f).

Genauer bedacht, spricht er hier nicht im Sinne Plessners vom »Geheimnis« der geschichtlichen Unergründlichkeit des Menschen, sondern vom Geheimnis der Transzendierung der Natur ins »Geistige«. Weder der »Geist«, noch der »Mensch«, sondern daß Natur »Geist« erzeugt, ist das »Geheimnis«. Mann spricht also erneut von seiner Mythologie der »Urzeugung«, die die Entstehung des »Geistes« aus der (organischen) »Natur« voraussetzt und den Übergang als ein Geheimnis verehrt, das naturwissenschaftlich nicht ganz gelöst ist. An die Stelle der »Vergottung des Menschen« tritt die Verehrung der geheimnisvollen Schöpfungskraft der Natur. Indem der Mensch sich als »geistiges« Wesen geschichtlich versteht, verehrt er zugleich die Natur. Mit der Geschichtlichkeit realisiert sein »religiöser Instinkt« den »Gedanken des Todes« (XI, 354): »Was aber ist denn das Religiöse? Der Gedanke an den Tod.« (423)

An diesen Überlegungen ist bemerkenswert, daß Mann von der Selbsterfahrung des Menschen als »geistiges Wesen« ausgehend »Geist« auf (organische) »Natur« zurückführt, im evolutionsbiologischen Paradigma denkt und nur die Möglichkeit einer vollständigen naturwissenschaftlichen Erfassung des »Geistes« bezweifelt. Er setzt die naturalistische Antwort evolutionsbiologischer Rückführung von »Geist« und »Leben« auf »Natur« voraus. Deshalb fragt sich, warum er überhaupt einen religiösen Mythos erzählt. Er tut dies, weil er den Ausgang vom religiösen »Geist« als einen »Zugang« (25.12.1925 an Bertram) zur metaphysischen Begründung des »Geheimnisses« betrachtet. Der Vorbehalt gegenüber der naturgeschichtlichen Erklärung ist keine Ablehnung naturwissenschaftlicher Forschung. Mann priorisiert aber die ethische Selbsterfahrung des Menschen als geistiges Wesen. Vor aller naturwissenschaftlichen Erklärung ist eine mythische Begründung des menschlichen Geistes fällig, weil der »Geist« sich durch Herkunftsgeschichten versteht. Weil Mann aber schöpfungstheologische Ansprüche ablehnt und »Natur« als Begründungsmythos um der naturwissenschaftlichen Erklärung willen voraussetzt, nimmt er eine Korrektur der Überlieferung vor und erzählt vom »Eingehen des Geistes in die Welt der Seele« (IV, 48). Der Akzent liegt hier auf der »Welt«. Mann erzählt vom »geistigen« Wirken des Menschen in der »Welt«. Schon mit seiner Formulierung des Jaakobssegens deutet er seine Antwort an, Joseph als Beispiel dieser »Sendung« vorzustellen. Josephs Entwicklung zum »Ernährer« der »Welt« affirmiert er mit Nietzsche als einen fundamentalen Sinnwandel seiner Herkunftsreligiosität. Manns Umdeutung des Mythos erfolgt also aus einem eigenen religionsphilosophischen Ansatz, der, phänomenologisch von der Selbsterfahrung des Menschen als geistiges Wesen ausgehend, eine mythische Begründung des Geheimnisses der »Geburt des Ich« akzeptiert, dabei aber die Möglichkeit naturwissenschaftlicher Erklärung einräumt, schöpfungstheologische Ansprüche negiert und den Mythos deshalb als moralisch-politische Lehre reformuliert.

Dieser Ansatz entspricht neueren Tendenzen: Kants Kritik der überlieferten Gottesbeweise eröffnete einen neuen Ansatz: Gott ist kein Gegenstand möglicher Erkenntnis, aber ein regulativer Begriff für die Einheit der Erfahrung und ein Postulat der Vernunft. Menschen sind irgendwie religiös, glauben an Gott, weil sie sich als moralische Subjekte verstehen und Freiheit für sich notwendig postulieren. Dieser Gottesbegriff ist religionsgeschichtlich nicht neutral. Nach Kant bemüht sich die Religionsphilosophie deshalb weniger um »spekulative« Gottesbeweise als um die phänomenologische, Theologie und Religionswissenschaft explikativ aufnehmende Darstellung der positiven Funktion der Religion für die kulturelle Entwicklung des Menschen. Nicht mehr der »Beweis« der Existenz, sondern die »Theodizee«, die Rechtfertigung eines guten Gottes aus der Funktion des Glaubens, wird zum zentralen Thema der Religionsphilosophie. Ein religiöser Glaube ist dabei als unhintergehbar vorausgesetzt. Bleibt diese Wendung zur Religionsphänomenologie bei Hegel auch auf den »spekulativen« Gottesbeweis rückbezogen, so werden die humanistischen Konsequenzen der kritischen Wendung später von Feuerbach gezogen.[11] In seinen programmatischen Frühschriften bezeichnet Feuerbach seinen Humanismus explizit als »Anthropotheismus«.[12] In den *Grundsätzen der Philosophie der Zukunft* heißt es am Schluß:

> Die neue Philosophie dagegen, als die Philosophie des Menschen, ist auch wesentlich die Philosophie für den Menschen – sie hat unbeschadet der Würde und Selbständigkeit der Theorie, ja im innigsten Einklang mit derselben, wesentlich

---

11 Ausführlich vgl. Wilhelm Weischedel, Der Gott der Philosophen. Grundlegung einer Philosophischen Theologie im Zeitalter des Nihilismus. Bd. I: Wesen, Aufstieg und Verfall der Philosophischen Theologie, Darmstadt 1971.
12 Ludwig Feuerbach, Vorläufige Thesen zur Reform der Philosophie (1842), in: ders., Kleine Schriften, hrsg. Karl Löwith, Frankfurt 1966, 137: »Der Anthropotheismus ist die *selbstbewußte Religion* – die Religion, *die sich selbst versteht*«.

eine praktische und zwar im höchsten Sinne praktische Tendenz; sie tritt an die Stelle der Religion, sie hat das Wesen der Religion in sich, sie ist in Wahrheit selbst Religion.[13]

Mann teilt zwar das religiöse Verständnis des Humanismus, lehnt aber eine »Vergottung des Menschen« (XII, 806) ab. Eine seiner Quellen ist Max Scheler. Schelers Auffassung, daß Geist und Leben »›aufeinander hingeordnet‹« (659) seien, nennt Mann eine abschließende Fassung und Formulierung der Geist-Leben-Problematik. In einer Replik schreibt er 1931:

> Vielleicht bin ich in Dingen der heute allbeliebten Geist- und Lebens-Antithetik früher auf gewesen als mancher, der mich jetzt modestolz damit glaubt schulmeistern zu können [...] Freilich halte ich es heute lieber mit der überlegenen Kritik, die Max Scheler in seiner bewunderungswürdigen Schrift ›Die Stellung des Menschen im Kosmos‹ an der ›panromantischen Denkart über das Wesen des Menschen‹ übt, wie der bedeutende Klages und seine Schule sie vertreten; glaube mit Scheler, daß Geist und Leben ›aufeinander hingeordnet‹ sind, und daß es ein Grundirrtum ist, sie in ursprünglicher Feindschaft oder in einem Kampfzustande zu denken. (658f)[14]

Mann greift hier das Fazit von Schelers Schrift auf.[15] Seine religionsphilosophische Folgerungen entsprechen weitgehend Schelers Überlegungen. In seiner Umdeutung des gnostischen »Romans« von der Urmenschenseele scheint Mann Schelers Idee einer »Umkehrung« zur »Ermächtigung« des Geistes direkt zu übernehmen; er widerruft die gnostische Lehre vom »Sündenfall« der Schöpfung und der »Sendung« des »Geistes« zur Erlösung der »Seele« und bejaht die lebendige Verkörperung des Geistes im Menschen als esoterischen Sinn und »stille Hoffnung« Gottes. In zentralen Passagen schreibt er:

> Es unterliegt keinem Zweifel, daß seine Rolle als Vernichter und Totengräber der Welt den Geist auf die Länge des Spieles schwer zu genieren beginnt. So nämlich wandelt sich unter dem abfärbenden Einfluß seines Aufenthaltes der Gesichts-

---

13 Ebd., 218f.
14 Vgl. Brief v. 8.1.1932 an unbekannt (Briefe I, 311f). Auf Scheler stieß Mann im Zusammenhang seiner »Betrachtungen eines Unpolitischen«. Namentlich erwähnt er dort Schelers Studie »Über die National-Ideen der großen Nationen« (XII, 183). Mann nahm offenbar zunächst Schelers politische Publizistik wahr. Dabei konnte er sich mit Schelers ethisch-asketischer Deutung Nietzsches einig wissen. Extensive Kenntnisse von Schelers Schriften sind nicht anzunehmen. Die Kenntnis der grundlegenden Schrift »Die Stellung des Menschen im Kosmos« (Darmstadt 1928) konnte ihm jedoch genügen, den außerordentlichen Rang Schelers in der damaligen Diskussion zu erkennen.
15 Max Scheler, Die Stellung des Menschen im Kosmos, Darmstadt 1928, 104 (»Geist und Leben sind *aufeinander hingeordnet*, und es ist ein Grundirrtum, sie in eine ursprüngliche Feindschaft oder einen Kampfzustand zu bringen.«).

winkel, unter dem er die Dinge erblickt, daß er, nach seiner Auffassung gesandt, den Tod aus der Welt zu schaffen, sich nun im Gegenteil als das tödliche Prinzip empfinden lernt, als das, welches den Tod über die Welt bringt. [...] Nicht daß er vorsätzlich zum Verräter seiner Sendung würde; aber gegen seine Absicht, unter dem Zwange jenes Antriebes und einer Regung, die man als unerlaubte Verliebtheit in die Seele und ihr leidenschaftliches Treiben bezeichnen könnte, drehen sich ihm die Worte im Munde um, so daß sie der Seele und ihrem Unternehmen zu Gefallen lauten (IV, 43f).

In der 1931 verfaßten Miszelle *Ur und die Sintflut* zählt Mann Schelers Studie deshalb zu dem »Büchertyp«, der den Joseph-Roman inspiriert hat (X, 750). 1932 heißt es dann in *Die Einheit des Menschengeschlechts*:

> Ich bin nicht der Meinung, daß Religionsgeschichte eine gefährliche Wissenschaft sei, die den Glauben unterhöhle. Sie zerstört vielleicht einen gewissen einfältigen Glauben an die Originalität der eigenen Glaubensüberlieferung. Dagegen vermag ihre Einsicht in die Geschlossenheit der religiösen Vorstellungswelt auch denjenigen der religiösen Welt aufs menschlichste zu verbinden, der ihr sonst ferngeblieben wäre: ich meine den ursprünglich humanistisch und nicht theologisch Gestimmten. Religionsgeschichte ist eine humanistische Wissenschaft, und als solche erhebt sie sich kritisch über das Theologische. (753)

3. Das politisch-theologische Thema

In erster Annäherung ließ sich vom Vorspiel her sagen, daß der *Joseph*-Roman eine Phänomenologie der Entwicklung des humanen Selbstverständnisses im Verhältnis zum Gottesgedanken erzählt. Dies ist näher zu spezifizieren: Der Roman setzt mit Jaakobs religiöser Entdeckung des »ethischen« (M. Weber) Monotheismus[16] ein; Jaakobs Religiosität wandelt sich im Verlauf des Romans nicht tiefgreifend. Also scheint nur von einer Phänomenologie der Entwicklung von Jaakob zu Joseph die Rede sein zu können. Der Erzähler schreibt:

> Er ist ein späterer, heiklerer ›Fall‹, dieser Joseph, ein Sohnesfall, leichter und witziger wohl als der des Vaters, aber auch schwieriger, schmerzlicher, interessanter, und kaum sind die einfachen Gründungen und Muster des väterlichen Vor-Lebens wiederzuerkennen in der Gestalt, worin sie wiederkehren in seinem. (V, 834; vgl. XIII, 489)

Mann exponiert diese Differenzen am Beginn des ersten und zweiten Bandes sowie im Kapitel »Von Körper und Geist«: Während bei Jaakob das persönliche Verhält-

---

16 Webers ethische Auszeichnung des jüdischen Monotheismus ist ein Kampfbegriff. Sachlich wäre der Übergang von Ägypten nach Israel besser wohl nicht als »Ethisierung der Religion« (M. Weber), sondern als »Sakralisierung der Ethik« (J. Assmann) zu bezeichnen (vgl. Jan Assmann, Herrschaft und Heil. Politische Theologie in Altägypten, Israel und Europa, München 2000, 69).

nis zu seinem Gott im Vordergrund steht, träumt Joseph sich als Synthese von »Schönheit und Geist«. Genauer betrachtet, bestehen jedoch keine tiefgreifenden religiösen Differenzen zwischen Jaakobs Gottesverhältnis und Josephs religiösem Selbstgefühl. Jaakob ist nicht ausschließlich der Gottesliebe hingegeben, sondern liebt und vergöttert auch die Schönheit in Gestalt seiner »rechten« Frau Rahel: »Dies war Jaakobs Fehler. Er hatte zwei Leidenschaften: Gott und Rahel« (IV, 381). Der Roman deutet Labans Betrug an Jaakob, das Unterschieben der Erstgeborenen Lea in der Hochzeitsnacht und die erneute vertragliche Bindung Jaakobs auf weitere sieben Jahre, deshalb als eine Maßnahme der »*Eifersucht* Gottes«: als »Demütigung von Jaakobs Gefühlsherrlichkeit« (319). Auch Jaakobs Religiosität hat einen starken Einschlag persönlicher Selbstlegitimation. Wenn Jaakob nach seinem Segensbetrug, der Flucht und der bußfertigen Selbsterniedrigung vor seinem Neffen Eliphas den Himmelsleitertraum von der »Haupterhebung« träumt, sind Josephs hochfahrende Träume hier schon vorgezeichnet. Josephs Hochmut blüht in seinen Träumen auf. Dort ist er »der kleine Gott« (468), den der Vater leibhaftig in ihm sieht (482f; V, 835). Erst durch die Leiderfahrung, von seinen Brüdern in die Grube gestürzt und dann an Reisende verkauft zu werden, sieht er seine sträfliche Schuld ein: die Einbildung, »daß jedermann ihn mehr liebe als sich selbst« (IV, 574, vgl. 484f).

Der *Joseph*-Roman erzählt deshalb weniger von einer Entwicklung der jüdischen Religiosität von Jaakob zu Joseph als von der Rezeption bzw. religionspolitischen Wirkung des jüdischen Monotheismus in Ägypten. Es geht Mann dabei nicht um die historische Frage des Beitrags der jüdischen Theologie zur Entwicklung des Sonnenkultes. Josephs Zeitgenossenschaft mit Echnatôn ist eine dichterische Fiktion.[17] Wie

---

17 Thomas Mann nimmt sich die dichterische Freiheit, Joseph zum Zeitgenossen Echnatôns zu machen. Der Ägyptologe Erik Hornung (Thomas Mann, Echnatôn und die Ägyptologen, in: Thomas-Mann-Jahrbuch 6 (1993), 59ff) würdigt das religionswissenschaftliche Geschick dieses poetischen Einfalls. »Echnatôn war seiner Zeit um mindestens 800 Jahre voraus«, meint Assmann (Religion und kulturelles Gedächtnis, München 2000, 169; ders., Ägypten. Eine Sinngeschichte, 232ff 243ff) In seinem Moses-Buch (Moses der Ägypter. Entzifferung einer Gedächtnisspur, Frankfurt 2000) zeigt er eingehend (bes. 47ff, 250ff), die Herausforderung Sigmund Freuds annehmend, daß Echnatôn die ritualistischen Grundlagen Altägyptens gewaltsam zerstörte und deshalb nach seinem Tod in Ägypten vollständig vergessen und verdrängt wurde. Assmann entwickelt dann die These, daß der Exodus- und Moses-Mythos die Übernahme und Transformation dieses verdrängten Monotheismus durch Israel repräsentiert und Echnatôns revolutionärer Monotheismus über das »hermetische« Ägyptenbild der Renaissance in der europäischen Aufklärung fortlebte. Spinozistisch aufgefaßt, galt dieser »Kosmotheismus« dem ethischen Monotheismus des Judentums sogar für überlegen (vgl. nur 82, 208f, 254f; Kurzfassung ders., Ägypten. Eine Sinngeschichte, 475ff). Assmann belegt beiläufig (223f), daß die Verbindung von Echnatôn mit Moses und dem jüdischen Monotheismus bei Mann wie Freud auf gemeinsame Quellen (J.H.Breasted) zurückgehen könnte. Mit Assmann läßt sich ver

Jan Assmann ausführt, wäre sachlich eher umgekehrt von einer Wirkung Echnatôns auf den jüdischen Monotheismus auszugehen. In der Tradition der europäischen Aufklärung entdeckt Mann das utopische Potential des altägyptischen »Kosmotheismus« (J. Assmann). Er entwickelt aber auch eine religionsphilosophische These zur Bedeutung der monotheistischen Bundesreligiosität für die Entwicklung von Individualitätsbewußtsein und säkularer Politik. Als Bedingung der Möglichkeit synkretistischer Läuterung der Staatsreligion Pharaos durch den jüdischen Monotheismus kennzeichnet er die politisch-theologische Problemlage in Ägypten. Nur weil Josephs religiöse Spekulationen zugleich politische Reformen legitimieren, ist er als Theologe wie Staatsmann erfolgreich. Sein Werk besteht nicht in einer Religionsstiftung oder tiefgreifenden Umbildung der jüdischen Religiosität, sondern in der Reform der religiösen und politischen Verhältnisse in Ägypten unter den Bedingungen einer Konvergenz von religiösen Universalisierungs- und politischen Zentralisierungstendenzen. Der Roman erzählt von der humanen Funktion des religiösen Mythos im Hinblick auf die Ermöglichung politischer Ordnung und guter Politik.

4. Die episodische Bedeutung der Nebenfiguren

Die Brüder spielen nur eine episodische Rolle. Ihr eifersüchtiger Haß auf Joseph und ihr Schuldgefühl über ihre Untat trägt die dramatische Handlung des ersten Untergangs und Falls in die Grube sowie das »heilige Spiel« der Wiederbegegnung und »Wiedererstattung« Josephs an den Vater. Auch andere Nebenfiguren, wie die Nebenfrauen Jaakobs, bleiben weitgehend profillos. Während die Passionsgeschichte Mut-em-enets eingehend erzählt wird, weil sie für den zweiten Sturz in die Grube als Bedingung des Aufstiegs wichtig ist, wird Josephs Gattin, das »Mädchen« Asnath, kaum erwähnt. Und Mut-em-enet und Peteprê verschwinden in der Versenkung des episodischen Gedächtnisses, nachdem ihre Rolle ausgespielt ist. Ähnlich ergeht es den zahlreichen Hermes-Gestalten des Romans,[18] so den Ismaelitern, die – wie Joseph ihnen kundtut – nur »Mittel und Werkzeug« sind.

> Es war getan. Die Ismaeliter von Midian hatten ihren Lebenszweck erfüllt, sie hatten abgeliefert, was nach Ägypten hinunterzuführen sie ausersehen gewesen, sie mochten weiterziehen und in der Welt verschwinden – es bedurfte ihrer nicht mehr. Ihr Selbstbewußtsein war übrigens unbeeinträchtigt durch diese Sachlage,

---

deutlichen, daß Manns Annäherung der »Politischen Theologie« Israels an Echnatôn zulässig ist und in der Tradition der Ägyptenphilie der europäischen Aufklärung eine humane Aussicht in sachlich vertretbarer Weise rückprojeziert.
18 Dazu Hermann Kurzke, Mondwanderungen. Wegweiser durch Thomas Manns Joseph-Roman, Frankfurt 1993, 11ff; ausführlich Hans Wysling, Narzißmus und illusionäre Existenzform, Basel 1982, 238ff.

sie nahmen sich so wichtig wie eh und je, da sie wieder aufpackten, und kamen sich keineswegs überflüssig vor. Und hatte nicht des guten Alten Wunsch und väterlicher Antrieb, für den Findling zu sorgen und ihn unterzubringen im besten Haus, das er kannte, sein volles Eigengewicht an Würde in der moralischen Welt, mochte, anders gesehen, seine Laune auch nur ein Mittel und Werkzeug und ein Vehikel zu Zielen sein, die er nicht ahnte? (V, 819).

Der Erzähler gönnt den Nebenfiguren meist nur die episodische Rolle. Eine besondere Rolle spielt Thamar. Mann schaltet deren »geschlossene Novelle« in den vierten Band – als künstlerischen Höhepunkt (vgl. TB 21.5.1942, 15.1.1943) – ein, um mit dem »Paradigma der Entschlossenheit« (XI, 662) eine prägnante Frauengestalt zu haben. Konnte Asnath dies nicht sein? Welche Motive Mann auch immer bewogen,[19] die Liebe nur als Passion zu gestalten, die Ehe von Peteprê und Mut-em-enet als Farce, die Ehe Josephs – außer der prunkvollen Hochzeit – erzählerisch zu ignorieren und statt dessen eine mörderische Gestalt des Ehrgeizes einzupassen: Die Novelle von Thamar hat für die Geschichte nur den Sinn, daß sie am Schicksal der Söhne Judas, Jaakobs viertgeborenem Sohn, der Joseph an die Ismaeliter verkaufte, die heikle Zukunft Israels andeutet.[20]

5. Vom Trug der Gotteshermeneutik zum Bewußtsein des eigenen Traums

Jaakob steht in einem Bundesverhältnis zu Gott und einem Vertragsverhältnis zu Laban. Als Friedensmann ist ihm die Gewalttätigkeit seiner Söhne ein Greuel. Allerdings neigt er zum Betrug. So erschleicht er sich den väterlichen Segen, indem er sich für Esau ausgibt. Noch am Sterbebett betrügt er Josephs Söhne, den Menasse zugunsten des Ephraim (V, 1780ff), um den Segen. Der Erzähler erläutert dies durch eine Dialektik von Wahrheit und Wirklichkeit (IV, 499): Der Betrug gehorcht einer moralischen Wahrheit. Jaakob kommt der väterliche Segen wahrhaft und eigentlich zu; und er erhält durch den Hochzeitsbetrug gleich vier Frauen zur Gründung der Stämme Israels. Ein Betrug am Betrüger schließlich verschafft Jaakob die Herde, die ihn unabhängig macht. Die ausgeglichene Gerechtigkeit wechselseitigen Betruges ist eine Voraussetzung für den friedlichen Abschied von Laban.

---

19 Zur untergeordneten Rolle der Frauengestalten schon Hans Mayer, Thomas Mann, Frankfurt 1980, 259ff.
20 Käte Hamburger (Der Humor bei Thomas Mann. Zum Joseph-Roman, München 1965, 150ff, 208ff) hat eindringlich über diese Frage nachgedacht, warum Mann in freier dichterischer Entscheidung ausgerechnet Juda (und nicht Joseph) zum Segensträger ernennt und zur Verdeutlichung die Novelle von Thamar einschaltet. Sie gelangt zum Ergebnis, daß durch Thamar »sich Israels Geschichte und welthistorische Mission von seiner heidnischen Umwelt« trennt (158) und Juda die »Ambivalenz« und »Erlösungssehnsucht« (209) des Menschen versinnbildlicht.

Während Jaakob sein Leben lang Hirte bleibt, ist Joseph zu anderem auserwählt. Der älteste Knecht lehrt ihn zwar den Glauben seiner Väter. Der junge Joseph träumt aber auch Träume von der eigenen Schönheit und Gnadenwahl des »kleinen Gottes« durch den Herrn. Dabei träumt er zuerst seinen »süßesten Traum« von der Herrschaft »unter den Fremden« (119). In seinen Träumen von den »Garben« und »Sonne, Mond und Sterne« träumt er sich dann als Herr der Brüder und des Firmaments. Als er die Brüder damit konfrontiert, entlädt sich deren rasender Haß: Sie stürzen Joseph – am Ende des zweiten Bandes – in die Grube und verkaufen ihn an die Ismaeliter. Der junge Joseph verkennt noch den Status seiner Träume, nur das eigene Leben zu orientieren; er erkennt sie noch nicht als »eigenen Traum« (468), sondern glaubt noch an ihren religiösen Offenbarungscharakter. Deshalb teilt er sie auch mit. Joseph überwindet seine »sträfliche Vertrauensseligkeit« (484) nach seinem Sturz in die Grube und seiner Einsicht in den »eigenen Traum«. Den Traum von der Herrschaft über die Brüder setzt er später als »Ernährer« ins Werk. Sein Traum von den Garben wird wirklich. Auch der Traum vom Träumer als Zentrum des Firmaments wird in gewisser Weise wirklich; er spricht als Kern der Frömmigkeit aus, daß sich ein Individuum wichtig nimmt und seine Heilssuche zum »Mittelpunkt aller Dinge« (V, 1717) erhebt. Diese religiöse Egozentrik ist die Voraussetzung für die Verwirklichung der Träume von der Herrschaft über die Brüder und die »Welt«. Keinen Moment entsagt Joseph später seiner beziehungsvollen »Verstandesaufmerksamkeit«, sich durch Träume zu orientieren; er entsagt nur der naiven Erwartung, daß seine Träume als Träume Zustimmung und Gehorsam finden könnten. Nicht die Träume, sondern Josephs Verhältnis zu seinen Träumen ändert sich. Joseph begreift sich als Subjekt seiner Träume.

6. Josephs Umkehrung der Herrschaftsordnung

Der junge Joseph erträumt sich die Herrschaft über die Brüder als Gottes Geschick. In der Grube wird ihm klar, daß die Erfüllung dieses Traumes eines Umweges bedarf. Und so interpretiert er sein weiteres Schicksal, nicht ohne Ironie, als Teil eines göttlichen »Plans«. Von Anfang an erwartet er seinen Aufstieg in eine herrschaftliche Position, die die Voraussetzung der Verwirklichung seines Traumes ist. Schon beim Eintritt in Ägypten sinnt er auf das »Nachkommenlassen« der Seinen. Mit dem Verkauf in das Haus des Peteprê erneuern sich diese Wünsche. Beim Aufstieg im Hause helfen der »oberste Diener« Mont-kaw und der Zwerg Gottlieb. Mont-kaw möchte Joseph sein »Amt vermachen als Meier des Hauses«. Hier setzt der Gegenspieler Gottliebs, der Zwerg Dudû an. Um Josephs Nachfolge als Hausmeier zu verhindern, wählt er den Weg über die Herrin. Damit lenkt er jedoch deren Augenmerk auf Joseph. Die erotische Passion und »Heimsuchung«[21] Mut-em-enets beginnt mit der Intrige Dudûs. Die Passionsgeschichte dauert mit ihren drei Jahren ebenso lang wie die Hausverwaltung Josephs. Mann erzählt vor allem von dieser Passion, weniger von Josephs Amtsführung; er erwähnt lediglich Josephs Versuch, »über den Kopf des Herrn hinweg« (1098) einen »Heilsplan« der Versachlichung der Beziehung durch gemeinschaftliche haushälterische Beratung durchzuführen. Dieser Heilsplan erinnert an *Königliche Hoheit*. Während dort aber das gemeinsame wirtschaftliche Handeln der Beziehung dient, soll hier ein Begehren distanziert werden. Joseph empfindet den Anspruch der Herrin auf sein Begehren als Kränkung des natürlichen Verhältnisses von Mann und Frau und Knecht und Herrin. Der Erzähler spart nicht mit Kritik an Josephs »sträflichem Leichtsinn«, ein »Virtuosenstück der Tugend« (1143) vollbringen zu wollen. Dieses Spiel um die eigene Keuschheit erfolgt auch um der Umkehrung der Herrschaft willen. Indem Joseph sich der Herrin verweigert, macht er sich zum Herrn ihres Begehrens und läßt sie ihre Abhängigkeit spüren. Daß er sich am Neujahrstag zur Herrin ins leere Haus begibt, ist indessen kaum noch ein Virtuosenstück der Tugend, sondern vielmehr der dramatische Versuch einer Lösung.

7. *Verwirklichung des Lebenstraums als Staatsmann*

Nach Disposition der »Liebes-Kapitel« ist Mann »gewissermaßen über den Berg « (TB 28.10.1935). Am 3.11.1935 beschließt er die Teilung der Schlußbände. Am 23.8.1936 notiert er den Abschluß des dritten Bandes. Sofort nimmt er die Arbeit an der »Goethe-Novelle« auf. Das Publikum befindet sich beinahe in der Lage Castorps: Sieben Jahre wartet es auf den Abschluß der Tetralogie, ehe 1943 *Joseph der Ernährer* erscheint. Der Band beginnt mit einem »Vorspiel in oberen Rängen« und dem Weg in die »andere Grube« des Gefängnisses. Der neuerliche Sturz ändert vor allem die Rechtsstellung. Als »Königssklave« wird Joseph der Gehilfe Mai-Sachmes bei der Verwaltung des Gefängnisses. Als Betreuer zweier Höflinge kann er sich als Traumdeuter erweisen:

> Ich will euch das Geheimnis der Träumerei verraten: die Deutung ist früher als der Traum, und wir träumen schon aus der Deutung. Wie käme es auch sonst, daß der Mensch es ganz wohl weiß, wenn der Deuter ihm falsch deutet (1351).

Ein solcher Traumdeuter wird bald im Reich gesucht. Der junge Pharao träumt reichswichtige »Sorgen-Träume« von sieben Kühen und sieben Ähren. Als er die Deutungen seiner gelehrten Traumdeuter als »Stümpereien« verwirft, erinnert sich ein Höfling Josephs. Es ist der wichtigste Kunstgriff des Romans gegenüber der biblischen Vorlage, daß er Josephs Zeit in Ägypten in die Regierungszeiten Amenhoteps

---

21 Zur Idee der Heimsuchung als »Grund-Motiv« des Gesamtwerks vgl. XIII, 135f.

III. und IV., d. i. Echnatôns, verlegt. Dadurch wird Joseph zum Zeugen und »Bringer einer neuen Zeit« (1325, 1482). Denn der neue Pharao Echnatôn lehrt einen neuen Gott, Atôn, den Sonnengott, der auch ein Friedensgott ist (1376). Diese Lehre ist reichspolitisch von größter Bedeutung:

> Es heißt die Einheit der Welt verkennen, wenn man Religion und Politik für grundverschiedene Dinge hält, die nichts miteinander zu schaffen hätten« (1373).

Pharao sieht die religiöse Spekulation als seine erste und wichtigste Aufgabe an: »Pharao will nichts, als die Lehre verbessern« (1463). Allerdings ahnt er einen »Widerstreit zwischen der Hingabe an die geliebte Atôn-Theologie und den Aufgaben eines Königs Ägyptenlandes«:[22]

> Er vermutete, daß es nicht nur ein anderes war, ein Weltreich zu gründen, und ein anderes, einem Weltgott ins Leben zu helfen, sondern daß diese zweite Beschäftigung möglicherweise auch in einem irgendwie gearteten Widerspruch stand zu der königlichen Aufgabe, die ererbte Schöpfung zu bewahren und aufrechtzuerhalten. (1379)

Pharaos Thronwechsel bedeutet den »Anbruch neuer Zeit« (1357). Schon bei der ersten Begegnung wird die Richtung klar. Als Joseph vor Pharao gelangt, entlockt er ihm die Deutung von den sieben fetten und den sieben mageren Jahren. Das Gespräch entwickelt sich weiter zur reichspolitischen Erwägung der Konsequenzen und zur religiösen Spekulation. Pharao kann seine religiösen Träume nicht angemessen formulieren. Joseph kann es, weil die Absage an Astralmythen schon zu den ersten religiösen Belehrungen seines Vaters gehört (IV, 76, 99ff). Indem er seinen Herkunftsmythos vom »Mondwanderer« erzählt, verbessert er Pharaos Lehre vom Sonnengott. Er lehrt Pharao die metaphysikgeschichtlich[23] wichtige Einsicht, daß Gott nicht Vater am Himmel, sondern unstofflicher, geistiger »Vater *im* Himmel« (V, 1464) ist: »Unstofflich ist Gott, wie Sein Sonnenschein, Geist ist Er«. Verzückt setzt Pharao Joseph daraufhin in das neugeschaffene Amt eines »Herrn des Überblicks« ein (1474f) und verleiht ihm noch eine Fülle von Ämtern und Titeln, deren Inbegriff »Der Ernährer« ist.

---

22 Assmann (Ägypten. Eine Sinngeschichte, 332ff) konstatiert dies für die theokratische Entwicklung nach Echnatôn: »Weltbild, Gottesidee und Königskonzept paßten nicht mehr zusammen.«

23 Dazu vgl. Platon, Staat (Sonnengleichnis), bes. 509b (»Ebenso nun sage auch, daß dem Erkennbaren nicht nur das Erkanntwerden von dem Guten komme, sondern auch das Sein und Wesen habe es von ihm, da doch das Gute selbst nicht das Sein ist, sondern noch über das Sein an Würde und Kraft hinausragt.«). Assmann zeigt (Moses der Ägypter, 254f, 268f, 280f), daß Echnatôns rationalistischer Kosmotheismus eher auf die griechische Vorsokratik als auf den jüdischen, ethischen Monotheismus vorausweist, und deshalb von der »natürlichen Theologie« der Aufklärung auch der jüdisch-christlichen Entscheidung vorgezogen wurde: »Zwischen Echnatôns und Moses' Monotheismus liegen Welten« (268). Mann gestaltet diesen Unterschied utopisch als Lernprozeß Ägyptens durch Israel.

Josephs »Vergoldung« erfolgt mit Billigung der Göttin-Mutter Teje, die als »politische Frau« um die Notwendigkeit eines Ratgebers an Pharaos Seite weiß. Joseph ist aber weit mehr als ein kluger Ratgeber. Pharao hat nur eine religiös-ekstatische Ahnung der neuen Zeit. Nur Joseph begreift den epochalen Wandel theologisch, und nur er vermag deshalb der Politiker der neuen Zeit zu sein. Pharao versteht sich als »›Herr des Friedens‹«. Sein »Regierungsantritt« besteht deshalb im programmatischen Verzicht auf den rituellen »Antritts-Plünderungszug« (1376).[24] Aber mehr weiß er nicht von seiner Politik. Auch Joseph ist, wie sein Vater, »kein Kriegsmann« (1466). Weil er aber stärker als Pharao zwischen Gott und Welt unterscheidet, weiß er auch Friedenspolitik bewußter zu treiben. Indem er die alte, seinen Brüdern unbekannte (1607) ägyptische »Landesidee der Vorsicht und Vorsorge« (1293)[25] aufgreift, entwickelt er schon im ersten Gespräch vor Pharao (und der Mutter) sein Regierungsprogramm, Friedenspolitik als Vorsorgepolitik zu betreiben, das Volk zu nähren und das Reich gegenüber den feudalistischen Gauherren wie den Nachbarvölkern zu schützen. Joseph stärkt die Macht des Reiches »ganz ohne Blut, auf dem bloßen Geschäftswege« (1473). Der Roman erörtert Josephs politische Leitlinien vor allem im Kapitel »Vom schelmischen Diener«.

In der Literatur werden immer wieder Bezüge zu Roosevelt und dem New Deal gezogen.[26] Josephs Reformwerk initiiert jedoch nicht nur Sozialstaatlichkeit, sondern markiert auch die verfassungsgeschichtlich ältere Abschaffung der Sklaverei sowie die jüngere Depotenzierung des Feudalismus. Als Ernährungs- und Ackerbau-Minister hat Joseph faktisch das wichtigste Amt im Reich inne. Das wirksamste Instrument seiner Politik ist die Erlassung eines Bodengesetzes, das »die Abgaben an Feldfrucht allgemeingültig und ohne Ansehung der Person oder des Ernteausfalls auf den Fünften festsetzte« (1497). Durch die Besteuerung und die Sammlung von Saatgut zwingt Joseph die »Latifundienbesitzer und Gaufürste« zum Verkauf an die Krone und sorgt für eine »gleichmäßigere Verteilung des Landes unter das Volk und eine durch Kron-Aufsicht verbesserte Agrarkultur« (1759).

---

24 Das ist wohl historisch nicht korrekt. Das Neue Reich formierte sich insgesamt in »Befreiungskriegen gegen die Hyksos« und führte »Militarismus und Imperialismus« gar als neue Formen der »Legitimierung durch Leistung« ein. Echnatôn machte hier keine Ausnahme (vgl. Assmann, Ägypten. Eine Sinngeschichte, 225ff). Schon bei seiner Königstitulatur fehlen allerdings ungewöhnlicherweise alle kriegerischen Beinahmen. Bisher ist nur ein kleinerer Feldzug Echnatôns ohne dessen persönliche Beteiligung belegt. Seinen ikonoklastischen Monotheismus wird er gewaltsam durchgesetzt haben. Gestürzt wurde er aber wohl nicht (vgl. Erik Hornung, Echnatôn. Die Religion des Lichts, Düsseldorf 2000, 41, 115f, 123)

25 Dazu vgl. Jan Assmann, Ägypten. Eine Sinngeschichte, 90ff, 137 (»Idee der Leistung« als »ganz neue Legitimitätsgrundlage« des Mittleren Reiches).

26 Dazu vgl. Eckhard Heftrich, Geträumte Taten: ›Joseph und seine Brüder‹, Frankfurt 1993, 472ff.

Sklaven werden dadurch zu Pachtbauern freigesetzt. Damit initiiert Joseph einen Übergang aus der Sklaverei in ein Feudalsystem. Die einzige Versklavung, die er veranlaßt oder zuläßt, ist die allgemeine Steuerpflicht. Zwar wird diese als eine »Umbildung des Besitzbegriffes« (1759) empfunden: Da das »Recht auf Verkauf und Vererbung« (1761) jedoch erhalten bleibt, führt Joseph nur die Sozialpflichtigkeit des Eigentums ein.[27] »Aller Boden« gehört Pharao nur im Sinne der Steuerpflicht.

Der *Joseph*-Roman beschreibt mehr die Entwicklung Josephs zum Staatsmann als sein politisches Handeln als »Ernährer«. Das Reformwerk bleibt der Familiengeschichte untergeordnet. So erscheint Josephs Politik vor allem als Mittel zum Zweck der Verwirklichung des Lebenstraums der Herrschaft über die Brüder: Wie Joseph ahnt, lockt die Vorsorgepolitik auch seine Brüder ins Land. Joseph läßt sie verhaften und nimmt sie ins Verhör; er bezichtigt sie der Spionage und des Diebstahls. Dadurch erzwingt er nicht nur die Ankunft aller Brüder, sondern auch die große Geständnis- und Erkenntnisszene der Wiederverbrüderung. Josephs Plan zielt von Anfang an überdies darauf, seinen Vater und Israel insgesamt nach Ägypten zu holen. Mit der Siedlung Israels in Gosen und dem Auftritt Jaakobs vor Pharao ist sein Traum von der Herrschaft über die Brüder und dem Nachkommen der Seinen verwirklicht. Die Brüder »hatten ihn doch nicht umsonst verkauft, nicht nur in die Welt nämlich, sondern auch an die Welt« (1769). Der Roman endet mit Jaakobs Sterben und dem gewaltigen Leichenzug zurück nach Kenana und Hebron, mit der Sorge der Brüder um die Rache und der Versicherung Josephs, nur zum eigenen Vorteil im »Spiele Gottes« (1817) gewesen zu sein.

Doch noch diese Versicherung ist nicht ohne Ironie und schelmisches Spiel um Demut und Hochmut. Denn Joseph weiß sehr genau, daß seine Politik nicht nur Mittel zum Zweck ist. Sein eigener Traum wandelt sich über den Vollzug. Joseph verliert sich über die Tat der Brüder nicht nur »in die Welt«, sondern auch »an die Welt«. Er ist deshalb »kein Bote geistlichen Heils, sondern ist nur ein Volkswirt« (1682f) von weltlichem Segen. Jaakob meint:

> Du bist der Gesonderte. Abgetrennt bist du vom Stamm und sollst kein Stamm sein. Ich aber will dich erhöhen in Väter-Rang, dadurch, daß deine Söhne, die Erstgeborenen, sein sollen wie meine Söhne. (1741, vgl. 1768, 1803)

Es ist eine freie dichterische Entscheidung, daß Jaakob seinen Lieblingssohn Joseph nicht zum Segensträger Israels ernennt. Manns Formulierung unterstreicht die grundsätzliche Bedeutung dieser Frage. Jaakob betrachtet Josephs religionspolitische

---

27 In »Schicksal und Aufgabe« fordert Mann 1944 für die Gegenwart entsprechend eine umfassende »Agrarreform« (XII, 929) und eine Änderung des »Eigentumsbegriff[s]« (936).

Wirksamkeit ihrer praktischen Orientierung an der politischen Idee weltlicher Daseinsvorsorge wegen als einen fundamentalen Sinnwandel der Herkunftsreligiosität. Joseph repräsentiert den »Materialismus des Geistes, die Wendung eines religiösen Menschen zur Erde hin« (XI, 899; XII, 681), die Mann damals mit Nietzsche als seinen »Sozialismus« begreift und im *Doktor Faustus* dann als »Durchbruch zur Welt« fordert. Diesen Weg dankt Joseph seinen Brüdern als sein »Glück« (V, 1585). Und dafür bittet er den Vater und zuletzt auch die Brüder um »Verzeihung«. Vom glücklichen Ende her beurteilt Joseph die Tat der Brüder positiv. Über diese Frage sinnt er zuvor nach:

> Daß mich die Brüder zerrissen und mich in die Grube warfen und daß sie nun sollen vor mir stehen, das ist Leben; und Leben ist auch die Frage, ob man die Tat beurteilen soll nach dem Ergebnis, und soll gut heißen die böse, weil sie notwendig war fürs gute Ergebnis. Das sind so Fragen, wie sie das Leben stellt. Man kann sie im Ernst nicht beantworten. (1593)

Religiös ist diese Frage immer schon beantwortet. Daß Joseph sie überhaupt zu stellen vermag, signalisiert schon Distanz zum Mythos. Doch selbst für Joseph bleibt diese Geschichte bis zuletzt ein »Spiel« Gottes. Sein Autor aber glaubt nicht an einen Heilsplan der Geschichte. Schon durch Joseph ironisiert er diese Ansicht, indem er dessen eigenen Anteil am Geschick aufzeigt. Er übersetzt die Geschichtstheologie in ein »Fest der Erzählung« (IV, 54) und begreift sich als Autor der Theodizee.

Im *Faustus*-Kapitel wurde Manns Individuationskonzept ausgeführt: Individuen sind moralische Subjekte, die in Kategorien von Gut und Böse urteilen und ihr Leben verantwortlich führen müssen. Deshalb erfahren sie ihr Leben als problematisch und suchen es durch Geschichten sinnhaft zu orientieren. Wenige Jahre vor dem *Faustus*-Roman profiliert Mann diese Auffassung politisch: Er läßt Joseph sich seine Frage nach der moralischen Schuld der Brüder durch die Konsequenz beantworten, die er für sein Leben zieht: Joseph verurteilt die Tat der Brüder nicht religiös. Und er akzeptiert sie moralisch nicht einfach mit dem Hinweis darauf, glücklich mit dem Leben davongekommen zu sein und Karriere gemacht zu haben, sondern begreift sie als etwas Böses, das gegen die Absicht Voraussetzungen dafür schuf, den eigenen Lebenstraum zu verwirklichen. Indem Joseph Politiker wird, entscheidet er sich für die Folgeverantwortung als Moralitätskriterium. Weil Joseph das finale Kriterium anlegt, will er die Brüder moralisch nicht gänzlich verurteilen. Er salviert die Tat aber auch nicht gänzlich, sondern überläßt dem Leser das Urteil. Weil die Folgen nicht in der Absicht der Brüder lagen, können sie ihnen kaum zugerechnet werden. Joseph heißt sie ein »Spiel Gottes«. Das Moralitätskriterium der Folgeverantwortung aspiriert auf einen solchen Gottesstandpunkt. Denn eine Tat läßt sich final adäquat nur bei totaler Überschau der Folgen beurteilen. Diesen Gottesstandpunkt strebt der »Herrn des Überblicks« an, der sich für die Folgeverantwortung als Moralitätskriterium entscheidet und die Folgen seines politischen Handelns überschaut. »Il faudroit des Dieux pour donner des loix aux hommes«, schreibt Rousseau[28] über den Législateur.

8. Ägypten als Kryptowilhelminismus?

Spricht Mann im *Zauberberg* vom »Regieren« noch ironisch im Sinne des Rückzugs aus der »großen Konfusion« auf die individuelle Selbstherrschaft, gibt er dem Regierungsbegriff nun seine volle politische Bedeutung zurück. Parallel zur Verehrung des amerikanischen Präsidenten Roosevelt als *»Politiker des Guten«* (XI, 1120) gestaltet er einen solchen Politiker in Joseph. Er unterscheidet dabei kaum zwischen Josephs Ämtern als Hausverwalter und als oberster Minister, zwischen Regieren und Verwalten. Schon Aristoteles kritisiert an Platon – und Sternberger[29] aktualisierte diese Kritik –, daß das Hausvatermodell das Legitimitätsproblem verkennt und nicht die demokratische Konsequenz zieht, daß Herrschaft nur dann legitim ist, wenn freie und gleiche (gleichberechtigte) Bürger sich selbst regieren. Ein »Herr des Überblicks« lehnt die demokratische Konsequenz ab, weil er Herrschaft durch ein Wissen (um das künftige Erreichen von Zielen) rechtfertigt, das die Adressaten seiner Politik aktual nicht haben. Für die politisch-theologische Weichenstellung des Reformwerks ist die plebiszitäre Akklamation der Vorsorgepolitik deshalb sekundär. Entscheidend ist allein, was Pharao und Joseph für richtig halten. Mann betont also die »finale Legitimierung« kraft Aufgabe.[30] Politik muß ihre Anerkennungswürdigkeit durch Taten beweisen. Ihre Aufgabe ist es, Vorsorge in der Not (der Bedürfnisse) friedensorientiert zu treffen. Daneben betont er die »personale Legitimierung« durch die persönliche Qualifizierung des Herrschers. Er geht davon aus, daß große Politiker kraft ihrer überlegenen Individualität und Freiheit auch »Herrn des Überblicks« sind und das Gute ins Werk zu setzen vermögen. Was er dagegen kaum betont, ist die heute so dominante »prozedurale« (J.Habermas) Legitimierung durch (demokratische) Verfahren. Damit steht er in der Tradition des autoritären Paternalismus des aufgeklärten Absolutismus und der konstitutionellen Monarchie, in der der Staat die »Glückseligkeit« seiner Bürger definiert und verwaltet.

---

28 Jean-Jacques Rousseau, Du Contract social, Oeuvres complète, Bibliothèque de la Pléide, III, 381.
29 Dazu vgl. Dolf Sternberger, Politie und Leviathan. Ein Streit um den antiken und den modernen Staat, in: ders., Verfassungspatriotismus, Schriften, Bd. X, Frankfurt 1990, 232-300.
30 Dazu vgl. Wilhelm Hennis, Legitimität. Zu einer Kategorie der bürgerlichen Gesellschaft, in: ders., Politik und praktische Philosophie. Schriften zur politischen Theorie, Stuttgart 1977, 198-242, hier: 229.

In Deutschland gibt es eine lange Tradition obrigkeitsstaatlich und patriarchalisch getönter Daseinsfürsorge. Der Staat wurde »stets von der Verwaltung her gedacht«.[31] Wilhelminische Politik zeichnet sich in Josephs staatsmännischem Handeln ab. So faßt Mann Ägypten als ein komplex organisiertes Reich bürokratischer Herrschaft[32] auf, in dem Joseph als faktischer Regierungschef einzig vom Vertrauen Pharaos abhängig ist. Auch die Verbindung einer Zentralisierungs- und Unitarisierungspolitik mit einem plebiszitären Legitimitätszuwachs erinnert an den Wilhelminismus. Eine verstärkte Auseinandersetzung mit dem Wilhelminismus ist in diesen Jahren nachweisbar. So liest Mann noch vor Abschluß des Romans im September 1942 »viel in Bismarcks Erinnerungen« (TB 9.9.1942) und nennt die Bismarck-Epoche die »Ausnahme«, als sich Deutschland »leidlich normal in die Völkergesellschaft einfügte« (TB 10.1.1944). Nach Abschluß des *Joseph*-Romans beschäftigt er sich erneut mit dem Wilhelminismus und seiner prägenden Erfahrung Bismarcks.[33] Eine demokratische Regierungslehre gestaltet er nicht. So holt er sein Bekenntnis zur Demokratie künstlerisch niemals ein. Das ist wichtig: Denn wenn Mann seine historisch-politischen Einsichten in seinen Romanen gestaltet, so müßte er auch sein Bekenntnis zur Demokratie künstlerisch fassen wollen. Lukács sieht Mann deshalb »auf der Suche« nach dem Citoyen. Mann verfügt allerdings, wie auch Lukács, nicht über einen klaren, institutionellen Demokratiebegriff. Er setzt »Demokratie« eigentlich mit der Gemeinwohlorientierung humaner Politik gleich und unterstellt plebiszitäre Anerkennung nicht demokratischen Verfahren. In diesem Sinne ist Joseph durchaus »demokratisch«. Jedenfalls bestätigt Mann die dynastische Legitimität nicht einfach, sondern nimmt eine geschichtsphilosophische Umdeutung vor. Er akzeptiert die religiöse Selbstlegitimierung Pharaos nicht, sondern faßt das sakrale Königtum geschichtsphilosophisch auf. Er verläßt damit die historische Beschreibung und interpretiert aus einer Vorprojektion von Zukunft.

Der Ägyptologe Jan Assmann vertritt heute eine profilierte politisch-theologische Gesamtdeutung der abendländischen Weichenstellung. Als entscheidende Entwicklung »zwischen Ägypten und Israel« betont er die »Umbuchung« der Gerechtigkeitserwartung aus der »sozio-politischen Sphäre« in die theologische.[34] In Israel

---

31 Michael Stolleis, Recht im Unrecht, Frankfurt 1995, 136; ders., Geschichte des öffentlichen Rechts in Deutschland, 3 Bde., München 1988/1992/1999.
32 Vgl. Max Weber, Wirtschaft und Gesellschaft, 3. Aufl., Tübingen 1947, 706 (»Die erste mit voller Konsequenz durchgeführte patrimonialbürokratische Verwaltung, die wir kennen, war die des antiken Aegypten«.); Jan Assmann, Herrschaft und Heil, 99 (»Wenn die monotheistische Religion die spezifische Errungenschaft Israels darstellt, dann kann der monokratische Staat als die spezifische Errungenschaft Ägyptens gelten. Geschichtlich war sie nicht minder folgenschwer.«). Die Parallele zwischen Ägypten und dem Wilhelminismus zieht auch Oswald Spengler.
33 Die drei Gewaltigen (1949), X, 374ff; Meine Zeit (1950), XI, 302ff.
34 Jan Assmann, Herrschaft und Heil, bes. 50, 59, 68f.

kam es zu einer »negativen politischen Theologie« der »Antistaatlichkeit« und einer »Vergleichgültigung des Staates«. Diese Aufkündigung und »Trennung« der alten, in Ägypten klassisch verwirklichten »Einheit von Herrschaft und Heil« markierte einen Übergang von primärer zu »*sekundärer*, gesteigerter Religion«. Der »neue Gedanke, Gott selbst zum Gesetzgeber zu machen«, führte zum religiösen »Ikonoklasmus« und zu einer »politischen Theologie der Gewalt«,[35] die, so Assmann, die monotheistischen Religionen insgesamt kennzeichnet. Israel richtete sich zunächst gegen Ägypten. Weil sich die Sphäre des Heils in Israel – unter besonderen politischen Entstehungsbedingungen – von der (Fremd-)Herrschaft distanzierte und emanzipierte, konnte sie sich auf die ägyptische Religion frei beziehen. Der Roman gestaltet diese Weichenstellung. Schon das Vorspiel »Höllenfahrt« thematisiert die antipolitische Entscheidung Israels im Mythos vom Urmenschen: Der »Mondwanderer« sagt sich aus religiöser Unrast vom »Gesetzgeber« los und geht in die Wüste; Jaakobs nomadische Existenz folgt diesem Mythos. Joseph aber verkörpert auch eine Rückkehr in die Welt der Politik. Weil Jaakob dies ahnt, beunruhigt ihn Josephs »süßeste[r] Traum« von der Herrschaft »unter den Fremden« (IV, 119) auch religiös:

> Wärest du eines Großen Sohn und eines Gewaltigen in der Welt, so wäre vielleicht zu lesen, daß du Anteil haben sollst an Staatswesen und Regiment. Da du aber nur ein Hirte bist und eines Hirten Sohn, so liegt dem Verstande offen, daß es anders zu deuten sein muß (109).

Mann revidiert Jaakobs antipolitische Entscheidung durch Joseph. Deshalb ist der Roman, metaliterarisch gelesen, kein religionshistorischer Versuch, sondern ein geschichtsphilosophischer Entwurf. Sein utopischer Sinn kommt schon in dem Kunstgriff zum Ausdruck, Echnatôn, diesen frühgeborenen Vorgänger eines aufgeklärten »esoterischen Monotheismus« (J. Assmann), zum Zeitgenossen Josephs zu machen und Joseph als Hoffnungsträger der Gegenwart zu gestalten. Joseph sondert sich um der Universalisierung der politisch-theologischen Weichenstellung Israels willen ab. Anders als Jaakob begreift er die religiöse Rationalisierung als eine Voraussetzung und Chance für säkulare Politik. Er wählt die Rückkehr in die Urbanität und zu institutionell entwickelten Formen politischer Freiheit.

9. Erinnerung an die Gründungsgewalt

Mann sieht im »Politiker des Guten« nicht nur den Befreier, sondern immer auch den »Gewaltigen«, dessen Ehrgeiz darauf zielt, über andere zu herrschen. Nach dem Bildungsroman vom »Politiker des Guten« liefert er mit der Moses-Erzählung *Das Gesetz* deshalb, die altüberlieferte Auffassung Moses' als »Ägypter« (J. Assmann)

---

35 Ebd., 262f.

aufnehmend, ein Bild vom gewaltigen, gleichsam ungeschminkten Machtpolitiker nach. Im Roman über *Die Entstehung des Doktor Faustus* berichtet er, daß er die Erzählung als »Nachklang des Joseph-Epos« und Beitrag zu einem Prosaband gegen die »verbrecherische Mißachtung des Sittengesetzes« in »nicht ganz zwei Monaten« schrieb (XI, 154). Dem Moses-Bild gibt er dabei, auch unter dem Eindruck der Lektüre Freuds, Züge des Michelangelo, »um ihn als mühevollen, im widerspenstigen menschlichen Rohstoff schwer und unter entmutigenden Niederlagen arbeitenden Künstler zu kennzeichnen« (154f):

> Seine Geburt war unordentlich, darum liebte er leidenschaftlich Ordnung, das Unverbrüchliche, Gebot und Verbot. Er tötete früh im Auflodern, darum wußte er besser als jeder Unerfahrene, daß Töten zwar köstlich, aber getötet zu haben höchst gräßlich ist, und daß du nicht töten sollst. Er war sinnenheiß, darum verlangte es ihn nach dem Geistigen, Reinen und Heiligen, dem Unsichtbaren, denn dieses schien ihm geistig, heilig und rein. (VIII, 808)

Thomas Manns Moses ist der Sohn einer Tochter Pharaos und eines »ebräischen Knechtes«, der nach dem Stelldichein erschlagen wird. Moses wächst als Findelkind bei hebräischen Eltern auf, kennt aber seine illegitime Herkunft. Immer ist ihm deshalb nach »Erschlagen und Verscharren« (816) zumute. Einmal erschlägt er einen ägyptischen Aufseher. Daraufhin begibt er sich auf »Gottesentdeckung« (816). Ihn treibt die »Bildnerlust« (819, 824).[36] Er sammelt Freischärler um sich und steigt mit Hilfe seiner Beziehungen zu dem Politiker seines Volkes auf, der Israel aus dem ägyptischen Joch herausführt. Dabei helfen ihm »Würgengel« seiner militärischen Organisation. Der Auszug aus Ägypten gelingt dank der umsichtigen militärischen Logistik des getreuen Joshua, der – ein Paladin wie Goebbels – durch Gewalt wie Massenmanipulation für die stete Erneuerung des »Führeransehens des Meisters« (835) sorgt. Josuah organisiert die militärische Eroberung einer Oase, wodurch Israels Auszug in die Wüste einen vorerst glücklichen Abschluß findet.

Moses faßt den Auszug aus Ägypten jedoch nur als eine Vorbedingung für sein Werk auf. Sofort beginnt er mit dem »Werk der Reinigung und Gestaltung im Zeichen des Unsichtbaren« (840). Kern seiner Ethnogenese ist die Gerichtsbarkeit. Sein

---

36 Diese Künstlerreflexion betont Stefan Strohm, Selbstreflexion der Kunst. Thomas Manns Novelle ›Das Gesetz‹, in: Jahrbuch der deutschen Schiller-Gesellschaft 31 (1987), 321-353; das Verhältnis zur biblischen Vorlage untersucht und dokumentiert Käte Hamburger, Thomas Mann: Das Gesetz, Frankfurt 1964; detaillierter Klaus Makoschey, Quellenkritische Untersuchungen zum Spätwerk Thomas Manns: ›Joseph der Ernährer‹, ›Das Gesetz‹, ›Der Erwählte‹, Frankfurt 1998; vergröbernd eine »Konzeption der totalitären Humanität« heraushörend: Borge Kristiansen, Freiheit und Macht. Totalitäre Strukturen im Werk Thomas Manns. Überlegungen zum ›Gesetz‹ im Umkreis der politischen Schriften, in: Internationales Thomas-Mann-Kolloquium 1986, Thomas-Mann-Studien, Bd. VII, Bern 1987, 53-72.

Staat ist Jurisdiktionsstaat. Der gewaltsamen Abgrenzung gegen Ägypten folgt die Gründungsgewalt der Gerichtsbarkeit über das eigene Volk. Das Werk der Volksbildung durch Gesetzgebung stiftet eine neue Sittlichkeit »in Anlehnung an Hammurabi« (843).[37] Moses schafft also nicht einfach revolutionäres Recht, sondern überträgt ein städtisch entwickeltes Recht nach Maßgabe seiner religiösen Phantasie auf sein Volk. Dennoch ist Moses ein Nomothet, und seine Gesetzgebung funktional revolutionäre Gründung. Moses unterwirft das »Pöbelvolk« strengen Sittengesetzen, um »aus dem Gehudel dem Herrn ein heiliges Volk« (854) zu schaffen:

> Wie groß war ihre Bestürzung! Nicht einmal Trauerschnitte sollten sie sich machen und sich nicht ein bißchen tätowieren. Sie merkten, was es auf sich hatte mit der Unsichtbarkeit Gottes. Es bedeutete große Einschränkung, mit Jahwe im Bunde zu sein; da aber hinter Mose's Verboten der Würgengel stand und sie nicht gern in die Wüste gejagt werden wollten, so kam ihnen das, was er verbot, bald fürchterlich vor, – anfangs nur im Zusammenhang mit der Strafe; diese aber verfehlte nicht, die Sache selbst zu einem Übel zu stempeln, bei dessen Begehung einem übel zumute war, der Strafe nicht einmal mehr zu gedenken. (851)

Da Moses sein Gesetzeswerk nicht, wie beim Auszug aus Ägypten, durch den Erfolg rechtfertigen kann und auch die Autorisierung durch die persönliche Lebensführung fehlt, wählt er den Weg über die heiligen Tafeln.[38] Die Gebote des unsichtbaren Gottes brauchen eine universelle bilderlose Schrift, die in allen Sprachen schreibbar ist. »Der radikalen Außerweltlichkeit Gottes entspricht die radikale Schriftlichkeit seiner Offenbarung.«[39] Dafür begibt Moses sich auf den Berg Sinai. Während seiner und Joshuas Abwesenheit kommt es zum Rückfall des Volkes in den orgiastischen Kult des Tanzes um einen Stier. Mit Unterstützung seiner »Würgengel« stellt Moses seine Herrschaft bei seiner Rückkehr gewaltsam wieder her und meißelt »das ABC des Menschenbenehmens« als »unverbrüchlich[en]« Bund in die Tafeln (875).

Manns Selbstinterpretation folgend, wird die Erzählung *Das Gesetz* meist als Erinnerung an das Sittengesetz gedeutet. Was sie jedoch vor allem erinnert, ist die Gründungsgewalt in der Genealogie der Sitten und des Gesetzes eines Volkes. Mann sucht das Gesetz des Menschenbenehmens nicht zu autorisieren, sondern erzählt von seinen gewalttätigen und diktatorischen Anfängen. Nietzsches Hinweis auf die Gründungsgewalt übersetzt er in ein ironisches Spiel um die Diskrepanz zwischen Geltungsgrund und Geltungsanspruch. Diese Doppelperspektivik ist schon durch

---

37 Dazu vgl. Uwe Wesel, Geschichte des Rechts. Von den Frühformen bis zum Vertrag von Maastricht, München 1997, 82ff.
38 Zur Disziplinargewalt der Alphabetisierung vgl. Friedrich Kittler, Die heilige Schrift, in: Das Heilige. Seine Spur in der Moderne, hrsg. Dietmar Kamper u. a., Frankfurt 1987, 154-161.
39 Assmann, Religion und kulturelles Gedächtnis, 98, vgl. ebd. 70f, 73.

den Gegensatz von Moses und Joshua gegeben. Die Erzählung stellt das religiöse Selbstverständnis psychologisch vielfach in Frage: angefangen bei der Motivierung von Moses' Gerechtigkeitsempfinden durch seine illegitime Herkunft über die Doppelperspektivik göttlicher oder militärischer Hilfe bis hin zum Zweifel an der Integrität seines religiösen Sendungsbewußtseins. Eine vorbehaltlose Parteinahme für das mosaische Gesetz wird man ihr kaum entnehmen können. Sie erinnert vielmehr an die Gewaltsamkeit elementarer Bildungsprozesse: an die genealogische Einheit von Sitte, Moral und Recht in der Formierung des »Menschenbenehmens«. Stellt der *Joseph*-Roman hochstufige politische Leistungen dar, so kehrt Mann mit *Das Gesetz* zu seiner – in *Fiorenza* erstmals gestalteten – grundlegenden Auffassung von der Politik als herrschaftlicher Entscheidung über kollektive Lebensformen zurück.

Die Erzählung erscheint 1943 als Beitrag zu einem appellativen Sammelband gegen den Krieg. In seiner Radioansprache *Deutsche Hörer!* vom Mai 1943 bezeichnet Mann sie als Mahnung an das deutsche Volk. Als zeitgeschichtliche Lehre gelesen, ist diese Parallele aber nicht zwingend. Moses ist nicht der Gegenspieler Hitlers, sondern mehr dieser selbst. Die Erzählung von der Gründungsgewalt ist eher geeignet, religiöse Rechtfertigungen von Politik in Frage zu stellen, als an den Geltungsanspruch des Sittengesetzes zu erinnern. Zeitgeschichtlich gelesen, ist sie eher eine Kritik an der zionistisch geprägten Siedlungspolitik Israels[40] denn eine Mahnung gegenüber dem Nationalsozialismus und Hitler. Historisch betrachtet repräsentiert Moses überhaupt den Anfang der europäischen »politischen Theologie der Gewalt«,[41] die Mann zu überwinden trachtet.

10. Der Joseph-Roman als politisch-theologische Antwort?

Es wurde erörtert, wie Mann seine ethisch-anthropologische Ausgangsfrage nach den Möglichkeiten gelingenden Lebens in die historisch-politische Bedingungsanalyse zurückstellt. Die politische Hermeneutik der Nationalgeschichte zeigte, wie sich Mann jenseits historiographischer Erkenntnisinteressen auf die Voraussetzungshaftigkeit der Möglichkeit einer individuellen moralisch-politischen Antwort konzentriert. Seine eigene Antwort verlegt er ins biblische Sujet. Indem er dabei eine geschichtsphilosophische Gesamtsicht und Vorprojektion entwickelt, allerdings eher auf die konstitutionelle Monarchie als auf die parlamentarische Demokratie, zeichnet

---

40 Dazu vgl. Gespenster von 1938 (1948), in: TME VI, 96-97; zur Rolle der Gewalt bei der Staatsgründung Israels: Dan Diner, Israel in Palästina. Über Tausch und Gewalt im Vorderen Orient, Königstein 1980.
41 Dazu vgl. Assmann, Herrschaft und Heil, 247ff; ders., Moses der Ägypter, München 1998; vgl. auch Wolf-Daniel Hartwich. Die Sendung Moses. Von der Aufklärung bis Thomas Mann, München 1997.

sich eine Antwort für die Gegenwart ab. Die Fortschrittslinie des Romans zielt auf den »politisch-theologischen« Zusammenhang von religiöser Universalisierung und Individualisierung und politischer Zentralisierung und Pazifierung ab. Mann bindet die Entwicklung des humanen Selbstverständnisses an ein Gottesverständnis und gibt »die Geschichte Gottes als die des Menschen zu erkennen«[42]. »Denn das Ich, das eigentliche ›Selbst‹ des Menschen findet sich erst auf dem Umweg über das göttliche Ich«, heißt es bei Cassirer.[43] Mann erzählt die Anfänge des Mythos von der Vision eines Endes her. Das Ende ist nicht, wie etwa in Hegels Geschichte des »absoluten Geistes«, mit der Gegenwart erreicht. Die »letzte Deutung der Lehre« (IV, 49) von einem Menschentum, das gesegnet wäre, steht noch aus. Wie die politische Hermeneutik der Nationalgeschichte zeigt, ist ein solches Menschentum gegenwärtig nicht in Sicht. Mann projiziert es in Joseph zurück, weil es ihm für seine Gegenwart fragwürdig ist. Er fragt dabei auf die Möglichkeit politischer Organisation hinaus. Damit findet er einen Zugang zur politischen Theorie. Er gibt die Antwort aber nicht eindeutig im Sinne seines persönlichen Bekenntnisses zur Republik, sondern legitimiert Herrschaft letztlich final durch die erfolgreiche Organisation politischer Aufgaben und Zwecke. Er visioniert wenigstens die – 1938 explizit ausgesprochene (XI, 922) – Hoffnung auf einen solchen Philosophenkönig als »Herrn des Überblicks«. Ähnlich wie Platon faßt er den Politiker zugleich als Paradigma von Humanität auf. Der »Politiker des Guten« repräsentiert die Herrschaft über die eigenen Lebensbedingungen als Kriterium gelingenden Lebens. Er verkörpert zugleich die Form ihrer Verwirklichung: die Option für die politische Organisation der eigenen Lebensbedingungen. Mit der Gestaltung des guten Menschen als Politiker optiert Mann für die Politik bzw. für die Hoffnung auf Politik als Form der Annäherung an eine Humanitätsvision. Er entwirft dabei kein Gemälde vom wahren Staat, keine Staatsvision – wie sie im *Zau-*

---

42 Käte Hamburger, Der Humor bei Thomas Mann. Zum Joseph-Roman, München 1965, 186.
43 Ernst Cassirer, Philosophie der symbolischen Formen. Zweiter Teil: Das mythische Denken, 7. Aufl., Darmstadt 1977, 245. Cassirer folgend unterlegt die religiöse Stellungnahme dem kultischen Handeln einen neuen Sinn und setzt die mythische Bilderwelt nurmehr allegorisch ein (II, 281ff, 301). Cassirer präferiert deshalb die (vom Standpunkt der PsF (I, 50f) als fiktives »Paradies der Unmittelbarkeit« freilich verworfene) Mystik (II, 276f, 298f, 398) als konsequenteste »Dialektik« des mythischen Bewußtseins. Die Pointe seiner Darstellung besteht darin, daß diese religiöse Symbolik die Irreduzibilität von Symbolisierung im Kultus inszeniert und somit im »Ineinander und Gegeneinander von ›Sinn‹ und ›Bild‹« (II, 311) die allgemeine Problemstellung der Philosophie der symbolischen Formen als »Problem der Religion« artikuliert (vgl. III, 384f). Cassirer deutet damit einen eigenen religionsphilosophischen Ansatz an. – Dieser Verweis auf Cassirer benennt nur das Desiderat eines eingehenderen Vergleiches. Ähnliche Vergleiche wären zu Hegel, M. Weber, E. Voegelin zu ziehen.

berberg anklingt –, sondern eine Utopie von der Politik als Medium humaner Selbstbestimmung. Ähnlich wie Platon gestaltet Mann den »Politiker des Guten«, um ein Bild vom guten Menschen vorzustellen. Zugleich bekennt er sich zur (institutionell verfaßten) Politik als Medium der Organisation guten Lebens. Er transloziert seine Utopie guter Politik in die Anfänge der abendländischen Geschichte, problematisiert aber anschließend – in der Moses-Novelle – sogleich den Einsatz von Religion zur Legitimierung von Politik. Die Einsicht in die Diskrepanz zwischen moralisch-politischen Forderungen und den Verhältnissen führt ihn ins politische Engagement.

TEIL C

POLITISCHES ENGAGEMENT

I. Das politische Grundrecht der Selbstbehauptung

1. Bedeutungsschichten der Friedrich-Parallele

In der Schule des »Erkenntnis-Lyrikers« Friedrich Nietzsche hat Mann sich gewöhnt, »den Begriff des Künstlers mit dem des Erkennenden zusammenfließen zu lassen« (X, 19) und »Kunst und Kritik« einander anzunähern. Systematisch vertritt er mit großer Konsequenz eine zeittypische, bei Nietzsche wie Dilthey zu findende Erlebnisästhetik, die alle Äußerungen als Ausdruck von Erlebnissen auffaßt. Die »Kritik« betrachtet er dabei als eine Form der »Rechtfertigung« des Erlebnisses wie seiner künstlerischen Expression. Deshalb verfaßt er seine ersten größeren poetologischen Texte – *Bilse und ich* (1905/08) und den *Versuch über das Theater* (1908) – auch in polemischen Rechtfertigungszusammenhängen als »Aufklärungs- und Verteidigungsschriftchen« (X, 9). Mann formuliert seinen erlebnisästhetischen »Ästhetizismus« schon in *Bilse und ich* sehr deutlich:

> Es gibt einen Grad d[]er Schmerzfähigkeit, der jedes Erleben zu einem Erleiden macht. Die einzige Waffe aber, die der Reizbarkeit des Künstlers gegeben ist, um damit auf die Erscheinungen und Erlebnisse zu reagieren, sich ihrer damit auf schöne Art zu erledigen, ist der Ausdruck, ist die Bezeichnung, und diese Reaktion des Ausdrucks, die, mit einigem psychologischen Radikalismus geredet, eine sublime Rache des Künstlers an seinem Erlebnis ist, wird desto heftiger sein, je feiner die Reizbarkeit ist, auf welche die Wahrnehmung traf. (20)

Zwischen 1909 und 1912 arbeitet Mann an einem ausgreifenden Essay *Geist und Kunst*, der sich an eine »Kritik der Modernität« wagt.[1] Er verzichtet aber auf einen Abschluß des Vorhabens und veröffentlicht nur einige Materialien. Vor 1914 enthält er sich noch weitgehend politischer Stellungnahmen, verteidigt aber sein Künstlertum gegen Kritiker wie Alfred Kerr und Theodor Lessing. Dem Bruder enthüllt er ein persönliches Motiv seiner scharfen Replik auf Lessings Angriffe:

> Das Geheimnis ist, daß ich mit dem ›Hochstapler‹ nichts anfangen konnte; aus gequälter Untätigkeit schlug ich los, dessen bin ich mir innerlich wohl bewußt, und habe damit meine Kräfte natürlich nur weiter heruntergebracht (20.3.1910 an Heinrich).

Zum Verständnis der Parteinahme im Ersten Weltkrieg ist hier interessant, daß Mann die aggressive Lösung gleichermaßen bejaht und kritisiert. Ähnlich ergeht es ihm im Krieg. Auf den Kriegsausbruch reagiert Mann umgehend; er publiziert *Gedanken im Kriege* und schickt Ende 1914 einen kurzen Text *Gute Feldpost* nach. Ein offe-

---

1 Dazu vgl. Hans Wysling, ›Geist und Kunst‹. Thomas Manns Notizen zu einem ›Literatur-Essay‹, in: Paul Scherrer u. ders. (Hrsg.), Quellenkritische Studien zum Werk Thomas Manns, Bern 1967, 123-233, bes. 128.

ner Brief vom April/Mai 1915 an eine Stockholmer Tageszeitung führt die Resultate des Friedrich-Essays mit der Sicht des Kriegsgeschehens zusammen. In der Buchpublikation *Friedrich und die große Koalition* von 1915 umklammern die *Gedanken im Kriege* und der offene Brief den Friedrich-Essay.[2] Dessen leitende Friedrich-Parallele hat verschiedene Bedeutungsschichten: Sie ist eine ereignisgeschichtliche Deutung des Kriegsausbruchs, dient der Verdeutlichung einer strategischen Machtlage durch historische Vergleichung, behauptet eine nationalgeschichtliche Kontinuität, widmet sich der Frage der deutschen Kriegsschuld und nimmt eine politische Identitätserklärung Deutschlands mittels einer Charakterisierung Preußens durch Friedrich vor.

Das *Friedrich*-Büchlein erhellt die strategische Situation von 1914 durch die historische Parallele zum Siebenjährigen Krieg. Mann deutet die Einkreisung durch eine große Koalition als Resultat diplomatischer Selbstisolierung. Er rechtfertigt die Selbstisolierung durch die Notwendigkeit bzw. Unvermeidlichkeit einer kriegerischen Behauptung der Machtstellung in Europa. Historisch wären Einwände nötig. So thematisiert Manns Parallele mit ihrem kleindeutschen Geschichtsbild nicht die Rückversicherung Österreichs durch das Reich. Und sie berücksichtigt den Anteil Rußlands am Kriegsausbruch[3] nicht, sondern reduziert das Kriegsgeschehen vor allem auf den Gegensatz von Deutschland und Frankreich. Mann beabsichtigt keine umfassende historische Beschreibung, sondern eine politische Deutung der Gründe der deutschen Kriegsschuld. Während er die französische Kriegsschuld dabei auf die »*idée fixe* der Revanche« (XIII, 540) für 1870/71 zurückführt, sieht er die

---

2 Laut Peter de Mendelssohn (Der Zauberer, Frankfurt 1975, 1014f) fürchtete der Verlag eine separate Veröffentlichung des Friedrich-Essays und regte deshalb die Zusammenstellung mit den apologetischen Kriegspamphleten an. Mann selbst bejahte diese Zusammenstellung als ein »ganz nettes Ganzes« (Brief v. 6.5.1915 an Korfiz Holm).

3 Manns Konzentration auf eine polemische Stereotypisierung des Gegensatzes von Deutschland zu Frankreich übergeht den Gegensatz zu Rußland, der für den Ausbruch des Krieges entscheidend war. Deutschland reagierte auf die russische Generalmobilmachung vom 31. Juli 1914 mit der Kriegserklärung vom 1. August. Die Sozialdemokratie sah damals den Verteidigungsfall gegen das zaristische Rußland gegeben und bewilligte deshalb die Kriegsgesetze und den Burgfrieden. Daß der Konflikt mit Rußland zu einem Angriff auf Frankreich (bei Einmarsch in das neutrale, mit England verbündete Belgien) führte, resultiert der Militärdoktrin des Schlieffen-Planes. Dieser ging vom Faktum eines Zweifrontenkrieges gegen Rußland und Frankreich aus und hoffte auf die Neutralität Englands (und der USA) in einem zentraleuropäischen Konflikt. Politisch ging der Schlieffen-Plan davon aus, daß der Konflikt mit einer europäischen Großmacht zwingend eine andere involviere. Die geopolitische Hoffnung des Planes war, Deutschland aus seiner »Einkreisung« in die labile »Mittellage« herauszuführen zu einer europäischen Hegemonialstellung. Auf dieser Hoffnung beruhte noch die nationalsozialistische Expansion. Dazu vgl. Gunther Mai, Das Ende des Kaiserreiches. Politik und Kriegsführung im Ersten Weltkrieg, München 1987, 62ff.

Gründe für die deutsche Kriegsschuld im Faktum der Reichsgründung und der neueren Nationalgeschichte seit der Etablierung Preußens. Durch Preußen ist Deutschland als mächtiges politisches Subjekt in die europäische Geschichte getreten. Dieses Faktum politischer Organisation in der Mitte Europas sieht Mann als den eigentlichen Grund für den Ausbruch des Ersten Weltkriegs an. Seine Deutung des Krieges als Bewährungsprobe des politischen Existenzwillens des jungen Reiches ist damals ebenso wie der Topos vom unvermeidlichen Krieg[4] weit verbreitet. Indem Mann Deutschland mit Preußen nicht nur parallelisiert, sondern auch identifiziert, nimmt er darüber hinaus eine nationalgeschichtliche Kontinuitätsbehauptung vor. Wie zahlreiche Historiker seiner Zeit unterstellt er eine deutsche »Sendung« Preußens. Seine Konstruktion einer preußisch-deutschen Nationalgeschichte stellt den Wilhelminismus in die Kontinuität mit Preußen. Dabei bestätigt Mann zahlreiche Vorwürfe gegen Deutschland und gibt auch die deutsche Kriegsschuld zu. Nur reklamiert er ein – damals völkerrechtlich nicht bestrittenes[5] – Recht zum Krieg und sieht die Notwendigkeit einer militärischen Behauptung des politischen Existenzwillens des deutschen Reiches.

2. Begründungsstrategien der Begleittexte

Wie polemisch Mann dabei stereotypisiert, zeigen schon die direkt nach Kriegsausbruch entstandenen *Gedanken im Kriege*, die eine Reihe von Antithesen als »Erscheinungsformen des ewigen Weltgegensatzes und Widerspieles von Geist und Natur« (XIII, 528) exponieren. Was Mann als »polemische Formel« (535) erkennt, präsentiert er zugleich als philosophische Begründung. Er legt den »Weltgegensatz« von Natur und Geist in Antithesen wie Zivilisation/Kultur, Geist/Genie, Geist/Kunst, Friede/Krieg, Zivilist/Soldat, Politik/Moral, Frankreich/Deutschland, Voltaire/Friedrich, Vernunft/Glaube, Advokaten-Parlamentarismus/soziales Königtum aus und schildert die moralischen Folgen des Krieges in Deutschland und Frankreich diametral unterschiedlich: Während der Krieg für Deutschland einen Akt der »Reinigung« (533) bedeute, sei Frankreich im Kriege verwildert. Während Deutschland seinen »soldatischen Sinn« (539) wieder entdecke, beanspruche Frankreich »Damenrechte« (542).

---

4 Dazu vgl. Wolfgang J. Mommsen, Der Topos vom unvermeidlichen Krieg: Außenpolitik und öffentliche Meinung im Deutschen Reich im letzten Jahrzehnt vor 1914, in: ders., Der autoritäre Nationalstaat. Verfassung, Gesellschaft und Kultur im deutschen Kaiserreich, Frankfurt 1990, 380-416; ders., Die »deutsche Idee der Freiheit«, in: ders., Bürgerliche Kultur und politische Ordnung. Künstler, Schriftsteller und Intellektuelle in der deutschen Geschichte 1830-1933, Frankfurt 2000, 133-157.

5 Dazu vgl. Carl Schmitt, Der Nomos der Erde, Köln 1950, 232ff; Wilhelm Grewe, Epochen der Völkerrechtsgeschichte, Baden-Baden 1984, 728ff.

Mann gibt 1915 einer schwedischen Zeitung und somit der neutralen europäischen Öffentlichkeit zu – und damit endet der Band *Friedrich und die große Koalition* –, daß Deutschland »die Offensive ergriffen« und das »Schicksal« des Krieges bejaht und losgeschlagen habe. Damit habe Deutschland eine »neue Epoche seiner politischen Bildung« eröffnet und sich »noch einmal zur Einheit geformt« (552). Weil der deutsche Staat erst verspätet gegründet wurde, mußte er sich gegen starke Nachbarn durchsetzen: »Deutschland war lange ganz Gedanke gewesen. Es kam spät zur Wirklichkeit« (549). Die militärische Selbstbehauptung erscheint als Selbsterfüllung seines politischen Willens: »Deutschlands Selbstbehauptung und Selbsterfüllung, das ist der Friede.« (553)

Es bleibt unklar, ob der Friede der Selbsterfüllung in der bloßen Selbstbehauptung besteht oder in der Anerkennung durch die Gegner. Eine anerkennungstheoretische Völkerrechtsbegründung liegt nahe: Indem die Kriegsparteien die Machtverhältnisse als Rechtsverhältnisse anerkennen, beschließen sie wechselseitig und förmlich Frieden. Mann vertritt – 1917 in einem Text *Weltfrieden* – einen emphatischen Friedensbegriff, wonach »der Haß und die Feindschaft unter den Völkern Europas zuletzt eine Täuschung« ist, die »in brüderlicher Qual an der Erneuerung der Welt und der Seele« (561) Europas arbeitet. Er meint, daß Deutschland seinen Beitrag zur Entwicklung Europas nur leisten kann, wenn es als europäische Großmacht akzeptiert ist. Und er wirft der europäischen Politik vor, daß sie diesen berechtigten Willen nicht anerkennt:

> Das Herz, das Gewissen Europas, das Land des Gedankens, der ›Vorstellung‹, – erlaubt man ihm den politischen Willen nicht, weil es zu schade dafür ist? (550)

Die Beschränkung Deutschlands auf das »Gewissen Europas« ist unmöglich. Nur wer einen Willen hat und handelt, kann ein Gewissen haben. Deutschland kann nicht das Gewissen Europas sein, ohne einen Willen durch die Tat zu beweisen. Es kann nur als handlungsfähige politische Einheit ein Gewissen haben. Gegenüber der Restriktion auf ein moralisches Gewissen Europas befürwortet Mann deshalb die »Tat«: »Wie anständig ist die Tat, die Schicksal bejahende, Schicksal schaffende Tat« (548). Er personifiziert dies in Friedrich (533: »Und Deutschland ist heute Friedrich der Große. Es ist sein Kampf, den wir zu Ende führen.«) und aktualisiert so die alte Analogie von Mensch und Staat. Mann meint, daß die Nationsbildung durch die Nationalstaatsgründung nicht vollendet ist,[6] sondern die innenpolitischen Gegensätze erst durch nationalen Zusammenschluß gegen den äußeren Feind versöhnt werden müssen. Er spricht für diese Hoffnung auch vom »Dritten Reich« der *»Synthese von Macht und Geist«* (551). Politisch-soziologisch meint er damit zunächst die Hoff-

---

6 Dazu vgl. Brief v. 25.11.1916 an Bertram; grundsätzlich vgl. Heinrich August Winkler, Demokratie und Nation in der deutschen Geschichte, in: ders., Streitfragen der deutschen Geschichte, München 1997, 31-50.

nung auf eine Versöhnung des Bürgertums mit dem aristokratischen Obrigkeitsstaat, ferner der bürgerlichen Intellektuellen mit den Verhältnissen. Manns Formel vom »Dritten Reich« instrumentalisiert solche konkrete politische Erwartungen für universellere Ziele. Die politische Utopie ist Teil einer allgemeinen Versöhnungshoffnung. So sprach Mann früher schon vom Dritten Reich dichterischer »Versöhnung von Geist und Kunst« (XI, 564), und so spricht er häufig von der Aufgabe einer Versöhnung von »Geist« und »Leben«. Mann hält seine politische Utopie also – in romantischer Tradition – semantisch für allgemeinere Versöhnungsutopien offen. Was er dabei unter »Deutschlands Selbstbehauptung« genauer versteht, soll der Friedrich-Essay zeigen, der das Gewicht der Gedanken im Kriege trägt.

3. Der Friedrich-Essay als politische Identitätserklärung

Der Friedrich-Essay nimmt eine politische Identitätserklärung vor, indem er Deutschland durch Friedrich personifiziert und charakterisiert. Dieser *Abriß für den Tag und die Stunde* geht aus alten Plänen und Studien zu einem Friedrich-Roman hervor. In einem Brief an Heinrich schreibt Mann am 5.12.1905, er wolle Carlyles Heroisierung Friedrichs revidieren und »einen Helden menschlich-allzumenschlich darstellen, mit Skepsis, mit Gehässigkeit«.[7] Wenn das Romanprojekt auch einschläft, realisiert der Essay doch einen Teil dieser Überlegungen. Er stellt den schwierigen Charakter des Preußenkönigs ins Zentrum und führt das »Mißtrauen der Welt« (X, 77) auf Friedrichs fragwürdige »Männlichkeit« und »tiefe Misogynie« zurück:

> Er hat niemals geliebt. Dann kam ein Malheur auf diesem Gebiet, man spricht von einer Operation, die sich anschloß, – und von diesem Zeitpunkt an war irgend etwas kupiert in seiner Natur (91).

Mann gibt eine Störung des Lebens- und Weltverhältnisses unumwunden zu. Er leugnet Friedrichs Hazard nicht, bestätigt die These vom Angriffskrieg (99, 129f), verteidigt jedoch implizit die Ansicht, daß Friedrich das Erbe seines Vaters antrat, indem er die preußische Großmachtstellung in Europa gegen die große Koalition durchfocht und die europäischen Mächte dadurch zur Aufnahme Preußens in ihr Konzert zwang. Die diplomatische Katastrophe der »Großen Koalition«, so fahrlässig Friedrich sie herbeiführte, mußte kommen, legt Mann nahe, da der Aufstieg Preußens zur Großmacht den Reigen der »großen Mächte« (Ranke) sprengte und neu zu formieren erzwang:

---

7 Zum problematischen Charakter Friedrichs vgl. Theodor Schieder, Friedrich der Große. Ein Königtum der Widersprüche, Frankfurt 1986; den Gesichtspunkt der »Selbstbehauptung der neuen Großmacht« betont beispielsweise Gerhard Ritter, Friedrich der Große. Ein historisches Profil, Leipzig 1936.

> Aber dies armselige junge Preußen mit seinen zwei Millionen Seelen hatte sich als ebenbürtiger Staat neben Österreich, oder ihm gegenüber, gestellt, es hatte sich unter die Mächte Europas gedrängt mit dem Anspruch, fortan in allen europäischen Angelegenheiten als Großmacht mitzureden« (84). Friedrich »war nicht im Recht, sofern Recht eine Konvention, das Urteil der Majorität, die Stimme der ›Menschheit‹ ist. Sein Recht war das Recht der aufsteigenden Macht, ein problematisches, noch illegitimes, noch unerhärtetes Recht, das erst zu erkämpfen, zu schaffen war. Unterlag er, so war er der elendeste Abenteurer, ›un fou‹, wie Ludwig von Frankreich gesagt hatte. Nur wenn sich durch den Erfolg herausstellte, daß er der Beauftragte des Schicksals war, nur dann war er im Recht und immer im Rechte gewesen. Jede Tat, die diesen Namen verdient, ist ja eine Probe auf das Schicksal, ein Versuch, Recht zu schaffen, Entwicklung zu verwirklichen und die Fatalität zu lenken (122f, vgl. 133, 135).

Mann skizziert die Psychologie des Kriegsausbruchs am Charakter und Verhalten Friedrichs. Daraus resultiert eine geschichtswissenschaftlich unbefriedigende Konzentration auf führende Akteure: Mann deutet die Entstehung der großen Koalition gegen Preußen als diplomatisch eingefädeltes Bündnis der Aversion gegen den »bösen Mann«. Da er Friedrich negativ charakterisiert, verwundert das geschichts- und rechtsphilosophische Urteil, daß Friedrichs Friedens- und Völkerrechtsbruch den »Spruch der Geschichte« (123, 133) für sich hatte:

> Er war ein Opfer. Er mußte unrecht tun und ein Leben gegen den Gedanken führen, er durfte nicht Philosoph, sondern mußte König sein, damit eines großen Volkes Erdensendung sich erfülle. (135)

Wie kann Friedrichs »Bösartigkeit« »eines großen Volkes Erdensendung« repräsentieren? Die militante Selbstbehauptung erscheint Mann rechtens, weil er die individuelle Selbstbegründung[8] und Habitualisierung eines Typus, hier: des nationalen Typus Deutschlands, als ursprüngliches Recht anerkennt. Politische Selbstbehauptung ist rechtens, weil sie die Form der »Selbsterfüllung« einer Nation ist. Rechtsgrund ist somit die Selbstbestimmung überhaupt. Alles Recht ist von diesem Existenzrecht abgeleitet, das nicht einfach zugewiesen, sondern individuell beansprucht, behauptet und anerkannt wird. Manns Sicht des Krieges als Rechtsgeschehen geht rechtsphilosophisch implizit davon aus, daß Rechte auf Anerkennungsansprüchen von politischen Identitäten basieren, die ihr Existenzrecht durch ihren Willen zur Selbstbehauptung im Krieg beweisen. Deshalb kann Mann schreiben, daß die Ergründung der Motive des Angriffskrieges »in die Schlünde des nie ausgedachten Problems von der Willensfreiheit« (113, vgl. XIII, 547) führe. Das Grundrecht der Völker ist demnach das politische Existenzrecht. Weil sich der Rechtscharakter eines Identitätsanspruchs, dieser Auffassung zufolge, erst durch die militärische Selbstbehauptung erweist, basiert das

---

8 Zur Selbstbegründung bei Nietzsche vgl. Volker Gerhardt, Selbstbegründung. Nietzsches Moral der Individualität, in: Nietzsche-Studien 21 (1992), 28-49.

Völkerrecht auf dem ius belli. Von diesem Völkerrechtsverständnis her löst sich der scheinbare Widerspruch zwischen der psychologischen Kritik des Angriffskrieges und dessen Ratifizierung als Rechtsgeschehen: Als Selbstbehauptungskampf ist der Angriffskrieg rechtens. Deshalb kann Mann den Rechtscharakter des Angriffskrieges in Friedrich personifizieren. Seine Studie sucht nicht nur eine interessante historische Parallele aufzudecken, die eine strategische Lage erhellt, sondern auch eine anspruchsvolle Rechtfertigung des Verhaltens des deutschen Reiches im Kriege vorzunehmen: Preußen hat die neuere politische Geschichte Deutschlands eröffnet und das Existenzrecht seines nationalen, soldatischen Typus in Europa durch Friedrich behauptet. Dieses Existenzrecht gilt es im Ersten Weltkrieg gegen seine Infragestellung durch die europäische »Zivilisation« erneut durchzufechten. Gegen die politische Rhetorik der Zeit besteht Mann auf dem Rechtsgrund der Selbstbegründung und Selbstbehauptung eines nationalen Typus. Dieses Existenzrecht geht der Doktrin der Staatsform voraus. Deshalb akzeptiert Mann die Demokratisierungsparole nicht. Prononciert erklärt er sich für den »›Obrigkeitsstaat‹« als »dem deutschen Volke angemessene, zukömmliche und von ihm im Grunde gewollte Staatsform« (XII, 30). Mann verteidigt also den Anspruch auf nationale Selbstbestimmung über die Staatsform.

II. »Persönliches Ethos« als »nationales Ethos«: die politische Ethik der *Betrachtungen eines Unpolitischen*

Das Buch *Friedrich und die große Koalition* erscheint zwischen 1915 bis 1930 in mehreren Auflagen. Mann nimmt das Hauptstück, die Friedrich-Studie, 1922 auch in seinen ersten Essayband *Rede und Antwort* auf. Zwar gibt er in den *Betrachtungen eines Unpolitischen* einige Einwände zu und spricht für die *Gedanken im Kriege* von einer raschen »Improvisation« (XII, 161), verteidigt aber das »äußerst bescheidene Maß von Chauvinismus« (187) des Büchleins. Die Reaktion der »Zivilisationsliteraten« auf diese Schrift und die Notwendigkeit einer Entlastung des *Zauberbergs* von essayistischen Exkursen veranlassen ihn zu den *Betrachtungen*. Es ist unvermeidlich, den Gedankengang der Schrift eingehender darzulegen.

1. Konfession eines Pathos

Die polemische Exposition zeigt sich in der *Vorrede* schon in einer – das Verfahren der *Gedanken im Kriege* aufnehmenden – Reihe von Antithesen. Solche sind Deutschland/Frankreich, Ironie/Glaube, Ethos/Pathos, Musik/Politik, Nation/Menschheit, Obrigkeitsstaat/Demokratie. Diese antithetischen Reihen personifiziert Mann im Bruderkonflikt und führt sie – ähnlich wie im Essay-Projekt *Geist und Kunst* – auf verschiedene Auslegungen von Nietzsches Philosophie, genauer: des »Erlebnisses« ihrer Lektüre, zurück.

> Es sind in geistig-dichterischer Hinsicht zwei brüderliche Möglichkeiten, die das Erlebnis Nietzsche's zeitigt. Die eine ist jener Ruchlosigkeits- und Renaissance-Ästhetizismus, jener hysterische Macht-, Schönheits- und Lebenskult, worin eine gewisse Dichtung sich eine Weile gefiel. Die andere heißt Ironie, – und ich spreche damit von meinem Fall. In meinem Falle wurde das Erlebnis der Selbstverneinung des Geistes zugunsten des Lebens zur Ironie, – einer sittlichen Haltung, für die ich überhaupt keine andere Umschreibung und Bestimmung weiß als eben diese: daß sie die Selbstverneinung, der Selbstverrat des Geistes zugunsten des Lebens ist [...]. Nun ist Ironie freilich ein Ethos nicht durchaus leidender Art. Die Selbstverneinung des Geistes kann niemals ganz ernst, ganz vollkommen sein. Ironie wirbt, wenn auch heimlich, sie sucht für den Geist zu gewinnen, wenn auch ohne Hoffnung. (25f)

Die Schrift richtet sich vor allem gegen den »Typus« des »Zivilisationsliteraten«, der für die Entente Partei ergreift. Ihm sucht Mann sich zu erwehren. So bestreitet er gar nicht das Recht zum Krieg gegen Deutschland, sondern nur die Kritik des Zivilisationsliteraten am deutschen Recht zum Krieg. Die Schrift trägt dadurch einen persönlichen und polemischen Zug; sie trägt bekanntlich einen Bruderzwist aus,[1]

---

1 Davon geht schon die erste Monographie (Ernst Keller, Der unpolitische Deutsche.

den Mann als Zeichen der »geistigen Gegensätze Europas« begreift. Mit Carl Schmitt[2] gesprochen, versteht er seinen Gegenspieler letztlich als »eigne Frage als Gestalt«. Er wundert sich nicht über seine Affinitäten zum Zivilisationsliteraten, sondern nur über seinen polemischen »Gegenwillen« einer »aussichtslosen Verteidigung« (67). Den Siegeszug der Demokratie sieht er genauso heraufkommen wie der Zivilisationsliterat; er bejaht ihn aber nicht, weil er das Recht zur politischen Selbstbestimmung dadurch tangiert findet.

2. Protest, Protestantismus, Humanismus

Das polemische Pathos der Selbstbehauptung führt Mann auf ein partikulares, »nationales Ethos« zurück, das er mit und gegen Dostojewski[3] aus einem »ewigen« Protest der »germanischen Welt« gegen Rom herleitet. Er betrachtet den Protestantismus als eine Form des »germanischen« Protestes unter anderen. Im Katholizismus sieht er einen »Erben Roms«.[4] Weil Mann eine einseitig religionsgeschichtliche Genealogie des »nationalen Ethos« ablehnt, distanziert er sich von Dostojewski; er deutet Deutschlands Haltung nicht als protestantischen Widerstand gegen die Moderne, sondern als heidnischen Protest gegen das säkularisierte Christentum des politischen Rousseauismus. Und er wendet ein, Dostojewski sehe nur »›Luther in Rom‹«, nicht aber auch »›Goethe in Rom‹« (46): also die maßvolle Vermittlung antiker und christlicher Traditionen, an der Mann sich orientiert. Diese Gesamtsicht ist im Fortgang der *Betrachtungen* häufig hinter der einseitig religiösen Genealogie verdeckt. Um so wichtiger ist es zu sehen, daß Mann das »nationale Ethos« nicht mit dem Protestantismus gleichsetzt. Es geht ihm nicht um die Selbstbehauptung des Protestantismus, sondern um die antagonistische Entwicklung der europäischen Humanität. Seine

---

Eine Studie zu den »Betrachtungen eines Unpolitischen« von Thomas Mann, Bern 1965) über die »Betrachtungen« aus. Ein Hauptgesprächspartner war damals Ernst Bertram, mit dem Mann sich 1933 politisch überwarf (Brief v. 13.4.1933). Maßgeblich auf Bertrams Betreiben geht die Bonner Ehrenpromotion zurück; dazu und zu den Umständen der Aberkennung wie der Annulierung der Entziehungsakte ausführlich Paul Egon Hübinger, Thomas Mann, die Universität Bonn und die Zeitgeschichte. Drei Kapitel deutscher Vergangenheit aus dem Leben des Dichters 1905-1955, München 1974; aus der Korrespondenz der Kriegsjahre vgl. auch Thomas Mann. Briefe an Paul Amann 1915-1952, Lübeck 1959.
2 Carl Schmitt, Ex Captivitate Salus, Köln 1950, 90.
3 Zur Zurechtstutzung der Quellen vgl. nur Hermann Kurzke, Dostojewski in den »Betrachtungen eines Unpolitischen«, in: Thomas Mann und seine Quellen. Festschrift für Hans Wysling, Frankfurt 1991, 138-151.
4 Sehr interessant wäre ein Vergleich mit Helmuth Plessner, Die verspätete Nation. Über die politische Verführbarkeit bürgerlichen Geistes, Stuttgart 1959.

spätere – etwa im *Doktor Faustus* zu findende – Engführung des politischen Protestes mit dem religiösen Protestantismus dient der polemischen Vereinfachung und Vergegenwärtigung einer Situation. Auch später noch deutet er die Reformation als »*nationalistische* Freiheitsbewegung« (XI, 1136).

3. Die Frage nach den »Wortführern des Geistes«

Dostojewskis Polmik gegen das »›protestierende Reich‹« war ein »kriegerische[r] Gedanke« (XII, 47) von situativer »Wahrheitsintensität«.[5] Mann charakterisiert Deutschland dagegen als »Das unliterarische Land«. Dies ist nicht weniger problematisch als Dostojewskis Formel. Sinnvoll ist es allenfalls als bildungssoziologische These. Mann behauptet, daß es bestimmte Träger der Formierungsgeschichte einer Nation gibt: »Wortführer des *Geistes*« (51). Wortführer des »römischen Westens« seien »der Advokat und der Literat«. Mann bezieht sich insbesondere auf Frankreich und behauptet also, daß Frankreichs politische Kultur, als »Erbe Roms«, juridisch geprägt sei, was noch in der forensisch-politischen Rhetorik des Zivilisationsliteraten nachwirke. Eine solche These ist historischen Untersuchungen nicht unzugänglich und wohl auch nicht ganz falsch. Problematischer ist Deutschlands Charakterisierung als »das unliterarische Land« der Musik. Will Mann Deutschland seiner »Dichter und Denker« berauben? Zwar ist die Assoziation von deutscher Nationsbildung, protestantischer Theologie und Musik damals verbreitet. Mann bemüht sich aber nicht um Historiographie. Es geht ihm überhaupt nicht um historische Thesen, sondern um polemisch-politische Konfrontationen. Seine These vom »unliterarischen Land« bezieht sich primär auf die Haltung von 1914 bzw. die Wahrnehmung Deutschlands durch seine Gegner: Damals hatte Deutschland »kein Wort, es war wortlos« (50). Wenn Mann dem unliterarischen Land sein Wort leiht, gerät er in das »Dilemma des Konservativismus« (M. Greiffenhagen), mit den Mitteln der Gegner zu kämpfen. Der »Zivilisationsliterat« ist in Frankreich zu Hause, meint Mann; es gibt ihn aber auch in Deutschland. Denn Deutschland ist »immer noch das Schlachtfeld Europas« (54).[6] Als typische Vertreter nennt Mann zwei Kritiker seines Friedrich-Essays: Romain Rolland und seinen Bruder Heinrich.[7] Er beläßt es nicht bei der Replik, sondern reflektiert auf die polemische Situation:

---

[5] Ähnlich betonte Carl Schmitt den polemischen Bezug politischer Begriffe: Der Begriff des Politischen (1932), Berlin 1963, 31; ders., Hugo Preuss, Tübingen 1930, 5.
[6] Zu diesem Topos vgl. Ernst Nolte, Nietzsche und der Nietzscheanismus, Berlin 1992.
[7] Zur Polarisierung der europäischen Intellektuellen vgl. Wolfgang J. Mommsen (Hrsg.), Kultur und Krieg. Die Rolle der Intellektuellen, Künstler und Schriftsteller im Ersten Weltkrieg, München 1996.

> Im Ernst, meine Auflehnung ist sehr merkwürdig! [...] Merkwürdig, – denn die Tatsache besteht, daß mein eigenes Sein und Wesen sich zu dem des Zivilisationsliteraten viel weniger fremd und entgegengesetzt verhält, als die kalt objektive Kritik, die ich dem seinen zuteil werden ließ, glauben machen könnte [...] Er will und betreibt eine Entwicklung, – die ich für notwendig, das heißt: für unvermeidlich halte; an der auch ich meiner Natur nach unwillkürlich in gewissem Grade teilhabe; der zuzujauchzen ich aber gleichwohl keinen Grund sehe. [...] Ich wiederhole: Der Fortschritt hat alles für sich. Nur scheinbar ist er die Opposition. Der erhaltene Gegenwille ist es, der in Wahrheit immer und überall die Opposition bildet, der sich in der Verteidigung befindet, und zwar in einer, wie er genau weiß, aussichtslosen Verteidigung. (66f)

Woher diese Gesinnung? Diese Frage führt zum persönlichen Bekenntnis.

4. Der ethische Anspruch der Opposition

Mann nimmt eine herkunfts- und bildungsgeschichtliche Identitätserklärung unter bezug auf das »Dreigestirn« Schopenhauer, Wagner, Nietzsche vor – erst später nimmt er Goethe in den »Fixsternhimmel unserer Jugend« (IX, 329) mit auf – und betont dabei die zentrale Bildungserfahrung durch Nietzsche:[8]

> Nietzsche hat seinen Künstler nicht, oder noch nicht, wie Schopenhauer, gefunden. Wenn aber ich auf eine Formel, ein Wort bringen sollte, was ich ihm geistig zu danken habe, – ich fände kein anderes als eben dies: die Idee des Lebens, – welche man, wie gesagt, von Goethe empfangen mag, wenn man sie nicht von Nietzsche empfängt (XII, 84).

In einer ersten Selbstdeutung seines Werkes zeigt Mann detailliert, daß es nicht nur »Nietzsche's *Lehre*« war, sondern vor allem »*die Art, in der er lehrte*« (87), die ihn beeinflußte. Die Ausgangsfrage nach der Herkunft des »Gegenwillens« führt damit zur gegenläufigen Antwort: Manns Werk befördert selbst das Zivilisationsliteratentum:[9]

> Kurzum, der Zivilisationsliterat hatte ein Recht [...], auf mich und meine bescheidenen Kräfte zu hoffen (99).

Das Kapitel *Bürgerlichkeit* gibt eine neue Wendung: Mann faßt das Ethos seines Künstlertums autobiographisch: Er meint, daß seine künstlerische Gestaltung der

---

[8] Dieter Borchmeyer (›Ein Dreigestirn ewig verbundener Geister‹. Wagner, Nietzsche, Thomas Mann und das Konzept einer übernationalen Kultur, in: Wagner-Nietzsche-Thomas Mann. Festschrift für Eckhard Heftrich, Frankfurt 1993, 1-16) zeigt, wie eng sich Mann in seiner Geschichtsdeutung an Nietzsche anlehnt und dabei Wagners Verbindung von »Kosmopolitismus und Provinzialismus« folgt. Eingehende philologische Nachweise des Nietzsche-Einflusses bei Hermann Kurzke, Nietzsche in den »Betrachtungen eines Unpolitischen«, ebd., 186-202.
[9] Dazu vgl.: Kosmopolitismus (1925), X, 184ff.

Bürgerlichkeit ihm die Selbstaffirmation der Bürgerlichkeit seines künstlerischen Arbeitsethos ermöglichte. Für diese Einsicht beruft er sich auf Georg Lukács:

> Jener Primat des Ethischen im Leben, von dem der Kritiker spricht, – bedeutet er nicht das Übergewicht des Ethischen über das Ästhetische? Und ist dies Übergewicht nicht vorhanden, wenn das Leben selbst, auch ohne bürgerlichen Beruf, den Primat vor dem Werke besitzt? (104)

Mann betrachtet »das Leben« ethisch als eine Aufgabe:

> In Wahrheit ist die ›Kunst‹ nur ein Mittel, mein Leben ethisch zu erfüllen. [...] Nicht auf das ›Werk‹ also, sondern auf mein Leben kommt es mir an. Nicht ist das Leben das Mittel zur Erringung eines ästhetischen Vollkommenheitsideals, sondern die Arbeit ist ein ethisches Lebenssymbol. (105)

Dies besagt zunächst: Kunst ist Arbeit, und Arbeit erfüllt ein Leben ethisch. Kunst ist aber nicht irgendeine Beschäftigung, sondern eine Form der Reflexion, die das Ethos der Arbeit als solches darzustellen vermag und dadurch normative Ansprüche artikuliert. Bezieht Kunst sich auf das Leben des Künstlers, ihres Schöpfers, so vermag sie sein Leben zu orientieren. Der Künstler muß sich zu seinen Modellen möglichen Handelns zwar noch selbst verhalten und für bestimmte Möglichkeiten entscheiden; künstlerische Modelle möglicher Lebensführung erinnern und erneuern aber normative Gehalte. Mann bemerkt dazu:

> Es ist mir zu tun um die Wiederherstellung des Begriffs ›Bürger‹ selbst in seiner Reinheit und Würde (135).

Mann erhebt den Anspruch, daß ihm dies mit der Gestaltung des »Leistungsethikers« als »Typus des neuen Bürgers« gelang:

> Wenn ich irgend etwas von meiner Zeit sympathetisch verstanden habe, so ist es ihre Art von Heldentum, die modern-heroische Lebensform und -haltung des überbürdeten und übertrainierten, ›am Rande der Erschöpfung arbeitenden‹ Leistungsethikers ... und hier ist meine seelische Berührung, eine einzige, aber eine wichtige und mich erschütternde, mit dem Typus des neuen Bürgers. Ich habe ihn niemals real, als politisch-wirtschaftliche Erscheinung, gestaltet; dazu reichte weder meine Sympathie noch meine Kenntnis aus. Aber das Dichterische, das schien mir immer das Symbolische zu sein, und ich darf sagen, daß ich beinahe nichts geschrieben habe, was nicht Symbol wäre für ein Heldentum dieser modernen, neubürgerlichen Art [...] Ich lege einigen Wert auf die Feststellung, daß ich den Gedanken, der modern-kapitalistische Erwerbsmensch, der Bourgeois mit seiner asketischen Idee der Berufspflicht sei ein Geschöpf protestantischer Ethik, des Puritanismus und Kalvinismus, völlig auf eigene Hand, ohne Lektüre, durch unmittelbare Einsicht erfühlte und erfand und erst nachträglich, vor kurzem, bemerkt habe, daß er gleichzeitig von gelehrten Denkern gedacht und ausgesprochen worden. (144f)

Mann nennt Max Weber, Troeltsch und Werner Sombart, bei dem das verbindende »Mittel *Nietzsche*« (146) deutlich hervortrete. Er meldet damit einen historiographischen Deutungsanspruch an. Vor allem aber nimmt er eine autobiographische Identitätserklärung in ethischer Absicht vor. Er erzählt von seiner Herkunft, um ein Ethos in Geltung zu setzen,[10] und empfiehlt sein »persönliches Ethos« als »nationales Ethos«. Historiographisch hat er dabei vor allem zwei Ziele: Gegenüber der geläufigen Geschichte der Entwicklung vom Bürger zum Bourgeois behauptet eine Kontinuität der »romantischen« Bürgerlichkeit; und er bietet eine nationalistische Interpretation des deutschen Nationalliberalismus. Dabei lastet er sich eine schwere Aufgabe auf, wenn er eine Parallele von 1914 zu 1848 konstruiert und das liberale Geschichtsbild durch eine nationalistische Interpretation von 1848 angreift. Er schränkt sein Anliegen ein, indem er nur die politische Haltung des Bürgertums an wenigen Vertretern untersucht und generalisiert. Eigentlich will er nur zeigen, daß Wagner 1848 nicht liberal dachte, sondern »Kulturträume vom ›Ende der Politik‹« (123) spann. Dabei geht es ihm um die Legitimierung seines Geschichtsbildes durch sein »Dreigestirn«. Seine Selbsterforschung ergibt: Es waren besondere Bedingungen, die ihn »die Verwandlung des deutschen Bürgers in den Bourgeois ein wenig verschlafen« (138) ließen. Lübeck und München waren nicht Berlin:

> Mein eigentliches Erlebnis nun aber, das mich in den Stand setzte, der Literatur ein für die Geschichte des deutschen Bürgertums charakteristisches Werk zu geben, war die ›Entartung‹ einer solchen alten und echten Bürgerlichkeit ins Subjektiv Künstlerische: ein Erlebnis und Problem der Überfeinerung und Enttüchtigung, nicht der Verhärtung; ein Lebensprozeß, dem ich nicht nur irgendwie als Zeitgenosse kritisch anwohnte, sondern den unmittelbar und tief anzuschauen ich geboren war. Mit einem Worte: Was ich erlebte und gestaltete – aber ich erlebte es wohl erst, indem ich es gestaltete –, das war auch eine Entwicklung und Modernisierung des Bürgers, aber nicht seine Entwicklung zum Bourgeois, sondern seine Entwicklung zum Künstler, – und wenn ich neben den Verfallsbürger den Aufstiegsbürger, den Neuankömmling, Aufkäufer und Nachfolger stellte, so geschah es flüchtig und ohne daß ich an diesem Gegentyp in irgendeinem Sinne sonderlich teilgenommen hätte. (139f)

Mann macht autobiographisch also nicht klar, warum sein »persönliches Ethos« ein »nationales Ethos« repräsentiert; er zeigt eher, wie seine Bildung insbesondere durch Nietzsche es ihm ermöglichte, seine Erfahrung der »Entbürgerlichung« positiv aufzufassen und den sozialhistorischen Prozeß der Entbürgerlichung als eine Radikalisierung des normativen Anspruchs zu begreifen. Der normative Anspruch der Bürgerlichkeit bleibt, auch wenn die Verhältnisse gewandelt sind. Er ist in der Bildungsgeschichte der Nation gleichsam konserviert. Mag die Bürgerlichkeit auch, sozialgeschichtlich betrachtet, überlebt sein, so bleibt ihr Ethos, bildungsgeschichtlich überliefert, doch für die Nation gültig. Dieser normative Anspruch er-

---

10 Dazu vgl. Volker Gerhardt, Genealogische Ethik, in: Annemarie Pieper (Hrsg.), Geschichte der neueren Ethik, Bd. I, Tübingen 1992, 284-313.

möglicht »Zukunftsfreudigkeit«. Die Repräsentation des »bürgerlichen Zeitalters« weist in eine »neue, nachbürgerliche Welt« voraus. Sie ist »*Lebensbürgerlichkeit*« (IX, 321).[11]

5. Erinnerung an das erlebnisästhetische Programm

Die Spannung zwischen normativen Forderungen und sozialer Wirklichkeit führt Mann in die Politik. Die Frage nach dem Verhältnis der bürgerlichen »Leistungsethik« zur Politik ist das Thema der beiden Kapitel ›Gegen Recht und Wahrheit‹ und *Politik*. Ist Manns Exposition seiner Thematik schon reichlich umständlich, so scheinen die *Betrachtungen* hier gänzlich auszuufern. Während das Kapitel ›Gegen Recht und Wahrheit‹ durch die Wiederaufnahme der Auseinandersetzung mit dem Typus des Zivilisationsliteraten dabei noch relativ konzentriert ist, geraten die *Betrachtungen* im zentralen Kapitel *Politik* vollends aus den Fugen.*

Mann erläutert in der polemischen Replik ›Gegen Recht und Wahrheit‹ eingangs seinen problematischen nationalen Katechismus. »Donnerworte« (XII, 160) kämen ihm nicht zu. Er habe durch eine »frühe und rasche Improvisation« nur dienen wollen. Die »Infamie« (195) des Bruders erbost ihn mehr als die Kritik des Franzosen. Deshalb konzentriert Mann sich auf die Polemik gegen seinen Bruder und verteidigt sein ästhetisches Erleben der nationalen Identifikation:

> Achtest du die Leidenschaft, das Erlebnis nicht mehr, beschimpfst du sie, falls sie ›dem Geiste‹, das heißt: deiner radikalen Lehrmeinung nicht dienen? Dann bist du verloren! Dann mag deine Prosa noch so hartbunt und schmissig, deine Geste noch so genialisch steil, dein Atem noch so heiß, deine Kantilene noch so schmelzend sein, – dann bist du kein Künstler mehr und auch kein Mensch: dann bist du ein in Bigotterie verknöcherter Doktrinär und Schulmeister. (203)

Mann verlagert die Replik also von der Ebene der politischen Auseinandersetzung auf die Ebene der gemeinsamen ästhetizistischen Überzeugungen. In der Vorrede hatte er geschrieben, daß das »Erlebnis Nietzsche« zwei »brüderliche Möglichkeiten« (25) zeitigte. Mann erinnert seinen Bruder an diese gemeinsame Selbstverpflichtung auf eine nietzscheanische Erlebnisästhetik. Selbst wenn er, Thomas, politisch gefehlt habe, sei dieses Erlebnis durch das Werk, den Friedrich-Essay, gerechtfertigt. »Damit ist alles gesagt« (203), meint er. Da er mit einer Respektierung dieser ästhetischen

---

11 Mann stellt dies später immer wieder vor allem in seinen Goethe-Studien heraus: An die japanische Jugend. Eine Goethe-Studie (1932), IX, 282-296; Goethe als Repräsentant des bürgerlichen Zeitalters (1932), IX, 297-332; Goethe und die Demokratie (1949), IX, 755-782 u.a.

* Dazu jetzt Herman Kurzke, Das Kapitel »Politik« in den ›Betrachtungen eines Unpolitischen‹, in: Thomas-Mann-Jahrbuch 13 (2000), 27-41. Zum Kontext vgl. Marcus Llanque, Demokratisches Denken im Krieg, Baden-Baden 2000.

Rechtfertigung seiner politischen Teilnahme jedoch nicht mehr rechnet, fügt er einen »nationalistischen Katechismus« (205) an, den er im Kapitel *Politik* durch eine eigenartige Lehre von der »Persönlichkeit« des Staates begründet.

6. Absage an einen staatsbezogenen Politikbegriff?

Das Kapitel *Politik* beginnt scheinbar bündig:

> Wir fragen: Was ist Politik?
> Man wird antworten: ›Politik ist die Lehre vom Staat‹. Oder etwa, wie ein Gelehrter mit scheinbar letzter Genauigkeit formuliert: ›Politik ist ein praktisches Verhalten einschließlich der aus ihm abgeleiteten Regeln, das sich, sei es von seiten der Regierung oder bestimmter Volksgruppen oder auch einzelner, die Aufrechterhaltung oder die Umgestaltung des bestehenden Staates zum Ziele setzt‹. Das sind jedoch heute veraltete Bestimmungen. Die wahrhafte Definition des Begriffes ›Politik‹ ist nur mit Hilfe seines Gegenbegriffes möglich; sie lautet: ›Politik ist das Gegenteil von Ästhetizismus.‹ Oder: ›Politik ist die Rettung vor dem Ästhetizismus.‹ (222)

Eine solche Absage an einen staatsbezogenen Politikbegriff findet sich in den zwanziger Jahren bei Carl Schmitt: »Der Begriff des Staates setzt den Begriff des Politischen voraus«.[12] Schmitt hält die überlieferte Staatslehre für antiquiert, weil der gegebene Staat sein Politikmonopol nicht mehr behaupten kann. Er antwortet mit einer Lehre von der Souveränität, die das Subjekt der Souveränität politisch bestimmt und nicht mehr selbstverständlich mit dem rechtlich formierten Staat identifiziert: »Souverän ist, wer über den Ausnahmezustand entscheidet«.[13] Diesen »dezisionistischen« Souveränitätsbegriff nimmt Schmitt in seinen *Begriff des Politischen* auf: Politische Einheiten formieren sich durch die Unterscheidung von Freund und Feind. Das Politische bezeichnet »kein eigenes Sachgebiet, sondern nur den Intensitätsgrad einer Assoziation oder Dissoziation von Menschen«.[14] Über jede Streitfrage können sich politische Einheiten gruppieren. Potentiell alles kann derart strittig werden, daß es Freund und Feind bis hin zum »Ernstfall« des Kampfes polarisiert.

Im Friedrich-Essay entdeckte Mann die Souveränität zur Selbstbestimmung einer politischen Einheit über ihre Staatsform. Nun zieht er, ähnlich wie Schmitt, die begriffliche Konsequenz. Seine Kritik der Demokratisierungsparole ist nur der Unterfall einer grundsätzlichen Kritik an der Gleichsetzung von Politik mit institutionell organisierter Politik. Diese Unterscheidung des Politikbegriffs vom institu-

---

12 Carl Schmitt, Der Begriff des Politischen (1932), Berlin 1963, 20; dazu vgl. Verf., Carl Schmitt zur Einführung, 2. völlig neu bearbeitete Aufl., Hamburg 2001.
13 Ders., Politische Theologie. Vier Kapitel zur Lehre von der Souveränität (1922), 3. Aufl., Berlin 1979, 11.
14 Ders., Der Begriff des Politischen, 38.

tionellen Staatsbegriff ist sachlich richtig. Denn nicht der Staat, sondern der Mensch ist Grund und Zweck der Politik. Es gibt Politik, weil Menschen gemeinschaftlich handeln und sich staatlich organisieren können. Als handlungsfähige moralische Subjekte sind sie auch politische Subjekte. Manns Kritik am staatsbezogenen Politikbegriff formuliert also eine wichtige politiktheoretische Einsicht. Daß Mann den Ästhetizismus als Gegenbegriff zur Politik einführt, ist dagegen keine systematische Feststellung, sondern ein historisch-kritischer Befund: Ähnlich wie Schmitt betrachtet Mann die jüngere deutsche Geschichte als einen Prozeß allgemeiner Politisierung und Demokratisierung von Kultur und Gesellschaft. Für seine Ablehnung dieser Entwicklung beruft er sich auf Nietzsches Kritik an Bismarck, der Reichsgründung und dem Wilhelminischen Machtstaat: In Nietzsche opponierte »der deutsche Kulturidealismus« (238) gegen den Staat. Von dieser historischen Antistellung ausgehend, definiert Mann die Politik als »Gegenteil von Ästhetizismus« und ergreift für den Ästhetizismus als Philosophie des »Kulturidealismus« Partei. Wenn er die Politik als »Rettung vor dem Ästhetizismus« bezeichnet, so meint er die Ausflucht des Künstlers (konkret gemünzt: des expressionistischen Bruders) vor dem künstlerischen Versagen in die »ästhetizistische Politik« populärer Indoktrinierung des Publikums.

Gerade weil Mann Politik nicht selbstverständlich mit staatlichem Handeln identifiziert, sondern Gefährdungen des staatlichen »Monopols legitimer Gewaltsamkeit« (M.Weber) durch eine politisierte Gesellschaft ausmacht, fordert er eine Entpolitisierung der Gesellschaft durch Kritik der Demokratisierungsparole. Eine solche Entpolitisierung bedarf der Monopolisierung von Politik durch den Staat. Schon in den *Betrachtungen eines Unpolitischen* fordert Mann also keine Apolitik oder Antipolitik, sondern Politikbegrenzung auf die politischen Institutionen und deren Aufgaben. Mann kritisiert die »veraltete« Definition der Politik als »Lehre vom Staat«, weil sie die allgemeine Politisierung nicht angemessen beschreiben kann. Gleichzeitig wünscht er aber eine Entpolitisierung der Gesellschaft durch Erneuerung des staatlichen Politikmonopols. Mit dem Gegenbegriff des »Ästhetizismus« bezeichnet er seine politische Option für die Freiheit von der Politik als einer Möglichkeitsbedingung für schöpferische Tätigkeiten.

Mann ersetzt dabei eine zu enge Definition der Politik (als »Lehre vom Staat«) durch eine zu weite (als »Gegenteil von Ästhetizismus«). Seine Korrektur richtet sich (mit der Polemik gegen den Bruder) gegen die moralische Indoktrinierung politischer Diskurse. Richtig erfaßt Mann die Aufgabe, auch eine solche Indoktrinierung als Politik kennzeichnen zu können. Fälschlich lehnt er dabei aber einen staatsbezogenen Politikbegriff ab. Moralisch-politische Diskurse lassen sich nur dann als politische Diskurse bezeichnen, wenn ein staatsbezogener Politikbegriff vorausgesetzt ist. So ist die »ästhetizistische Politik« des »Zivilisationsliteraten« ein kulturpolitisches Programm, das durch staatliche Entscheidungen verwirklicht werden muß. Manns Korrektur (einer vermeintlich verbreiteten Definition als »Lehre vom Staat«) bedarf also ihrerseits einer Korrektur, damit ihre Intentionen überhaupt erfaßbar sind.

Ein solcher Politikbegriff könnte lauten: Politik meint staatsbezogenes Handeln. Staatsbezogenes Handeln ist ein soziales Handeln, das auf die institutionelle Organisation des rechtsetzenden Steuerungssystems einer Gesellschaft abzweckt. Erst eine solche Definition schafft den begrifflichen Rahmen, Manns Kritik an der »Demokratisierung« einer Gesellschaft, mit ihrer These von der »Identität der Begriffe ›Politik‹ und ›Demokratie‹« (29), als Forderung nach Entpolitisierung der Gesellschaft zu bezeichnen. »Entpolitisierung« heißt dabei der Versuch, das politische Handeln einer Gesellschaft in die Bahnen der staatlichen Politik zu lenken. An einer solchen Politikbeschränkung kann politische Bildung mitwirken. Die *Betrachtungen eines Unpolitischen* sind ein solcher Versuch. Daß sie dieses Ziel schon mit ihrem Politikbegriff selbst ein Stück weit verfehlen, steht auf einem anderen Blatt.

7. Antidemokratisches Bekenntnis zur »Persönlichkeit« des Staates

Mann unterscheidet die politische und die juristisch-institutionelle Betrachtung, ohne sie in eine komplexere Begrifflichkeit zusammenzuführen. Er spielt den Politikbegriff polemisch gegen den Staatsbegriff aus und optiert andererseits doch selbst für das staatliche Politikmonopol. Eine Lösung könnte in einer Dynamisierung des Politikbegriffs liegen: Politik heißt das soziale Handeln, das auf die Organisation des Staates abzweckt. Weil Mann zu einer solchen Lösung nicht gelangt, steht sein Bekenntnis zum Staat unvermittelt neben seiner Absage an den staatsbezogenen Politikbegriff (als »Lehre vom Staat«). Noch im gleichen Kapitel *Politik* bekennt sich Mann zum (wilhelminischen) Staat (der konstitutionellen Monarchie). Dabei kleidet er seine Option in eine autobiographische Erinnerung: »Als Knabe personifizierte ich mir den Staat gern in meiner Einbildung [...]: als General Dr. von Staat.« (247) Der Verweis auf die Kindheit ist nicht sachlich distanzierend gemeint. Mann hält die Personifikation des Staates tatsächlich für eine »metaphysische« Staatsbegründung.[15] Die eigenartige Unterscheidung eines »metaphysischen« und »sozialen« Wesens von Mensch und Nation gibt ihm einen Ansatzpunkt:

> Der Mensch ist nicht nur ein soziales, sondern auch ein metaphysisches Wesen; mit anderen Worten, er ist nicht nur Individuum, sondern auch Persönlichkeit. [...] Auch die Nation ist nicht nur ein soziales, sondern auch ein metaphysisches Wesen. (248)

---

15 Zur Kritik vgl. Hans Kelsen, Der soziologische und der juristische Staatsbegriff, 2. Aufl., Tübingen 1928; ders., Allgemeine Staatslehre, Berlin 1925.

Diese Formulierung hat eine antidemokratische Tendenz: Demokratie ist Politik der Masse. Die Masse kennt jedoch nur ihr »soziales«, niemals aber ihr »metaphysisches« Wesen. Nur der Künstler kennt dieses Wesen und vermag der Masse ihr höheres Selbst bewußt zu machen, steht aber im Zeitalter der Massendemokratie weitgehend auf verlorenem Posten:

> Träger des Allgemeinen ist das metaphysische Volk. Es ist darum geistig falsch, Politik im Geiste und Sinn der Masse zu treiben. Sie sollte, damit überhaupt die Möglichkeit bestehe, das politische und das nationale Leben als Einheit zu erleben, im Sinn und Geist des Volkes getrieben werden, auch wenn sie sich damit dem Verständnis der Masse als solcher entzöge. Diese Forderung ist jedoch heute verurteilt, Theorie zu bleiben. Der Vormarsch der Demokratie ist sieghaft und unaufhaltsam. Nur Massenpolitik [...] ist heute noch möglich [...]. Das Interesse des Künstlers und Geistigen am Staate also, seine Verwandtschaft und Solidarität mit ihm, reicht so weit, wie der metaphysische Charakter des Staates reicht. (248f)

Mann belastet seine Erörterung mit zahlreichen überflüssigen Unterscheidungen und handelt sich terminologische Rückfragen ein. Andererseits scheinen sich seine Ausführungen einfacher formulieren zu lassen, verzichtet man nur auf die ungeklärte Rede vom »metaphysischen Wesen«. Soviel ist jedenfalls klar: Mann ist der Auffassung, daß es gerade die Künstler sind, die die »Persönlichkeit« von Staat, Volk und Nation formulieren. Solche Personifikationen finden sich in der staatsphilosophischen Überlieferung häufig. Absolutistische Konsequenzen, wie Hobbes sie zog und Kelsen kritisierte, sind nicht zwingend. Denn ebenso wie das Modell der Person läßt sich auch das staatliche Entscheidungszentrum unterschiedlich auffassen und organisieren. Manns Personifikation des Staates ist deshalb staatstheoretisch wenig problematisch, auch wenn die Ausführungen im einzelnen unklar sind. Mann geht es aber weniger um die staatstheoretisch grundsätzliche Frage, ob ein Staat als Organismus und »Persönlichkeit« begriffen werden muß, als um die antidemokratische Forderung, daß die Regierungspolitik unabhängig vom Druck der »Massen« betrieben werden soll. Er möchte die Gesellschaft entpolitisieren, um ihr mit der Freiheit von der Politik auch die Möglichkeit zur schöpferischen Weiterentwicklung der Nationalkultur zu geben.[16] Weil diese Entpolitisierung einen »starken« Staat voraussetzt, kennt Mann neben seinem »metaphysischen« Bekenntnis noch eine Reihe pragmatischer Gründe »für die Bejahung des Staates«:

> Aber der Vernunftgründe für die Bejahung des Staates gibt es ja mehr und immerhin höhere. Er ist es, der der Wirksamkeit des Menschen, allem Menschenleben und -streben jene bestimmten Grenzen setzt, in denen allein der Mensch seine

---

16 Von 1912 bis 1913 war Mann Mitglied in einem Münchner Zensurbeirat; er sah seine Aufgabe darin, »die Aufseher der öffentlichen Ordnung vor Eingriffen in Werke von Dichtungsrang zu warnen« (Brief v. 7.12.1912 an Frank Wedekind, Briefe I, 98) und trat wegen eines Zensurstreits um Wedekind aus dem Beirat aus.

Kräfte bewähren kann. Er ist es, der die sozialen Kämpfe auszugleichen, sie einer Versöhnung zu nähern sucht, womit er sich als notwendige Bedingung der Kultur erweist. Auch der Künstler, einer gesicherten Basis zur Entfaltung seiner besonderen Fähigkeiten wie irgend jemand bedürftig, wird dem Staate eine rationale Anerkennung dafür nicht vorenthalten. Überdies aber sieht er, wenigstens wenn die Zeit ihm den Blick dafür so gewaltsam, wie heute, schärft, daß dem Staate bei aller Sozialisierung ein beträchtlicher Rest von metaphysischer Würde und Bedeutung nicht abhanden gekommen ist und niemals abhanden kommen kann. (252)

Mann ist der Überzeugung, daß der monarchische Staat Konzessionen an die Demokratisierungstendenzen machen muß, um sein »metaphysisches« Wesen zu bewahren. Wenn er die Bedeutung politischer Institutionen herunterspielt, tut er es von der Bejahung des bestehenden Nationalstaats aus. Er bekennt sich 1918 noch offen zum Obrigkeitsstaat und zur konstitutionellen Monarchie. Er ignoriert das Problem der Staatsform nicht, sondern erklärt es in Deutschland nur grundsätzlich für gelöst. Seine Verteidigung der Legitimität der deutschen konstitutionellen Monarchie ist dabei nicht völlig abwegig. Mann ist auch kein uneingeschränkter Befürworter des Wilhelminismus, sondern deutet Vorbehalte gegen Bismarcks Gründung Deutschlands als Machtstaat an:

> Es ist kein Zivilisationsliterat nötig, um uns zu lehren, daß der ›Machtmensch‹ Bismarck nicht nur für die Ruhe der lieben alten Kulturimperien Europas, sondern in sehr bestimmtem Sinn auch für Deutschland ein Unglück, oder, um es etwas ehrfürchtig-positiver auszudrücken, ein Verhängnis bedeutete (287).

Der *Joseph*-Roman spricht dafür vom »Segen«:

> Einen reinen und unzweifelhaften ›Segen‹ bedeutet das Leben solcher Männer selten oder nie, mit denen eine Geschichte beginnt, und nicht dies ist es, was ihr Selbstgefühl ihnen zuflüstert. ›Und sollst ein Schicksal sein‹ – das ist die reinere und richtigere Übersetzung des Verheißungswortes, in welcher Sprache es immer möge gesprochen worden sein (IV, 14).

Mann verengt die organisatorischen Fragen auf die persönliche Beziehung zwischen dem Künstler und dem Politiker.[17] Die Freiheit von der Politik soll es dem Künst-

---

17 Bei seinen Überlegungen ist Mann vermutlich von Schillers Briefen »Über die ästhetische Erziehung des Menschen« angeregt. Schiller antwortet auf die Gewalt der Französischen Revolution mit der Frage nach der Möglichkeit politischer Reformen. Als Bedingung der Möglichkeit solcher Reformen thematisiert er die »ästhetische Erziehung«. Er entdeckt die »ästhetische Kultur« (10. Brief) und Erfahrung als eine stete Möglichkeit der Humanisierung von Politik und Gesellschaft durch die Idee der »Totalität« der »menschlichen Natur«. Zwar ist der Künstler, wie der Politiker, ein »Zeitbürger« und »Sohn seiner Zeit«, nie aber nur »Zögling« oder »Günstling«, wenn und weil er in Antizipation möglicher Zukunft das Ideal und die »Richtung zum Guten« (9. Brief) formuliert. Die »Möglichkeit der Erfahrung« (19. Brief) des Ideals ist durch die menschliche Natur unabhängig vom Zeitenlauf »transzenden-

ler ermöglichen, Politik durch die Entwicklung nationaler Identitätskonzepte indirekt zu orientieren. Deshalb lehnt Mann die »*Lehre*« des Zivilisationsliteraten von der »Politisierung der Kunst« vehement ab: Das »absolute Manifest« (308) dieser Lehre ziele auf die »Synthese von Macht und Geist im Zeichen der Demokratie« (356). Mann führt sie auf die Indoktrinierung durch den »späten, *grotesk und fanatisch gewordenen* Nietzsche« (346) zurück und spricht vom Unterschied zwischen »Freigeist« und »freiem Geist«[18]:

> Denn ein Manifest, wenn es stark ist, vermag allenfalls zu fanatisieren, aber zu befreien vermag einzig das Werk der Kunst. Der politische Prophet ist zweifellos ein großer Freigeist, ein libre-penseur und esprit fort vom ersten Range [...]. Aber ein freier Geist [...] ist er nicht. (311)

Der Freigeist politisiert, während der freie Geist sich von der Politik fernhält und deshalb »zu *befreien* vermag«. Manns Eingangsdefinition, Politik sei »das Gegenteil von Ästhetizismus«, ist damit klarer: Der Freigeist kann schon deshalb kein großer Politiker sein, weil er selbst indoktriniert ist und keine neuen Antworten zu geben vermag. Weil auch die Massen nichts Neues entwickeln können, ist die demokratische Staatsform ungeeignet, »etwas Neues in politicis zu erfinden«. Dafür braucht die Politik die Kunst des wahrhaft »freien Geistes«. Der große Politiker ist ein »Bruder« des Künstlers.[19] Als Gründer ist er ein geschichtliches »Verhängnis«.

8. Rekapitulierende Kritik:
die »Betrachtungen eines Unpolitischen« als politische Philosophie

Im Friedrich-Essay entdeckte Mann seinen staatstheoretisch grundlegenden Ansatz bei der Souveränität zur Selbstbestimmung einer politischen Einheit über ihre Staatsform. Die *Betrachtungen* verdeutlichen diesen politiktheoretischen Ansatz durch die Kritik an der »Identität der Begriffe ›Politik‹ und ›Demokratie‹« in der herrschenden Semantik. Die ideologiekritische Fassung der These lautet, daß ein angemessener Politikbegriff nicht von der Demokratisierungsparole her bestimmt

---

tal« gegeben. Schiller antwortet auf die Revolution mit dem Hinweis auf die stete Möglichkeit der Entwicklung kultureller Voraussetzungen politischer Reformen (27. Brief). Er negiert durch diese Antwort aber gerade sein Ausgangsproblem, daß die kulturelle und moralische Homogenität des Staates zerfallen ist und der »dynamische Staat der Rechte« (27. Brief) die politische Gemeinschaft, die kulturell und sittlich uneins ist, im Medium des Rechts stabilisieren muß. Schiller gibt also eigentlich gar keine aussichtsreiche Antwort, und Manns Antwort liegt ähnlich.

18 Zu dieser Unterscheidung Nietzsches vgl. Volker Gerhardt, Friedrich Nietzsche, München 1992, 201ff.
19 Dazu dann: Bruder Hitler (1939), XII, 845-852.

werden kann. Die positive Fassung der These lautet, daß der Begriff des Politischen von der Staatsformenfrage unterschieden werden muß und eine Lehre von der politischen Gewalt erfordert. Im Grenzfall souveräner Selbstbestimmung koinzidieren Macht und Recht. Er betrifft deshalb vor allem die rechtschöpfende Macht zur Selbstbestimmung einer politischen Einheit über ihre Staatsform. Dieses Recht zur Macht, diese Souveränität des Politischen, verteidigt Mann bei seiner Ablehnung der Demokratisierungsparole. Die doktrinäre Gleichsetzung von Politik mit Demokratie kann seiner Auffassung nach die Selbstbestimmung einer politischen Einheit über ihre Staatsform nicht beschreiben. Die Verkennung des Souveränitätsproblems führt zu einer Verkennung der Legitimitätsfrage. So bestreitet die Demokratisierungsparole die Legitimität des Wilhelminismus, die Mann aber als faktischen Befund verteidigt. Mann ist somit der Auffassung, daß die Demokratisierungsparole staats- und legitimitätstheoretisch falsch ist. Staatstheoretisch betrachtet muß nicht jede Staatsorganisation demokratisch verfaßt, um handlungsfähig zu sein. Herrschaftssoziologisch betrachtet sind nicht nur Demokratien legitim. Die moralische Forderung nach einer Universalisierung der Demokratie geht am Befund verbreiteter Zustimmung zur Verfassung und Politik des Wilhelminismus vorbei. So gesehen, kritisieren die *Betrachtungen* gerade die Doktrin des »Zivilisationsliteraten« als unpolitisch.

Manns terminologische Verunklärung seiner Position resultiert aus zwei Zielrichtungen: einerseits aus der Profilierung des Gegenbegriffs des »Ästhetizismus« und andererseits aus der direkten Anwendung seiner Terminologie auf die politische Semantik des Wilhelminismus. Weil Mann Nietzsches Kritik am Wilhelminismus akzeptiert und als Opposition des deutschen »Kulturidealismus« gegen den Machtstaat deutet, erörtert er ein Legitimitätsdefizit in den Kategorien von »Machtstaat« und »Kulturnation«. Weil er das Verhältnis von Staat und Kultur auf die Opposition des Ästhetizismus gegenüber dem wilhelminischen Machtstaat polemisch verengt, kommt es zum Selbstmißverständnis der politischen Bedeutung seines »Ästhetizismus« und zu der irrigen Bezeichnung der *Betrachtungen* als »unpolitisch«. Sachlich meint das Bekenntnis zum »Unpolitischen« aber vielmehr die politische Forderung nach »Entpolitisierung« der Kultur und Gesellschaft im Rahmen einer legitimen konstitutionellen Monarchie.

Durch die Zurückweisung der Demokratisierungsparole gewinnt Mann einen staatstheoretischen Zugang zur Fundamentalfunktion politischer Handlungsfähigkeit und Regierbarkeit. Jenseits institutioneller Fragen personifiziert Mann sie im »Gewaltigen«. Damit weicht er vor der Aufgabe aus, seinen staatstheoretischen Ansatz bei der Personifikation durch eine politische Theorie institutioneller Organisation staatlicher Handlungsfähigkeit auszuführen. Er reduziert die Frage nach institutionellen Bedingungen auf die Voraussetzung der »Gewaltigen«, um Politik legitimatorisch als Kommunikation zwischen »Kultur und Staat«, Künstler und Politiker, beschreiben zu können. Auch nach seinem Bekenntnis zur Republik sucht er das persönliche Verhältnis und praktiziert »Politikberatung« im direkten Gespräch mit »gewaltigen« Politikern wie Ebert[20] und Roosevelt.

Bisher wurde gesagt: Mann ignoriert eine bestimmte Legitimitätsdoktrin, weil er auf der Souveränität zur Selbstorganisation politischer Einheiten als Ausgangspunkt jedes verfassungsrechtlichen Legitimitätsdenkens besteht. Diese staatstheoretische Kritik der Demokratisierungsparole ist sachlich richtig. Eine Universalisierung der Demokratie kann niemals aus der Beobachterperspektive empirischer Beschreibung politischer Gewalt gefordert werden. Mann legt damit das Faktum politischer Selbstorganisationsfähigkeit der Menschen gegenüber der Doktrin des »Zivilisationsliteraten« frei. Davon ist aber die moralphilosophische Forderung nach »Demokratisierung« zu unterscheiden. Der Zivilisationsliterat fordert die Demokratie aus der moralischen Intuition, daß Individuen als moralisch-politische Subjekte auch rechtlich anzuerkennen sind. Gegenüber dem Zivilisationsliteraten besteht Mann auf einer schärferen Unterscheidung zwischen der faktischen Anerkennung der moralisch-politischen Subjektivität und der Legitimierung einer bestimmten Politik und Staatsform. Er formuliert aber nicht nur einen solchen positiven »Begriff des Politischen«, sondern entwickelt von seiner moralischen Selbstwahrnehmung ausgehend auch ein eigenes moralphilosophisches Legitimationsmodell.

Mann fragt sich, weshalb er eigentlich Politik affirmiert. Und er gelangt zu der Antwort, daß er staatliche Politik moralisch bejaht, wenn sie seiner Auffassung vom »nationalen Ethos« entspricht. Er generalisiert sein »persönliches Ethos« zum »nationalen Ethos« und politisiert dies zur Richtlinie der Politik. Anders gesagt: Mann reflektiert auf das Politikum seines moralischen Selbstverständnisses. Er geht von seinem moralischen Selbstverständnis aus und begreift dessen Geltungsanspruch als Politikum. Durch diese Verhältnisbestimmung von Moral und Politik entwickeln die *Betrachtungen* einen eigenen Ansatz zur politischen Philosophie.

Als politische Philosophie wurde bisher nur sehr allgemein die politisch-philosophisch umfassende Beantwortung der Frage nach dem »guten Leben« bezeichnet. Mann antwortet methodisch mit einer Selbstverantwortung der eigenen Lebensführung in der Form dichterischer Erkundung der eigenen Lebensmöglichkeiten. Er reflektiert diese Entwürfe möglicher Existenz, wie gezeigt, ethisch-anthropologisch und stellt seine Überlegungen in den Horizont eines geschichtsphilosophischen Modells möglicher Bildungsformen. Stößt er dabei auf das politisch-theologische Problem der Ausdifferenzierung einer säkularen politischen Handlungssphäre, so entwickelt er dies in seinen essayistischen Erwägungen begrifflich eingehender. Damit hat die problemgeschichtliche Rekonstruktion ein Differenzierungsniveau erreicht, das begriffliche Präzisierungen der Rede von Manns »politischer Philosophie« erlaubt.

---

20 Dazu vgl. Zu Friedrich Eberts Tod (1925), XII, 635-636.

Terminologisch ist die Unterscheidung zwischen Theorie und Philosophie sinnvoll. Theorien beziehen sich auf eine Beobachterperspektive der Beschreibung; Philosophie kennzeichnet dagegen die Teilnehmerperspektive normativ-praktischer Selbstbegründung der individuellen Freiheit. Es wurde rekapituliert, daß Mann einen politiktheoretisch tragenden Begriff des Politischen gegenüber der herrschenden Semantik freilegt. Die *Betrachtungen* entwickeln aber darüber hinaus auch eine normativ-kritische politische Philosophie, weil sie die politische Gewalt von einem eigenen moralphilosphischen Ansatz her beurteilen. Mann beschreibt Politik nicht nur, sondern bewertet sie auch. Seinen moralphilosphischen Ansatz gewinnt er über eine normative Auffassung der Personifikation. Zwar führt er die Personifikation des Staates – in *Fiorenza* und im Friedrich-Essay – staatstheoretisch ein; in den *Betrachtungen* wendet er sie dann aber ethisch. Mann erwartet vom Staat, daß er den individuellen Selbstentwurf des »guten Lebens« politisch fördert. Sein ethischer Ansatz bei der Reflexion des moralischen Selbstverständnisses gibt ihm ein Kriterium normativ-praktischer Beurteilung der Qualität von Politik. Eine klare Differenzierung zwischen der moralischen Kritik von Politik (am Maßstab individueller Konzeptionen »guten Lebens«) und der Akzeptanz eines formalisierten Legitimationsmodells fehlt. Mann thematisiert die Staatsformen nicht als Organisationen bestimmter Legitimationsverfahren, weil er die Souveränität der politischen Gewalt und des individuellen moralischen Urteils gegenüber der »demokratischen Legitimität« freilegt. So bleiben seine *Betrachtungen* legitimationstheoretisch unterkomplex. Deshalb lassen sie sich auch nicht als systematisch ausgeführte Philosophie der Politik bezeichnen. Sie entwickeln nur eine politische Philosophie, die moralphilosophisch ansetzt und das Politikum der Universalisierung des moralischen Selbstverständnisses in Auseinandersetzung mit der politischen Doktrin des Zivilisationsliteraten reflektiert.

9. »Ästhetizismus« als Programm

Die rekapitulierende Kritik wurde eingeschaltet, weil Manns Ansatz zur politischen Philosophie mit dem Kapitel *Politik* zu einem Abschluß kommt. Die *Betrachtungen* enden damit aber nicht. In drei Kapiteln gehen sie zur Kritik der Tugend, Menschlichkeit und des Glaubens des Zivilisationsliteraten über. Die letzten beiden Kapitel ziehen dann Bilanz. Das Kapitel *Ästhetizistische Politik* faßt die Kritik zusammen, und das Kapitel *Ironie und Radikalismus* nennt die Alternative.
Ästhetizistische Politik kritisiert den »ästhetizistischen Renaissance-Nietzscheanismus« (539) des Zivilisationsliteraten als einen Fall von »*Expressionismus*« (564),[21]

---

21 Zur zeitgenössischen Wertschätzung von Heinrich Mann als Vater des Expressio-

der die »Verpflichtung an die Wirklichkeit« aufkündigt. *Ironie und Radikalismus* verwirft diesen Ästhetizismus als einen künstlerisch sterilen und politisch gefährlichen Radikalismus und bekennt sich dagegen programmatisch zur Ironie:

> Es ist das Problem der Schönheit, daß der Geist das Leben, das Leben aber den Geist als ›Schönheit‹ empfindet ... Der Geist, welcher liebt, ist nicht fanatisch, er ist geistreich, er ist politisch, er wirbt, und sein Werben ist erotische Ironie. Man hat dafür einen politischen Terminus; er lautet ›Konservativismus‹. Was ist Konservativismus? Die erotische Ironie des Geistes. (569)

Mann verwirft nur die doktrinäre Auslegung des Ästhetizismus durch die »Lehre« des »Zivilisationsliteraten« und begreift sich dagegen als konsequenten Ästhetizisten, der sich um persönliche Erlebnisaussprache bemüht und »Geist« und »Leben« zu Grundbegriffen seiner Artisten-Metaphysik erhebt. Manns »Ästhetizismus« rechtfertigt die Polemik gegen den Bruder. Kunstphilosophisch gibt er zugleich Antwort[22] auf Schillers Formel von der »naiven« und »sentimentalischen« Dichtung. Wie Schiller faßt Mann die Unterscheidung zunächst historisch auf: Einst war Kunst ein »naives« »Stimulans« der *Verklärung und Verherrlichung«* (569). Sie wurde jedoch zur sentimentalischen Richterin und »Kritik des Lebens« (570). Ähnlich wie Schiller strebt Mann eine sentimentalische Rekonstruktion der »Natur« an, die die verlorene Naivität gegen den Radikalismus der Kritik rehabilitiert: Kunst kann und sollte nie nur intellektuell sein, meint er, nie nur ein Instrument der Kritik. Der Radikalismus des Zivilisationsliteraten tendiere zu dieser Instrumentalisierung der Kunst. Der jüngste Beleg sei die satirische Sozialkritik des Bruders. Mann dagegen möchte die Kunst gleichermaßen als »Erquickung und Strafgericht« (571) verstanden wissen:

> Ihre Sendung beruht darin, daß sie, um es diplomatisch zu sagen, gleich gute Beziehungen zum Leben und zum reinen Geist unterhält, daß sie zugleich konservativ und radikal ist; sie beruht in ihrer Mittel- und Mittlerstellung zwischen Geist und Leben. Hier ist die Quelle der Ironie ... (571)

Mann versteht diese ironisch vermittelnde Bewahrung des Alten im Neuen als seinen »Konservativismus«.[23] Zuletzt schwächt er noch sein Bekenntnis zu einem gemäßigten Konservativismus ab. Er, Mann, sei letztlich Schriftsteller, konsequenter Ästhetizist:

---

 nismus vgl. Gottfried Benn, Rede auf Heinrich Mann, in: ders., Essays, Reden, Vorträge. Gesammelte Werke, hrsg. Dieter Wellershoff, Wiesbaden 1959, Bd. I, 410-418.
22 Dazu schon: Über die Kritik (1905), XIII, 245-247.
23 Dazu vgl. Dieter Borchmeyer, Politische Betrachtungen eines angeblich Unpolitischen. Thomas Mann, Edmund Burke und die Tradition des Konservatismus, in: Thomas-Mann-Jahrbuch 10 (1997), 83-104. Borchmeyers »Versuch eines Plädoyers für dieses so intrikate Buch« (83) verweist mit Burke auf die vorrevolutionäre Form des Konservatismus, um auf Manns pragmatische »Klugheit« in politicis hinzuweisen. Dabei bestreitet er allerdings, daß das »Künstlerwerk« einer »Systematik« folgt.

Konservativ? Natürlich bin ich es nicht; denn wollte ich es meinungsweise sein, so wäre ich es immer noch nicht meiner Natur nach, die schließlich das ist, was wirkt. In Fällen wie meinem begegnen sich destruktive und erhaltende Tendenzen, und soweit von Wirkung die Rede sein kann, ist es eben diese doppelte Wirkung, die statthat. (585)

10. Moralische Geltungsansprüche und Politik

Mann versteht den Bruderzwist als Streit um die richtige (künstlerische) Auslegung des »Erlebnisses« Nietzsche[24] und reflektiert den eigenen Standpunkt bildungsgeschichtlich. Neben seinen persönlichen »Eideshelfern« kennt er weitere »Bildner und Erzieher deutscher Menschlichkeit« (644). Er treibt die nietzscheanische Reduktion seiner Bildung auf politische Semantik auf die Spitze, indem er sie extensiv politisch-polemisch verzeitigt. Erlebnisästhetisch begreift Mann Wahrheit als Wahrhaftigkeit persönlicher Erlebnisaussprache und identifiziert sie semantisch als Artikulation bestimmter Bildungserlebnisse. Wenn individuelle Standpunkte Bildungserlebnisse reproduzieren, so bedarf es ihres Nachweises als Zitat. Weil Mann seine Geltungsansprüche politisch-polemisch auffaßt, muß er den eigenen Standpunkt im Kontext der Ideenpolitik seiner Zeit situieren. Damit stellt er ihn jedoch zur Disposition. Seine bekennerische Selbstbehauptung besteht nicht doktrinär auf der eigenen Meinung – die zudem als Erinnerung einer Autorität reflektiert ist –, sondern bejaht die Polemik als Anstoß zur Korrektur. Mit Nietzsche betrachtet Mann es als »Gerechtigkeit«, durch »unzeitgemäße« Polemik ein korrektives »Gleichgewicht« zu erstreben.[25] Auch die Mobilisierung situationserhellender »Wahrheitsintensitäten« zielt letztlich nicht auf die Verabsolutierung des eigenen Standpunkts, sondern auf diskursive Moderierung durch Relativierung. Auch dies interpretiert Mann im Schema seiner Letztbegriffe von »Geist« und »Leben«.

Auch die nimmt Mann polemisch aus der Perspektive des Künstlers wahr, der an seiner künstlerischen Freiheit und einem Einfluß der Kultur auf die Politik interes-

---

24 Dazu vgl. Vom Beruf des deutschen Schriftstellers in unserer Zeit (1931), X, 306-315.
25 Dazu vgl. das Kapitel »Gerechtigkeit« in Ernst Bertrams Nietzsche-Buch, das Nietzsches Orientierung an Heraklits agonaler Gerechtigkeitsmetaphysik betont. Dieses 1918 gleichzeitig mit den »Betrachtungen« erschienene Nietzsche-Buch betrachtet Mann als »geschwisterliches« Gegengewicht zu seinem »unbesonnenen, ungebildeten, wirren und kompromittierenden Künstlerbuche«: »Verzeihen Sie, daß ich es immer wieder zu dem meinen, den ›Betrachtungen‹, in Beziehung und in Verbindung damit bringe: ich empfinde es nicht nur als seine Ergänzung, sondern geradezu als seine Erlösung, – wie denn auch umgekehrt die Wahrheit ihrer Legende durch meine stammelnden Konfessionen gewissermaßen beglaubigt werden mag.« (Brief v. 21.9.1918 an Bertram).

siert ist. Mann thematisiert den Staat als Adressaten eines moralischen Geltungsanspruchs. Dabei unterscheidet er zwischen seinem normativen Anspruch und seinen Akzeptanzerwartungen: Nur für den Verständnishorizont seines Adressatenkreises erwartet er moralische Zustimmung. Er beschränkt seine Humanitätsforderung zwar nicht auf die deutsche Nation, erwartet aber, daß kulturelle und politische Grenzen auch die Akzeptanz des Anspruchs begrenzen. Deshalb reklamiert er für sein »persönliches Ethos« nur nationale Geltung. Dadurch wird der Nationalstaat zum Adressaten der Organisation der Erfüllungsbedingungen und Durchsetzung moralischer Forderungen.

Mann postuliert nationale Identität in regierungspraktischer Absicht; er meint, daß verantwortliche Politiker den Staat als Hüter eines Ethos, einer nationalen Identität, betrachten sollten, um ihr Handeln an der Bewahrung überlieferter Identitätsentwürfe auszurichten. Nicht das Volk soll – mittels Wahlen – über die Richtlinien der Politik bestimmen, sondern die Regierung soll es unabhängig vom aktualen Volkswillen in Verantwortung gegenüber der überlieferten Nationalkultur und in Kommunikation mit deren Trägern und Repräsentanten. Mann betont damit vor allem die erzieherische Rolle der Politik gegenüber den Regierten. Noch in der biblischen Novelle *Das Gesetz* erzählt er von der nomothetischen Aufgabe der Politik, »aus dem Gehudel dem Herrn ein heiliges Volk aufzurichten« (VIII, 854). Gleichzeitig übernimmt er mit seinen Radioansprachen *Deutsche Hörer!* eine politische Erzieherrolle. Manns politische Ethik läßt sich weitgehend auf die Auffassung reduzieren, daß große Politiker das Ethos einer nationalen Einheit in Kommunikation mit den Trägern ihrer Kultur gründen, bewahren und entwickeln sollen. Gerade daß dieser Ansatz staats- und demokratietheoretisch vage bleibt, erlaubt eine Offenheit gegenüber den geschichtlichen Entwicklungen. Alle politische Ordnungen kann er als Zukunftsgestaltungen der Nation bejahen.

III. Offene Staatsformenfrage

Für die Zeit vom September 1918 bis Dezember 1921 sind Manns Tagebücher erhalten. Bei Kriegsende einsetzend, kommentieren sie die revolutionären Entwicklungen im Brennpunkt München aus der bürgerlichen Distanz des Hauses. Ende September 1918 spricht Mann von einer »fast hoffnungslosen« (TB 28.9.1918) Situation; er bedauert, daß »Deutschland im Kampfe auch heute noch sich nicht ganz hergiebt« (TB 22.9.1918), und zweifelt an seiner Friedrich-Parallele (TB 29.9.1918; 16.10.1918). Er bestätigt die Friedrich-Identifikation aber auch als Handlungsmodell. Rückblickend meint er:

> Aber daß die Militärs diesen Krieg bis zum bitteren Ende führen wollten, daß sie an Friedrich dachten, kann ich ihnen auch heute nicht verargen. (TB 21.12.1918).

In diesen Tagen erscheinen die *Betrachtungen*. In den Systemwechsel hinein bestätigt Mann bei der Relektüre:

> Mein Standpunkt ist der, daß der Welttriumph der demokratischen Civilisation auf politischem Gebiet eine Thatsache ist und daß folglich, wenn es sich um die Erhaltung des deutschen Geistes handeln soll, die Trennung des geistigen und nationalen Lebens vom politischen, die vollkommene Gleichgültigkeit des einen gegen das andere zu empfehlen ist. Die Tendenz meiner ›Betrachtungen‹ richtet sich gegen die Verquickung beider Gebiete, gegen die ›Politisierung‹ Deutschlands im Sinne der absoluten, auch geistigen Herrschaft des siegreichen demokratisch-civilisationellen Prinzips in Deutschland. (TB 5.10.1918)

Zur Kritik an der Friedenspolitik der Entente kommen bald Bedenken über die deutsche Kriegsführung hinzu. Indem Mann sie nicht nur auf die Strategie, sondern auch auf die Kriegsführung bezieht, relativiert er das Recht zur moralischen Entrüstung über die Sieger:

> Was freilich die Führung des Krieges betrifft, so sehe ich heute zu meiner Beschämung, daß er von Deutschland ohne Ernst und Sittlichkeit geführt worden ist. (TB 28.11.1918)

Mann anerkennt die Ordnungsbemühungen der Übergangsregierung und registriert den »Anbruch einer neuen Zeit« (TB 7.11.1918) im November mit »einer gewissen Sympathie«:

> Revolutionen kommen erst, wenn sie gar keinen Widerstand mehr finden (auch bei dieser war es so) und eben dies Fehlen beweist, daß sie natürlich und berechtigt sind. Die alten Machthaber sind im Grunde froh, ihre Macht, die keine mehr war, los zu sein, und es ist zuzugeben, daß ihre Autorität der Lage, wie sie ist und demnächst sein wird, nicht gewachsen gewesen wäre. Überhaupt sehe ich den Ereignissen mit ziemlicher Heiterkeit und einer gewissen Sympathie zu. (TB 9.11.1918)

Am Tag darauf wird er noch deutlicher:

> Ich kann sagen, daß mein Verhältnis zur Entwicklung der Dinge, wenn sie ist, wie ich sie hoffe sehen zu dürfen, freundlich, hoffnungsvoll, empfänglich, bereitwillig ist. Ich war nie ›Republikaner‹, aber ich habe nichts gegen den deutschen Freistaat mit Einschluß Deutsch-Österreichs und nichts gegen den Fall der Dynastien u. des Kaisertums. Die Kaiseridee, der kaiserliche Name war, nach Bismarcks Wort, eine große werbende Kraft im Sinne der deutschen Einigung, vor 50 Jahren. Heute braucht man meiner Überzeugung nach für die Reichseinheit auch ohne Kaiser nicht zu fürchten. Heute ist das Kaisertum ein romantisches Rudiment, das von Wilhelm II. auch in solchem Sinne dargestellt wurde, auf sehr nervöse, rauschhafte u. provozierende Art, und das sich praktisch wirklich erübrigt. Ich wiederhole mir u. anderen, daß der Mangel an Widerstand gegen eine Revolution ihre Legitimität und Natürlichkeit erweist. Ich bin befriedigt von der relativen Ruhe u. Ordnung, mit der vorderhand wenigstens alles sich abspielt. Die deutsche Revolution ist eben die deutsche, wenn auch Revolution. Keine französische Wildheit, keine russisch-kommunistische Trunkenheit. (TB 10.11.1918)[1]

Eine »großdeutsche soziale Republik Deutschland« scheint ihm möglich:

> Ich bin durchaus versöhnlich und positiv gestimmt gegen die großdeutsche soziale Republik Deutschland, die sich zu bilden scheint. Sie ist etwas Neues, auf der deutschen Linie Liegendes, und das Positive in der Niederlage ist, daß durch diese Niederlage Deutschland in der politischen Entwicklung deutlich an die Spitze kommt: die soziale Republik ist etwas über die Bourgeois-Republik u. Plutokratie des Westens hinaus und hinweg Gehendes, zum ersten Male wird Frankreich Deutschland politisch nachzufolgen haben. (TB 12.11.1918)

Selbst eine soziale Revolution akzeptiert Mann als nationale Gründung:

> Meine Zweifel und mein Abscheu vor eines Tyrannis der materialistisch-aufklärerischen sogen. Proletarier-Kultur sind lebhaft genug. Aber nichts ist gewisser, als

---

[1] Die Münchner Revolution begann am 7./8.11.1918. Am 10.11., dem Tag der Tagebucheintragung, ging König Ludwig III. nach Österreich. Eisner wurde am 8.11. von einem Arbeiter-, Soldaten- und Bauernrat zum Ministerpräsidenten bestellt. Er vertrat einen extremen Föderalismus und Partikularismus, der auf einen Kampf gegen die Wahl der Nationalversammlung und die Reklamierung einer eigenen Staatsschutzgewalt für Bayern hinauslief. Die Landtagswahlen vom 12.1.1919 brachten eine große Niederlage für die revolutionäre Regierung Eisner-Auer. Die erste Landtagssitzung nach der Wahl wurde von Eisner erst für den 21.2.1919 einberufen. Auf dem Weg zum Landtagsgebäude wurde er erschossen, der Sozialdemokrat Auer schwer verletzt. Statt einer verfassungsgemäßen Regierungsbildung kam es daraufhin zu einer verschleierten Räteherrschaft durch einen Rätekongreß, der die Wahlergebnisse nullifizierte. Am 7.4. wurde die Räterepublik ausgerufen. Es folgten ein Putsch und eine zweite, nunmehr rein kommunistische Räteherrschaft. Mitte April erfolgte eine Reichsintervention, die durch das Freicorps Epp unterstützt war. Am 1. Mai wurde München durch die Regierungstruppen eingenommen. Dadurch wurde die Separation Bayerns vom Reich verhindert (Darstellung nach Ernst Rudolf Huber, Deutsche Verfassungsgeschichte seit 1789, Bd. V, Stuttgart 1978, 1014ff, 1113ff).

daß die alte Gesellschafts- und Wirtschaftsform zu Ende u. irreparabel ist, und daß, namentlich, die soziale Revolution die Leugnung des zu Leugnenden, nämlich des Entente-Sieges bedeutet. (TB 15.4.1919)

Manns Offenheit in der Staatsformenfrage läßt ihn die Revolutionslage 1918/19 anfänglich hoffnungsvoll beurteilen. Dabei spielt seine Sympathie mit dem »religiösen Humanismus« Rußlands hinein. Von ausgeprägter bürgerlicher Besitzstandswahrung und Revolutionsfurcht kann keine Rede sein. Allerdings knüpft Mann sein Arrangement mit der Bolschewisierung an die Bedingung politischer Führungs- und Ordnungskraft:

Daß dieser Krieg das Ende der bürgerlichen Gesellschaft bedeuten würde, hat Dostojewski vorausgesehen. Es scheint darauf anzukommen, ob das Proletariat die Männer hervorbringen wird, die imstande sind, eine neue gesellschaftliche Ordnung zu stabilisieren. Finden sie sich nicht, so ist auch die radikalste Reaktion denkbar. (TB 26.12.1918)

Bald notiert er: »Ich verachte diese Liebknecht und Luxemburg u.s.w., sie sind nichts als Politiker, wilde Sozialisten« (TB 6.1.1919). Am 24.1.1919 verfaßt er einen *Zuspruch*[2], der das »deutsche Volk« in der Rolle des politischen Erziehers streng ermahnt, zu »Vernunft, Würde und Arbeit« zurückzukehren. Vorübergehend billigt er die Separationspolitik Bayerns:

Man wird um die Auflösung des Reiches nicht herumkommen, der Weg zu Großdeutschland führt über sie. Die Franzosen wären von ihrem Alp entlastet, Verständigung möglich, ein neuer Friede mit den einzelnen Allemagnes, unter Annullierung des Versailler Instruments, könnte geschlossen werden. Anschluß Deutsch-Österreichs und Tyrols an Süddeutschland. Selbständige Entwicklung Preußens nach seinem Charakter und Geschmack. Das ›Reich‹ wieder Idee, Traum, Hoffnung. Großdeutsch-kaiserliche Möglichkeiten in der Zeiten Hintergrunde. (TB 16.3.1920)[3]

Die Morde an den Revolutionsführern registriert Mann »angewidert«. Die Niederschlagung der Münchner Räterepublik durch Regierungstruppen und Freicorps notiert er aber mit Erleichterung:

Die Münchener kommunistische Episode ist vorüber; es wird wenig Lust vorhanden sein, sie zu erneuern. Eines Gefühls der Befreiung und Erheiterung entschlage auch ich mich nicht. Der Druck war abscheulich. (TB 1.5.1919).

Die prinzipielle Befürwortung eines sozialen Humanismus bei Doppelfeindschaft gegenüber der Rätediktatur und der Entente führt zu einer »tragischen« Gesamtsicht:

---

2 Zuspruch, in: TME II, 14-17.
3 Dazu vgl. Heim, ins Reich (1921), in: TME II, 29; vgl. noch Brief v. 10.10.1918 an Bertram: »Solange der Kaiser noch da ist, ist das romantische Deutschland nicht völlig ausgemerzt.«

> Das »Schicksal Deutschlands« besteht darin, »dem Entente-Kapitalismus Landsknechtsdienste zu leisten, indem es aus innerer Notwendigkeit und seinem erhaltenden Charakter getreu, sich dem Bolschewismus entgegenwirft, die entsetzlichste Kulturkatastrophe, die der Welt je gedroht hat, die Völkerwanderung von unten, zu verhindern, den ›Untergang des Abendlandes‹ hintanzuhalten sucht. Ob das noch möglich, ob die alte Welt zu erhalten und in eine neue, sittlichere überzuleiten ist, oder ob die Kirgisen-Idee des Rasierens und Vernichtens sich durchsetzen wird, ist eine andere Frage. (TB 2.5.1919)

Während der schlimmsten Revolutionswirren der Niederschlagung der Münchner Räte-Republik nimmt Mann im April 1919 die Arbeit am *Zauberberg* wieder auf. Nach einigen Tagen skeptischer Relektüre vergewissert er sich der Aktualität der Konzeption:

> Auch für den Fall des ›weißen‹ Sieges wäre zunächst wohl Schlimmes, Plünderungen durch die zurückströmenden Roten etc. zu befürchten. – Unterdessen bedenke ich den Zbg., den wieder in Angriff zu nehmen jetzt wirklich erst der Zeitpunkt gekommen ist. (TB 17.4.1919, vgl. 21.4.1919).

Der Wille zur künstlerischen Gestaltung einer »neuen Konzeption des Menschen« motiviert damals seine Auseinandersetzung mit der Zeitenwende und den Ideenkreisen des Alten und des Neuen. Um Oswald Spengler[4] drehen sich im Sommer 1919 viele im Tagebuch annotierte Gespräche. Mann liest die ganze Palette kulturdiagnostischer Literatur und kommt in Kontakt mit den späteren NS-Philosophen Krieck und Baeumler.[5] Die politischen Betrachtungen treten mit der Konsolidierung der Verhältnisse und der Enttäuschung über die Waffenstillstands- und Friedensbedingungen seit Mitte 1919 in den Hintergrund. An Bertram schreibt er am 16. März 1920:

> Sie, im besetzten Gebiet, haben es jetzt vergleichsweise gut, erfreuen sich der Legitimität der klaren Gewalt.

Das Wort von der »Legitimität der klaren Gewalt« sowie die Forderung nach einer neuen Ordnung zeigen, daß Mann auch in seinen zeitgeschichtlichen Kommentaren primär auf die Fundamentalfunktion politischer Ordnung blickt und die Frage einer »nationalen« oder gar »demokratischen« Legitimierung hinter die »etatistische«

---

4 Vgl. Briefe aus Deutschland (1922), XIII, 263ff; Über die Lehre Spenglers (1924), X, 172-180; dazu vgl. Henning Ottmann, Oswald Spengler und Thomas Mann, in: Alexander Demandt u.a. (Hrsg.), Der Fall Spengler. Eine kritische Bilanz, Köln 1994, 153-169.
5 Dazu vgl. Marianne Baeumler u.a. (Hrsg.), Thomas Mann und Alfred Baeumler. Eine Dokumentation, Würzburg 1989. Vom Verhältnis zu Nietzsche, George und Moeller van den Bruck her erörtert Stefan Breuer (Ein Mann der Rechten? Thomas Mann zwischen ›konservativer Revolution‹, ästhetischem Fundamentalismus und neuem Nationalismus, in: Politisches Denken. Jahrbuch 1997, 119-140) Manns Zwischenstellung und ortet ihn Anfang der 20er Jahre schon im »linken Liberalismus der Weimarer Republik«.

Ordnungsperspektive zurückstellt. Nach den Bürgerkriegswirren von 1919 traut er der jungen Republik offenbar kaum noch Ordnungsmacht zu. Symptomatisch ist sein Verzicht auf die Teilnahme an den Reichstagswahlen vom 6. Juni 1920, die im Ergebnis erhebliche Verluste für die »Weimarer Koalition« bringen. Die Aufzeichnungen enden mit Notizen zum Vortrag *Goethe und Tolstoi*, den Mann Ende 1921 mehrfach hält. Der Essay ist ein Fazit der Entwicklung der politischen Anschauungen nach 1918:[6]

> Was Deutschland betrifft, so steht es, unentschieden auch hier und an Mischungen reich, zwischen Ost und West. Der humanistische Liberalismus des Westens, politisch gesprochen: die Demokratie, hat viel Boden bei uns, aber nicht den ganzen. Es ist der schlechteste Teil von Deutschlands Jugend nicht, der, vor die Entscheidung ›Rom oder Moskau?‹ gestellt, für Moskau optiert hat. Gleichwohl irrt diese Jugend, nicht Rom, nicht Moskau hat die Antwort zu lauten, sondern Deutschland.[7]

---

6 So auch die quellenkundige Darstellung von Herbert Lehnert u. Eva Wessel, Nihilismus der Menschenfreundlichkeit. Thomas Manns ›Wandlung‹ und sein Essay ›Goethe und Tolstoi‹, Frankfurt 1991.
7 Goethe und Tolstoi (1921), in: TME II, 83.

IV. Die Republik als Form der Verständigung

1. Die »Einheit von Kultur und Staat«

Mit den *Betrachtungen eines Unpolitischen* verteidigt Mann das Selbstbestimmungsrecht einer Nation über ihre Staatsform. Seine Unterscheidung zwischen Nation und Staat ermöglicht ihm die Zurückweisung der propagandistischen Demokratisierungsparole. Sie erlaubt ihm nach 1918 auch ein Bekenntnis zur »deutschen Republik«. Die Weimarer Republik stellte die Staatsrechtslehre vor gewaltige neue Aufgaben. Insbesondere die Demokratietheorie war unterentwickelt, so daß eine plurale Konzeption der Volkssouveränität und eine grundrechtliche Positivierung der politischen Subjektivität des Individuums weitgehend fehlte.[1] Die Grundlagenfragen wurden damals auch als Auseinandersetzungen um Kulturstaatlichkeit bzw. um den Staat als »Kulturstaat« geführt.[2] Diese Diskussionen nimmt Mann auf. Die Frage nach dem Verhältnis von »Kultur« und »Staat« ist die zentrale Frage seiner politischen Publizistik der Weimarer Zeit. Mann fordert die »Einheit von Kultur und Staat«; er lehnt nun eine nationalistische Auslegung der »Kultur« dezidiert ab und verdeckt damit seine frühere, nationalstaatliche Grundlegung des Staatsdenkens. Kritisiert er in den *Betrachtungen* die »Identität der Begriffe ›Politik‹ und ›Demokratie‹« (XII, 29), so proklamiert er in seiner Rede *Von Deutscher Republik* 1922 nun die »Einerleiheit von Humanität und Demokratie« (XI, 831). Diese Wendung verteidigt er mit seinem auf das persönliche Erlebnis rückbezogenen, subjektivierenden und relativierenden Wahrheitsbegriff: »Ich gab meine Wahrheit und gebe sie heute.« (829) Im Vorwort zur Publikation der Rede meint er:

> Ich weiß von keiner Sinnesänderung. Ich habe vielleicht meine Gedanken geändert, – nicht meinen Sinn. Aber Gedanken, möge das auch sophistisch klingen, sind immer nur Mittel zum Zweck, Werkzeug im Dienst eines Sinnes« (809).

---

1 Zur Übersicht vgl. Michael Stolleis, Geschichte des öffentlichen Rechts in Deutschland. Bd. 3. Staats- und Verwaltungswissenschaft in Republik und Diktatur 1914-1945, München 1999; Manfred Friedrich, Geschichte der deutschen Staatsrechtswissenschaft, Berlin 1997, 320ff; Herfried Münkler, Die politischen Ideen der Weimarer Republik, in: Iring Fetscher u. ders. (Hrsg.), Pipers Handbuch der politischen Ideen, Bd. V: Neuzeit, München 1987, 283-318; Christoph Gusy (Hrsg.), Demokratisches Denken in der Weimarer Republik, Baden-Baden 2000.

2 Dazu rückblickend: Ernst Rudolf Huber, Kulturverfassung, Kulturkrise, Kulturkonflikt, in: ders., Bewahrung und Wandlung, Berlin 1975, 343-374; zur Kulturverfassung der Weimarer Republik vgl. ders., Deutsche Verfassungsgeschichte seit 1789, Bd. VI: Die Weimarer Reichsverfassung, Stuttgart 1981, 855ff; vgl. auch die zeitgenössische Darstellung von Werner Jaeger, Staat und Kultur (1932), in: ders., Humanistische Reden und Vorträge, 2. Aufl., Berlin 1960, 195-214.

Die sinnhafte Einheit der politischen Publizistik liegt in der Bewahrung nationaler Identität. Argumentationsstrategisch ändert Mann dafür bisweilen seine Gedanken. Die 1922 anläßlich des 60. Geburtstags von Gerhart Hauptmann gehaltene Rede handelt von »Deutscher Republik« als einer legitimen Form nationaler Humanität. Mann betont,

> daß das Nationale weit mächtiger und lebensbestimmender bleibt als der staatsrechtliche Buchstabe, als jede positive Form – das ist eine Gewißheit, die uns zur Beruhigung diene. ›Deutsche Republik‹, – die Wortverbindung ist sehr stark im Beiwort; und sollte jenes Pergament von Weimar nicht völlig das sein, was man eine ideale und vollkommene Verfassung nennt, das heißt die restlos-wirkliche Bestimmung des Staatskörpers, der Staatsseele, des Staatsgeistes, – wo wäre denn auch eine Konstitution das jemals gewesen! Man sollte Geschriebenes nicht allzu wichtig nehmen. Das wirkliche nationale Leben ragt, immer und überall, nach allen Seiten weit darüber hinaus (825).

Mann wirbt um die »Jugend« und stellt dafür ganz auf das Verhältnis der Nationalkultur zum Staat ab. Er betrachtet die Republik als die Staatsform, die eine »Einheit von Staat und Kultur« (827) fördert. Argumentationsstrategisch behauptet er die Kontinuität seines Denkens, indem er die Idee der Republik von Novalis her auffaßt und eine Wahlverwandtschaft des amerikanischen Lyrikers Walt Whitman[3] zu Novalis aufzeigt. Er sucht damit Vorurteile gegenüber dem amerikanischen »Geist« abzubauen und die Möglichkeit einer Bewahrung des deutschen Romantizismus[4] in den neuen politischen Formen vorzustellen. Dabei sympathisiert er mit dem Verständigungskonzept von Ernst Troeltsch. Troeltsch kritisiert in seinem Vortrag *Naturrecht und Humanität in der Weltpolitik* den Mißbrauch der Geschichtsphilosophie als Kriegsideologie und fordert eine Revision und Korrektur der romantischen »Gegenrevolution« durch die universalistische Überlieferung.[5] Mehrfach verweist Mann auf diese Schrift. Wie Troeltsch fordert er eine Korrektur des deutschen romantischen Sonderwegs, die an der Zukunftsbedeutung des romantischen »Individualitätsgedankens« festhält. Die Republik akzeptiert er als Faktum:

> Der Staat, ob wir wollten oder nicht, – er ist uns zugefallen. In unsere Hände ist er gelegt, in die jedes einzelnen; er ist unsere Sache geworden, die wir gut zu machen haben, und das eben ist die Republik, – etwas anderes ist sie nicht. Die Republik ist ein Schicksal, und zwar eines, zu dem ›amor fati‹ das einzig richtige Verhalten ist. Das ist kein zu feierliches Wort für die Sache, denn es handelt sich um keine Kleinigkeit von Schicksal: die sogenannte Freiheit ist kein Spaß und Vergnügen, nicht das ist es, was ich behaupte. Ihr anderer Name lautet Verantwortlichkeit, – und damit wird deutlicher, daß sie vielmehr eine schwere Belastung ist (XI, 821f).

---

3 Mann war mit dem Whitman-Übersetzer Hans Reisiger eng befreundet.
4 Dazu vgl. Zum sechzigsten Geburtstag Ricarda Huchs (1924), X, 429-435.
5 Ernst Troeltsch, Deutscher Geist und Westeuropa. Gesammelte kulturphilosophische Aufsätze und Reden, hrsg. Hans Baron, Tübingen 1925, 3-27.

Dieser Aufruf zur politischen Verantwortung wendet sich gegen die verbreitete Ablehnung der Republik. Mann redet aber nur vom »Sinnprinzip« (R.Smend) der Republik, der Idee einer neuen »Menschlichkeit«, die er mit Novalis und Whitman und in Abgrenzung von Spenglers »Theorie von der radikalen Fremdheit« zwischen den Kulturen als einen »Menschheitstraum« auffaßt. Seine Idee eines »Dritten Reiches« der Versöhnung von Geist und Macht, Politik und Kultur, baut er – unter dem Eindruck der Lektüre Hans Blühers – auf den »Eros als Staatsmann, als Staatsschöpfer sogar« (848).[6] Dabei schätzt er den »Krieg mit seinen Erlebnissen von Bluts- und Todeskameradschaft« noch als Katalysator »männlicher Freundschaft«. Damit deutet er eine nationalliberale Rechtfertigung der Republik durch den Wehrdienst an. Er denkt aber auch an den »Menschheitstraum« des *Zauberbergs* und preist die staatsbildende Macht des Kriegserlebnisses, weil er die »Sympathie mit dem Tode« als »Durchbruch« zum Leben versteht:

> Keine Metamorphose des Geistes ist uns besser vertraut als die, an deren Anfang die Sympathie mit dem Tode, an deren Ende der Entschluß zum Lebensdienste steht. Die Geschichte der europäischen Décadence und des Ästhetizismus ist reich an Beispielen dieses Durchbruchs zum Positiven, zum Volk, zum Staat (851).

Eine besondere Option für die Weimarer Verfassung ist damit nicht verbunden, obwohl Mann die alte »monarchische Daseinsform« nun als »Überspannung des Menschlichen« (834) kritisiert. Die neuere rechtstheoretische Diskussion[7] hat darauf hingewiesen, daß Rechts- und Verfassungsprinzipien in einem Regel-Prinzipienmodell des Rechts inkorporiert sind. Rechts- und verfassungstheoretisch sinnvoll ist die Rede von Verfassungsprinzipien demnach nur in bezug auf deren Inkorporierung im Verfassungssystem. Genau das fehlt bei Mann aber. Er spricht von der Weiterentwicklung oberster Sinnprinzipien, wie der Humanität und Würde des Menschen, ohne von deren Inkorporierung im Verfassungssystem zu handeln. Damit feiert er die Republik nur abstrakt als eine Staatsform, die auf humanen Prinzipien basiert, ohne verfassungspolitisch konkret Stellung zu nehmen. Statt einer eingehenden Erörterung des Zusammenhangs zwischen humanistischen Sinnprinzipien und verfassungsrechtlichen Positivierungen, der sich allerdings auch in der

---

6 Zu dieser utopischen Umdeutung früherer Verhältnisbestimmungen von Sexualität und Politik vgl. Hans Wißkirchen, Republikanischer Eros. Zu Walt Whitmans und Hans Blühers Rolle in der politischen Publizistik Thomas Manns, in: Gerhard Härle (Hrsg.), ›Heimsuchung und süßes Gift‹. Erotik und Politik bei Thomas Mann, Frankfurt 1992, 17-40; zur politischen Kehre durch »Selbstüberwindung« ders., Nietzsche-Imitatio. Zu Thomas Manns politischem Denken in der Weimarer Republik, in: Thomas-Mann-Jahrbuch 1 (1988), 46-62.

7 Dazu vgl. Ralf Dreier, Recht, Moral, Ideologie, Frankfurt 1980; ders., Recht, Staat, Vernunft, Frankfurt 1991; Robert Alexy, Theorie der Grundrechte, Frankfurt 1986; ders., Begriff und Geltung des Rechts, Freiburg 1992.

zeitgenössischen staatsrechtlichen Diskussion kaum findet, stellt Mann die »Einheit von Kultur und Staat« geistesgeschichtlich dar:[8] Die Idee der Republik sei der deutschen Tradition nicht fremd. Wer die Bewahrung nationaler Überlieferung erwarte, könne die Republik durchaus bejahen. Die Gegenwartserfahrung sei sogar ein neuer Zugang zur Tradition. Gegenüber der konservativen Schriftstellerin Ida Boy-Ed kommentiert Mann die Republik-Rede so:

> Ich habe die Republik nicht von 1918, sondern von 1914 habe ich sie datiert. Damals in der Stunde der Ehre und des todesbereiten Aufbruchs habe sie in der Brust der Jugend sich hergestellt. Damit ist etwas zur Definition der Republik geschehen, die ich meine, wie ich denn ja überhaupt die Republik nicht habe hochleben lassen, bevor ich sie definiert hatte! Und wie! Ungefähr als das Gegenteil von dem was heute ist. Aber eben darum: der Versuch, diesem kummervollen Staat, der keine Bürger hat, etwas wie Idee, Seele, Lebensgeist einzuflößen, schien mir kein schlechtes Unternehmen, erschien mir als etwas wie eine gute That![9]

Eindringlich wird die Fürsprache für die Republik erst 1923 in der Gedächtnisrede für Walther Rathenau durch die Abgrenzung von »der Rückschlägigkeit und der *depressiven Antihumanität*« (XI, 858) der radikalen Rechten. Den nationalistischen »Obskurantismus« betrachtet Mann dabei als polemische Reaktion auf Versailles und die französische Rhein- und Ruhrpolitik. Zwar entsetzt auch ihn die französische Besatzungspolitik. Ihn erschreckt aber auch der Radikalismus der Reaktion, die »Wendung *zur Diktatur* und *zum Terror*«.[10] Manns Plädoyer für eine »Einheit von Kultur und Staat«[11] muß von einem Bekenntnis zur Staatsform der Demokratie als solcher deutlich unterschieden werden. Noch 1926 meint Mann in einem kurzen *Grußwort zum republikanischen Verfassungstag*:

> Man überschätzt mich stark, wenn man mich für einen Politiker oder Parteimann hält. Es mag cynisch klingen, aber ich bin nur ehrlich, wenn ich erkläre, daß ich gar keine politischen Ideale besitze und weit davon entfernt bin, an eine allein selig machende oder überhaupt selig machende politische Form – z. B. die Republik – zu glauben. Daß die demokratische Republik heute für unser Deutschland praktisch die einzig mögliche Form ist, erscheint mir als eine Selbstverständlichkeit, durch deren Anerkennung ich nicht weiter in meiner Selbstachtung steige. (TME II, 39)

Mann argumentiert als »Vernunftrepublikaner«; er akzeptiert die Republik als gegebene Ordnung, ohne die Staatsform der Demokratie als solche zu fordern. Verfassungspolitisch folgt er Überlegungen zeitgenössischer Kulturpolitiker und -theoretiker wie Carl Heinrich Becker, Ernst Troeltsch und Eduard Spranger, die angesichts

---

8 Dazu aufschlußreich: Zitat zum Verfassungstag (1924), XII, 630-634.
9 Brief v. 5.12.1922 an Ida Boy-Ed (Briefe I, 201f).
10 Deutschland und die Demokratie. Die Notwendigkeit der Verständigung mit dem Westen (1925), XIII, 571-581, hier: 572.
11 Dazu vgl. Geist und Wesen der Deutschen Republik (1923), XI, 853-860.

der Partei- und Weltanschauungsgegensätze an einen »klassenübergreifenden kulturellen Konsens in der gespaltenen Nation«[12] appellieren. Der wichtigste Bezugspunkt dieser Kulturstaatsidee ist der Neuhumanismus der Weimarer Klassik. Der Appell an diesen kulturellen Hintergrundkonsens steht aber in der Gefahr, museal und antiquarisch zu werden. Mann fordert deshalb immer wieder – so 1928 in *Kultur und Sozialismus* – den »Pakt der konservativen Kulturidee mit dem revolutionären Gesellschaftsgedanken« (XII, 649). Schon 1921 schreibt er:

> Unserem Sozialismus [...] ist nichts notwendiger, als Anschluß zu finden an jenes höhere Deutschtum, das immer ›das Land der Griechen mit der Seele‹ gesucht hat. Er ist heute in politischer Hinsicht unsere eigentliche nationale Partei; aber er wird seiner nationalen Aufgabe nicht wahrhaft gewachsen sein, bevor nicht, um das Ding auf die Spitze zu stellen, Karl Marx den Friedrich Hölderlin gelesen hat (IX, 170).

Mit seiner geistesgeschichtlichen Legitimierung[13] von »Politik« durch »Kultur«, konkret gesagt: der Weimarer Republik durch den »Geist der Goethezeit«, sucht Mann parteipolitische Gegensätze auf fundamentale Gemeinsamkeiten zu verweisen und pragmatisch zu versöhnen. Dabei muß er die nationstheoretische Grundlegung seines Kulturbegriffs nach seiner Nationalismuskritik rhetorisch verschleiern. Kultur ist ihm zunächst Nationalkultur, und diese nationale Auffassung bleibt im legitimatorischen Rekurs auf die deutsche Klassik und Romantik erhalten. Die Forderung einer »Einheit von Kultur und Staat« ist deshalb doppelt problematisch: Einerseits weicht Mann damit vor einem eindeutigen Bekenntnis zur demokratischen Staatsform aus, andererseits trägt sein Kulturbegriff die integrativen Absichten nur begrenzt.

2. Die »aufgeklärte Diktatur« der »guten Europäer«

Mann thematisiert Kontinuitäten und Wandlungen seiner Anschauungen im Spiegel der politischen Romantik, entwickelt eine republikanische Auslegung der Romantik und grenzt eine nationalistisch-völkische aus. Er unterscheidet gewissermaßen eine »schwarze« und eine »weiße« Romantik und unterstreicht positive Entwicklungsmöglichkeiten durch den Bezug auf die Psychoanalyse.[14] Parallel zur

---

12 So Ernst Rudolf Huber, Kulturverfassung, Kulturkrise, Kulturkonflikt, in: ders., Bewahrung und Wandlung, Berlin 1975, 343-374, hier: 362, dem die Ausführungen weitgehend folgen.
13 Zur Legitimationsfunktion der Germanistik vgl. Jürgen Habermas, Was ist ein Volk? Zum politischen Selbstverständnis der Geisteswissenschaften im Vormärz, in: ders., Die postnationale Konstellation. Politische Essays, Frankfurt 1998, 13-46.
14 Dazu vgl. Mein Verhältnis zur Psychoanalyse (1925), XI, 748f; Die Stellung Freuds in der modernen Geistesgeschichte (1929), X, 256-280, hier: 277f.

Revision seines Romantikbildes nimmt er – 1928 in *Kultur und Sozialismus* – auch eine explizite Revision seiner *Betrachtungen eines Unpolitischen* vor. Während er die »deutsche Republik« nur strategisch bejahen kann, weil er Nation und Demokratie gleichermaßen zwiespältig betrachtet, fühlt er sich damals in der Rolle des »guten Europäers« besonders heimisch.[15] Schon durch Nietzsche ist ihm diese Rolle vertraut. Schon vor Kriegsende spricht er in einem kurzen Text *Weltfriede* von der Aufgabe einer europäischen Friedensordnung. Unter Berufung auf den »Ergebnissatz« seines *Zauberbergs* bestimmt er 1923 die *Europäische Schicksalsgemeinschaft* aus der gemeinsamen politischen Erfahrung und Absage an den Krieg: »Nie wieder soll Krieg die Quelle der Schicksalsbegeisterung geistiger Europäer sein.« (XIII, 568)[16] Er engagiert sich in der Pan-Europa-Bewegung und im europäischen PEN-Club. In der *Pariser Rechenschaft* präsentiert er sich 1926 als diplomatisch agierender Nationalschriftsteller und konstatiert wechselseitige Annäherung:

> Einer gewissen Germanisierung des französischen Geistes entspricht eine ebenso wahrnehmbar fortschreitende, wenn auch ebenso bedingte Verwestlichung des deutschen Sinnes, und eine bewußte Selbstkorrektur auf beiden Seiten, eine Art von wissentlichem Rollentausch möchte ein übriges tun, so daß Deutschland von der Seite der klassischen raison, Frankreich von der romantischen sensibilité her einander finden könnten. (XI, 78)

Die frühere Anlehnung an den Osten nimmt er nun durch die Feststellung weiter zurück, daß zahlreiche russische Erzähler, wie Mereschkowski, sich im Pariser Exil befänden. Zustimmend erwähnt er eine französische Deutung, wonach die Typisierung der Nationalkulturen auf europäische Verständigung zielte:

> Sind wir einig? Ich höre Sie sagen, daß diese Settembrini, Naphta, Peeperkorn, Chauchat nicht Puppen und Doktrinen sind, sondern Arten zu sein, nicht nur individuelle, sondern die ganzer Völker. Ich höre Sie hinzufügen, daß man in Frankreich die ›Betrachtungen eines Unpolitischen‹ besser versteht, seit man den ›Zauberberg‹ kennt, und ich bin glücklich, weil ich dem Gefühl unterliege, das vielleicht eine Täuschung ist, daß, wo die Künstler sich verstehen, auch die Völker einander verstehen müssen. (35)

Diese Vermittlungsposition sucht Mann durch eine programmatische Abgrenzung vom Weimarer Rechtsintellektualismus flankierend zu konturieren:

> Nicht an Bachofen und seine Grabessymbolik knüpft das wahrhaft Neue an, das jetzt werden will, sondern an das heroisch bewunderungswürdigste Ereignis und Schauspiel der deutschen Geistesgeschichte, an die Selbstüberwindung der Romantik in Nietzsche und durch ihn; und nichts ist gewisser, als daß in die Humanität von morgen, die nicht nur ein Jenseits der Demokratie, sondern auch ein

---

15 Dazu vgl. Von europäischer Humanität (1927), XII, 637-638.
16 Vgl. dazu dann: Welt-Zivilisation (1945), XII, 962-967.

Jenseits des Faschismus wird sein müssen, Elemente eines Neu-Idealismus eingehen werden, stark genug, um dem Ingrediens romantischer Nationalität die Waage zu halten. (51)

Der Demokratie steht er weiterhin vorbehaltlich gegenüber:

> Über Demokratie. Ich sagte, was jeder denkt, sie sei in gewissem Sinne ja heute eher ein Hindernis. ›Wenn die Regierungen könnten, wie sie möchten, wenn sie feststünden, freier handeln dürften, nicht durch hundert demagogische Rücksichten gebunden wären und ihren Nationalisten um den Bart gehen müßten, so wären wir weiter. Was heute für Europa not täte, wäre die aufgeklärte Diktatur.‹ (26)

Die Bagatellisierung der Bemerkung ist irreführend. Die schon in den *Betrachtungen eines Unpolitischen* vorhandene Fokussierung auf eine starke Regierung zeigt sich hier erneut in aller Deutlichkeit. Mit der später erneuerten Option für die »aufgeklärte Diktatur« meint Mann bestenfalls einen »caesarischen« Regierungsstil à la Bismarck; staatstheoretisch wörtlich genommen negiert er die demokratische Legitimität und somit sein Bekenntnis zur Republik. Aber eine solche Lesart geht wohl zu weit. Mann wünscht keine antidemokratische Machtergreifung des »aufgeklärten Diktators«, sondern spricht von Diktatur eher alltagssprachlich im Sinne einer starken Regierung, die sich durch den Erfolg legitimiert. Vielleicht läßt sich Manns hartes Wort von der »aufgeklärten Diktatur« in Richtung der zynischen Antwort verstehen, die Max Weber dem General Ludendorff im Gespräch gab:

> L.: Was verstehen Sie dann unter Demokratie?
> W.: In der Demokratie wählt das Volk seinen Führer, dem es vertraut. Dann sagt der Gewählte: ›Nun haltet den Mund und pariert. Volk und Parteien dürfen ihm nicht mehr hineinreden.‹
> L.: Solche ›Demokratie‹ kann mir gefallen![17]

Eine antidemokratische Lesart ist jedenfalls nicht zwingend. Mann betont nur, daß ein Staatsmann seine historische Legitimität und Größe erst durch Taten beweisen muß. Wünschenswert wäre eine effektiv gute Regierung, die die Menschenwürde respektiert und entwickelt. In diesem Sinne spricht Mann von einer »Renaissance« des »Liberalismus« (61f). Seine alte Forderung, »in politicis etwas Neues zu erfinden«, verbindet er nun deutlicher mit der Demokratie:

> Aber was soll werden? Die Forderung, die schon Nietzsche an Deutschland stellte, nämlich endlich doch in politicis etwas Neues zu erfinden, ist heute für alle

---

17 Bericht von Marianne Weber, Max Weber. Ein Lebensbild, 2. Aufl., Heidelberg 1950, 703. Dazu vgl. Max Weber, Politik als Beruf, in: ders., Gesammelte politische Schriften, 4. Aufl., Tübingen 1980, hier: 536: »Über dem Parlament steht also damit der faktisch plebiszitäre Diktator, der die Massen vermittels der ›Maschine‹ hinter sich bringt, und für den die Parlamentarier nur politische Pfründner sind, die in seiner Gefolgschaft stehen.«

Nationen dringlich geworden. Der Weg ins Vordemokratische zurück ist jedoch ungangbar. (47).

Als Mitglied des europäischen PEN-Clubs plädiert Mann in diversen Ansprachen für die europäische Verständigung der Schriftsteller über ihre gemeinsame Herkunft und ihre verbindenden Aufgaben. Schon die Bereitschaft zur Verständigung bekundet eine Absage an den Krieg als Mittel der Politik.[18] Aktualisierend gesprochen, betont Mann die Friedensfunktion eines europäischen Einigungsprozesses. Als erste Voraussetzung sieht er dabei die Verständigung über kulturelle Gemeinsamkeiten an. Setzt er bei seinen innenpolitischen Interventionen einen kulturellen Konsens voraus, um Politik durch Kultur zu legitimieren, thematisiert er nun diesen vorausgesetzten Hintergrundkonsens. Im PEN-Club ist es allerdings relativ leicht, einen Konsens anzusprechen. Die Mitgliedschaft und die internationale Reputation als »Repräsentant« einer Nationalkultur[19] garantieren eine gewisse Einmütigkeit. Mann redet deshalb gewissermaßen zum Fenster heraus, wendet sich an die deutsche Nation und spricht die exkludierenden Konsequenzen seines Kulturbegriffs autoritativ an. Statt den Hintergrundkonsens wirklich zu problematisieren, setzt er Kultur als Kampfbegriff ein. Wenn eine Organisation der »guten Europäer« über die europäische Humanität befindet, ist die »aufgeklärte Diktatur« nicht fern. Das erasmische Konzept einer europäischen Gelehrtenrepublik[20] hat enge Grenzen.

3. Die »soziale Republik« als Integrationsform

Bekennt Mann sich zunächst zur »deutschen« Republik als möglicher Form der Bewahrung nationaler Kultur und setzt er in den wenigen »goldenen« Jahren der Republik auf die Mittlerfunktion Deutschlands zwischen Ost und West, so schlägt er 1930 in der *Deutschen Ansprache. Ein Appell an die Vernunft* einen neuen, kämpferischen Ton an. Hält Mann sein Bekenntnis zur Republik zuvor geistesgeschichtlich vage, so wird er nun zeitgeschichtlich und verfassungspolitisch konkret. Die *Deutsche Ansprache* reagiert auf die Reichstagswahlen vom November 1929 und den Aufstieg der Nationalsozialisten zur Massenpartei. Mann beurteilt diesen »Neo-Nationalismus« (XI, 877) und »radikalen Nationalismus« (878) als reaktionäres Symptom einer kritischen »Seelenlage« und optiert für die Orientierung

---

18 Dazu vgl. Tischrede in Amsterdam (1924), XI, 352-355; Im Warschauer PEN-Club (1927), XI, 401-407, bes. 404.
19 Dazu vgl. Rede in Stockholm zur Verleihung des Nobel-Preises (1929), XI, 407-411.
20 Zum Personal: Der Geist in Gesellschaft (1932), XI, 426-435; zur Exklusivität von Erasmus' bildungselitärem Europäismus vgl. Herfried Münkler, Europa als politische Idee, in: ders., Reich-Nation-Europa. Modelle politischer Ordnung, Weinheim 1996, 97-150, hier: 123f.

des Bürgertums an der Sozialdemokratie: an deren staatspolitischer »Praxis« und nicht am marxistisch beeinflußten ideologischen Selbstverständnis.[21] Er schätzt nun die SPD als Staatspartei Weimars und endet mit einer Eloge auf die Verständigungspolitik Gustav Stresemanns:

> Am Ende der Politik Stresemanns stand und steht die friedliche Revision des Versailler Vertrages mit bewußter Zustimmung Frankreichs und ein deutsch-französisches Bündnis als Fundament des friedlichen Aufbaus Europas. (888)

Den inneren Frieden erhofft Mann nicht zuletzt von außenpolitischen Revisionen und Wandlungen: »Der Friede nach außen ist eins mit dem inneren Frieden.« (890) Von der politischen Rechten heftig attackiert, entgegnet Mann mit einer polemischen Replik *Die Wiedergeburt der Anständigkeit*. Eine *Rede vor Arbeitern in Wien* verdeutlicht das Bekenntnis zur Sozialdemokratie und zur »sozialen Republik«. Unterschieden die *Betrachtungen eines Unpolitischen* ein »metaphysisches« und ein »soziales« Wesen des Menschen, so meint Mann Anfang 1933 in einem *Bekenntnis zum Sozialismus* nun:

> Es ist nicht erlaubt, in einer Welt, so widergöttlich und vernunftverlassen wie die unsere, dem Willen zum Besseren das Metaphysische, Innerliche und Religiöse als das Überlegene entgegenzustellen. Das Politische und Soziale ist ein Bereich des Humanen. (XII, 679)

Als »Sozialismus« bezeichnet Mann Nietzsches Anliegen, »der Erde einen Sinn« zu geben. Er spricht von einem »Materialismus des Geistes«, von der »Wendung eines religiösen Menschen zur Erde hin« (XI, 899; XII, 681), und gestaltet diese Wendung damals im biblischen Roman als Josephs Weg in die Welt der Politik. Stets zielt er auf die Legitimierung des Staates durch die Nationalkultur. Dabei betont er – vor wie nach 1918 – das politische Pragma des Kompromisses, des Ausgleichs und der Verständigung. Diese »vernunftrepublikanische« bzw. staatspolitische Befürwortung des stabilisierenden und pazifizierenden Ausgleichs führt ihn an die Seite der Sozialdemokratie.

---

21 Zur SPD als Staatspartei in Weimar vgl. Heinrich August Winkler, Von Weimar zu Hitler. Die gespaltene Arbeiterbewegung und das Scheitern der ersten deutschen Demokratie, in: ders., Streitfragen der deutschen Geschichte, München 1997, 71-92; vgl. auch Peter Krüger, Die Außenpolitik der Republik von Weimar, Darmstadt 1985.

V. Krieg und Frieden als »humanes Problem«

1. Zweideutiges Schweigen?

Mann kehrt nach der Selbstpreisgabe Weimars und Machtergreifung des Nationalsozialismus nicht mehr von einer Auslandsreise nach Deutschland zurück. Auseinandersetzungen[1] um seine im Februar 1933 gehaltene Rede über *Leiden und Größe Richard Wagners* zeigen ihm seine Münchner Gefährdungslage. Obwohl er direkt öffentlich antwortet, hofft er das Jahr 1933 hindurch noch auf Rückkehr und enthält sich bis Ende 1936, bis zum *Briefwechsel mit Bonn*, weiterer Erklärungen. Durch eine Selbstverpflichtung zur Zurückhaltung sucht er im April 1934 dem Entzug seiner Staatsbürgerschaft und der Enteignung seines Besitzes entgegenzuwirken:

> Es ist mein Entschluß, alles Offizielle, das sich im Lauf der Jahre an mein Leben gehängt habe, davon abzustreifen und in vollkommener Zurückgezogenheit meinen persönlichen Aufgaben zu leben (XIII, 104).

Manns grundsätzliche Ablehnung des Nationalsozialismus ist damals bekannt. Sein Schweigen ist nicht mißverständlich. Zudem signalisiert Mann durch öffentliche Akte wie die Erwiderung des Wagner-Protestes und den Austritt aus der Berliner Akademie der Künste seine Mißbilligung der Machtergreifung des Nationalsozialismus. Durch seine Zurückhaltung erreicht er, daß die ersten beiden Bände des *Joseph*-Romans und 1935 noch die Sammlung *Leiden und Größe der Meister* in Deutschland erscheinen können.[2] Der Essay-Band enthält den inkriminierten Wagner-Vortrag und schließt mit dem Aufsatz *Meerfahrt mit ›Don Quijote‹*, einer sorgenvollen Erwägung der politischen Entwicklung. Mann verkauft keine Zeile an den Nationalsozialismus.

---

1 Dazu Hans Rudolf Vaget, Musik in München. Kontext und Vorgeschichte des ›Protestes der Richard-Wagner-Stadt München‹ gegen Thomas Mann, in: Thomas-Mann-Jahrbuch 7 (1994), 41-69.
2 Konzentrat der politischen Notate bei Martin Meyer, Tagebuch und spätes Leid. Über Thomas Mann, München 1999; zu den Lebensumständen vgl. Thomas Sprecher, Thomas Mann in Zürich, Zürich 1992; zur Lage 1933 vgl. Brief an Bermann Fischer v. 1.11.1934 u. an J. Meier-Graefe v.19.11.1934; zur politischen Tendenz von »Leiden und Größe der Meister« vgl. Brief v. 13.12.1934 an Heinrich; über Fischers Publikation des Essaybandes war Mann allerdings geschäftlich verärgert (vgl. Brief an Hesse v. 24.3.1935), wie das Verhältnis zum Fischer-Verlag überhaupt nach dem Tode Sigmund Fischers sehr gespannt war.

2. Die »Idee« der nationalsozialistischen »Revolution«

a. Die »Krüppel-Philosophie« des Nationalsozialismus

Manns Lage und Haltung läßt sich den Tagebüchern detailliert ablesen, die seit dem 15. März 1933 erhalten sind. Obwohl Mann damals um den Verlust seiner älteren Tagebücher an die Nazis fürchtet, nimmt er die Aufzeichnungen mit dem »Vorsatz des Neubeginns« einer »Lebensepoche« (TB 15.3.1933) wieder auf. Er äußert sich unterschiedlich über deren Funktion. Am 11.2.1934 notiert er:

> Diese Tagebuchaufzeichnungen, wieder aufgenommen in Arosa, in Tagen der Krankheit durch seelische Erregung und durch den Verlust der gewohnten Lebensbasis, waren mir ein Trost und eine Hülfe seither, und gewiß werde ich sie fortführen. Ich liebe es, den fliegenden Tag nach seinem sinnlichen und andeutungsweise auch nach seinem geistigen Leben und Inhalt fest zu halten, weniger zur Erinnerung und zum Wiederlesen als im Sinn der Rechenschaft, Rekapitulation, Bewußthaltung und bindenden Überwachung ....

Die Tagebücher registrieren den Stand der persönlichen Angelegenheiten. Die Paßfragen, die Vermögensfragen für ein Leben in der Schweiz, die Verlagsfragen, die »Leiden an Deutschland« spielen in ihnen naturgemäß eine große Rolle. Negative Charakterisierungen der Nazis durchziehen sie. Die Chronik der Ereignisse führt immer wieder zu grundsätzlichen Überlegungen, die in längere Gesamtbetrachtungen münden. Früh schon findet sich der Vorsatz einer literarischen Auswertung. Es läßt sich eine Entwicklung der Gesamtdeutung bemerken, die mit den Morden vom 30. Juni 1934 und dem neuerlichen Beschluß, »über Deutschland zu schreiben«, zu einem vorläufigen Abschluß kommt. Danach tritt die Politik bis Anfang 1937 etwas zurück.

Mann sieht in der nationalsozialistischen Machtergreifung von Anfang an eine Revolution. Zunächst betrachtet er sie als »Gegenrevolution« (TB 19.3.1933) gegen Versailles. Damit deutet er sie im Schema der »Konservativen Revolution«, der er in den zwanziger Jahren das Stichwort gab. Er schreibt es dabei den »sadistischen Krankheitstypen der Machthaber« zu, daß die Machtübernahme der singuläre Fall einer Revolution »gegen die Idee« sei:

> Durch keinen Ruin ist der Ruin dieses Abschaums der Gemeinheit zu hoch bezahlt! Es war den Deutschen vorbehalten, eine Revolution nie gesehener Art zu veranstalten: Ohne Idee, gegen die Idee, gegen alles Höhere, Bessere, Anständige, gegen die Freiheit, die Wahrheit, das Recht. Es ist menschlich nie etwas Ähnliches vorgekommen. (TB 27.3.1933, vgl. 20.4.1933)

Als Gegenrevolution ist sie Antwort auf Probleme der Republik. Mann geht von der Vorläufigkeit dieser diktatorischen Antwort aus und fragt auf die weitere Zukunft hinaus:

> Gespräch über die Diktatur als Staatsform des 20. Jahrhunderts und die Belastung der Idee durch groben, weltbeleidigenden Unfug in Deutschland. Sie ist in un-

möglichen Händen, u. wenn auch die parlamentarische Demokratie nicht wiederkommen kann, diese Menschen werden scheitern. (TB 5.4.1933)

Bald beginnt er mit der »Irreparabilität« (TB 8.4.1933) der Entwicklung und dem relativen »Bestande der jetzigen deutschen Herrschaft« (TB 14.4.1933) zu rechnen. Er sieht eine Notwendigkeit revolutionärer Umgestaltungen, fordert aber die soziale Revolution statt einer »nationalen« Revolution der »Revanche« für Versailles:

> Ein großes Ablenkungsmanöver, eine Riesen-Ungezogenheit gegen den Willen des Weltgeistes, ein kindisches Hinter die Schule laufen. Das Eigentliche wird durch noch einmal entfachten nationalistischen Rausch aus dem Bewußtsein verdrängt: das Problem des Kapitals und der Arbeit, der Güterverteilung, das vom Nationalen her nicht zu lösen ist. (TB 2.5.1933)

Deshalb erscheint ihm die sozialistische Programmatik als eine gewisse historische Rechtfertigung des Nationalsozialismus:

> Gestern Abend Gespräch mit Heinrich über den möglicherweise richtigen sozialen Kern der deutschen ›Bewegung‹: Das Ende der parlamentarischen Parteien, die Vereinigung der proletarisierten Kleinbürgermassen zur Verwirklichung des Sozialismus. Das teils gestohlene, teils lumpenhaft vorgestrige Gewand, worin das gehüllt ist. (TB 2.6.1933)

Die soziale Revolution betrachtet Mann, seiner alten Vision vom Dritten Reich getreu, nur als Teil einer umfassenden Revolution, die er zunächst als Versöhnung von »Staat und Kultur« bezeichnet und später auf die Formel von der »Totalität« des humanen Problems bringt. Am 12.5.1933 notiert er dazu:

> Aber man muß sich klar darüber sein, daß, staatlich-historisch genommen, die deutschen Vorgänge positiv zu werten sind, obgleich sie mit deutscher Geistigkeit und Kultur so wenig zu tun haben wie Bismarcks Werk. Die Republik wollte – im Tiefsten – Staat und Kultur in Deutschland versöhnen, Elemente und Sphären, einander fremd bei uns seit je. Es mißlang gänzlich. Geist und Macht, Kultur und Staat sind heute weiter auseinander als je; aber man muß erkennen, daß die Mächte der geistfeindlichen Roheit die historischen Aufgaben an sich genommen haben und mit einer Energie, an der es der Republik vollkommen gebrach, durchführen. Sie irren nur, wie ich vorläufig glauben muß, wenn sie sich für umfassend halten und auch im Kulturellen für produktiv.

Am 30.6.1933 vertieft er die Kritik am Nationalsozialismus:

> Das eigentliche Problem ist das der ›Totalität‹, der Einheit von Staat und Kultur, wie sie jetzt durch ›Gleichschaltung‹ erzwungen werden soll. Man trat für die Republik im Sinne einer Totalität ein, in der die Kultur dominierte, etwa wie das Civil über das Militär. Im Faschismus oder seiner deutsch-bolschewistischen Form ist es umgekehrt.

Die Identifizierung von Nationalsozialismus und Bolschewismus findet sich anfangs häufig. Ende 1933 formuliert Mann grundsätzlich:

> Ich bin geneigt, den unbewußten Sinn des Prozesses in der Fühlbarmachung der Nähe, Verwandtschaft ja Identität von Nat. Sozialismus und Kommunismus (zu sehen). [...] Sie sind brüderlich-verschiedene Ausdrücke einer u. derselben historischen Sache, derselben politischen Welt, noch weniger zu trennen als Kapitalismus und Marxismus, und symbolische Ausbrüche wie das Aufgehen des Reichstagsgebäudes in Flammen sind, wie fühlbar, wenn nicht sichtbar werden wird, ihr gemeinsames Werk. (TB 24.11.1933)

Mann sieht im Nationalsozialismus also eine falsche Antwort auf revolutionierende Zukunftsaufgaben. Obwohl er vor 1933 die Möglichkeiten der republikanischen Verfassung betonte, diesen Aufgaben zu entsprechen, findet sich in den Tagebüchern seit 1933 keine dezidierte Forderung nach einer Rückkehr zur Republik. Trotz seiner scharfen Ablehnung des Nationalsozialismus ist Mann zunächst bereit, die Ereignisse als Revolution von einigem historischen Recht zu betrachten. Von Anfang an ist er allerdings überzeugt, daß die Nationalsozialisten nicht die Politiker sind, die Zukunftsaufgaben zu meistern. Gerade weil Mann die politische Revolution nicht per se ablehnt, betont er die völlige Unfähigkeit und charakterliche Unzulänglichkeit der Nationalsozialisten. Dabei hält er Hitler zunächst mehr für eine »Puppe« und einen »Popanz« am Draht der Partei, der Deutschnationalen und Militärs. Er ist nicht geneigt, auf den »Führerschwindel« hereinzufallen. Bald erkennt er aber die politischen Erfolge und die Bedeutung der Führer- und Geschichtsideologie für den Nationalsozialismus an. Er wendet sich damit von seiner anfänglichen Auffassung ab, der Nationalsozialismus sei eine Revolution »ohne Idee«, und nennt ihn nun eine »Krüppel-Philosophie« (TB 11.10.1933). Er betrachtet die Ereignisse also, zusammengenommen, als eine Revolution, die durch eine falsche Philosophie und falsche Führer fehlgeleitet – später wird Mann sagen: verführt – falsche Antworten auf echte Aufgaben gibt. Der sichtbarste Zweck, die Sehnsucht der Revolution ist der Krieg: So sieht Mann es schon Ende 1933 und spricht fortan von der »Bestialität« (TB 12.9.1933) des Nationalsozialismus. Das Zwischenresultat seiner Überlegungen formulieren zwei Aufzeichnungen vom 7. und 8. September 1933 anläßlich der Lektüre einer Zeitschrift und einer Hitlerrede:

> Man spricht in der E. R. [Europäischen Revue] wenigstens nicht von einer Revolution, sondern von der ›nationalen Gegenrevolution‹, die aber von Herausgeber und Mitarbeitern als großer Auf- und Umbruch und als führend für Europa gefeiert wird. Daß das Staatsleben sich ändert während eines 60jährigen Lebens ist klar. Warum sollte mir das Haß und Abscheu erregen? ›Fascistische‹, autoritäre Methoden, national betont, beginnen überall die alten, klassischen Formen der Demokratie abzulösen. Warum macht man daraus ein besonderes deutsches Mysterium, und warum erhebt Deutschland dabei den Anspruch den Führer und Retter der Welt zu spielen? [...] Ressentiment und Größenwahn vereinigen sich zu einer Weltgefahr, im Vergleich mit welcher der Vorkriegs-Imperialismus die Unschuld selbst war. Auch dieser prinzliche Kellner versichert, daß dieses Deutschland Europa ebenso friedlich organisieren werde, wie es die Macht im Innern ›in den Bah-

nen der Verfassung‹ erlangt habe. Aber es ist das einzige Volk Europas, das den
Krieg nicht fürchtet und perhorresziert, sondern ihn vergöttert und das mit seinem totalitären Staat nichts anderes bezweckt, mit allem, was es in diesem halben
Jahr getan hat, nichts anderes vorbereitet hat, als den Krieg, den es vielleicht nicht
wollen will, den es aber seiner Herkunft und Natur nach wollen muß.

Am 8. heißt es:

> Las abends in einer fränkischen Nazi-Zeitung, die man mir sonderbarer Weise geschickt hat, die Rede des ›Führers‹ über Kultur. Erstaunlich. Dieser Mensch,
> Exponent der kleinen Mittelklasse mit Volksschulbildung, die ins Philosophieren
> geraten ist, ist wahrhaftig eine kuriose Erscheinung. [...] Der totale Staat ist unter
> allem anderen der Staat Platos, in dem die Philosophen regieren, – ein Philosoph,
> ein von der Zeit geistig umgewirbelter und von ihrer leidenden Unordnung
> zur Macht getragener Handwerker, der seine Hysterie mit Künstlertum, seine
> hülflose Angeregtheit mit Denkertum verwechselt und es ohne Skrupel und
> Zweifel unternimmt, einem Volk von der geistigen Vergangenheit des deutschen
> seine stümperhaften Meinungen aufzudrängen. Der Nationalsozialismus ist eine
> Philosophie ...

Diese Gesamtsicht des Nationalsozialismus bestärkt zunächst die Entscheidung für
die Emigration, von der Mann sich auch »belebende und steigernde Wirkungen auf
sein Künstlertum (TB 21.9.1933, vgl. 23.9.1933) verspricht. Er erwägt seine »Einbürgerung in der Schweiz« (TB 14.1.1934) und konzentriert sich auf die Weiterarbeit am *Joseph*-Roman. Besorgt beobachtet er die Entwicklung in Österreich unter
dem Gesichtspunkt der nazistischen Expansion. Im April 1934 schreibt er einen langen Brief an das Reichsministerium des Inneren (XIII, 96-106), der das »Außenbleiben« mit der »Ausstoßung« aus München begründet, den Vorwurf zurückweist,
ein »marxistischer Schriftsteller« zu sein, und sich unter den Bedingungen der Verlängerung seines Passes und der Rückerstattung seines beschlagnahmten Münchner
Eigentums das zitierte Schweigeversprechen auferlegt.

Eine Wendung nimmt Manns Haltung nach den Ereignissen vom 30. Juni 1934.
Mann registriert sie aufmerksam als »Präventiv-Blutbad rechts und links«
(TB 4.7.1934) und deutet sie als Absage an das sozialistische Programm zugunsten
eines Arrangements mit der Reichswehr im Interesse der Machterhaltung:

> Das sozialistische Programm des ›National-Sozialismus‹ haben sie hingeworfen.
> Sie sind in Blut gewatet, um sich oben zu halten, auf den auf ihren Lügen und
> Verbrechen errichteten Stühlen. Die Rechts-Morde sind ihnen erlaubt worden,
> wenn sie vor allem dem S.A.-Bolschewismus ein Ende machten. Heißt das für eine
> Idee stehen, heißt es geschichtliches Heldentum? Es ist Gaunertum, nichts weiter.
> (TB 11.7.1934).

Mann sieht sich in seinen früheren Vermutungen bestätigt, der Nationalsozialismus
laufe Amok nach Krieg und Chaos. Sein Urteil steht fortan fest. Erstmals spricht er
vom »Hitlerismus«:

K. bekannte ich heute das Gefühl der Befriedigung, Hoffnung, Erleichterung, Genugtuung, das mich angesichts der deutschen Vorgänge erfüllt. Man stand all die Zeit unter dem Druck des begeisterten Glaubens der Thoren. Man konnte innerlich zuweilen wanken. Nun, immerhin, nach wenig mehr als einem Jahr, beginnt sich der Hitlerismus als das zu erweisen, als was man ihn von jeher sah, erkannte, durchdringend empfand: als das Letzte an Niedrigkeit, entarteter Dummheit und blutiger Schmach – es wird klar, daß er sicher und unfehlbar fortfahren wird, sich so zu bewähren, – und man schämt sich der wenigen schwachen Augenblicke, wo man an seinem Gefühle zweifeln wollte. (TB 8.7.1934)

b. »Meerfahrt« als dilatorische Antwort

Sogleich macht er »Erwägungen über ein finis Germaniae« und faßt den Gedanken, »über Deutschland zu schreiben, meine Seele zu retten« (TB 31.7.1934). Er begibt sich an ein »Aufarbeiten der ganzen Erlebnisse« (TB 1.8.1934). In diesen Tagen stirbt Hindenburg, und Hitler vereinigt die Ämter des Reichspräsidenten und des Kanzlers auf sich:

Damit untersteht ihm die Reichswehr, die, wie es scheint, auf ihn vereidigt werden wird, und man versteht nun erst recht den Sinn des Mordputsches vom 30. Juni, durch den nicht zuletzt der Weg zu diesem Ziel frei gemacht wurde. (TB 2.8.1934)

Damit befestigt sich das Urteil, »daß der Nationalsozialismus Bestialismus ist *und nichts weiter*« (TB 2.8.1934), nicht die deutsche Form des Bolschewismus, wie Mann zunächst (TB 30.6.1933) meinte. Der Nationalsozialismus ist selbst der Bolschewismus, vor dem er Europa zu retten prätendiert (vgl. XIII, 676f). Verstärkt arbeitet Mann am politischen »Bekenntnis« und »Politikum«. Als dessen Form schwebt ihm ein »Kapitel Autobiographie« vor. Am 11.8.1934 bricht er die Arbeit vorläufig ab, die erst 1946 als Privatdruck *Leiden an Deutschland* erscheint. Es steht die Redaktion des Essaybandes *Leiden und Größe der Meister* an, der noch nicht komplett ist. Die Hauptmann-Rede war mit ihrem Bekenntnis zur Republik durch die Ereignisse überholt. Zudem hatte Hauptmann sich kompromittiert.[3] Eine politische Abrechnung mit dem Nationalsozialismus an ihrer Stelle hätte jedoch der Thematik und dem Stil des Essaybandes nicht entsprochen und dessen – von Mann sehr erwünschte (TB 5.11.1934) – Publikation in Deutschland verunmöglicht. Als Alternative verfällt Mann auf den Ausweg der *Meerfahrt mit ›Don Quijote‹*. Dieses »Feuilleton« (TB 12.8.1934) löst das Formproblem des Politikums. Mann schreibt es vom 31.8. bis zum 11.10.1934:

Der Gedanke ist mir jetzt angenehm, mir Bedenkzeit für das Politikum zu schaffen, indem ich erst das Feuilleton schreibe und dadurch den Novellenband komplettiere. (TB 30.8.1934)

---

3 Vgl. Brief an den Verleger Fischer v. 22.6.1934.

Obwohl Mann »das Zeug« nicht gefällt (TB 13.10.1934), entspricht es der doppelten Zielsetzung eines literaturkritischen Bezugs und eines nahezu unverhüllten politischen Bekenntnisses in autobiographischer Form, das in Deutschland erscheinen kann.

In den nächsten Jahren tritt die Politik mit der Konsolidierung der Lage in Deutschland und der persönlichen Verhältnisse in der Schweiz weiter zurück. Mann nimmt die Entwicklungen zwar weiterhin aufmerksam zur Kenntnis, ergänzt und revidiert sein Gesamtbild vom Nationalsozialismus jedoch kaum noch. Er widmet sich ganz dem *Joseph*-Roman. Zwar erwägt er gelegentlich noch ein »Sendschreiben oder Memorandum an das deutsche Volk« (TB 19.4.1935, vgl. 14.3.1936). Grundsätzlich wichtige Notate werden aber seltener. Resigniert beobachtet Mann die Entwicklung in Europa und richtet seine Hoffnungen dabei auf Frankreich. Er rechnet zwar mit einem Niedergang des Nationalsozialismus, fürchtet aber dessen »Flucht in den Krieg« (TB 3.3.1936). Bemerkenswert ist eine Eintragung vom 13.8.1936:

> Beim Abendessen Gespräch mit den Söhnen: daß im Grunde doch die gesamte höhere und gültige Geistigkeit der Welt den Fascismus verachtet, und daß eine Revolution oder Weltbewegung, der dies vonseiten des Geistes widerfährt, nicht echt und nicht wirklich geschichtsschöpferisch sein kann. Oder hat sich die Welt dahin geändert, daß es eine schöpferische Dynamik außerhalb des Geistes gibt, auf die der Geist und seine Kritik gar keinen Einfluß haben? Ist es veralteter Idealismus, das für unmöglich zu halten? [...] Was bleibt also übrig als die Links-Diktatur? Die Demokratie darf nur für Demokraten gelten, oder es ist aus mit ihr. Ich habe in Budapest schon das richtige Wort gesagt, als ich von ›militantem Humanismus‹ sprach, – ich wunderte mich über den außerordentlichen Beifall. – Es ist ausgemacht, daß Pressefreiheit nicht mehr möglich ist. Der Liberalismus als politisches Prinzip ist wirklich tot – es ist nicht einmal so, daß erst die Fascisten einen darüber belehrt hätten. Daß eine aufgeklärte Diktatur das Wünschenswerte sei, schrieb ich schon anfangs der 20er Jahre. (dazu vgl. XI, 26)

Damit rückt Mann von seiner früheren Kritik am Nationalsozialismus als »deutscher Form des Bolschewismus« merklich ab. Angesichts des außenpolitischen Versagens der westlichen Demokratien gegenüber Hitler erscheint ihm die aufgeklärte »Links-Diktatur« nun als die einzig mögliche Alternative. Deshalb irritieren ihn auch die Moskauer Prozesse (TB 25.8.1936),[4] ohne daß er seine Hoffnungen je auf (Stalins) Moskau gesetzt hätte. Auch seine zweite Amerikareise vom Sommer 1935 mit persönlicher Audienz bei Roosevelt – anläßlich einer Harvard-Ehrenpromotion – motiviert ihn nicht zu einem Ruf nach der Republik. Seine Sorge gilt weniger der Entwicklung in Deutschland als der weiteren Ausbreitung des Faschismus.

---

4 Dazu vgl. etwa Manns Einsatz für die Witwe des ermordeten Erich Mühsam (Brief v. 1.8.1936 an Koltzow, Briefe I, 420ff).

c. Zwischenbemerkung

Die Tagebuchaufzeichnungen der ersten Emigrationsjahre bestätigen die – am *Joseph*-Roman aufgezeigte – geschichtsphilosophische Begründung einer finalen, an gegebenen Staatszielen orientierten Legitimitätskonzeption bei instrumenteller Auffassung der Staatsformenfrage und Historisierung der Form der Republik. Mann fragt nach der geschichtlichen »Idee« und geht von einem Lernpensum der Geschichte aus, das er auch als »Wille des Weltgeistes« bezeichnet; er fragt nach dem »Sinn des Prozesses« und betrachtet die nationalsozialistische Antwort als eine »Krüppel-Philosophie«, die von schlechten Philosophen gedacht wird, die ihr Handwerk mit inspiriertem Künstlertum verwechseln. Mann begreift die »sozialen« Aufgaben als rechtfertigende Ideen einer nötigen Verfassungsrevolution, von der er sich weiterhin die Versöhnung von »Staat und Kultur« erhofft. Von der Rückkehr zur Republik erwartet er offenbar keine positive Antwort auf die Zukunftsaufgaben. Er geht jetzt davon aus, daß die Aufgaben einen revolutionären Verfassungswandel erfordern. Er bekennt sich erneut zur »aufgeklärten Diktatur« und gibt damit seinem früheren, 1926 an exponiertem Ort in der *Pariser Rechenschaft* publizierten Diktum einen offenkundig antidemokratischen Sinn. Er sieht die Staatsform noch Mitte der dreißiger Jahre primär als Instrument zur Erreichung gegebener Gestaltungsaufgaben an. Immer noch fehlt eine klare Option für die demokratische Legitimität: Die Instruktion der Politik erscheint weiterhin als Aufgabe echten, philosophischen Künstlertums, das Einsicht in die schöpferische Dynamik des »Weltgeistes« hat und an der Versöhnung von »Kultur und Staat« wirkt. Die weitgehende Übereinstimmung dieser Notate mit den *Betrachtungen eines Unpolitischen* und die klare Option für die »aufgeklärte Diktatur« bestätigen, daß das frühere Bekenntnis zur Republik nur die realpolitische Akzeptanz eines gegebenen Instruments betraf. In keiner Weise steht es dadurch in Zweifel. Mann bekannte sich zu Weimar ohne Vorbehalt. Sein Bekenntnis war aber eine pragmatisch-politische Affirmation der Republik. Erst mit der Erfahrung der nationalsozialistischen Diktatur als einer Staatsform, die den Krieg »ihrer Herkunft und Natur nach wollen muß«, gewinnt Mann nähere Einsicht in den Zusammenhang von Staatszielen und Staatsformen.

3. Staatsphilosophische Vertiefung bis 1939

Im März 1935 verfaßt Mann den Vortrag *Achtung, Europa!*. Auch dieser Text richtet sich zwar unmißverständlich gegen den Nationalsozialismus, beläßt die Parteinahme jedoch noch in einer allgemeinen Verfallsperspektive. Mann hält sich immer noch mit offener Kritik zurück, die die Stellung des Verlages und das Erscheinen des *Joseph*-Romans gefährden könnte. Darüber kommt es innerhalb der Familie zu heftigen Auseinandersetzungen. Klaus und Erika fordern ein klares Bekenntnis zur

Emigrationsliteratur, das Mann daraufhin im Februar 1936 in Form eines offenen Briefes publiziert.[5] Am 19.11.1936 nimmt er die tschechoslowakische Staatsbürgerschaft an.[6] Die bald darauf erfolgte Ausbürgerung aus Deutschland ist deshalb nichtig. Infolge dieser Entwicklungen entzieht ihm die Philosophische Fakultät der Universität Bonn mit Schreiben vom 19.12.1936 die Ehrendoktorwürde. Daraufhin verfaßt Mann einen offenen Brief,[7] in dem er den Nationalsozialismus durch sein Verhältnis zum Krieg charakterisiert. Als eigentliche politische Aufgaben bezeichnet er die »Aufgaben *des Friedens*« (XII, 789): Das zivile Niveau sei dahin gelangt, daß »*der Krieg nicht mehr erlaubt ist*« (790; vgl. TB 6. u. 7.10.1939). Dagegen sei der Wille zum Krieg das Wesen des Nationalsozialismus:

> Sinn und Zweck des nationalsozialistischen Staatssystems ist einzig der und kann nur dieser sein: das deutsche Volk unter unerbittlicher Ausschaltung, Niederhaltung, Austilgung jeder störenden Gegenregung für den ›kommenden Krieg‹ in Form zu bringen, ein grenzenlos willfähriges, von keinem kritischen Gedanken angekränkeltes, in blinde und fanatische Unwissenheit gebanntes Kriegsinstrument aus ihm zu machen. Einen anderen Sinn und Zweck, eine andere Entschuldigung kann dieses System nicht haben; alle Opfer an Freiheit, Recht, Menschenglück, eingerechnet die heimlichen und offenen Verbrechen, die es ohne Bedenken auf sich genommen hat, rechtfertigen sich allein in der Idee der unbedingten Ertüchtigung zum Kriege. Sobald der Gedanke des Krieges dahinfiele, als Zweck seiner selbst, wäre es nichts weiter mehr als Menschheitsschinderei – es wäre vollkommen sinnlos und überflüssig. (790f)[8]

Nach diesem Brief ist die Zeit des Schweigens vorbei. Mann übernimmt die exponierte Stellung als Herausgeber der neu gegründeten Zeitschrift *Maß und Wert*. Sein eröffnendes Vorwort ist durch das erneute Bekenntnis[9] zur »Konservativen Revolution« von großer Bedeutung. Mann aktualisiert darin zunächst seine ästhetischen Anschauungen:

> Worauf aber besonders unser Glaube an die beispielgebende Sendung der Kunst in dieser Zeit beruht, ist die Einheit von Überlieferung und Erneuerung, die sie wesensmäßig darstellt, ihr revolutionärer Traditionismus. [...] Denn Künstlertum ist gerade dies: Das Neue, das sich aus den erweiterten Elementen des Vergangenen gestaltet; es ist immer überlieferungsbewußt und zukunftswillig, aristokratisch

---

5 An Eduard Korrodi (1936), XI, 788-793; vgl. Vor dem ›American Rescue Committee‹ (1940), XI, 972-979.
6 Dazu vgl. Thomas Sprecher, Deutscher, Tschechoslowake, Amerikaner. Zu Thomas Manns staatsbürgerlichen Verhältnissen, in: Thomas-Mann-Jahrbuch 9 (1996), 303-338.
7 Briefwechsel mit Bonn (1937), XII, 785-792.
8 Daß der Nationalsozialismus auf Krieg ausgerichtet war, betont Ludolf Herbst, Das nationalsozialistische Deutschland 1933-1945, Frankfurt 1996, 9ff; vgl. Bernd-Jürgen Wendt, Großdeutschland. Außenpolitik und Kriegsvorbereitung des Hitler-Regimes, München 1987.
9 Dazu vgl. Russische Anthologie (1921), X, 590-603.

> und revolutionär in einem; es ist seinem Wesen nach das, womit es der Zeit und
> dem Leben ein Vorbild sein kann: konservative Revolution. [...] Die Wiederher-
> stellung des Begriffs aus Verdrehung und Verderbnis liegt uns am Herzen. [...] Es
> wiederherstellen aber heißt nicht, sich nach Vergangenem sehnen, sondern es neu
> herstellen, es aus den Bedingungen, die wir heute vorfinden, frisch erarbeiten und
> einsetzen. Eine solche Bemühung ist also ebenso konservativ wie revolutionär. Sie
> ist konservativ, insofern sie etwas bewahren will, was bisher die Würde des Men-
> schen ausgemacht hat: die Idee eines überpersönlichen, überparteilichen, über-
> völkischen Maßes und Wertes; insofern sie die Geister, die Herzen, die Willen auf
> das Ziel eines solchen überparteilichen, humanen Maßes richten will. Sie ist aber
> revolutionär, da sie dieses Maß selbst aus keinerlei Vergangenheit ungeprüft über-
> nehmen will, sondern es an den heutigen Bedingungen und Erfahrungen mit größ-
> ter Wahrhaftigkeit zu erproben, aus der gegenwärtigen Situation neu zu gewinnen
> unternimmt. (XII, 800ff)

Mann bezieht sich dann auf den Beitrag des Christentums zur Entwicklung der Kultur:

> Man überwindet das Christentum nicht, indem man unter das sittliche Niveau
> zurückgeht, auf das es die Menschheit gehoben hat, sondern höchstens, indem man
> es überbietet. [...] Nicht, daß Humanität sich als Religion aufzutun prätendierte
> durch die Vergottung des Menschen. Wie wenig Anlaß besteht zu dieser! Aber
> Humanität ist religiös in der Verehrung des Geheimnisses, das sich im Menschen
> verkörpert. Denn der Mensch ist ein Geheimnis. In ihm transzendiert die Natur
> und mündet ins Geistige. (806f).

Die Überwindung des Christentums erhofft Mann von einer »sozialistischen« Rezeption Nietzsches:

> Wir kennen einen Ruf des großen Individualisten Nietzsche, der vollkommen so-
> zialistisch lautet: ›An der Erde zu freveln‹, lautet er, ›ist jetzt das Furchtbarste. Ich
> beschwöre euch, meine Brüder, bleibt der Erde treu!‹ [...] – Das ist der Materialis-
> mus des Geistes, die Wendung des religiösen Menschen zur Erde hin, die uns das
> Kosmische vertritt. Und Sozialismus ist nichts anderes als der pflichtmäßige Ent-
> schluß, den Kopf nicht vor den dringendsten Anforderungen der Materie, des ge-
> sellschaftlichen, kollektiven Lebens in den Sand der metaphysischen Dinge zu
> stecken, sondern sich auf die Seite derer zu schlagen, die der Erde einen Sinn geben
> wollen, einen Menschensinn. (809, vgl. schon XI, 899, XII, 681)

Schon mit dem Vorwort des nächsten Jahrgangs konzentriert Mann die kulturpolitischen Aufgaben wieder auf den antifaschistischen Kampf. Ende 1937 verfaßt er einen Vortrag *Vom kommenden Sieg der Demokratie*, den er im Frühjahr 1938 auf einer Vortragstour durch die USA hält. Er unterscheidet das »anthropologische Glaubensbekenntnis« (C. Schmitt)[10] von Demokratie und Diktatur und gibt eine »*moralische* Bestimmung der Demokratie« (XI, 923):

---

10 Dazu vgl. Carl Schmitt, Der Begriff des Politischen (1932), Berlin 1963, 59ff.

Man muß die Demokratie als diejenige Staats- und Gesellschaftsform bestimmen, welche vor jeder anderen inspiriert ist von dem Gefühl und Bewußtsein der Würde des Menschen. (917)

Indem Mann ausführt, wie unterschiedlich Demokratie und Diktatur die »Geheimniswürde des Menschen« (918) achten, erneuert er eine charakterologische Perspektive auf die Staatsformenfrage. Sein Demokratiebegriff ist deshalb primär nicht staatstheoretisch auf die Beschreibung einer Institution, sondern staatsphilosophisch auf die normativ-praktische Orientierung bezogen:

Die Demokratie, wie immer ihre Meinung über die Menschen sei, meint es jedenfalls gut mit den Menschen. Sie möchte sie heben, denken lehren und befreien, möchte der Kultur den Charakter eines Vorrechtes nehmen und sie ins Volk tragen, – mit einem Worte: sie ist auf Erziehung aus. Erziehung ist ein optimistisch-menschenfreundlicher Begriff, – die Achtung vor dem Menschen ist unabtrennbar von ihm. (920)

Den Erziehungswillen der Demokratie bezeichnet Mann als modernen »Pragmatismus«[11] und neues »Verhältnis von Geist und Leben«. Dafür beruft er sich – unterschieden von Hitlers Pseudophilosophenkönigtum (TB 8.9.1933) – auf Platons Philosophenkönigtum:

Die Forderung Plato's, daß Philosophen den Staat regieren sollen, wäre eine gefährliche Utopie, wenn sie nur besagen wollte, daß der Regent ein Philosoph sein soll. Der Philosoph muß auch ein Regent sein – erst das schafft das Verhältnis von Geist und Leben, welches wir demokratisch nennen. (922)

Nach diesen grundsätzlichen Ausführungen geht Mann zur tagespolitischen Kritik über. Er sucht den antibolschewistischen »Reklametrick« zu entkräften, indem er den Faschismus als »moralisch tiefstehende Form des Sozialismus« (926) entlarvt, Rußland dagegen als »*Friedensmacht*« (929) schätzt, den aggressiven »Dynamismus« des Faschismus betont, vor der Appeasement-Politik warnt und eine Stärkung der (amerikanischen) Demokratie durch »soziale Reform« (938) im Sinne Roosevelts fordert. Sprach Mann im *Briefwechsel mit Bonn* davon, daß »der Krieg nicht mehr statthaft ist«, so spricht er nun deutlicher von den sozialen Aufgaben der Demokratie: »Krieg ist nichts als Drückebergerei vor den Aufgaben des Friedens« (932). Verfehlt der Staat seine Aufgaben, so erzeugt er innen- und außenpolitisch Feindschaft, Streit und Krieg. Die Berufung auf Platons Philosophenkönig ist in diesem Zusammenhang geradezu zwingend.[12] Mann hat eine feine Wahrnehmung für

---

11 Dazu vgl. Ansprache (1941), XIII, 702-706; Denken und Leben (1941), X, 362-367.
12 Im Kommentar von Kurzke u. Stachorski (TME IV, 410) heißt es: »Bedeutende Quellenstudien liegen nicht vor. Die Beziehung auf Ortega oder Bergson, auf Nietzsche oder Descartes bleibt oberflächlich. Die wenigen konkreteren Informationen und Zitate sind zumeist der Tagespresse entnommen.« Bezeichnenderweise wird die Berufung auf Platon gar nicht erst erwähnt, obwohl sie für die Konzeption entscheidend ist.

das Bedingungsverhältnis von Innen- und Außenpolitik und das Versagen der Diktatur vor der Idee und Organisation sozialer Gerechtigkeit. Rhetorisch geschickt wirbt er für Roosevelt und den Sozialstaat. Die Lage kennzeichnet er als »Mittelzustand zwischen Krieg und Frieden« (937): als eine Entscheidungssituation, in der Mann auf die Menschen hofft und deshalb den »kommenden Sieg« der Demokratie prognostiziert.

Die Sicht bleibt auf den Staatsmann konzentriert.[13] Es fehlt weiterhin eine eingehendere Darstellung des Zusammenhangs politischer Sinnprinzipien und verfassungsrechtlicher Institutionalisierung. Demokratietheoretisch gehaltvoll wären die Ausführungen erst, wenn Mann demokratische Verfahren der Führerauslese als eine Chance für Friedenspolitik auffaßte. Doch die Machtergreifung des Nationalsozialismus hatte ja gelehrt, daß ein Volk sich auch seinen Diktator wählen kann. *Vom kommenden Sieg der Demokratie* ist deshalb kein staatstheoretisches Programm. Mann vertraut auf die amerikanische Demokratie, weil er auf deren Präsidenten setzt. Erstmals tritt Roosevelt, der »*Politiker des Guten*« (XI, 1120),[14] als Gegenspieler Hitlers auf. Mann rechnet es Amerikas[15] politischer Kultur hoch an, daß sie Roosevelt hervorbrachte. Von ihm erhofft er eine »soziale« Weiterentwicklung der Republik. Seine Überlegungen bringt er auf die Formel von der »Weiterentwicklung der liberalen zur *sozialen Demokratie*« (940). Damit erneuert er sozialdemokratische Forderungen aus der Weimarer Republik.[16]

Das *Problem der Freiheit* stellt diese Überlegungen 1939 in einen weiteren Kontext. Mann betont die Affinität von Christentum und Demokratie einerseits und – unter bezug auf Goethe[17] und Heine – die Forderung nach einer sozialen Weiterentwicklung der Demokratie andererseits. Er fordert einen Ausgleich von »*Freiheit* und *Gleichheit*« (961) und berechtigt den »Protest des Kultur-Individualisten« gegenüber einer sozialistischen Nivellierung der Freiheit:

> Die Furcht des Kultur-Menschen vor dem Untergang der Freiheit und der individuellen Werte im Kollektiven und in sozialistischer Gleichheit ist begreiflich. Es ist, sozusagen, die Furcht der Demokratie vor sich selbst, – eine Furcht, die nicht

---

13 So nimmt er in »Altes und Neues« gleich drei Texte über Politiker auf (»Thomas Masaryk«, »Bruder Hitler« und »Franklin Roosevelt«), nicht aber seine grundsätzlichen Beiträge.

14 Vgl. Brief an R. Schickele v. 25.7.1935 (Briefe I, 396f); Rede für Franklin D. Roosevelt im Wahlkampf 1944, XI, 979-983; Franklin Roosevelt (1945), XII, 941-944.

15 Dazu vgl. I Am an American (1941), XIII, 706-710; Ansprache nach Amerikas Eintritt in den Krieg (1941), XIII, 714-716; Lob Amerikas (1942), XIII, 727-730; Kindness (1943), XIII, 757-759; Tischrede (1945), XIII, 770-774; An David McCoy (1945), XIII, 774-783.

16 Vgl. etwa Gustav Radbruch, Vom individualistischen zum sozialen Recht (1930), in: ders., Der Mensch im Recht, Göttingen 1957, 35ff.

17 Vgl. Goethe und die Demokratie (1949), IX, 755ff.

wenig teilhat an der Erschütterung und Schwächung, die heute die Demokratie als geistige und moralische Position in der Welt erleidet. (963)

Mann bemüht sich nicht um eine nähere Verhältnisbestimmung von Liberalismus und Demokratie, sondern konzentriert sich auf die Kritik des Nationalsozialismus als »Revolution der leeren Gewalt« (967)[18] sowie auf die Mobilisierung einer »militanten« Demokratie:

> Eine militante Demokratie tut heute not [...]. Wenn ich sage: der Freiheitsbegriff der Demokratie darf nicht auch die Freiheit umfassen, die Demokratie ums Leben zu bringen, er darf nicht den Todfeinden der Demokratie freies Wort und freie Hand geben, – so werden Sie mir antworten: das ist die Selbstaufgabe der Freiheit! – Nein, erwidere ich, es ist ihre Selbstbewahrung. (969)

Damit ist die frühere Forderung nach einem »militanten Humanismus« (XII, 779) konkretisiert. Formelhaft spricht Mann nun von der »Totalität des Hum*anen*« und des »humanen Problems«. Die Formel ist zunächst eine Selbstkritik des Standpunkts der *Betrachtungen*. Sodann richtet sie sich gegen den Nationalsozialismus, der sich selbst als »totaler Staat«[19] verstand. Beide Stoßrichtungen sind in einem längeren Zitat aus einer Rede von 1938 deutlich:

> Das Politische und Soziale ist ein Teilgebiet des Menschlichen, es ist in die Totalität des Humanen einzubegreifen, und diese menschliche Totalität weist eine gefährliche Lücke auf, wenn es ihr an dem politischen, dem sozialen Element gebricht. Wenn wir sagen, in Deutschland habe es an Demokratie gefehlt, so meinen wir im Grunde diesen Ausfall [...]. Demokratie ist uns nicht sowohl ein formales Gerüst und ein politisches Dogma, sondern Demokratie bedeutet uns einfach die Anerkennung der Zugehörigkeit des Politischen und des Sozialen in die humane Totalität. Es war ein Irrtum deutscher Bürgerlichkeit, zu glauben, man könne ein unpolitischer Kulturmensch sein. Wohin die Kultur gerät, wenn es ihr am politischen Instinkt mangelt, das können wir heute sehen.
> Eine fürchterliche und alles Menschliche vernichtende Überkompensation dieses Ausfalles bedeutet es nun aber, ein Teilgebiet des Menschlichen, eben das Politische, selbst zur Totalität zu erheben, nichts mehr zu kennen als den Staats- und Machtgedanken, ihm alles unterzuordnen und ihm den Menschen zu opfern. Aus diesem wüsten Irrtum, der Mißidee, genannt Staatstotalität, erfließt alles Unmenschliche (XI, 946f)

Als positive Aussage ist deutlich: Humanität soll nicht vom politischen Totalitarismus diktiert, sondern der Staat soll vom Sinnprinzip der Humanität her bestimmt werden. Im Schlagwort gesprochen: Der Mensch ist nicht für den Staat, sondern der

---

18 Dazu vgl. Hermann Rauschning, Die Revolution des Nihilismus, Zürich 1938.
19 Dazu Ernst Forsthoff, Der totale Staat, Hamburg 1933; Carl Schmitt, Weiterentwicklung des totalen Staates in Deutschland (1933), in: ders., Positionen und Begriffe im Kampf mit Weimar-Genf-Versailles 1923-1939, Hamburg 1940, 183-190.

Staat ist für den Menschen da. Die Lehre lautet nun: »A-Politik, das bedeutet einfach Anti-Demokratie« (XII, 855). Wer sich um seiner Freiheit willen politisch enthalten möchte, liefert sich denjenigen aus, die herrschen wollen. Politik ist unumgänglich.

4. »Politische Philosophie« als »Sonntagspredigt«?

Der *Briefwechsel mit Bonn*, das Vorwort zu *Maß und Wert* sowie die Reden *Vom kommenden Sieg der Demokratie* und *Das Problem der Freiheit* entwickeln den staatsphilosophischen Ansatz grundsätzlich. Dabei darf die Formel von der »Totalität des humanen Problems« nicht mit Schmitts *Begriff des Politischen* gleichgesetzt werden. Schmitt spricht von der Totalität des Politischen, Mann aber von der Totalität des Moralischen. Schmitt beschreibt die Möglichkeit totaler Politisierung, Mann fordert darüber hinaus eine moralische Stellungnahme. Er wertet dabei vor allem am Kriterium von Krieg und Frieden. »Krieg« und »Frieden« sind ihm nicht nur völkerrechtliche Begriffe zwischenstaatlichen Handelns, sondern politisch eröffnete Entwicklungsperspektiven des Menschen. Weil Mann einen anspruchsvollen Begriff vom Frieden hat und zwischen einem defizienten Frieden der Abwesenheit von Krieg und dem »positiven« Frieden sozialer Gerechtigkeit und Freiheit unterscheidet, lehnt er den Pazifismus vehement ab.[20] Den Zusammenhang zwischen politischen Erziehungsaufgaben und Staatsformenfragen erörtert er nicht detailliert. Er reduziert die Staatsformen auf den Unterschied von Demokratie und Diktatur und fragt nach der moralischen Qualität von Politik. Nachdem er sich nach 1936 erneut für das öffentliche Engagement entscheidet, präzisiert er seine politische Ethik also staatsphilosophisch und gewinnt dadurch Maßstäbe zur moralischen Beurteilung staatlichen Handelns. In einem Brief an René Schickele vom 27.11.1937 schreibt er:

> Wie sehr die künstlerische Sphäre, nur sie allein, die der Freiheit ist, habe ich gerade bei dem Riemer-Kapitel [des Goethe-Romans, RM] sehr stark gespürt und bin unglücklich oder halb unglücklich, daß ich sie jetzt wieder verlassen mußte, um für Amerika politische Philosophie zu treiben und die dort gewünschten lectures über ›den zukünftigen (sehr zukünftigen) Sieg der Demokratie‹ auszuarbeiten. Treulich entwickele ich da die Gedankenwelt des demokratischen Idealismus – ich glaube, ziemlich richtig; studiert habe ich sie nie, aber die Dinge haben ja ihre innere Logik –, und es kommt eine Art von politischer Sonntagspredigt zustande, bei der mir wohler wäre, wenn ich sie von einer Romanfigur halten lassen könnte, statt sie zu extemporischer und traumhafter Weise so ganz auf eigene Hand zu halten. Glaube ich denn daran? Weitgehend! Aber doch wohl nicht so, daß ich sie ganz im eigenen Namen halten dürfte. Unter uns gesagt, ist es eine Rolle, – mit der ich mich so weit identifiziere, wie ein guter Schauspieler sich mit der seinen identifiziert. Und warum spiele ich sie? Aus Haß auf den Faschismus

---

20 Dazu vgl. Bekenntnis zum Kampf für die Freiheit (1937), XIII, 641-645.

und auf Hitler. Aber sollte man sich von solchen Idioten seine Gedanken und seine Rolle vorspielen lassen? Freiheit, Freiheit! In der Politik ist sie nicht zu finden, soviel dort davon die Rede ist. (vgl. TB 27.11.1937)

Mann will nur die »Gedankenwelt des demokratischen Idealismus« rekonstruieren. Seine moralische Qualifizierung der Politik am Maßstab einer (dezidiert nicht pazifistisch ausgelegten) Friedensidee ist dabei kriteriell unscharf. Parallel zur Abfassung seiner staatsphilosophisch grundlegenden Rede distanziert Mann seine »politische Philosophie« deshalb auch als »Sonntagspredigt«. Widerruft er sie damit?[21] Er betont die appellative Funktion, den Wirkungswillen, die rhetorische Form. Eine Rolle? Deren Exoterik resultiert vor allem aus der Ambiguität des Demokratiebegriffs: Mann stellt um seiner Wirkungsintentionen willen nicht klar, daß er weniger von der Staatsform als von der Herrschaftsweise spricht. Er nennt seine »politische Philosophie« eine Rolle, weil er strategische Rücksichten nimmt. Er heißt seine Predigt eine »Philosophie«, weil er die Authentizität des Bekenntnisses durch den »Haß auf den Faschismus und auf Hitler« verbürgt. Dieser Rekurs auf das eigene Erleben genügt ihm zur Rechtfertigung seines Engagements.

5. Politik als »Symbol« der Sorge um sich

Nach seiner Erörterung des Zusammenhangs des Friedensproblems mit der Staatsformenfrage wird Mann zu einem erbitterten Chronisten der außenpolitischen Entwicklung. Er beurteilt sie unter jener normativen Perspektive, durch die er Demokratie und Diktatur unterschied: unter dem Gesichtspunkt von Krieg und Frieden. Darüber hinaus publiziert er aufschlußreiche kurze Texte wie *Deutschland*, *Bruder Hitler*, *Niemöller* und *Franklin Roosevelt*. Er studiert die humane Bedeutung der Friedensfrage an den Gegenspielern Roosevelt und Hitler und schreibt einen – alles andere als marginalen – Text über *Niemöller*, der »den Weg ans Kreuz« (XII, 917) ging: »Aber der Kerker dieses Märtyrers ist nur ein Symbol« (918). Es geht um *Deutschland* und die Entwicklung des Menschen insgesamt. Letztlich betrachtet Mann das politische Engagement als »Symbol« der Sorge um sich.

Manns klassisch-platonische, charakterologische Perspektive auf die Staatsformenfrage zeigt sich schon in den diversen Ausführungen zu Hitler. *Bruder Hitler* bezeichnet diesen Pseudophilosophen als einen Künstler auf der Stufe seiner »Verhunzung«. Ist der Politiker allgemein ein Bruder des Künstlers, so zeichnet *Bruder Hitler* ein leicht ironisches Portrait vom Tyrannen. Mann nennt ihn eigent-

---

21 Vgl. Hermann Kurzke, Thomas Mann. Das Leben als Kunstwerk, München 1999, 448f: »Immer noch ist er nur mit dem väterlichen Pflichtbewußtsein bei der Sache, nicht mit dem frei schweifenwollenden künstlerischen Mutterherzen.«

lich »überhaupt keine Gestalt, sondern nur ein Ekel«.²² Als »Feind der Menschheit« ist Hitler ein »Unmensch«. Dient die moralische Disqualifizierung auch der rhetorischen Mobilisierung des politischen Kampfes, so gilt die – an Platon erinnernde – typologische Auffassung doch der pädagogischen Sorge:

> Längst handelt es sich nicht mehr um Politik, um Sätze und Gegensätze politischer oder selbst weltanschaulicher Willensmeinungen: es handelt sich um die Grundlagen und Grundbedingungen des sittlichen und geistigen Lebens, um die Kultur selbst, die uns kein müßig-üppiger Schönheitsanspruch, sondern das Menschentum selber ist: der Ausdruck ewiger Annäherung des Menschen an seine Idee (674).

6. Chronist des Kriegsgeschehens

Im zeitgeschichtlichen Kommentar *Dieser Friede* macht Mann die Appeasement-Politik für die außenpolitischen Entwicklungen verantwortlich. Im November 1938 schreibt er auf dem Höhepunkt von Hitlers Triumph:

> Die deutsche Emigration hat ein furchtbares Erlebnis mit denen gemeinsam, die innerhalb Deutschlands ihre Schmerzen und Hoffnungen teilten: Es war das qualvoll langsame, bis zum Äußersten immer wieder verleugnete Gewahrwerden der Tatsache, daß wir, die Deutschen der inneren und äußeren Emigration, Europa, zu dem wir uns bekannt hatten und das wir moralisch hinter uns zu haben glaubten, in Wirklichkeit nicht hinter uns hatten; daß dieses Europa den mehrmals in so greifbare Nähe gerückten Sturz der nationalsozialistischen Diktatur gar nicht wolle (832f).

Detailliert führt Mann aus, wie Hitler seine Erfolge in die Hände fielen. Die »Selbstaufgabe der Demokratie« (836) erklärt er mit dem »schlechte[n] Gewissen der Demokratie[] wegen des Vertrages von Versailles« (843) und einer irrationalen »Angst vor dem Sozialismus und vor Rußland« (836, vgl. 858f). Er mißbilligt besonders die Haltung Englands:²³

> Der Friede war einfach und mit vollendeter Sicherheit dadurch zu retten, daß die westlichen Demokratien, der moralischen Unterstützung Amerikas gewiß, mit Rußland zum Schutze des tschechoslowakischen Staates entschlossen zusammenstanden. [...] Genau dies, der Zusammenbruch des Faschismus, war das, was die Herrschenden Englands nicht wollten. Sie hatten ihn nie gewollt. Sie wollten den Krieg nicht, weil sie den gemeinsamen Sieg mit Rußland und den Zusammenbruch des Faschismus nicht wollten (841).²⁴

---

22 Briefkonzept v. Dezember 1949 an G. W. Zimmermann, Redaktion der Zeitschrift »Monat« (Briefe III, 118).
23 Vgl. Brief an Hermann Hesse v. 6.12.1938 und v. 8.2.1947.
24 Vgl. Brief v. 7.5.1938 an Bermann Fischer.

Seit 1936 ist Mann tschechischer Staatsbürger. Doch nicht nur deshalb erscheint ihm der »Verrat« an der Tschechoslowakei im Münchner Abkommen von 1938 als der katastrophale Höhepunkt der Appeasement-Politik. Zu dieser Zeit scheint er nicht mehr mit Widerstand zu rechnen; er betrachtet die »Faschisierung des Kontinents« als Tatsache und hofft nur noch auf eine Ironie der Geschichte:

> Der Sieg des Faschismus – das ist vielleicht seine Selbstaufhebung. Ein über den faschistischen Kamm geschorener Kontinent – das mag ironischerweise, unter ökonomischem Antrieb, zu den Vereinigten Staaten von Europa führen. (844)

Die Tagebuchaufzeichnungen dieser Jahre zeigen, daß Mann den Krieg gegen den Nationalsozialismus heftig herbeisehnt. Am 31.5.1938 notiert er noch: »Trotz allem, der Krieg ist vorläufig unwahrscheinlich. Hitler *kann* keinen führen.« Bald heißt es: »Der Krieg wäre das Wahre und Rechte, aber sie werden ihn nicht machen« (TB 3.7.1938). Nach dem »Verrat« (TB 8.9.1938) an der Tschechoslowakei klingt es verzweifelt:

> Man will den Krieg nicht – er würde nicht kommen, wenn man Hitler die Stirn böte. Er könnte ihn nicht führen, es wäre sein Ende. Man will also sein Ende um keinen Preis. Warum nicht? Weil man den Bolschewismus fürchtet. (TB 19.9.1938)

Das Münchner Abkommen hält Mann für das größte diplomatische Versagen des Westens. Am 4.10.1938 bemerkt er: »›Ein fascistischer coup d'état‹. Sehr wohl, und konstituierend für Europa auf Jahrzehnte.« Zwei Jahre später, 1940, kann er diese Geschichte in *Dieser Krieg* mit politischer Alternative fortschreiben. Mann rekapituliert die Außenpolitik des Nationalsozialismus nun als fortschreitende Enthüllung, daß »in allem, aber auch allem, was in Deutschland seit dem Machtantritt dieser Minderwertigen vor sich ging, der Krieg schon *enthalten* war« (868). Er sieht seine Ansichten über das militante Wesen des Nationalsozialismus vollauf bestätigt (875) und konstatiert die Änderung der Haltung Englands gegenüber dem Nationalsozialismus. Seine – vor ihrer Auslieferung mit dem Einmarsch der Deutschen in Holland vernichtete – Broschüre schildert die Deformation des deutschen Nationalcharakters durch den Krieg und formuliert die unterschiedlichen Kriegsziele und Zukunftskonzeptionen:

> Ich stelle die beiden Veränderungsideen nebeneinander, um die es in diesem Kriege geht. Sie heißen Europäische Konföderation und Souveräne Großraum-Herrschaft. (887)

Mann betrachtet das Weltkriegsgeschehen nicht einfach als Verwirklichung einer wahnsinnigen »Weltanschauung«, sondern als antiquierte und irrational überspannte Antwort auf einen notwendigen Wandlungs- und Reformprozeß: auf die Integration der Sozialstaatlichkeit in die Verfassung der Staaten und auf einen Prozeß europäischer Integration. Damit hält er sich an einen relativ rationalen Kern der nationalsozialistischen Außenpolitik, der in der damaligen völkerrechtlichen Literatur und Rechtfertigungsideologie – etwa bei Carl Schmitt – eine große Rolle spielt.[25] Noch bei seiner Charakterisierung der Großraum-Herrschaft sucht Mann den Nationalsozialismus gewissermaßen bei seiner politischen Vernunft zu nehmen und als eine, wenn auch irrige und katastrophale, Antwort auf ein politisches Problem zu begreifen. Lange schon fordert er die Entwicklung zu einem vereinten Europa. Nun bejaht er eine Konföderation, die die Souveränität der Mitgliedstaaten einschränkt, ohne die Hegemonie einer Führungsmacht zu berechtigen. Er postuliert einen »neuen Begriff der Freiheit«, der das »Prinzip der Nicht-Einmischung« aufgibt und die »Idee der Staatssouveränität« durch die »Idee übernationaler Demokratie« (888) abbaut.

Mann benennt zentrale Fragen des Übergangs von nationalstaatlichen zu supranationalen Ordnungen. Der säkulare, souveräne Territorialstaat demokratisierte sich in Europa als Nationalstaat.[26] Eine europäische Konföderation, ein Staatenbund also, basiert auf den überkommenen Nationalstaaten. Es gibt heute noch keine europäische Öffentlichkeit, die ein vereintes Europa demokratisch legitimieren könnte. Wie kann da eine »Idee übernationaler Demokratie« Gestalt finden? Aber auch wenn eine demokratische Verfassung Europas in ferner Zukunft liegt: Das moralische Recht und die politische Notwendigkeit von Interventionen ist derart evident, daß das klassische Souveränitätsprinzip moralisch-politisch nicht mehr vertretbar ist. Wie lassen sich Interventionen rechtfertigen? Mann verweist auf die »sozialen Ansprüche der Zeit« und antwortet mit seiner finalen Legitimitätskonzeption. Er hat zwar keine klare Konzeption der politischen Nachkriegsordnung Europas, vertritt aber nicht nur zeitgenössische Schlagworte. Die politische Idee Europas ist ein offener Kampfbegriff.[27] Eine Ordnung Europas läßt sich kulturell kaum definieren. Anderseits ist das »Vehikel« der »marktökonomischen Integration« heute erschöpft.[28] Mann behauptet nicht, daß es einen kulturellen Konsens faktisch gibt, sondern daß die europäische Kultur Humanitätsstandards entwickelte, die normativ unverzichtbar sind. Der postulatorische Sinn seiner Forderungen ist ihm klar. Er schreibt Kulturgeschichte als Genealogie

---

25 Dazu vgl. Lothar Gruchmann, Nationalsozialistische Großraumordnung. Die Konstruktion einer ›deutschen Monroe-Doktrin‹, Stuttgart 1962; Michael Stolleis, Geschichte des öffentlichen Rechts in Deutschland. Dritter Band, München 1999, 380ff.
26 Überblicksdarstellung bei Jürgen Habermas, Der europäische Nationalstaat – Zu Vergangenheit und Zukunft von Souveränität und Staatsbürgerschaft, in: ders., Die Einbeziehung des Anderen. Studien zur politischen Theorie, Frankfurt 1996, 128-153.
27 Übersicht bei Herfried Münkler, Europa als politische Idee, in: ders., Reich-Nation-Europa. Modelle politischer Ordnung, Weinheim 1996, 97-150.
28 Dazu Ernst-Wolfgang Böckenförde, Welchen Weg geht Europa?, in: ders., Staat, Nation, Europa, Frankfurt 1999, 68-102, hier: 97.

einer moralischen »Gesittung«, der er Standards der Beurteilung von Politik abliest. In diesem Sinne spielt er »Demokratie« verstärkt gegen »Nation« aus und betont Verfassungsstandards.

Manns öffentliche Äußerungen sind durch den Kampf gegen den Nationalsozialismus strategisch motiviert. Viele Notate der Tagebücher belegen, daß Mann privat skeptischer über die USA und ihre Politik dachte (TB 16.6.1940: »Ich glaube *nicht* an dieses Land, längst nicht mehr.«). Sie dokumentieren die Lage von Tag zu Tag, ohne sich einer bestimmten Ideologie zu verschreiben. »Viel über das Politische«, lautet die stehende Formel. Mann notiert die Ereignisse im Hinblick auf die ersehnte Niederlage Hitlers. Zugleich verzeichnet er seine Sorgen über die Entwicklung in den USA. Aber er entwirft keine Planspiele, sondern nennt seine Ziele nur und registriert deren Stand. Die zögerliche Haltung der westlichen Demokratien führt er auf eine Anfälligkeit des Kapitalismus für den Faschismus zurück. Nach Kriegsausbruch zweifelt er zunächst am Kriegseintritt der USA, den er für kriegsentscheidend hält. Dann zweifelt er an der Kriegsführung:

> Warum keine zweite Front? Warum keine Invasion Portugals, da Spanien zur Revolution reif ist? Weil Franco geschont wird, wie Mussolini und Vichy? Weil man zwar Hitler besiegen, aber den Fascismus erhalten will? Weil man alles riskiert, um den Sozialismus zu vermeiden? (TB 5.4.1942)

Einerseits begreift Mann die Demokratie als Staatsform des Friedens, und andererseits fordert er ihre militärische Selbstbehauptung gegen den Nationalsozialismus. Proklamiert er schon im Friedrich-Büchlein das Recht zur militärischen Selbstbehauptung einer politischen Einheit, so reklamiert er es nun für die Staatsform der Demokratie als solcher: Die USA sollen in den Krieg eintreten, weil die Existenz oder der »kommende Sieg« der Demokratie als Staatsform des 20. Jahrhunderts auf dem Spiel steht. Diese Forderung ist nicht ohne rhetorische Überzeichnung. Mann hat aber einen anspruchsvollen Begriff vom Frieden, der den Einsatz politischer Macht und Gewalt als Mittel zum Frieden rechtfertigt. Eine ähnlich weite Bedeutung hat die Rede vom »Sozialismus«. Deshalb kann Mann den Krieg auch im Namen sozialer Aufgaben fordern und die mangelnde Bereitschaft zum Krieg auf die Furcht vor dem Sozialismus zurückführen. Dann heißt es: Weil der Kapitalismus den Sozialismus fürchtet, tritt die (amerikanische) Demokratie nicht in den gerechten Krieg gegen die Diktatur ein. Den »kommenden Sieg« rechnet Mann deshalb nicht der Demokratie, sondern dem »Politiker des Guten« (TB 11.12.1941) zu. Er betrachtet den Kriegseintritt der USA als das politische Werk Roosevelts (TB 1.11.1940, 6.11.1940): »Klarheit darüber, wem der Sieg zu danken: Roosevelt«, notiert er am 7.5.1945 ins Tagebuch.

7. Die dramatische Summe der Rundfunkansprachen

Mit den vom Oktober 1940 bis Mai 1945 regelmäßig gehaltenen Rundfunkansprachen[29] *Deutsche Hörer!* erreicht das politische Engagement seine höchste Konzentration und Verbreitung. Zugleich setzt die dialektische Ästhetisierung ein, die in den *Doktor Faustus* mündet. Anders als 1914 bekunden diese Gedanken im Kriege nicht die überraschte Entdeckung nationaler Identifikation, sondern ein Fazit der Einsicht in das kriegerische Wesen des Nationalsozialismus. 1914 begrüßt Mann den deutschen Kriegseintritt spontan als »offensive« Selbstbehauptung; 1940 gehen – außer den Erfahrungen des Ersten Weltkrieges – das Weimarer Bekenntnis zur »sozialen Republik« sowie die jahrelange Auseinandersetzung mit dem Nationalsozialismus in die Stellungnahmen ein. Die Rundfunkansprachen sind denn auch weniger eine Wegmarke der Entwicklung von Manns politischem Denken denn dessen dramatischer Höhepunkt und Abschluß. Obwohl Mann schon vor seiner Emigration in die USA glaubt, daß der Nationalsozialismus, dieser »Feind der Menschheit« (XII, 859), bezwungen werden wird, weil er bezwungen werden muß, gewinnt sein »metaphysischer und moralischer« (XI, 985, 1004) Glaube an den notwendigen Triumph des Guten durch die Begegnung mit Amerika und Theodor Roosevelt an Zuversicht. Die Gewißheit des Untergangs des Bösen gewinnt er erst mit dem Kriegseintritt der USA. Diese Gewißheit kennzeichnet die – altväterlich, alttestamentlich getönte – Redeposition in den Rundfunkansprachen. Im Moment des Triumphes geht Mann diese Zuversicht im April 1945 mit dem Tode Roosevelts verloren (1119ff).[30] Die Präsidentschaft Trumans nimmt er direkt als Kurswechsel in Richtung auf den Kalten Krieg wahr (vgl. XIII, 774-783).

Die Eigenart der Rundfunkansprachen liegt weniger in deren politischen Kategorien als in der dramatischen Exposition der Gegensätze und Alternativen unter der Erwartung des kommenden Sieges der Demokratie. Daraus resultiert ein Zug zur Vereinfachung und Personalisierung der Frontlager. Mann kritisiert das Kriegsgeschehen rhetorisch von seinen Wirkungsabsichten her. Er möchte korrektiv informieren und ins Gewissen reden. Dabei geht er davon aus, »daß Nationalso-

---

29 Von Seiten der BBC waren die Ansprachen zunächst als Nachrichtenkommentare geplant, und eine Gesamtdeutung des Kriegsverlaufs war nicht vorgesehen. Überhaupt war das Verhältnis zwischen Sender und Autor keineswegs spannungsfrei. Manns Deutungsphantasie mag jedoch von Anfang an eine eigene Dramaturgie der Sendung erahnt haben. Aus den Quellen der BBC gearbeitet vgl. John F. Slattery, Thomas Mann und die B.B.C. Die Bedingungen ihrer Zusammenarbeit 1940-1945, in: Thomas-Mann-Jahrbuch 5 (1992), 142-170

30 Vgl. Brief v. 18.4.1945 an Bermann Fischer: »Eine Epoche endet, und das Amerika, in das wir kamen, ist es nicht mehr. Er hatte sein Land über dessen eigentliches Niveau gehoben, und ich fürchte, es wird rasch auf das gewohnte zurücksinken«.

zialismus und Deutschland nicht ein- und dasselbe sind« (XI, 1010).[31] Bis zuletzt hofft er auf die Kräfte der Selbstbefreiung und Rettung Deutschlands. Die Rundfunkansprachen kommentieren und analysieren das Kriegsgeschehen nicht nur, sondern dramatisieren es auch. Anders als etwa Heideggers tragische Inszenierung des Kriegsgeschehens als »Untergang«[32] mythologisiert Mann das Geschehen – im Horizont des Faust-Romans – als quasi-christlichen Kampf um die Rettung der »Seele«. Obwohl er die Gegensätze von der Gewißheit des Ausgangs her gegeneinander profiliert, ist die Szenenfolge nicht von vornherein klar. Dennoch gibt es einen szenischen Ablauf vom antizipierten Ende her.

Die Rundfunkansprachen beginnen im Oktober 1940 im Zeichen der »Hoffnung« auf die USA. Und schon mit der zweiten Rede kann Mann im November 1940 das entscheidende »Ereignis« der »Wiederwahl« Roosevelts als »Repräsentant der kämpfenden Demokratie« (989) sowie dessen Vision einer »Neuordnung der Welt« verkünden. Somit beginnen die Reden im triumphierenden Licht der Gewißheit des Sieges von »Frieden und Freiheit« über den verhandlungs- und friedensunfähigen Nationalsozialismus. In dieser Gewißheit folgt Weihnachten der Aufruf zur Selbsterlösung und Rettung der »Seele« des deutschen Volkes gegen seine »Zwingherren« und »Verführer« (994). Die Rundfunkansprachen kommentieren dann zwar den Kriegsverlauf, konzentrieren sich aber auf den Gegensatz des Nationalsozialismus zu Amerika, Hitlers zu Roosevelt. Dabei werben sie für die Notwendigkeit der alliierten Kriegsführung und für Roosevelts alternative Zukunftskonzeption. Während der ersten Kriegsjahre betont Mann die moralische, militärische und politische Unmöglichkeit einer durch Rasseideologie gerechtfertigten, ständigen Okkupation Europas. Er stellt den Unterschied einer NS-Völkerrechtsordnung zu Roosevelts – schon in *Dieser Krieg* profilierter – Konzeption heraus und betrachtet das Kriegsgeschehen weiterhin als falsche Antwort auf gesellschaftliche Wandlungsprozesse, die es durch die Entwicklung der »sozialen Demokratie« friedlich zu beantworten gälte. Er weiß schon vom »Entschluß zur völligen Austilgung der europäischen Judenschaft« (1051). Gegen Kriegsende verweist er auf die »Verachtung des deutschen Volkes« durch die »apokalyptischen Lausbuben« (1064) und deren Bereitschaft zur völligen Vernichtung der Nation.[33] Dabei wird ihm seine Unterscheidung Deutschlands vom Nationalsozialismus erneut fragwürdig:

---

31 Dies betont auch Kurt Sontheimer, Thomas Mann und die Deutschen, München 1961, 125ff; vgl. dazu die interessante Studie von Hans Rudolf Vaget, Germany: Jekyll and Hyde. Sebastian Haffners Deutschland und die Genese des ›Doktor Faustus‹, in: Thomas Mann und seine Quellen. Festschrift für Hans Wysling, Frankfurt 1991, 249-271. Ergänzend jetzt: Sebastian Haffner, Geschichte eines Deutschen. Die Erinnerungen 1914 bis 1933, München 2000
32 Dazu vgl. Verf., Heideggers Überlieferungsgeschick, Würzburg 1992, 110ff.
33 Dazu vgl. Bernd Wegner, Hitler, der Zweite Weltkrieg und die Choreographie des Untergangs, in: Geschichte und Gesellschaft 26 (2000), 493-518. Spätestens seit 1942 verlegten Hitler und der Nationalsozialismus sich, so Wegner, im Bewußtsein der

> Es ist von anderen Völkern zuviel verlangt, daß sie zwischen Nazitum und dem
> deutschen Volk säuberlich unterscheiden. Gibt es das: Deutschland; gibt es das
> Volk als geschichtliche Gestalt, als eine kollektive Persönlichkeit mit Charakter
> und Schicksal, dann ist der Nationalsozialismus nichts anderes als die Form, in die
> ein Volk, das deutsche, sich vor zwölf Jahren gebracht hat (1109).[34]

Mann spricht die Reden auf eigene Anregung (984) selbst. Dabei reflektiert er das asymmetrische Verhältnis von Sprecher und Hörer medienbewußt als »Stimme eines Freundes, [...] deutsche Stimme« und »*warnende* Stimme« (997, vgl. 984ff). Diese Redeposition wurde ihm – nach 1945 im Streit mit der »inneren Emigration« – verübelt. Die Präsumption der Zugehörigkeit, der Teilhabe und Teilnahme, wurde ebenso bestritten wie das Recht, die alliierte Politik derart zu affirmieren. Tatsächlich ist die Redeposition riskant. Mann spricht als Moralist und Unheilsprophet, wirbt um das Vertrauen der Hörer, tut es aber aus der auktorialen Position überlegenen Wissens und vertraut sich doch seinerseits der alliierten Politik an. Zeitlich parallel zur Vollendung des biblischen Werkes inszeniert er die asymmetrische Redesituation als prophetische Position. Diese rhetorische Fiktion verschleiert die Zwischenstellung als Mittler der alliierten Politik. So legen die Rundfunkansprachen nicht nur den Zusammenhang zwischen Teilnahme, Parteilichkeit und politischer Rhetorik offen, sondern zeigen zugleich die prekäre Rolle eines Rhetors auf, der seine Hörer auftragsgebunden für einen Standpunkt gewinnen will. Mann spricht die »deutschen Hörer« an, nicht die Nationalsozialisten.[35] Dabei gerät er selbst ein Stück weit in die Rolle des Nomotheten, Führers und Verführers, die er kritisiert.

Die politische Rhetorik neigt zur Polarisierung von Freund-Feind-Differenzen. Mann ist sich dieser Zwänge bewußt und weicht ihnen nicht aus. Das Bewußtsein eines Zusammenhangs von politischer Identifikation, Parteinahme und rhetorischer Darstellung des eigenen Engagements ist eine letzte Einsicht seiner politischen Publizistik. Sie begründet die gelegentliche Dissonanz zwischen privaten und öffentlichen Äußerungen. Daß der Kampf durch die Abgrenzung vom Gegner polemisch motiviert ist, liegt schon an der Aufgabe politischer Zukunftsgestaltung. Politik ist immer riskant und unsicher. Wer da genau Bescheid zu wissen vorgibt, ist ein Sonntagsprediger oder Prophet. Dies suspendiert aber nicht vom Zwang zur öffentlich konsistenten Selbstdarstellung einer Meinung.

---

    kommenden Niederlage auf die Inszenierung eines »großen« Untergangs. Auch der Holocaust muß in diesem Zusammenhang verstanden werden.
34 Vgl. Das Ende (1945), XII, 944ff.
35 Diese Adressierung an die Deutschen ließ ihn eine deutsche Ausgabe besonders wünschen; vgl. Brief v. 19.4.1942, 22.9.1942 sowie v. 9.2.1945 bis 4.3.1945 an Bermann Fischer; in kleiner Auflage publizierte Mann 1946 als Gegenstück die überarbeiteten Tagebuchaufzeichnungen »Leiden an Deutschland« (Los Angeles 1946).

VI. Chronik der Enttäuschung nach 1945

Schon vor Kriegsende warnt Mann sein amerikanisches Publikum vor der Gleichsetzung des Kommunismus mit dem Faschismus und spricht von der antikommunistischen Parole als »Grundtorheit unserer Epoche« (XII, 934). Er tut dies im Bewußtsein umwälzender sozialer Wandlungsprozesse und der Notwendigkeit eines neuen »Gleichgewichts« von »Freiheit und Gleichheit«. Überall macht er faschistische Tendenzen aus und gerät mit seiner Familie tatsächlich zwischen die Fronten des Kalten Krieges und ins Visier des FBI. Mit dem Tode Roosevelts und der Präsidentschaft Trumans sieht er die USA am »Scheideweg« (XIII, 772). Zum Entsetzen über das Klima des Kalten Krieges kommt die Enttäuschung über die Entwicklung in Deutschland hinzu, so daß Mann 1945 schon von einem »abermals verlorenen Frieden« (XI, 304f) spricht. Mit dem Verlust einer klaren Alternative von Freund und Feind und der Enttäuschung über die Entwicklung nach 1945, aber auch mit der künstlerischen Übersetzung des Engagements in den *Doktor Faustus* verstummt die politische Publizistik weitgehend. Mann betrachtet es nicht als seine Aufgabe, die Nachkriegslage ausführlich zu kommentieren und seine Rolle als Erzieher der Nation vor Ort weiter zu spielen. Daß Hitler besiegt ist, ist ihm im Interesse von Humanität und Freiheit wichtig. Das weitere Schicksal der Nation ist ihm dagegen nicht so wichtig.

Seine Enttäuschung ist den Tagebüchern abzulesen. Mann bejaht harte Konsequenzen für Deutschland (und auch Japan). So begründet er die Forderung nach bedingungsloser Kapitulation mit der Überlegung, daß die totale Kriegsführung mit der »Möglichkeit der Versöhnung« auch die Anerkennung als Verhandlungspartner ausschließt. Er akzeptiert die Vernichtung der politischen Selbständigkeit Deutschlands. So hält Mann am 11.1.1944 fest:

> In Common Sense Gewissensskrupel über den Luftkrieg und die Zerstörung Berlins. Wahr ist, daß man zu einer Art der Kriegführung gezwungen ist, von der befürchtet werden kann, daß sie die Möglichkeit der Versöhnung ausschließt. – Offizielle Vorschläge Rußlands an Polen in Dingen der Grenzziehung. Kompensierung Polens mit deutschem Gebiet. Was werden die deutsch-jüdischen Emigranten sagen nebst Seger, Marck und Brecht. Polen verhält sich zustimmend. Ich nehme an, daß die Deutschen sich, wenigstens zunächst, apathisch verhalten werden. Die deutsche ›Geschichte‹ scheint wirklich zu Ende. Sie begann im Osten und wird an der Quelle desavouiert.

Ähnlich bemerkt er zur Kapitulation Japans nach den – von Truman befohlenen – Atombombenabwürfen am 14.8.1945: »[D]ie Atom-Bombe bedeutet gewissermaßen das Ende der ›Weltgeschichte‹«. Mann bejaht die Potsdamer Beschlüsse und fordert eine scharfe Bestrafung der Kriegsverbrecher. Harsch notiert er (TB 5.5.1945):

Andererseits ist es nicht möglich, eine Million Menschen hinzurichten, ohne die Methoden der Nazis nachzuahmen. Es sind aber rund eine Million, die ausgemerzt werden müßten. Meiner Meinung gehörten Menschen wie Haushofer, Johst, Vesper dazu.

Aufmerksam verfolgt er die Nürnberger Prozesse.[1] Er vermißt eine überzeugende Schulderklärung und Buße[2] und registriert überall nur Geschichtsverleugnung:

> Unmögliche Lage der Deutschen, die in Mißerfolgs-Anbetung nun gegen Friedrich, Bismarck, Nietzsche, Wagner wüten und Jahrhunderte ihrer Geschichte abschütteln wollen. (TB 3.1.1948)

1949 erklärt er den Versuch eines Neubeginns für »mißlungen«:

> Sie vertrotzen sich gegen diese Tatsache; von den Schandtaten des Nazi-Regimes wollen sie nichts hören und wissen, sie erklären sie für propagandistische Lügen und Übertreibungen (XI, 499).

Die Bundesrepublik betrachtet er als eine Art antibolschewistische Gründung:

> Widerspruch zwischen der Absicht, die deutsche Remilitarisierung zu verhüten und dem Einschluß Deutschlands in den Westpakt. – Die kommunist[ische] Überschwemmung Europas aufzuhalten, werden die europ. Länder gekauft, bewaffnet, entwürdigt, in Abhängigkeit gebracht – und gerade dadurch dem Kommunismus wirksamste nationale Propaganda-Mittel in die Hände gespielt. (TB 27.3.1949) Mit ihrem Wunsch, Deutschland auf eigene Füße zu stellen und seine Industrie wieder aufzubauen, scheinen die Amerikaner gegen Engländer u. Franzosen allein zu stehen. (TB 14.9.1949)

Seine Hoffnungen richten sich eher auf Ostdeutschland. Obwohl er die Sowjetische Besatzungszone für einen Polizeistaat unter der Kontrolle der Sowjetunion ansieht, entdeckt er dort ein »versuchendes Neues«.[3]

In seiner *Ansprache im Goethejahr 1949* und seinem *Reisebericht* über Deutschland bekundet er seine Enttäuschung über die Entwicklung. Den Streit um seine Person und sein Werk deutet er dabei als »Zwist zwischen zwei Ideen von Deutschland« (XI, 487). Abermals bekennt er seine »Ratlosigkeit« über die Zukunft und

---

1 Dazu vgl. Zu den Nürnberger Prozessen (1945), in: TME 43-45.
2 Dazu vgl. Botschaft an das deutsche Volk (1947), XIII, 789.
3 Vgl. bes. Reisebericht (1949), XI, 498ff; Antwort an Paul Olberg (1949), XIII, 795ff. Kurt Sontheimer (Thomas Mann und die Deutschen, München 1961) führt aus, daß Mann nach 1945 »zwischen den Stühlen« saß. An der Unterscheidung des Kommunismus vom Nationalsozialismus festhaltend und auf die Abwehr faschistischer Tendenzen konzentriert, verwehrte es ihm seine Kritik am Antikommunismus, die »Inhumanität des Kommunismus« unter Stalin und in der DDR hinreichend zu erkennen (154ff, 170ff). Dafür verständnisvoller Inge Jens, »... eingeholt von der Vergangenheit«. Der späte Thomas Mann und die Politik, in: Thomas-Mann-Jahrbuch 5 (1992), 171-187.

hofft auf eine verbindende Funktion des Schriftstellers und den Erhalt der Einheit als Kulturnation bei staatlicher Separation:

> Ich kenne keine Zonen. Mein Besuch gilt Deutschland selbst, Deutschland als Ganzem, und keinem Besatzungsgebiet. Wer sollte die Einheit Deutschlands gewährleisten und darstellen, wenn nicht ein unabhängiger Schriftsteller, dessen wahre Heimat, wie ich sagte, die freie, von Besatzungen unberührte deutsche Sprache ist? (488)

Beim Sommerurlaub in der Schweiz bemerkt Mann (TB 18.7.1950): »Der Gedanke einer wiederholten Emigration spukt längst«. Mann sehnt sich nach der Schweiz. Auch aus politischen Gründen verläßt er die USA und kehrt in die Schweiz zurück. Im Oktober 1952 bezieht er in Zürich ein Haus und erwägt seine Einbürgerung (TB 13.12.1952). Politisch wünscht er größere Selbständigkeit Europas gegenüber der USA. Mann wünscht nach 1945 eine »Weltregierung«[4] und lehnt die Wiederbewaffnung Deutschlands ab.[5] Doch er engagiert sich nicht mehr wie früher, sondern rekapituliert seine Gesamtsicht der Umwälzungen rückblickend nur in dem persönlichen Bericht *Meine Zeit*. Eine neue Gesamtdeutung unternimmt er nach 1945 ebenso wenig wie eine politische Gesamtdichtung von der Nachkriegszeit.

Schon am 11. Januar 1944 schreibt Mann ins Tagebuch, daß die deutsche Geschichte sich im Osten, d. h. durch ihren unmenschlichen Vernichtungsfeldzug, an ihrer Quelle desavouiert und deshalb zu Ende »scheint«. Verglichen mit damals verbreiteten Posthistoire-Spekulationen[6] sind diese Bemerkungen politisch konkret. Die Folge des Krieges ist ja die militärische Besatzung Deutschlands, der Verlust der staatlichen Einheit und Souveränität. Dieses Ende antizipiert Mann und beschließt es ästhetisch. Wenn die politische Geschichte zu Ende ist, ist es auch ihre »Legende« (E.Bertram): der Deutschland-Roman. Von diesem Untergang handelt der *Doktor Faustus*. Dort ist das Subjekt des Untergangs der Repräsentant einer Nation, das Subjekt des »Durchbruchs« aber ein Einzelner, dem die Individuation gelingt, weil er vom Ende der Geschichte zu berichten weiß. Das »Leiden an Deutschland« hat ein Ende. Die Preisgabe einer Identifikation steht am Ausgang des Versuchs, die Chancen gelingender Individuation zu erkunden. Die Selbstaufhebung Deutschlands (als politisches Subjekt) und die Zerstreuung ihrer Träger in die Welt ist deshalb auch eine Befreiungsgeschichte. 1945 beschreibt Mann in *Deutschland und die Deutschen* diese »Fahrt aus dem Provinziellen in die Welt« (XI, 1129):

---

4 Eine Welt oder keine (1949), XIII, 799-800.
5 Gegen die Wiederaufrüstung Deutschlands (1954), XIII, 805-813.
6 Dazu vgl. Lutz Niethammer, Posthistoire. Ist die Geschichte zu Ende?, Reinbek 1989; Martin Meyer, Ende der Geschichte?, München 1993; Verf., Karl Löwith, Carl Schmitt, Jacob Taubes und das »Ende der Geschichte«, in: Zeitschrift für Religions- und Geistesgeschichte 48 (1996), 231-248.

> Es könnte ja sein, daß die Liquidierung des Nazismus den Weg freigemacht hat zu einer sozialen Weltreform, die gerade Deutschlands innersten Anlagen und Bedürfnissen die größten Glücksmöglichkeiten bietet. (1147)

Oft zitiert er[7] – nach dem Holocaust leicht mißverständlich – Goethes Vision von der historischen Analogie des deutschen zum jüdischen Schicksal: Der politische Untergang ermöglicht die Freisetzung einer universellen Kulturmission. Mann faßt sie auch persönlich als Befreiung. Statt eines Deutschlandromans von der Nachkriegszeit schreibt er weiter am *Krull*. Zwar sieht er Deutschland vorläufig nicht mehr als handlungsfähiges politisches Subjekt an. Doch er vertraut auf »Deutschlands Zukunft«: »Man höre doch auf, vom Ende der deutschen Geschichte zu reden!«[8] Weil er die endgeschichtlichen Spekulationen politisch begreift und weiß, daß mit den Menschen auch die Macht zu staatlicher Selbstorganisation erhalten bleibt, setzt er in einer *Botschaft an die Deutschen* auf die Zeit; sie gewähre ein »Werk des Ausgleichs und der Aufhebung von Gegensätzen zu höherer Einheit«: »Sie ist der Friede selbst, und Krieg ist nichts als das wilde Verschmähen der Zeit« (XII, 967). Mann kann das faktische Ende der Nationalstaatlichkeit Deutschlands durchaus bejahen. Es entspricht weitgehend seiner Zukunftsvision vom universalen Kulturauftrag und einem kommenden Europa, dessen organisatorische Anfänge damals gelegt werden. Zuletzt erwartet er aber – 1953 in einer *Ansprache vor Hamburger Studenten* – ein wiedervereintes Deutschland in einem geeinten Europa. So berührt seine politische Erfahrung noch die jüngsten Gegenwartsfragen der deutschen Geschichte:

> Goethe sagte: ›Mir ist nicht bange, daß Deutschland nicht eins werden wird.‹ Lassen Sie uns sagen: Uns ist nicht bange, daß die wirkende Zeit nicht ein geeintes Europa bringen wird mit einem wiedervereinten Deutschland in seiner Mitte.
> Wir wissen nicht, wie es geschehen, wie das unnatürlich zweigeteilte Deutschland wieder eins werden soll. Es ist uns dunkel, und wir sind auf den Glauben angewiesen, daß die Geschichte schon Mittel und Wege finden wird, das Unnatürliche aufzuheben und das Natürliche herzustellen: ein Deutschland als selbstbewußt dienendes Glied eines in Selbstbewußtsein geeinten Europa, – nicht etwa als sein Herr und Meister. (X, 401)[9]

---

7 Dazu vgl. Brief an Bertram v. 30.7.1934.
8 Warum ich nicht nach Deutschland zurückgehe (1945), XII, 953-962, hier: 961.
9 Dazu vgl. Comprendre (1953), XII, 973-978, hier 978 (»Goethe sagte: ›Mir ist nicht bange, daß Deutschland nicht eins werde.‹ Lassen Sie uns sagen: Uns ist nicht bange, daß Europa nicht eins werde im Geist des Wissens, der Gerechtigkeit und des Friedens.«).

VII. Ein »unwissender Magier«? zum Ertrag der politischen Essayistik

Die literaturwissenschaftliche Forschung kehrt Manns frühe Unterscheidung von »Politik« und »Ästhetizismus« oft gegen ihn selbst. Meist handelt es sich dabei um sehr pauschale, unhistorische und naive Urteile. Mann wird vom Standpunkt gegenwärtiger *political correctness* gebeckmessert. Dabei kann sich die Forschung auf eine Autorität wie Golo Mann berufen, der 1974 rückblickend schreibt:

> Wenn ich H.M. und T.M. zusammen politisieren hörte, hatte ich manchmal das gleiche Gefühl: Was reden doch die zwei unwissenden Magier da? Unwissend, weil schlecht informiert, weil wirklichkeitsfern. Magier, weil sich andere Wirklichkeiten erträumend oder Lieblingsträume mit Wirklichkeit gleichsetzend, noch mehr, weil mit stark intuitivem Blick begabt, wie unsereiner ihn nicht hat.[1]

Joachim Fest[2] verbreitete die Formel von den »unwissenden Magiern«. In Golo Manns Formulierungen klingen Vorbehalte des professionellen Historikers an. Thomas Mann betonte dagegen – etwa in *Bruder Hitler* – die Verwandtschaft des Künstlers mit dem Politiker. Anders als der Historiker bedarf der Politiker imaginativer Gestaltungsvisionen. Der Vorwurf schlecht informierter Wirklichkeitsferne trifft ihn deshalb nur, wenn seine Visionen keinerlei Realisierungschancen haben. Politischer Utopismus ist nur dann ein Einwand, wenn »Lieblingsträume mit Wirklichkeit« gleichgesetzt werden. Darauf spielt Golo Manns Formel von den »unwissenden Magiern« an; sie meint die Selbstverblendung des eigenen Urteils durch Wunschdenken. Golo schränkt ein: Er hatte »manchmal« diesen Eindruck. Doch in welchen politischen Fragen hätte sich Mann tatsächlich wirklichkeitsfremd vergriffen?

Zur Klärung: Der Vorbehalt des Historikers gegen schlecht informierte Träumereien trifft den Politiker an sich nicht: Politiker brauchen Visionen möglicher Zukunft; sie müssen dafür nicht voll informiert sein, sondern lediglich Sinn für das Mögliche haben. Thomas Mann unterschied seine Humanitätsvisionen klar von seinen tagespolitischen Stellungnahmen, verzichtete auf konkrete verfassungspolitische Vorschläge und beschränkte sich auf die moralisch-politische Beurteilung der Politik. Der Vorwurf des Wunschdenkens kann sinnvollerweise nur diese tagespolitischen Urteile meinen: Waren Manns Urteile aber irrig? Diese Frage zielt eigentlich nur auf die wichtigsten handlungsmobilisierenden Entscheidungsfragen. Denn die meisten alltäglichen Irrtümer haben eher den Charakter explorativer Urteilsfin-

---

1 Golo Mann, Der Bruder zur Linken. Zur Neuauflage von Heinrich Manns »Ein Zeitalter wird besichtigt«, in: ders. u. Marcel Reich-Ranicki, Enthusiasten der Literatur. Ein Briefwechsel. Aufsätze und Portraits, hrsg. Volker Hage, Frankfurt 2000, 125-140, hier: 129.
2 Joachim Fest, Die unwissenden Magier. Über Thomas und Heinrich Mann, Berlin 1985.

dung: Sie dienen der grundsätzlichen moralisch-politischen Entscheidung. Der moralische Aspekt bezieht sich dabei auf die Legitimität der Ziele, der politische Aspekt auf die zweckrationalen Strategien der Durchsetzung. Moralisch-politische Urteile sind hinreichend begründet, wenn die moralischen Maßstäbe der politischen Ziele ausgewiesen und die Strategien pragmatisch kritisiert sind. Einwände gegen Manns »Politisieren« können sich deshalb sowohl auf die moralphilosophische Begründung als auch auf die strategischen Urteile beziehen. Üblicherweise werden primär die strategischen Urteile unter Voraussetzung bestimmter moralischer Intuitionen gemeint. Meist werden Manns Haltung zum Ersten Weltkrieg sowie die mangelnde demokratietheoretische Klarheit im Bekenntnis zur Republik kritisiert. Gelegentlich bemängelt man die Zurückhaltung zwischen 1933 und 1936 sowie die Sorge um die Entwicklung in den USA. Diese Einwände sind hier nicht detailliert zu entkräften. Denn Manns tagespolitische Notate wurden zwar eingehend dokumentiert, aber nicht näher kommentiert. Es ging mehr um den Nachweis, daß Mann sein politisches Engagement kategorial reflektiert und dabei zu begründeten und vertretbaren Urteilen gelangt. Folgende kategoriale Überlegungen lassen sich rekapitulieren:

Mann geht von einem Selbstbestimmungsrecht und Selbstbehauptungsrecht politischer Einheiten aus. Er personifiziert Deutschland durch Friedrich und meint, daß es das Recht Preußens im Siebenjährigen Krieg wie des deutschen Reiches 1914 war, seinen Anspruch auf eine europäische Großmachtstellung und seine Verfassung als konstitutionelle Monarchie militärisch zu behaupten.

Die *Betrachtungen eines Unpolitischen* begründen diesen Anspruch durch autobiographische Identitätserklärung in ethischer Absicht. Sie verallgemeinern das »persönliche« Ethos zum »nationalen« Ethos, formulieren moralische Geltungsansprüche und verpflichten eine demokratisch unverantwortliche Regierung auf die Bewahrung dieser Identität. Dabei entwickeln sie einen tragenden Politikbegriff in Kritik an der staatstheoretisch unterbestimmten Demokratisierungsparole.

Das Vertrauen in die Zukunft der Nation erlaubt Mann eine Offenheit in der Staatsformenfrage, die den revolutionären Verfassungswandel akzeptiert. Nach 1918 betont er die Notwendigkeit außenpolitischer Verständigung und weist der deutschen Kultur und Politik eine aktive Mittlerrolle zwischen Ost und West im Prozeß europäischer Einigung zu. Er faßt die weitere Entwicklung von Humanität abstrakt als Idee und Aufgabe der Republik, erörtert die verfassungsrechtliche Institutionalisierung aber kaum. Stattdessen verweist er die politischen Gegensätze pragmatisch schlichtend auf einen kulturellen Hintergrundkonsens, den er geistesgeschichtlich darstellt. Verstärkt begreift er die »soziale Demokratie« als Form des Ausgleichs zwischen den Klassen in Richtung auf einen religiösen »Sozialismus« im Sinne Nietzsches und optiert für die Unterstützung der Sozialdemokratie, als der staatstragenden Partei, durch das Bürgertum.

Die Machtübernahme des Nationalsozialismus betrachtet er als »Revolution« und fragt nach der tragenden »Idee«. Die Ereignisse vom Sommer 1934 machen ihm vollends klar, daß es nicht die Entwicklung zum Sozialismus, sondern der Wille zum Krieg ist, der die nationalsozialistische Revolution leitet. Mit dieser Einsicht setzt er erneut staatsphilosophisch an, entdeckt den moralischen Sinn politischer Grundbegriffe neu, begreift die friedliche Entwicklung der »Menschenwürde« als Sinnprinzip der Demokratie, fordert die Selbstbehauptung als »militante Demokratie« und gelangt zur Affirmation der Politik als »Teil des humanen Problems«. Er wird zum Chronisten des Kriegsgeschehens und pointiert und dramatisiert die feindlichen Gegensätze rhetorisch in seinen Radioansprachen *Deutsche Hörer!*. Sein öffentliches Engagement gelangt damit zu einem Höhepunkt und Abschluß.

Nach 1945 erklärt Mann sich nicht mehr in gleicher Weise politisch. Den »Kalten Krieg« beobachtet er aber mit größter Sorge, weil er eine Anfälligkeit des Kapitalismus für den Faschismus vermutet. Mit der »deutschen Katastrophe« und dem Verlust souveräner Eigenstaatlichkeit sieht er die deutsche Geschichte an ein vorläufiges Ende angelangt. Seine Rolle als Erzieher der Nation legt er damit ab.

Die wichtigsten Einsichten betreffen die moralphilosophische Legitimierung guter Politik, die Unterscheidung des Politikbegriffs vom Staatsbegriff, die »etatistische« Option für die Regierbarkeit, die Affirmation der Republik als legitime Staatsform, die strategische Unterstützung der Sozialdemokratie als Staatspartei Weimars, die moralisch-politische Option gegen den Nationalsozialismus und für die Emigration, die Einsicht in die Kriegstreiberei des Nationalsozialismus und die Unvermeidlichkeit eines »gerechten Krieges«, die »kulturellen« (soziomoralischen) Voraussetzungen politischer Verfassung, die Forderung nach einer supranationalen europäischen Verfassungsgestaltung, die Ablehnung des »Kalten Krieges« als Hindernis, die Zurückweisung der endgeschichtlichen Betrachtung der Nachkriegslage, das Vertrauen auf die Menschen als moralisch-politische Subjekte. Alle diese Einsichten entwickelt Mann im öffentlichen Engagement. So trifft die Formel vom »unwissenden Magier« eher die Kritiker als Thomas Mann; sie argumentieren oft ohne annähernd differenzierte und konsistente politisch-philosophische Begründungen. Wissenschaftsgeschichtlich vergleichend steht Mann ziemlich einzig da. Kaum ein anderer »Klassiker« des jüngsten politischen Denkens akzeptiert derart konsequent den Teilnahmestandpunkt politischen Denkens, bietet derart ausgreifende philosophische Begründungen des Verhältnisses von Moral und Politik, hat einen ähnlich tragenden Politikbegriff, exponiert seine Urteile annähernd so wirksam, entwickelt derart vertretbare Positionen.

Schluß: Künstlerphilosoph und Philosophenkönig

Die Einleitung formulierte die Aufgabe einer problemgeschichtlichen Rekonstruktion des metaliterarischen Geltungsanspruchs von Manns »Humanismus«. Als »politische Philosophie« wurde dabei die umfassende Selbstverantwortung und paradigmatische Gestaltung einer Lebensführung verstanden. Die Rede vom »guten Leben« wurde erst mit der Darstellung sinnvoll differenziert. Zunächst wurde am literarischen Werk gezeigt, wie Mann das Verhältnis von gelingendem, glückendem und gutem Leben erkundet. Danach wurde an der politischen Publizistik erörtert, wie er sich für die politischen Bedingungen der Möglichkeit »guten Lebens« öffentlich engagiert und dabei wichtige Kategorien politischer Philosophie und Theorie formuliert. Mann entdeckt zunächst die individuelle Aufgabe normativ-praktischer Orientierung. Die Selbstbegründung der menschlichen Freiheit führt ihn dann über die Ethik hinaus zu einer Metaphysik, die er in zwei Richtungen skizziert: Einerseits entwickelt er sie in ihren historisch-politischen Kontexten geschichts- und religionsphilosophisch, andererseits setzt er sie durch seine spekulative Naturphilosophie von den »Urzeugungen« in ein Verhältnis zum (evolutionsbiologischen) naturwissenschaftlichen Paradigma. Mann geht davon aus, daß die moderne Naturwissenschaft die Selbstwahrnehmung der »exzentrischen Positionalität« nicht erklären kann. Parallel zur naturwissenschaftlichen Erklärung hält er deshalb eine »geisteswissenschaftliche Psychologie« narrativer Selbstbegründung der menschlichen Individualität und Freiheit durch einen »Roman der Seele« wissenschaftlich für möglich und pragmatisch für nötig. Damit begründet er den Teilnahmestandpunkt seines »Traumgedichts vom Menschen« philosophisch. Nicht minder intensiv entfaltet er die politischen Fragen.

Der systematische Ertrag seiner Überlegungen ist hier schon deshalb nicht abschließend zu rekapitulieren, weil er akademisch umfassend situiert und diskutiert werden müßte. Dies erforderte eine eigene Untersuchung, in der von Thomas Mann nicht mehr die Rede wäre. Manns politische Philosophie wurde nur in ihrer praktischen Funktion der Ermöglichung des eigenen Engagements dargestellt. Dies erinnert ein wesentliches Motiv des Philosophierens.

Das Philosophieren beginnt mit der Selbstverantwortung – Mann sagt: »Rettung und Rechtfertigung« (XI, 367) – der eigenen Lebensführung. Das Thema oder Problem der Philosophie ist als Lebensführungsproblem (mit der »Faktizität« des »Daseins«) gegeben. Philosophie hat es, nach verbreitetem Verständnis, mit der Frage nach dem »Sinn« des Lebens und der Orientierung der Lebensführung durch mögliche Konzepte von »gutem Leben« zu tun. Die positiven Wissenschaften setzen Zweckvorgaben voraus, die lebensgeschichtlichen Sinnsetzungen dienen. Sinnfragen aber lassen sich nicht empirisch beantworten. Das positivistische Programm einer Verwissenschaftlichung der Philosophie durch Anlehnung an bestimmte Einzelwissenschaften oder eine allgemeine Methodologie ist gescheitert. Zwar setzt die Wissenschaftlichkeit der Philosophie ihre einzelwissenschaftliche Informierung voraus; sie besteht jedoch gänzlich eigen und anders in der methodischen »Überschau« und »Zusammenschau« des positiven Wissens in »Synthesen«. Die deutsche philosophische Kultur bietet dafür diverse Begriffe an, die im Prozeß permanenter Traditionskritik immer wieder verdächtigt wurden: solche wie »System«, »Weltanschauung«, »Gehäuse«, »Orientierungsmodell«, »Rationalitätsstandard«. Vorbehalte gegen solche Terminologien sind berechtigt, soweit sie bestimmte Systeme betreffen und die Notwendigkeit einer Reformulierung überlieferter Antworten betonen. Begriffliche Verschiebungen verschleiern aber allzu häufig nur die sachlichen Kontinuitäten und Aufgaben. Dies gilt namentlich für die Ablehnung überlieferter Konzepte im Namen der Metaphysikkritik. Meist handelt es sich dabei nur um Rekonstruktionen. Soweit »Metaphysik« formal die »spekulative« Gesamtdeutung des Seienden im ganzen heißt, ohne bestimmte ontologische Thesen zu implizieren, kennzeichnet sie die Eigenart von Philosophie gegenüber den positiven Wissenschaften. Philosophie ist eine »metaphysische« Wissenschaft, die das verfügbare positive Wissen im Interesse normativ-praktischer Orientierungen in Gesamtdeutungen überführt; sie ist »Weltanschauungsphilosophie«. Diltheys »Weltanschauungslehre« prägte das neuere Verständnis, indem sie den Bezug auf die »Lebensanschauung« des philosophierenden Individuum ebenso wie den philosophischen Vorbehalt gegenüber der Pluralität und Relativität der Weltanschauungen thematisierte. Eine Metaphysik, die sich als Weltanschauungslehre nach Dilthey darstellt, hält philosophische Perspektiven und Wahrheitsansprüche fest, ohne sie fundamentalistisch zu dogmatisieren.

Philosophie formuliert ihre Wahrheitsansprüche aus der Teilnehmerperspektive. Letztlich ist es immer ein Individuum, das etwas für wahr nimmt und als wahr deklariert. Ein Philosoph »bekennt« sich zu einer »Position«, die er »vertritt«. Die Standpunkte der Philosophen – und oft genug: die Philosophen – stoßen aneinander und profilieren sich agonal. Diese persönliche Verantwortung individueller Überzeugungen bestätigt die praktische Orientierungsfunktion einer Lehre für ein Leben. Der spekulative Ausgriff auf eine Gesamtdeutung des Seienden im ganzen rechtfertigt sich durch seine Orientierungsleistung. Die Personalisierung der kontroversen Wahrheitsansprüche muß dabei die Fiktionalisierung nicht ausschließen. Vielmehr ermöglicht literarische Gestaltung die Darstellung der praktischen Funktion des Philosophierens. Ein »Geltungstransver«[1] von Philosophemen in fiktionale Literatur besagt nichts über deren Diskussionswürdigkeit. Ein Verfasser muß nicht wirklich meinen, was er als Autor zu meinen vorgibt.[2] Die Autorisierung ist des-

---

1 Dazu vgl. Jürgen Habermas, Philosophie oder Wissenschaft als Literatur?, in: ders., Nachmetaphysisches Denken, Frankfurt 1988, 242-263, hier: 261.
2 Wäre die Autorisierung eines Textes als Philosophie ein Kriterium, schrumpfte der Klassikerkanon zusammen. Autoren wie Aristoteles oder Plotin wären dann nicht

halb kein Unterscheidungskriterium philosophischer von literarischen Texten. Wäre sie es, so spräche dies gerade für eine Literarisierung von Philosophie. Denn durch literarische Beschreibungen von Redesituation, Sprecher und Adressat ist eine perfekte Autorisierung und Adressierung von Geltungsansprüchen darstellbar.

Diese Möglichkeiten machte sich schon Platon zu eigen. Er zog aus seinem Gesprächsmodell des Philosophierens die Konsequenz, daß er als Autor hinter Sokrates zurücktrat und seine Philosophie in einführender Absicht nur als Werbeschrift für die Akademie dialogisierte. Damit praktizierte er ein literarisches Verfahren hermeneutischer Kontextualisierung von Aussagen. Platon war, seinem Selbstverständnis folgend,[3] ein Dichter neuen Typs, der die überlieferte Erziehungsfunktion der Dichtung philosophisch einsetzte. Er wurde deshalb zum Prototyp des Künstlerphilosophen, der Dichtung in pädagogisch-praktischer Absicht funktionalisiert. Nietzsche und Mann folgten ihm in der Exemplifizierung einer Lehre durch ein Leben. Auch Mann betont den philosophischen Anspruch seiner Dichtung. Zwar akzeptiert er Nietzsches These (XII, 11), daß der Künstler »nie für sich«, der Philosoph aber »allein zu sich zu stehn weiß«.[4] Er teilt auch Nietzsches Vorbehalte gegen den philosophischen Anspruch. Nach seinem philosophischen Credo befragt, meint er deshalb:

> Es fällt mir merkwürdig schwer, meine philosophischen Ideen oder Überzeugungen – wie soll man es nennen? – meine Weltansicht also – oder sage ich besser: mein Weltgefühl? – sei es in ausführlichem Bekenntnis oder nun gar in knappen Worten zu formulieren. Die Gewohnheit, mein Verhalten zur Welt, zum Problem des Seins indirekt, durch das Mittel von Bild und Rhythmus darzustellen, steht der theoretischen Expektoration entgegen, und zur Rede gestellt, wie heute, komme ich mir ein wenig vor (wie) Faust, von dem das gute Gretchen hören will, wie er es ›mit der Religion hält‹. Sie haben kaum die Absicht, mich zu kathechisieren, sind aber praktisch mit Ihrer Erkundigung nicht weit entfernt davon, und wie bei mir alles liegt und steht, will es mir fast leichter scheinen, mich religiös zu verantworten, als philosophisch.[5]

Dennoch antwortet er immer wieder mit einem Bekenntnis der eigenen »Weltansicht«. Schon in den *Betrachtungen eines Unpolitischen* vertritt er einen metaphysi-

---

    vertreten. Wittgenstein beispielsweise veröffentlichte in eigener Initiative nur das – der Wittgenstein-Rezeption nicht gerade einschlägige – »Wörterbuch für Volks- und Bürgerschulen« (Wien 1926).
3 Dazu vgl. Hans-Georg Gadamer, Plato und die Dichter (1934), in: ders., Gesammelte Werke, Bd. V: Griechische Philosophie I, Tübingen 1985, 187-211.
4 Friedrich Nietzsche, Zur Genealogie der Moral, KSA VI, 345.
5 Textentwurf »Über die eigene Weltansicht«, in: Tagebücher 1937-1939, Frankfurt 1980, 880-884, hier: 880 (Anhang zur Tagebuchnotiz v. 7. 9. 1938). Eine englische Fassung dieses Textes wurde mehrfach veröffentlicht und in den Essayband »Order of the Day« aufgenommen.

schen »Ästhetizismus«. In der Miszelle *Denken und Leben* heißt es: »Die Philosophie als Führerin des Lebens, das heißt auch: das Leben als Richtpunkt und Leitstern der Philosophie.« (X, 367) Der *Schopenhauer*-Essay betont die »Annehmbarkeit« (IX, 557) einer Lehre durch ein Leben als Wahrheitskriterium. Schon durch Nietzsche ist Mann vertraut, daß die Einheit von Leben und Werk auf »das einmalig Vorbildliche der philosophischen Existenz«[6] abzielt. Eine Philosophie bewahrheitet sich praktisch dadurch, daß man mit ihr leben (und sterben) kann. Es wurde gezeigt, wie Mann sein Leben durch sein Werk orientiert. Ähnlich wie Platon faßt er das eigene Werk als »Symbol« der Selbsterziehung auf. Es muß hier nicht – biographisch – weiter gezeigt werden, daß er im Sinne seiner Selbstverpflichtung auf die Lehren seines Werkes philosophisch lebte. Banal betrachtet, war er kein Philosoph im Sinne seines »Traumgedichts vom Menschen«, sowenig Nietzsche oder Sokrates es waren. Aber auch der Spott auf Sokrates und Nietzsche geht an der Beispielhaftigkeit ihrer philosophischen Existenz vorbei. Mann erkundet und erwägt das *Problem des Menschen* nicht nur, sondern lebt es auch beispielgebend vor. Er versteht seinen humanistischen Anspruch philosophisch. Seine Vorbehalte richten sich nur gegen die Einseitigkeit individueller Standpunkte und zielen auf eine experimentalphilosophische »Horizonterweiterung« in Richtung auf eine Integration aller sinnvoll möglichen Standpunkte in einen »absoluten Roman«.

Die Politik begreift er dabei als Aspekt und »Symbol« der Freiheit. Mann nimmt die politischen Bewegungen, Diskurse und Ideen der Gegenwart künstlerisch auf und führt sie in ein »Traumgedicht vom Menschen« zusammen. Er behauptet kein auktorial überlegenes Wissen, sondern stellt sich mittels seiner autobiographisch konnotierten Helden ein Stück weit in die Geschichte hinein, erkundet seine Lebenschancen aus der Teilnehmerperspektive bestimmter Protagonisten und fragt nach den Chancen für ein gelingendes Leben in Deutschland. Dabei konzentriert er seine Überlegungen zur politischen Theorie auf die Handlungsfähigkeit des Staates. Er personifiziert sie als Frage nach dem »gewaltigen« Politiker und präsentiert die »Gewaltigen« als Modelle, Geschichte verständlich zu machen. Mann zielt auf die Auseinandersetzung mit geschichtlichen Weichenstellungen. Alternativen lassen sich aus der Wirkungsgeschichte idealtypisch profilieren und künstlerisch darstellen. Zeitgenössisch sind sie nicht immer eindeutig gegeben oder erkennbar. Um so dringlicher ist die permanente Revision geschichtsmächtiger Entscheidungen. Die Zurechnung auf »Gewaltige« dient der Hermeneutik der geschichtlichen Tat aus ihren Folgen. Mann will Geschichte in Hinblick auf aktuelle Selbstverständigung deuten. Die Selbstauffassung des Menschen als Subjekt der Geschichte ist seine Zielprojektion. Mit seiner Auffas-

---

6 Volker Gerhardt, »Experimental-Philosophie«, in: ders., Pathos und Distanz, Stuttgart 1988, 163-187, hier: 179; vgl. auch Günter Figal, Nietzsche. Eine philosophische Einführung, Stuttgart 1999, bes. 198.

sung des »Politikers des Guten« als »Herr des Überblicks« nähert er sich dabei an Platons Philosophenkönig an. Es läßt sich kaum eine knappere und treffendere Formel für den Philosophenkönig finden als Josephs Amtsbezeichnung. Mann bezieht sich auch ausdrücklich auf Platon:

> Die Forderung Plato's, daß Philosophen den Staat regieren sollen, wäre eine gefährliche Utopie, wenn sie nur besagen wollte, daß der Regent ein Philosoph sein soll. Der Philosoph muß auch ein Regent sein – erst das schafft das Verhältnis von Geist und Leben, welches wir demokratisch nennen. (XI, 922)

Mann entwickelt die politische Philosophie aus der Perspektive des Teilnehmers, der moralische Ansprüche an die Politik stellt. Aus der Perspektive des Beherrschten heißt der »Gewaltige« dann ein »Herr des Überblicks«, wenn er als »Politiker des Guten« wirkt. Wegen der Folgenorientiertheit der moralischen Urteilsperspektive konzipiert Mann den Staatsmann als Philosophenkönig. Sein Rückbezug politischer Legitimität auf die Beurteilung der Wirkungen durch den Adressaten ist formelhaft in der These deutlich, daß alle »Politiker des Guten« auch »Gewaltige« sind. Darin liegt nicht nur die Akzeptanz von Macht und Gewalt als Mitteln der Politik, sondern auch der Vorbehalt, alles politische Handeln aus seinen Folgen moralisch kritisieren und als bloße Gewalttätigkeit verurteilen zu können. Manns Ruf nach der »aufgeklärten Diktatur« eines »Herrn des Überblicks« negiert, so gedeutet, das Bekenntnis zur Demokratie nicht. Der Philosophenkönig bleibt in den Visionen und Zielvorstellungen seiner Politik an die kulturelle Überlieferung und das politische Leben der Einheit rückgebunden, auf die er wirkt. Mann stellt also nicht nur die demokratische Legitimität unter den Vorbehalt ihrer finalen Beurteilung, sondern auch die Philosophenherrschaft unter den ihrer Responsivität.

Im US-Exil verkappt Mann seine platonische Auffassung der »demokratischen« Verantwortung des Philosophen für den Staat hinter Berufungen auf den amerikanischen Pragmatismus. Nach 1945 moniert er Nietzsches Mangel an Pragmatismus »im Lichte« der totalitären Erfahrung. Damit kritisiert er aber zugleich die Apolitie des »deutschen Geistes«. Im *Nietzsche*-Essay schreibt er:

> ›Es gibt keinen festen Punkt außerhalb des Lebens‹, sagt Nietzsche, von dem aus über das Dasein reflektiert werden könnte, keine Instanz, vor der das Leben sich schämen könnte.‹ Wirklich nicht? Man hat das Gefühl, daß doch eine da ist, und möge es nicht die Moral sein, so ist es schlechthin der Geist des Menschen, die Humanität selbst als Kritik, Ironie und Freiheit, verbunden mit dem richtenden Wort. (IX, 695)

Mann schreibt Goethe, dem Halbgott und dem Ungeheuer, dem Göttlichen und dem Teuflischen, damals diesen hohen Standpunkt tragisch-ironischer Schau zu (494f).[7]

---

7 Ansprache im Goethejahr 1949 (1949), XI, 481-497.

Zahlreiche seiner Essays[8] handeln von Goethes allumfassender Bildung zur Humanität. Auf Goethes »*demokratischen Pragmatismus*« (IX, 759) der »Lebensfreundschaft« beruft Mann sich auch für sein Verhältnis zur Demokratie.[9] Früh betont er Goethes »ironischen Nihilismus« (319) und entdeckt darin eine »überpessimistische Lebensbejahung«. Goethe wird ihm zum Inbegriff der epischen Ironie, die er immer wieder feiert. So ist der Künstler in der Position des Philosophen, der den exzentrischen Standpunkt einnimmt, Welt und Leben ironisch zu betrachten und die Verantwortlichkeit des »Geistes« für das Leben zu übernehmen. Mann nennt dies »Lebensbürgerlichkeit« (321). Er kennt den Philosophenkönig, auf den er hofft; er empfiehlt ihn der Nation[10] und identifiziert sich mit ihm.

Weil die philosophische Anthropologie die »exzentrische Positionalität« zum humanen Spezifikum generalisierte, wird die Bildung zum Philosophen heute selten als Frage nach der Möglichkeit eines exzentrischen Standpunkts »außerhalb des Lebens« diskutiert. Deshalb werden Manns Ausführungen zur Ironie nicht mehr als Beschreibung eines Künstlerphilosophen verstanden. Die Romantik dagegen begriff die ironische Haltung als Methodik des höheren Standpunkts und verband sie mit der Idee eines »absoluten Romans«. Diese Tradition nimmt Mann auf. Die philosophische Bedeutung dieser Fragen ist ihm durch Nietzsche vertraut. Nietzsche erörtert die Frage nach dem Philosophen jenseits der moralischen Vorurteile des »europäischen Nihilismus«. Er metaphorisiert sie mit ständigem Verweis auf seine Sils-Maria-Welt »›6000 Fuß jenseits von Mensch und Zeit‹«[11]. Seine »Experimental-Philosophie« versteht sich einerseits selbst als Philosophie, andererseits aber nur als Vorbereitung einer »Philosophie der Zukunft«.[12] Die »Philosophen der Zukunft« sind »Befehlende« und »Gesetzgeber«, Umwerter aller Werte, Nomotheten. Platons Höhlengleichnis formuliert ihr exzentrisches Selbstverständnis klassisch. Auch dessen Spekulationen um Tod und Unsterblichkeit gelten dem exzentrischen Standort der Kontemplation. Hannah Arendt[13] weist tiefdringend darauf hin, daß die »vorphilosophische Annahme« der Zuschauerperspektive der olympischen Götter das philosophische »Streben nach Unsterblichkeit« motivierte. Die Sehnsucht des Philosophen zielt auf die Überwindung beschränkter Perspektiven und auf die Übernahme des Götter- oder Gottesstandpunktes eines »absoluten Geistes«. Es ist also

---

8 Dazu vgl. Über Goethe's ›Faust‹ (1939), IX, 581-621; Goethe's ›Werther‹ (1941), IX, 640-655; Phantasie über Goethe (1948), IX, 713-754.
9 Goethe und die Demokratie (1949), IX, 755-782.
10 Dazu vgl. Die Bäume im Garten. Rede für Pan-Europa (1930), XI, 861-869.
11 Friedrich Nietzsche, Ecce homo, KSA VI, 335.
12 Dazu vgl. nur ders., Jenseits von Gut und Böse. Vorspiel einer Philosophie der Zukunft. Der freie Geist, KSA V, 41ff.
13 Hannah Arendt, Vom Leben des Geistes. Band I: Das Denken, München 1979, 97ff, 130ff.

eine klassische Metapher philosophischer Existenz, die Frage nach dem Philosophen als Frage nach seinem exzentrischen Standpunkt, mit Gadamer gesprochen: seinem »Horizont«, zu stellen. Mann kehrt mit Nietzsche zu dieser Anschauung zurück, wenn er den Künstler als Erzieher und Gesetzgeber auffaßt. Sein Stand in dieser Tradition ist in der Gestaltung des Philosophenkönigs als »Herr des Überblicks« offenbar. Im Sinne Nietzsches läßt Mann sich deshalb als Philosoph bezeichnen. Er muß dies gewußt haben. Wenn er den Titel des Philosophen dennoch für sich zurückweist, meint er zunächst den bloßen Gelehrten, der er nicht sein will. Die ironische Insistenz auf dem Unterhaltungsanspruch ist aber auch eine pädagogische Rolle. Wer liest schon einen Roman, der belehren will? Nietzsche schreibt einmal an Georg Brandes: »Wir Philosophen sind für nichts dankbarer, als wenn man uns mit den Künstlern *verwechselt*.«[14]

---

14 Brief vom 4.5.1888 an Georg Brandes, in: Friedrich-Nietzsche-Werke, hrsg. Karl Schlechta, Darmstadt 1966, Bd. III, 1291.

Zitierweise:

Die Sekundärlitertatur wird direkt in den Fußnoten zitiert. Platon wird nach der Schleiermacher-Übersetzung, Kant nach der Weischedel-Edition, Nietzsche nach der Kritischen Studienausgabe zitiert. Die Briefe Thomas Manns werden in der Regel nicht weiter nachgewiesen. Briefe an Adressaten, die nicht in den nachstehenden Einzelausgaben geführt sind, werden entweder nach der dreibändigen Auswahl Erika Manns oder nach den reichen Materialien »Dichter über ihre Dichtungen« zitiert. Es gilt stets die letzte Bandangabe der Gesammelten Werke.

Zitierte Texte Thomas Manns

Gesammelte Werke in 13 Bde., Frankfurt 1974.

TB   Tagebücher, hrsg. Peter de Mendelssohn u. Inge Jens, 10 Bde., Frankfurt 1977-1995.

TME   Thomas-Mann-Essays, hrsg. Hermann Kurzke u. Stephan Stachorski, 6 Bde., Frankfurt 1993-1996.

Frage und Antwort. Interviews mit Thomas Mann 1909-1955, hrsg. Volkmar Hansen u. Gert Heine, Hamburg 1983

Briefe 1889-1936, hrsg. Erika Mann, 3 Bde., Frankfurt 1961.

Dichter über ihre Dichtungen. Band XIV: Thomas Mann, 3 Bde., hrsgg. Hans Wysling (unter Mitarbeit von Marianne Fischer), Frankfurt 1975.

Thomas Mann. Briefe an Paul Amann 1915-1952, hrsg. Herbert Wegener, Lübeck 1959.

Thomas Mann an Ernst Bertram, hrsg. Inge Jens, Pfullingen 1960.

Karl Kerényi-Thomas Mann. Gespräch in Briefen, Zürich 1960.

Thomas Mann-Heinrich Mann. Briefwechsel 1900-1949, hrsg. Hans Wysling, Frankfurt 1968.

Hermann Hesse-Thomas Mann. Briefwechsel, hrsg. Anni Carlssohn, Frankfurt 1968.

Thomas Mann, Briefwechsel mit seinem Verleger Gottfried Bermann Fischer 1932-1955, hrsg. Peter de Mendelssohn, 2 Bde., Frankurt 1973.

Thomas Mann. Briefe an Otto Grautoff 1894-1901 und Ida Boy-Ed 1903-1928, hrsg. Peter de Mendelssohn, Frankfurt 1975.

Briefwechsel mit Autoren, hrsg. Hans Wysling, Frankfurt 1988.

Der Briefwechsel zwischen Thomas Mann und Josef Ponten 1919-1930, hrsg. Hans Wysling (unter Mitarbeit von Werner Pfister), Bern 1988.

Thomas Manns Briefwechsel mit René Schickele 1930-1940, hrsg. Hans Wysling u. Cornelia Bernini, Frankfurt 1992.

Thomas Mann-Erich von Kahler. Briefwechsel 1931-1955, hrsg. Michael Assmann, Hamburg 1993.

Thomas Mann-Agnes E.Meyer. Briefwechsel, hrsg. Hans Rudolf Vaget, Frankfurt 1993.

Nachwort

Die vorliegende Arbeit ist die stark gekürzte und überarbeitete Fassung einer Habilitationsschrift, die im WS 1999/00 vom Institut für Philosophie der Humboldt-Universität zu Berlin angenommen wurde. Thematisch ist sie die späte Frucht meines Germanistikstudiums, das Friedrich A. Kittler erheiterte. Sachlich beantwortet sie Fragen nach dem Verhältnis von Politikwissenschaft und praktischer Philosophie, die mir durch meinen Doktorvater Wilhelm Hennis vermittelt wurden. In Friedrich A. Uehlein begegnete mir die Liebe zur Philosophie. Mein Dank gilt auch Hans Boldt und Hasso Hofmann für erste universitäre Lehrerfahrungen und einen Einstieg in die Politikwissenschaft und Jurisprudenz. Herfried Münkler danke ich den weiteren Kontakt zur Politikwissenschaft sowie sein Habilitationsgutachten. In erster Linie gilt mein Dank heute aber Volker Gerhardt für die Berliner Jahre, das freundlich-förderliche Arbeitsverhältnis und die Ermöglichung eines zweiten Philosophiestudiums in der Lehre. Der ganze vorliegende Deutungsansatz verdankt sich insgesamt seinem systematischen Philosophieren mit Nietzsche, Kant und Platon. Ohne ihn wäre diese Thomas-Mann-Arbeit weder in dieser Form noch überhaupt entstanden. Fassungen lasen und diskutierten Horst Firsching, Skadi Krause, Hector Wittwer und Jacqueline Karl. Danken möchte ich auch anderen Berliner Freunden wie Kai-Uwe Hellmann, Anna-Maria Lösch und Siegfried Weichlein. Rechtzeitig vor Abschluß der Arbeit stellte sich der kleine Albert ein, unser Hoffnungsträger im »Traumgedicht vom Menschen«, dem die Arbeit gewidmet ist.

Dezember 2000